中国反行政垄断

实务分类指导与案例评析

ZHONGGUO FAN XINGZHENG LONGDUAN
SHIWU FENLEI ZHIDAO YU ANLI PINGXI

林 文——著

法律出版社
LAW PRESS·CHINA
——北京——

图书在版编目(CIP)数据

中国反行政垄断实务分类指导与案例评析 / 林文著
. -- 北京 : 法律出版社, 2024
ISBN 978 - 7 - 5197 - 8878 - 0

Ⅰ. ①中… Ⅱ. ①林… Ⅲ. ①行政法 - 案例 - 中国
Ⅳ. ①D922.105

中国国家版本馆 CIP 数据核字(2024)第 039782 号

中国反行政垄断实务分类指导与案例评析
ZHONGGUO FAN XINGZHENG LONGDUAN SHIWU FENLEI ZHIDAO YU ANLI PINGXI

林　文　著

策划编辑 冯雨春
责任编辑 张　颖
装帧设计 汪奇峰　臧晓飞

出版发行 法律出版社
编辑统筹 法律应用出版分社
责任校对 张翼羽
责任印制 刘晓伟
经　　销 新华书店

开本 710 毫米×1000 毫米　1/16
印张 26.25　　**字数** 450 千
版本 2024 年 4 月第 1 版
印次 2024 年 4 月第 1 次印刷
印刷 三河市兴达印务有限公司

地址:北京市丰台区莲花池西里 7 号(100073)
网址:www.lawpress.com.cn
投稿邮箱:info@lawpress.com.cn
举报盗版邮箱:jbwq@lawpress.com.cn

销售电话:010 - 83938349
客服电话:010 - 83938350
咨询电话:010 - 63939796

书号:ISBN 978 - 7 - 5197 - 8878 - 0　　**定价**:112.00 元

凡购买本社图书,如有印装错误,我社负责退换。电话:010 - 83938349

序　言

今天刚好是来上海后换第二本律师证的日子,一本律师证五年,屈指数来已来上海十个秋。对“不忘初心,方得始终”的理解又多了许多的体会,这十年来,我们一直致力于竞争法的学习和法律服务。

自2008年在法律出版社出版第一本书至今,已经出版17部著作,这本《中国反行政垄断实务分类指导与案例评析》也即将面市。中国营造市场化、法治化、国际化一流营商环境需要反行政垄断和实施公平竞争审查落实到位,1980年国务院就发布了《关于开展和保护社会主义竞争的暂行规定》,明确指出开展竞争必须打破地区封锁和部门分割,采取行政手段保护落后,抑制先进,妨碍商品正常流通的做法是不合法的,应当予以废止。1993年颁布的《反不正当竞争法》第一次将行政垄断的规制上升到了法律层面,2007年通过的《反垄断法》用整整一章对行政垄断予以了更加细致的规范。2022年修订的《反垄断法》既对原法部分条文进行了修改和删除,做到了“吐故”,亦新增了诸多条文,做到了“纳新”;既从宏观角度强化了竞争政策基础地位,强调了公平竞争审查的法律地位,亦从微观角度强化了数字经济反垄断。

近年来,市场监管部门持续加大力度,查处了一批滥用行政权力排除、限制竞争案件,有力保护公平竞争,促进全国统一大市场建设。近年执法呈现几个特点:一是违法行为类型方面,限定交易行为和制定含有排除、限制竞争内容规定的行为仍为常见;二是违法领域方面,查处的案件主要集中在公用事业等关系人民群众切身利益的民生重点行业;三是涉案主体方面,市县两级政府及所属部门违法行为占比达九成,基层行政机关公平竞争意识需进一步增强。

为了更好地向执法机构和人员提供执法素材和参考案例,以及向企业提供涉行政垄断合规的启示，自2021年年初开始撰写至2023年10月成书，时间达二年半之久。

尽管笔者花费了很多时间和精力，但书籍内容仍然会存在不足甚至谬误，笔者肯请读者惠赐宝贵意见及建议，也肯请同行和专家不吝赐教。

是为序！

林　文

2024年2月29日

目　录

上篇　行政垄断规制与反行政垄断执法概述

下篇 反行政垄断典型案例评析

上　篇

行政垄断规制
与反行政垄断执法概述

第一章
行政垄断规制

第一节　行政垄断规制的变迁

一、《反不正当竞争法》单一规制

《反不正当竞争法》(1993 年)于 1993 年 12 月 1 日实施,该法第 6 条规定,公用企业或者其他依法具有独占地位的经营者,不得限定他人购买其指定的经营者的商品,以排挤其他经营者的公平竞争。第 7 条规定,政府及其所属部门不得滥用行政权力,限定他人购买其指定的经营者的商品,限制其他经营者正当的经营活动。政府及其所属部门不得滥用行政权力,限制外地商品进入本地市场,或者本地商品流向外地市场。

截至 2008 年 8 月 1 日《反垄断法》(以下简称旧《反垄断法》)实施前,我国对行政垄断的规制主要的法律依据为《反不正当竞争法》(1993 年)第 6 条和第 7 条。因为这一时期,法律法规除狭义的《反不正当竞争法》(1993 年)规制行政垄断以外,其他法律法规还没有规制行政垄断的规定。所以,自 1993 年 12 月 1 日《反不正当竞争法》(1993 年)实施起至 2008 年 8 月 1 日旧《反垄断法》实施止,此期间为《反不正当竞争法》(1993 年)单一规制阶段。

二、《反不正当竞争法》与旧《反垄断法》双规制

旧《反垄断法》于 2007 年 8 月 30 日通过,自 2008 年 8 月 1 日起施行。《反不正当竞争法》(1993 年)第 6 条禁止公用企业排除限制竞争、第 7 条有

关禁止行政机关滥用行政权力指定交易与地方封锁的规定与旧《反垄断法》禁止滥用行政权力限制竞争的规定并行 9 年多后，终在 2017 年《反不正当竞争法》第一次修订中删除了第 6 条和第 7 条，结束了行政垄断规制的双法并行时代。

双法并行阶段为 2008 年 8 月 1 日旧《反垄断法》实施起至 2018 年 1 月 1 日《反不正当竞争法》(2017 年修订)实施时止。

此阶段存在的违法行为，本应当适用反垄断法处罚的，但因各种因素影响，最后适用反不正当竞争法进行规制的案例不少，使本来应受到较重处罚的企业因相关主体法律适用不同而承担了较轻的法律责任，如 7 家餐具消毒企业妨碍公平竞争案①中，7 家餐具消毒企业私自划分市场本属于违反反垄断法，但最后行政处罚适用了《反不正当竞争法》。

三、《反垄断法》单一规制

《反不正当竞争法》(2017 年修订)2018 年 1 月 1 日实施，因为修订时删除了原有行政垄断条款(第 6 条和第 7 条)，故结束了原来对行政垄断适用反不正当竞争法和反垄断法双法并行的阶段。对于行政垄断行为，适用《反垄断法》(2022 年修正)(以下简称新《反垄断法》)进行单一规制，修正稿对行政垄断具体行为还进行了修订。

表 1 为现行有效行政垄断规制的主要法律文件。

表 1　现行有效行政垄断规制的主要法律文件

序号	实施时间	名　称	颁布部门	备　注
1	2001 年 4 月 21 日	《关于禁止在市场经济活动中实行地区封锁的规定》	国务院	全文(2011 年 1 月 8 日修订)
2	2008 年 8 月 1 日	《反垄断法》	全国人大	2022 年修订
3	2016 年 6 月 1 日	《关于在市场体系建设中建立公平竞争审查制度的意见》	国务院	

① 参见夏曙、张倩：《送上门的生意不要做，这家公司怎么啦？——义乌查处一起划分市场妨碍公平竞争案》，载浙江法治报，http://zjfzb.zjol.com.cn/html/2016-09/19/content_2562695.htm。

续表

序号	实施时间	名　称	颁布部门	备　注
4	2020年1月1日	《优化营商环境条例》	国务院	
5	2021年6月29日	《公平竞争审查制度实施细则》	国家市场监管总局、国家发展改革委、财政部、商务部、司法部	
6	2023年4月15日	《制止滥用行政权力排除、限制竞争行为规定》	国家市场监管总局	

第二节　《反垄断法》行政垄断修订内容及特点

一、行政垄断典型案例法条引用

旧《反垄断法》自2008年8月1日起施行。2022年6月24日修正后的新《反垄断法》正式发布，并于2022年8月1日起正式实施，两者相隔14年。

为了审阅方便，本书收集的行政垄断典型案例涉及适用旧《反垄断法》条文的，统一按新《反垄断法》中的行政垄断条文及其顺序进行编排。即按照新《反垄断法》第10条、第五章滥用行政权力排除、限制竞争行为类型的具体规定（第39条至第45条）进行汇编，第41条第1项至第5项，每项案例较多，故将每项典型案例单独作为一小节。对于每条下涉及较多案例的，又按其类别或性质进行归类。

因部分典型案例存在同时适用《反垄断法》2条以上法条的情形，故表2最终统计的数据可能大于收集的典型案件总数量，如宁夏回族自治区市场监管厅纠正银川市教育局滥用行政权力排除、限制竞争行为案，就同时适用旧《反垄断法》第32条和第37条，统计时分别按第32条和第37条归类。为便于理解，我们在《反垄断法》前面分别加注了“旧”或“新”，以示区分。

二、行政垄断条文的修订

（一）新增行政垄断行为类型

新《反垄断法》第 10 条（旧《反垄断法》第 8 条）对滥用行政权力的行为作出了概括性的原则规定。《反垄断法》第五章对行政机关和被授权组织滥用行政权力排除、限制竞争的具体行为作出了规制。具体而言，行政机关和被授权组织不应实施行政限定性交易行为；[①]协议型垄断；[②]不得妨碍商品在地区之间的自由流通；[③]不得在招标投标活动中排斥、限制外地经营者；[④]不得对外地经营者在本地投资或者设立分支机构时实施差别待遇；[⑤]不得强制经营者从事《反垄断法》禁止的垄断行为；[⑥]不得在抽象行政行为中排除、限制竞争[⑦]（前述行为单独或统一称为"行政垄断行为"）。

（二）扩大行政垄断规制范围

旧《反垄断法》对于行政垄断的规制大幅落在妨碍地区间贸易上，而对特定区域内企业间竞争的限制未予以明确规制。这与实践中的行政垄断行为及危害后果相比，无疑是极为狭窄的。新《反垄断法》在多条中删除"外地""本地"的限定性描述，[⑧]将对行政垄断的规制全面覆盖到各类限制行为，既包括妨碍外地企业参与本地竞争的行为，也涵盖了限制本地企业市场进入、业务拓展的行为，较旧《反垄断法》更为全面。新《反垄断法》完善第 43 条和第 44 条，明确行政主体对经营者采取的"变相强制"也属于禁止的行政垄断行为。

新《反垄断法》修正时新增第 40 条，不仅规定行政机关单独的行为构成行

---

① 新《反垄断法》第 39 条，旧《反垄断法》第 32 条。
② 新《反垄断法》第 40 条，属于新增条款。
③ 新《反垄断法》第 41 条，旧《反垄断法》第 33 条。
④ 新《反垄断法》第 42 条，旧《反垄断法》第 34 条。
⑤ 新《反垄断法》第 43 条，旧《反垄断法》第 35 条。
⑥ 新《反垄断法》第 44 条，旧《反垄断法》第 36 条。
⑦ 新《反垄断法》第 45 条，旧《反垄断法》第 37 条。
⑧ 新《反垄断法》第 42 条，将禁止行政主体实施排斥或者限制参加招投标以及其他经营活动的行为对象，从"外地经营者"扩大至所有经营者。

政垄断，还明确行政主体滥用行政权力通过与经营者签订合作协议、备忘录等方式排除、限制竞争的，也属于行政垄断行为，为实践中出现的新形式行政垄断提供了执法路径。

近年来，政府部门在发放消费券、引入共享单车等方面，存在与少数企业甚至单一企业合作，排除其他企业竞争的情况，新《反垄断法》将这些政企合作行为也纳入了规制范围。[①]

（三）增加行政垄断执法的保障

行政执法实践中，执法机构对行政垄断调查往往难以顺利进行和完成。本次新《反垄断法》修正新增第 54 条，明确行政机关有责任配合反垄断执法机构的调查，为反垄断执法机构开展调查、调取相关信息提供了法律依据。同时，新增的第 55 条也规定了，涉嫌行政垄断机构的负责人有义务接受反垄断执法机构的约谈。同时，新《反垄断法》新增第 61 条，涉嫌滥用行政权力排除、限制竞争的行政主体负有将有关改正情况书面报告给上级机关和反垄断执法机构的义务。

《反垄断法》中与行政垄断规制相关条文的修正对比如表 2 所示。

表 2　《反垄断法》中与行政垄断规制相关条文的修正对比

旧《反垄断法》	新《反垄断法》
第一章　总　　则	**第一章　总　　则**
第 4 条　国家制定和实施与社会主义市场经济相适应的竞争规则，完善宏观调控，健全统一、开放、竞争、有序的市场体系。	第 4 条　**反垄断工作坚持中国共产党的领导。国家坚持市场化、法治化原则，强化竞争政策基础地位，**制定和实施与社会主义市场经济相适应的竞争规则，完善宏观调控，健全统一、开放、竞争、有序的市场体系。
	第 5 条　国家建立健全公平竞争审查制度。行政机关和法律、法规授权的具有管理公共事务职能的组织在制定涉及市场主体经济活动的规定时，应当进行公平竞争审查。

① 参见《关于〈中华人民共和国反垄断法（修正草案）〉的说明》，载中国人大网 2022 年 6 月 24 日，http://www.npc.gov.cn/npc/c30834/202206/t20220624_318299.html。

续表

旧《反垄断法》	新《反垄断法》
第 8 条　行政机关和法律、法规授权的具有管理公共事务职能的组织不得滥用行政权力，排除、限制竞争。	第 10 条　行政机关和法律、法规授权的具有管理公共事务职能的组织不得滥用行政权力，排除、限制竞争。
第五章　滥用行政权力排除、限制竞争	**第五章　滥用行政权力排除、限制竞争**
第 32 条　行政机关和法律、法规授权的具有管理公共事务职能的组织不得滥用行政权力，限定或者变相限定单位或者个人经营、购买、使用其指定的经营者提供的商品。	第 39 条　行政机关和法律、法规授权的具有管理公共事务职能的组织不得滥用行政权力，限定或者变相限定单位或者个人经营、购买、使用其指定的经营者提供的商品。
	第 40 条　行政机关和法律、法规授权的具有管理公共事务职能的组织不得滥用行政权力，通过与经营者签订合作协议、备忘录等方式，妨碍其他经营者进入相关市场或者对其他经营者实行不平等待遇，排除、限制竞争。
第 33 条　行政机关和法律、法规授权的具有管理公共事务职能的组织不得滥用行政权力，实施下列行为，妨碍商品在地区之间的自由流通： 1. 对外地商品设定歧视性收费项目、实行歧视性收费标准，或者规定歧视性价格； 2. 对外地商品规定与本地同类商品不同的技术要求、检验标准，或者对外地商品采取重复检验、重复认证等歧视性技术措施，限制外地商品进入本地市场； 3. 采取专门针对外地商品的行政许可，限制外地商品进入本地市场； 4. 设置关卡或者采取其他手段，阻碍外地商品进入或者本地商品运出； 5. 妨碍商品在地区之间自由流通的其他行为。	第 41 条　行政机关和法律、法规授权的具有管理公共事务职能的组织不得滥用行政权力，实施下列行为，妨碍商品在地区之间的自由流通： 1. 对外地商品设定歧视性收费项目、实行歧视性收费标准，或者规定歧视性价格； 2. 对外地商品规定与本地同类商品不同的技术要求、检验标准，或者对外地商品采取重复检验、重复认证等歧视性技术措施，限制外地商品进入本地市场； 3. 采取专门针对外地商品的行政许可，限制外地商品进入本地市场； 4. 设置关卡或者采取其他手段，阻碍外地商品进入或者本地商品运出； 5. 妨碍商品在地区之间自由流通的其他行为。
第 34 条　行政机关和法律、法规授权的具有管理公共事务职能的组织不得滥用行政权力，以设定歧视性资质要求、评审标准或者不依法发布信息等方式，排斥或者限制外地经营者参加本地的招标投标活动。	第 42 条　行政机关和法律、法规授权的具有管理公共事务职能的组织不得滥用行政权力，以设定歧视性资质要求、评审标准或者不依法发布信息等方式，排斥或者限制经营者参加招标投标以及其他经营活动。
第 35 条　行政机关和法律、法规授权的具有管理公共事务职能的组织不得滥用行政权力，采取与本地经营者不平等待遇等方式，排斥或者限制外地经营者在本地投资或者设立分支机构。	第 43 条　行政机关和法律、法规授权的具有管理公共事务职能的组织不得滥用行政权力，采取与本地经营者不平等待遇等方式，排斥、限制、强制或者变相强制外地经营者在本地投资或者设立分支机构。

续表

旧《反垄断法》	新《反垄断法》
第36条　行政机关和法律、法规授权的具有管理公共事务职能的组织不得滥用行政权力,强制经营者从事本法规定的垄断行为。	第44条　行政机关和法律、法规授权的具有管理公共事务职能的组织不得滥用行政权力,强制或者变相强制经营者从事本法规定的垄断行为。
第37条　行政机关不得滥用行政权力,制定含有排除、限制竞争内容的规定。	第45条　行政机关和法律、法规授权的具有管理公共事务职能的组织不得滥用行政权力,制定含有排除、限制竞争内容的规定。
第六章　对涉嫌垄断行为的调查	**第六章　对涉嫌垄断行为的调查**
	第54条　反垄断执法机构依法对涉嫌滥用行政权力排除、限制竞争的行为进行调查,有关单位或者个人应当配合。
	第55条　经营者、行政机关和法律、法规授权的具有管理公共事务职能的组织,涉嫌违反本法规定的,反垄断执法机构可以对其法定代表人或者负责人进行约谈,要求其提出改进措施。
第七章　法律责任	**第七章　法律责任**
第51条　行政机关和法律、法规授权的具有管理公共事务职能的组织滥用行政权力,实施排除、限制竞争行为的,由上级机关责令改正;对直接负责的主管人员和其他直接责任人员依法给予处分。反垄断执法机构可以向有关上级机关提出依法处理的建议。 法律、行政法规对行政机关和法律、法规授权的具有管理公共事务职能的组织滥用行政权力实施排除、限制竞争行为的处理另有规定的,依照其规定。	第61条　行政机关和法律、法规授权的具有管理公共事务职能的组织滥用行政权力,实施排除、限制竞争行为的,由上级机关责令改正;对直接负责的主管人员和其他直接责任人员依法给予处分。反垄断执法机构可以向有关上级机关提出依法处理的建议。行政机关和法律、法规授权的具有管理公共事务职能的组织应当将有关改正情况书面报告上级机关和反垄断执法机构。 法律、行政法规对行政机关和法律、法规授权的具有管理公共事务职能的组织滥用行政权力实施排除、限制竞争行为的处理另有规定的,依照其规定。

注:粉色字体属于新增或修订之处。

第三节 《制止滥用行政权力排除、限制竞争行为规定》

一、《制止滥用行政权力排除、限制竞争行为暂行规定》

2009 年 7 月 1 日,原国家工商行政管理总局(以下简称原国家工商总局)施行《工商行政管理机关制止滥用行政权力排除、限制竞争行为程序规定》,2011 年 2 月 1 日,原国家工商总局施行《工商行政管理机关制止滥用行政权力排除、限制竞争行为的规定》。2018 年 3 月 13 日,国务院机构改革方案提请十三届全国人大一次会议审议通过。根据该方案,国务院不再保留工商总局、质检总局、食药监总局,将组建国家市场监管总局。2019 年 6 月 26 日国家市场监管总局公布了《制止滥用行政权力排除、限制竞争行为暂行规定》,该规定自 2019 年 9 月 1 日起施行,前述两个规定同时废止。

2019 年 9 月 1 日,国家市场监管总局实施《制止滥用行政权力排除、限制竞争行为暂行规定》,该规定在吸收借鉴国家发展和改革委员会(以下简称国家发展改革委)和原国家工商总局执法程序的基础上,对滥用行政权力排除、限制竞争行为的查处程序进行了重新调整。考虑到《反垄断法》中规定,对于滥用行政权力排除、限制竞争行为,反垄断执法机构可以向有关上级机关提出依法处理的建议,而不是作出行政处罚,因此《制止滥用行政权力排除、限制竞争行为暂行规定》中明确"查处"是指"进行调查,提出依法处理的建议",并对调查程序进行明确。一是明确"调查"仅包括依法向有关单位和个人了解情况,收集、调取证据;二是规定认为构成滥用行政权力排除、限制竞争行为的,可以向有关上级机关提出依法处理的建议,制作行政建议书,载明主送单位名称、被调查单位名称、违法事实、被调查单位的陈述意见及采纳情况、处理建议及依据、反垄断执法机构名称、公章及日期等事项;三是在调查期间,当事人主动采取措施停止相关行为,消除相关后果的,可以结束调查;四是经调查,反垄断执法机构认为不构成滥用行政权力排除、限制竞争行为的,应当结束调查。此外,《制止滥用行政权力排除、限制竞争行为暂行规定》还对授权与管辖、滥用行政权力排除、限制竞争行为的表现形式等作出了规定,增强了执法可操作性。

二、《制止滥用行政权力排除、限制竞争行为规定》的调整

2023年3月10日,国家市场监督管理总局令第64号对《制止滥用行政权力排除、限制竞争行为暂行规定》进行了修订,自2023年4月15日起施行《制止滥用行政权力排除、限制竞争行为规定》。此次《制止滥用行政权力排除、限制竞争行为规定》修订主要调整了以下内容:①

1. 调整细化了违法行为表现方式。新《反垄断法》新增了滥用行政权力通过与经营者签订合作协议、备忘录等方式排除、限制竞争行为,完善了强制或者变相强制外地经营者在本地投资或者设立分支机构行为、排斥或者限制经营者参加招标投标以外的其他经营活动行为、变相强制经营者从事反垄断法规定的垄断行为等规定,新增了制定排除、限制竞争内容规定的违法主体。对此,《制止滥用行政权力排除、限制竞争行为规定》进行同步调整,并结合执法实践对限定交易、妨碍商品自由流通等排除、限制竞争行为表现方式予以进一步细化(第4条至第10条)。

2. 进一步明确了执法要求。结合新《反垄断法》的修正情况,新增了有关单位或者个人应当配合调查的要求(第16条),以及行政机关和法律、法规授权的具有管理公共事务职能的组织应当将有关改正情况书面报告上级机关和反垄断执法机构的要求(第21条),明确将消除相关竞争限制作为执法机构结束调查或者提出行政建议的基础和关键点(第20条、第21条),为执法机构提供了有效指引。

3. 增加了执法约谈的规定。新《反垄断法》引入了执法约谈制度。《制止滥用行政权力排除、限制竞争行为规定》对约谈的内容、程序、方式等作了进一步细化,增强制度的可操作性,保障制度落实,提升制止滥用行政权力排除、限制竞争反垄断执法效能(第24条、第25条)。

4. 增加了行政衔接相关内容。参照《监察法》第34条的表述,新增了反垄断执法机构在调查期间发现的公职人员涉嫌职务违法、职务犯罪问题线索,应

---

① 参见《〈制止滥用行政权力排除、限制竞争行为规定〉解读》,载国家市场监督管理总局2023年3月24日,https://www.samr.gov.cn/zw/zfxxgk/fdzdgknr/xwxcs/art/2023/art_ba0eb826d6a445c8ab67e29fad0dc3c5.html。

当及时移交纪检监察机关的相关规定(第28条)。

5. 与公平竞争审查制度做好衔接。新《反垄断法》在总则部分新增了关于健全公平竞争审查制度的规定。公平竞争审查制度是事前规范行政行为的重要制度安排。《制止滥用行政权力排除、限制竞争行为规定》增加了公平竞争审查的内容,并考虑到公平竞争审查制度与制止滥用行政权力排除、限制竞争反垄断执法在实施主体、实施标准、实施程序等方面的差异性,为后续公平竞争审查制度的完善预留了空间(第29条)。

6. 充实了竞争倡导的内容。在制止滥用行政权力排除、限制竞争反垄断执法实践中,大多数违法行为发生的根源在于一些行政机关和法律、法规授权的具有管理公共事务职能的组织对竞争政策基础地位认识还不到位,没有充分认识到市场公平竞争的重要性,以政府"有形之手"不当干预市场"无形之手",阻碍了竞争机制充分发挥作用。因此,有必要进一步加强竞争倡导,大力弘扬和培育公平竞争文化,以此促进和补充反垄断执法,推进公平竞争政策有效实施(第30条)(见表3)。

表3 《制止滥用行政权力排除、限制竞争行为规定》修订对比

制止滥用行政权力排除、 限制竞争行为暂行规定	制止滥用行政权力排除、 限制竞争行为暂行规定
(2019年6月26日国家市场监督管理总局令第12号公布)	(2023年3月10日国家市场监督管理总局令第64号公布　自2023年4月15日起施行)
第一条　为了预防和制止滥用行政权力排除、限制竞争行为,根据《中华人民共和国反垄断法》(以下简称反垄断法),制定本规定。	第一条　为了预防和制止滥用行政权力排除、限制竞争行为,根据《中华人民共和国反垄断法》(以下简称反垄断法),制定本规定。
第二条　国家市场监督管理总局(以下简称市场监管总局)负责滥用行政权力排除、限制竞争行为的反垄断执法工作。 市场监管总局根据反垄断法第十条第二款规定,授权各省、自治区、直辖市人民政府市场监督管理部门(以下统称省级市场监管部门)负责本行政区域内滥用行政权力排除、限制竞争行为的反垄断执法工作。 本规定所称反垄断执法机构包括市场监管总局和省级市场监管部门。	第二条　国家市场监督管理总局(以下简称市场监管总局)负责滥用行政权力排除、限制竞争行为的反垄断统一执法工作。 市场监管总局根据反垄断法第十三条第二款规定,授权各省、自治区、直辖市人民政府市场监督管理部门(以下统称省级市场监管部门)负责本行政区域内滥用行政权力排除、限制竞争行为的反垄断执法工作。 本规定所称反垄断执法机构包括市场监管总局和省级市场监管部门。

续表

制止滥用行政权力排除、 限制竞争行为暂行规定	制止滥用行政权力排除、 限制竞争行为~~暂行~~规定
第三条　市场监管总局负责对下列滥用行政权力排除、限制竞争行为进行调查，提出依法处理的建议（以下简称查处）： （一）在全国范围内有影响的； （二）省级人民政府实施的； （三）案情较为复杂或者市场监管总局认为有必要直接查处的。 前款所列的滥用行政权力排除、限制竞争行为，市场监管总局可以指定省级市场监管部门查处。 省级市场监管部门查处滥用行政权力排除、限制竞争行为时，发现不属于本部门查处范围，或者虽属于本部门查处范围，但有必要由市场监管总局查处的，应当及时向市场监管总局报告。	第三条　市场监管总局负责对下列滥用行政权力排除、限制竞争行为进行调查，提出依法处理的建议（以下简称查处）： （一）在全国范围内有影响的； （二）省级人民政府实施的； （三）案情较为复杂或者市场监管总局认为有必要直接查处的。 前款所列的滥用行政权力排除、限制竞争行为，市场监管总局可以指定省级市场监管部门查处。 省级市场监管部门查处滥用行政权力排除、限制竞争行为时，发现不属于本部门查处范围，或者虽属于本部门查处范围，但有必要由市场监管总局查处的，应当及时报告~~向~~市场监管总局报告。
第四条　行政机关和法律、法规授权的具有管理公共事务职能的组织不得滥用行政权力，实施下列行为，限定或者变相限定单位或者个人经营、购买、使用其指定的经营者提供的商品和服务（以下统称商品）： （一）以明确要求、暗示、拒绝或者拖延行政审批、重复检查、不予接入平台或者网络等方式，限定或者变相限定经营、购买、使用特定经营者提供的商品； （二）通过限制投标人所在地、所有制形式、组织形式等方式，限定或者变相限定经营、购买、使用特定投标人提供的商品； （三）没有法律、法规依据，通过设置项目库、名录库等方式，限定或者变相限定经营、购买、使用特定经营者提供的商品； （四）限定或者变相限定单位或者个人经营、购买、使用其指定的经营者提供的商品的其他行为。	第四条　行政机关和法律、法规授权的具有管理公共事务职能的组织不得滥用行政权力，实施下列行为，限定或者变相限定单位或者个人经营、购买、使用其指定的经营者提供的商品和或者服务（以下统称商品）： （一）以明确要求、暗示、拒绝或者拖延行政审批、备案、重复检查、不予接入平台或者网络等方式，限定或者变相限定经营、购买、使用特定经营者提供的商品； （二）通过限制投标人所在地、所有制形式、组织形式等方式，限定或者变相限定经营、购买、使用特定~~投标人~~经营者提供的商品； （三）~~没有法律、法规依据，~~通过设置不合理的项目库、名录库、备选库、资格库等方式，限定或者变相限定经营、购买、使用特定经营者提供的商品； （四）限定或者变相限定单位或者个人经营、购买、使用其指定的经营者提供的商品的其他行为。
	第五条　行政机关和法律、法规授权的具有管理公共事务职能的组织不得滥用行政权力，通过与经营者签订合作协议、备忘录等方式，妨碍其他经营者进入相关市场或者对其他经营者实行不平等待遇，排除、限制竞争。

续表

制止滥用行政权力排除、限制竞争行为暂行规定	制止滥用行政权力排除、限制竞争行为~~暂行~~规定
第五条　行政机关和法律、法规授权的具有管理公共事务职能的组织不得滥用行政权力，实施下列行为，妨碍商品在地区之间的自由流通： （一）对外地商品设定歧视性收费项目、实行歧视性收费标准，或者规定歧视性价格、实行歧视性补贴政策； （二）对外地商品规定与本地同类商品不同的技术要求、检验标准，或者对外地商品采取重复检验、重复认证等措施，阻碍、限制外地商品进入本地市场； （三）没有法律、法规依据，采取专门针对外地商品的行政许可、备案，或者对外地商品实施行政许可、备案时，设定不同的许可或者备案条件、程序、期限等，阻碍、限制外地商品进入本地市场； （四）没有法律、法规依据，设置关卡、通过软件或者互联网设置屏蔽等手段，阻碍、限制外地商品进入本地市场或者本地商品运往外地市场； （五）妨碍商品在地区之间自由流通的其他行为。	第六条　行政机关和法律、法规授权的具有管理公共事务职能的组织不得滥用行政权力，实施下列行为，妨碍商品在地区之间的自由流通： （一）对外地商品设定歧视性收费项目、实行歧视性收费标准，或者规定歧视性价格、实行歧视性补贴政策； （二）对外地商品规定与本地同类商品不同的技术要求、检验标准，或者对外地商品采取重复检验、重复认证~~等歧视性技术~~措施，阻碍、限制外地商品进入本地市场； （三）~~没有法律、法规依据，~~采取专门针对外地商品的行政许可、~~备案，~~或者对外地商品实施行政许可、~~备案~~时，设定不同的许可~~或者备案~~条件、程序、期限等，阻碍、限制外地商品进入本地市场； ~~（四）没有法律、法规依据，~~设置关卡、通过软件或者互联网设置屏蔽等手段，阻碍、限制外地商品进入~~本地市场~~或者本地商品运出~~往外地市场~~； （五）妨碍商品在地区之间自由流通的其他行为。
第六条　行政机关和法律、法规授权的具有管理公共事务职能的组织不得滥用行政权力，实施下列行为，排斥或者限制外地经营者参加本地的招标投标活动： （一）不依法发布信息； （二）明确外地经营者不能参与本地特定的招标投标活动； （三）对外地经营者设定歧视性的资质要求或者评审标准； （四）通过设定与招标项目的具体特点和实际需要不相适应或者与合同履行无关的资格、技术和商务条件，变相限制外地经营者参加本地招标投标活动； （五）排斥或者限制外地经营者参加本地招标投标活动的其他行为。	第七条　行政机关和法律、法规授权的具有管理公共事务职能的组织不得滥用行政权力，实施下列行为，排斥或者限制~~外地~~经营者参加本地的招标投标~~以及其他经营~~活动： （一）不依法发布招标投标等信息； （二）~~明确~~排斥或者限制外地经营者~~不能~~参与本地特定的招标投标活动和其他经营活动； （三）~~对外地经营者~~设定歧视性的资质要求或者评审标准； （四）~~通过~~设定~~与招标项目的具体特点和~~实际需要不相适应或者与合同履行无关的资格、技术和商务条件，~~变相限制外地经营者参加本地招标投标活动~~； （五）排斥或者限制~~外地~~经营者参加~~本地~~招标投标以及其他经营活动的其他行为。

续表

制止滥用行政权力排除、 限制竞争行为暂行规定	制止滥用行政权力排除、 限制竞争行为暂行规定
第七条　行政机关和法律、法规授权的具有管理公共事务职能的组织不得滥用行政权力，实施下列行为，排斥或者限制外地经营者在本地投资或者设立分支机构： （一）拒绝外地经营者在本地投资或者设立分支机构； （二）没有法律、法规依据，对外地经营者在本地投资的规模、方式以及设立分支机构的地址、商业模式等进行限制； （三）对外地经营者在本地的投资或者设立的分支机构在投资、经营规模、经营方式、税费缴纳等方面规定与本地经营者不同的要求，在安全生产、节能环保、质量标准等方面实行歧视性待遇； （四）排斥或者限制外地经营者在本地投资或者设立分支机构的其他行为。	第八条　行政机关和法律、法规授权的具有管理公共事务职能的组织不得滥用行政权力实施下列行为，排斥、限制、强制或者~~限制~~变相强制外地经营者在本地投资或者设立分支机构： （一）拒绝、强制或者变相强制外地经营者在本地投资或者设立分支机构； （二）~~没有法律、法规依据，~~对外地经营者在本地投资的规模、方式以及设立分支机构的地址、商业模式等进行限制或者提出不合理要求； （三）对外地经营者在本地的投资或者设立的分支机构在投资、经营规模、经营方式、税费缴纳等方面规定与本地经营者不同的要求，在安全生产、节能环保、质量标准、行政审批、备案等方面实行歧视性待遇； （四）排斥、限制、强制或者变相强制~~限制~~外地经营者在本地投资或者设立分支机构的其他行为。
第八条　行政机关和法律、法规授权的具有管理公共事务职能的组织不得滥用行政权力，强制或者变相强制经营者从事反垄断法规定的垄断行为。	第九条　行政机关和法律、法规授权的具有管理公共事务职能的组织不得滥用行政权力，强制或者变相强制经营者从事反垄断法规定的垄断行为。
第九条　行政机关不得滥用行政权力，以规定、办法、决定、公告、通知、意见、会议纪要等形式，制定、发布含有排除、限制竞争内容的市场准入、产业发展、招商引资、招标投标、政府采购、经营行为规范、资质标准等涉及市场主体经济活动的规章、规范性文件和其他政策措施。	第十条　行政机关和法律、法规授权的具有管理公共事务职能的组织不得滥用行政权力，以~~规定、~~办法、决定、公告、通知、意见、会议纪要、函件等形式，制定、发布含有排除、限制竞争内容的~~市场准入、产业发展、招商引资、招标投标、政府采购、经营行为规范、资质标准等涉及市场主体经济活动的规章、规范性文件和其他政策~~措施规定。
第十条　反垄断执法机构依据职权，或者通过举报、上级机关交办、其他机关移送、下级机关报告等途径，发现涉嫌滥用行政权力排除、限制竞争行为。	第十一条　反垄断执法机构依据职权，或者通过举报、上级机关交办、其他机关移送、下级机关报告等途径，发现涉嫌滥用行政权力排除、限制竞争行为。
第十一条　对涉嫌滥用行政权力排除、限制竞争行为，任何单位和个人有权向反垄断执法机构举报。反垄断执法机构应当为举报人保密。	第十二条　对涉嫌滥用行政权力排除、限制竞争行为，任何单位和个人有权向反垄断执法机构举报。反垄断执法机构应当为举报人保密。

续表

制止滥用行政权力排除、限制竞争行为暂行规定	制止滥用行政权力排除、限制竞争行为暂行规定
第十二条　举报采用书面形式并提供相关事实和证据的，反垄断执法机构应当进行必要的调查。书面举报一般包括下列内容： （一）举报人的基本情况； （二）被举报人的基本情况； （三）涉嫌滥用行政权力排除、限制竞争行为的相关事实和证据； （四）是否就同一事实已向其他行政机关举报或者向人民法院提起诉讼。	第十三条　举报采用书面形式并提供相关事实和证据的，有关反垄断执法机构应当进行必要的调查。书面举报一般包括下列内容： （一）举报人的基本情况； （二）被举报人的基本情况； （三）涉嫌滥用行政权力排除、限制竞争行为的相关事实和证据； （四）是否就同一事实已向其他行政机关举报、申请行政复议或者向人民法院提起诉讼。
第十三条　反垄断执法机构负责所管辖案件的受理。省级以下市场监管部门收到举报材料或者发现案件线索的，应当在7个工作日内将相关材料报送省级市场监管部门。 对于被举报人信息不完整、相关事实不清晰的举报，受理机关可以通知举报人及时补正。	第十四条　反垄断执法机构负责所管辖案件的受理。省级以下市场监管部门收到举报材料或者发现案件线索的，应当在 7 七个工作日内将相关材料报送省级市场监管部门。 对于采用书面形式的实名举报，反垄断执法机构在案件调查处理完毕后，可以根据举报人的书面请求依法向其反馈举报处理结果。
第十四条　反垄断执法机构经过对涉嫌滥用行政权力排除、限制竞争行为的必要调查，决定是否立案。 当事人在上述调查期间已经采取措施停止相关行为，消除相关后果的，可以不予立案。 省级市场监管部门应当自立案之日起7个工作日内向市场监管总局备案。	第十五条　反垄断执法机构经过对涉嫌滥用行政权力排除、限制竞争行为的必要调查，决定是否立案。 当事人被调查单位在上述调查期间已经采取措施停止相关行为，消除相关后果竞争限制的，可以不予立案。 省级市场监管部门应当自立案之日起 7 七个工作日内向市场监管总局备案。
第十五条　立案后，反垄断执法机构应当及时进行调查，依法向有关单位和个人了解情况，收集、调取证据。	第十六条　立案后，反垄断执法机构应当及时进行调查，依法向有关单位和个人了解情况，收集、调取证据。有关单位或者个人应当配合调查。
第十六条　市场监管总局在查处涉嫌滥用行政权力排除、限制竞争行为时，可以委托省级市场监管部门进行调查。 省级市场监管部门在查处涉嫌滥用行政权力排除、限制竞争行为时，可以委托下级市场监管部门进行调查。 受委托的市场监管部门在委托范围内，以委托机关的名义进行调查，不得再委托其他行政机关、组织或者个人进行调查。	第十七条　市场监管总局在查处涉嫌滥用行政权力排除、限制竞争行为时，可以委托省级市场监管部门进行调查。 省级市场监管部门在查处涉嫌滥用行政权力排除、限制竞争行为时，可以委托下级市场监管部门进行调查。 受委托的市场监管部门在委托范围内，以委托机关的名义进行调查，不得再委托其他行政机关、组织或者个人进行调查。

续表

制止滥用行政权力排除、限制竞争行为暂行规定	制止滥用行政权力排除、限制竞争行为暂行规定
第十七条　省级市场监管部门查处涉嫌滥用行政权力排除、限制竞争行为时，可以根据需要商请相关省级市场监管部门协助调查，相关省级市场监管部门应当予以协助。	第十八条　省级市场监管部门查处涉嫌滥用行政权力排除、限制竞争行为时，可以根据需要商请相关省级市场监管部门协助调查，相关省级市场监管部门应当予以协助。
第十八条　被调查单位和个人有权陈述意见。 反垄断执法机构应当对被调查单位和个人提出的事实、理由和证据进行核实。	第十九条　被调查单位和个人有权陈述意见，提出事实、理由和相关证据。反垄断执法机构应当进行核实。 ~~反垄断执法机构应当对被调查单位和个人提出的事实、理由和证据进行核实。~~
第十九条　经调查，反垄断执法机构认为构成滥用行政权力排除、限制竞争行为的，可以向有关上级机关提出依法处理的建议。 在调查期间，当事人主动采取措施停止相关行为，消除相关后果的，反垄断执法机构可以结束调查。 经调查，反垄断执法机构认为不构成滥用行政权力排除、限制竞争行为的，应当结束调查。	第二十条　经调查，反垄断执法机构认为构成滥用行政权力排除、限制竞争行为的，可以向有关上级机关提出依法处理的建议。 在调查期间，~~当事人~~被调查单位主动采取措施停止相关行为，消除相关后果竞争限制的，反垄断执法机构可以结束调查。 经调查，反垄断执法机构认为不构成滥用行政权力排除、限制竞争行为的，应当结束调查。
第二十条　反垄断执法机构向有关上级机关提出依法处理建议的，应当制作行政建议书。行政建议书应当载明以下事项： （一）主送单位名称； （二）被调查单位名称； （三）违法事实； （四）被调查单位的陈述意见及采纳情况； （五）处理建议及依据； （六）反垄断执法机构名称、公章及日期。 前款第五项规定的处理建议应当具体、明确，可以包括停止实施有关行为、废止有关文件并向社会公开、修改文件的有关内容并向社会公开文件的修改情况等。	第二十一条　反垄断执法机构向有关上级机关提出依法处理建议的，应当制作行政建议书，同时抄送被调查单位。行政建议书应当载明以下事项： （一）主送单位名称； （二）被调查单位名称； （三）违法事实； （四）被调查单位的陈述意见及采纳情况； （五）处理建议及依据； （六）被调查单位改正的时限及要求； （七）反垄断执法机构名称、公章及日期。 前款第五项规定的处理建议应当能够消除相关竞争限制，并且具体、明确，可以包括停止实施有关行为、解除有关协议、停止执行有关备忘录、废止或者修改有关文件并向社会公开~~、修改~~文件的~~有关内容并向社会公开文件的~~废止或者修改情况等。 被调查单位应当按照行政建议书载明的处理建议，积极落实改正措施，并按照反垄断执法机构的要求，限期将有关改正情况书面报告上级机关和反垄断执法机构。

续表

制止滥用行政权力排除、限制竞争行为暂行规定	制止滥用行政权力排除、限制竞争行为暂行规定
第二十一条　省级市场监管部门在提出依法处理的建议或者结束调查前，应当向市场监管总局报告。提出依法处理的建议后7个工作日内，向市场监管总局备案。 反垄断执法机构认为构成滥用行政权力排除、限制竞争行为的，依法向社会公布。	第二十二条　省级市场监管部门在提出依法处理的建议或者结束调查前，应当向市场监管总局报告。提出依法处理的建议后 7 七个工作日内，向市场监管总局备案。 反垄断执法机构认为构成滥用行政权力排除、限制竞争行为的，依法向社会公布。
第二十二条　市场监管总局应当加强对省级市场监管部门查处滥用行政权力排除、限制竞争行为的指导和监督，统一执法标准。 省级市场监管部门应当严格按照市场监管总局相关规定查处滥用行政权力排除、限制竞争行为。	第二十三条　市场监管总局应当加强对省级市场监管部门查处滥用行政权力排除、限制竞争行为的指导和监督，统一执法标准。 省级市场监管部门应当严格按照市场监管总局相关规定查处滥用行政权力排除、限制竞争行为。
	第二十四条　行政机关和法律、法规授权的具有管理公共事务职能的组织涉嫌违反反垄断法规定，滥用行政权力排除、限制竞争的，反垄断执法机构可以对其法定代表人或者负责人进行约谈。 约谈可以指出涉嫌滥用行政权力排除、限制竞争的问题，听取情况说明，要求其提出改进措施消除相关竞争限制。 约谈结束后，反垄断执法机构可以将约谈情况通报被约谈单位的有关上级机关。省级市场监管部门应当在七个工作日内将约谈情况向市场监管总局备案。
	第二十五条　约谈应当经反垄断执法机构主要负责人批准。反垄断执法机构可以根据需要，邀请被约谈单位的有关上级机关共同实施约谈。 反垄断执法机构可以公开约谈情况，也可以邀请媒体、行业协会、专家学者、相关经营者、社会公众代表列席约谈。
第二十三条　对反垄断执法机构依法实施的调查，当事人拒绝提供有关材料、信息，或者提供虚假材料、信息，或者隐匿、销毁、转移证据，或者有其他拒绝、阻碍调查行为的，反垄断执法机构可以向其上级机关、监察机关等反映情况。	第二十六条　对反垄断执法机构依法实施的调查，当事人有关单位或者个人拒绝提供有关材料、信息，或者提供虚假材料、信息，或者隐匿、销毁、转移证据，或者有其他拒绝、阻碍调查行为的，反垄断执法机构依法作出处理，并可以向其有关上级机关、监察机关等反映情况。

续表

制止滥用行政权力排除、限制竞争行为暂行规定	制止滥用行政权力排除、限制竞争行为暂行规定
第二十四条　反垄断执法机构工作人员滥用职权、玩忽职守、徇私舞弊或者泄露执法过程中知悉的国家秘密和商业秘密的，依照有关规定处理。	第二十七条　反垄断执法机构工作人员滥用职权、玩忽职守、徇私舞弊或者泄露执法过程中知悉的~~国家秘密和~~商业秘密、个人隐私和个人信息的，依照有关规定处理。
	第二十八条　反垄断执法机构在调查期间发现的公职人员涉嫌职务违法、职务犯罪问题线索，应当及时移交纪检监察机关。
	第二十九条　行政机关和法律、法规授权的具有管理公共事务职能的组织，在制定涉及市场主体经济活动的规章、规范性文件和其他政策措施时，应当按照有关规定进行公平竞争审查，评估对市场竞争的影响，防止排除、限制市场竞争。涉嫌构成滥用行政权力排除、限制竞争行为的，由反垄断执法机构依法调查。
	第三十条　各级市场监管部门可以通过以下方式，积极支持、促进行政机关和法律、法规授权的具有管理公共事务职能的组织强化公平竞争理念，改进有关政策措施，维护公平竞争市场环境： （一）宣传公平竞争法律法规和政策； （二）在政策措施制定过程中提供公平竞争咨询； （三）组织开展有关政策措施实施的竞争影响评估，发布评估报告； （四）组织开展培训交流； （五）提供工作指导建议； （六）其他有利于改进政策措施的竞争宣传倡导活动。 鼓励行政机关和法律、法规授权的具有管理公共事务职能的组织主动增强公平竞争意识，培育和弘扬公平竞争文化，提升公平竞争政策实施能力。

续表

制止滥用行政权力排除、限制竞争行为暂行规定	制止滥用行政权力排除、限制竞争行为暂行规定
第二十五条　本规定自 2019 年 9 月 1 日起施行。2009 年 5 月 26 日原国家工商行政管理总局令第 41 号公布的《工商行政管理机关制止滥用行政权力排除、限制竞争行为程序规定》、2010 年 12 月 31 日原国家工商行政管理总局令第 55 号公布的《工商行政管理机关制止滥用行政权力排除、限制竞争行为的规定》同时废止。	第三十一条　本规定 2023 年 4 月 15 日起施行。~~2009 年 5 月 26 日原国家工商行政管理总局令第 41 号公布的《工商行政管理机关制止滥用行政权力排除、限制竞争行为程序规定》、2010 年 12 月 31 日原国家工商行政管理总局令第 55 号公布的《工商行政管理机关制止滥用行政权力排除、限制竞争行为的规定》~~2019 年 6 月 26 日国家市场监督管理总局令第 12 号公布的《制止滥用行政权力排除、限制竞争行为暂行规定》同时废止。

注：粉色字体属于调整部分。

第四节　公平竞争审查制度与行政垄断

一、竞争政策基础地位的确立

新《反垄断法》在总则第 4 条中明确国家“强化竞争政策基础地位”，凸显了竞争政策对市场经济建设的重要性，同时，公平竞争审查制度首次写入《反垄断法》。但 2020 年 1 月 1 日实施的《优化营商环境条例》是第一部将公平竞争审查制度作为行政法规条文的规定，该规定使公平竞争审查制度的规范性和权威性得以确认，此前因《国务院关于在市场体系建设中建立公平竞争审查制度的意见》（国发〔2016〕34 号）仅是国务院行政规范性文件的身份而引起的“以文件审法规草案、规章”的尴尬时代，就此结束。

2022 年 3 月 25 日实施的《中共中央、国务院关于加快建设全国统一大市场的意见》强调“强化竞争政策基础地位，加快转变政府职能”“加快建设高效规范、公平竞争、充分开放的全国统一大市场”。

二、公平竞争审查制度的作用

无论是《反垄断法》还是《行政诉讼法》，都是在行政性垄断发生之后进行事后救济。公平竞争审查制度要求政策制定机关在政策制定之初即进行竞争审查，是我国行政垄断事前控制的首创。2016 年 6 月 1 日《国务院关于在市场体系建设中建立公平竞争审查制度的意见》实施之前，行政性垄断的规制主要是《行政诉讼法》、《反垄断法》和《反不正当竞争法》，公平竞争审查制度是行政性垄断规制体系的重要部分，"为反行政性垄断提供了新模式、新路径和新工具"①。以往的行政性垄断的规制，采取行政执法和行政诉讼的方式，就时间而言，都是事后的救济方式。也就是说，行政性垄断的规制只有在出现行政垄断行为或者出现行政性垄断状态后才会发生作用。而公平竞争审查制度要求行政机关在制定政策过程中进行审查，其目的在于使出台的规范性文件不存在排除、限制竞争的效果。该"自我审查是将问题消灭在萌芽状态的一种机制"②，公平竞争审查制度有助于抽象行政垄断行为的规制。相比具体行政行为，抽象行政行为适用范围更广，影响力更大。而公平竞争审查制度要求政策制定机关必须严格进行竞争审查，同时对已经制定的规范性文件进行清理，弥补了抽象行政垄断司法审查的空缺和反垄断执法机关建议的被动性，赋予政策制定机关保障市场公平竞争的重任，有利于公平竞争的倡导，"是我国确立竞争政策基础性地位的关键一步，也是我国实现反垄断战略目标的重要路径"③。

公平竞争审查的目的是减少和避免政府出台违反公平竞争原则的政策或规则，意见和意见实施细则推进公平竞争审查的文件是对我国反垄断法的重要补充和重大发展。它们与《反垄断法》的反行政垄断一样，目的也是约束政府的行为，即把政府的限制竞争"装进制度的笼子里"，切实解决政府干预市场过多和过滥的问题。与《反垄断法》的反行政垄断规定的不同之处是，公平竞争审查是对行政垄断行为予以事先防范的措施，即把行政垄断行为消灭在萌芽状

---

① 余东华、巩彦博：《供给侧改革背景下的反垄断与松管制——兼论公平竞争审查制度的实施》，载《理论学刊》2017 年第 1 期。

② 刘继峰：《论公平竞争审查制度中的问题与解决》，载《价格理论与实践》2016 年第 11 期。

③ 王先林：《公平竞争审查制度与我国反垄断战略》，载《中国市场监管研究》2016 年第 12 期。

态中。

伴随公平竞争审查制度的建立,对行政垄断行为的规制也从事后纠正走向了事前预防。目前,公平竞争审查制度已经进入落实阶段,已出台的《公平竞争审查制度实施细则》具体要求各政策制定机关积极开展排除限制竞争存量政策措施的清理工作,做好增量政策措施的审查工作,在审查过程中切实向利害关系人或公众征求意见,开展落实公平竞争审查制度的专项督导并加强公平竞争审查制度的宣传培训。在 2017 年地方网约车政策的制定过程中,已有公民依据《国务院关于在市场体系建设中建立公平竞争审查制度的意见》对行政机关出台的政策文件提出质询并获得了行政机关的回应。另外,第十三届全国人大代表蔡继明称,他将提交对《关于坚持包容审慎监管鼓励网约车行业健康发展》的建议,建议针对一些限制竞争的地方政策,按照国务院公平竞争审查制度的要求,提高政策透明度,取消各种不平等、不合理、歧视性条款。①

早在 2016 年 6 月 1 日,国务院即发布《关于在市场体系建设中建立公平竞争审查制度的意见》,建立公平竞争审查制度,规范政府有关行为,防止出台排除、限制竞争的政策措施,逐步清理废除妨碍全国统一市场和公平竞争的规定和做法。截至 2021 年 9 月,市场监管部门已审查新出台政策措施文件 85.7 万件,纠正违反审查标准的文件 4100 件;清理存量政策措施文件 189 万件,废止和修订妨碍全国统一市场和公平竞争的文件近 3 万件。② 2022 年《反垄断法》修正,将公平竞争审查制度明确入法,有助于在国家立法层面进行整体部署,全面推进公平审查制度的落实,预防行政垄断的发生。

三、违反公平竞争审查的责任

新《反垄断法》第 5 条第 2 款规定的"行政机关和法律、法规授权的具有管理公共事务职能的组织……应当进行公平竞争审查",使这一制度具有了法律强制力。但是,新《反垄断法》并没有为违反该制度设置独立的法律责任。

① 参见万静:《代表委员呼吁取消歧视性条款包容网约车发展:加强网约车细则公平竞争审查》,载中国人大网,http://lianghui.people.com.cn/2018cppcc/GB/n1/2018/03071c417786-29853513.html。

② 参见林丽鹂:《市场公平竞争秩序稳步向好》,载中华人民共和国中央人民政府,http://www.gov.cn/xinwen/2021-09/29/content_5639941.htm。

尤其从新《反垄断法》第5条的条文内容来看，公平竞争审查制度的适用范围与《国务院关于在市场体系建设中建立公平竞争审查制度的意见》保持一致。所以，入法并不会给公平竞争审查制度的适用（审查主体、审查对象、审查方式等）带来实质性的变化。值得注意的是，新《反垄断法》第40条将"滥用行政权力，通过与经营者签订合作协议、备忘录等方式，妨碍其他经营者进入相关市场或者对其他经营者实行不平等待遇，排除、限制竞争"作为一种行政垄断行为予以规制，这是立法对实践的一种回应，对习惯通过"一事一议""一企一策"的方式施策的部分行政机关而言影响较大。

此外，公平竞争审查制度入法解决了可诉性的问题，违反该制度的行为属于违法行为，需要接受司法审查。然而实践中，公平竞争审查对象有不少是规范性文件，而规范性文件的司法审查是按《行政诉讼法》第53条进行的附带性审查，须以存在行政行为作为基础。从实践来看，根据学者梳理，我国法院2019年共审结一审行政诉讼案件25.1万件，而反垄断行政诉讼案件的年均数量仅为27.5件。[①] 由此看来，司法审查的路径虽然打通，但其实施效果仍有待观察。

四、《优化营商环境条例》

《优化营商环境条例》[②]是第一部将公平竞争审查制度作为行政法规条文的规定。此前，公平竞争审查制度均是由国务院发布的规范性文件规定，其法律效力不高，该条例实施后，违反此条例将是严重的违法行为，违法与违纪后果明显不同。该条例的实施，实现了公平竞争审查制度在国家、省、市、县四级政府的全覆盖；规定了行政机关制定市场准入、产业发展、政府采购、经营行为规范等涉及市场主体经济活动的规章、规范性文件及其他政策文件时，应当进行公平竞争审查，评估对市场竞争的影响，建立投诉举报、第三方评估等机制，大

---

① 参见侯利阳：《我国反垄断行政诉讼的困境及因应——基于165份判决书的实证分析》，载《法学》2022年第1期。

② 《优化营商环境条例》第63条规定，制定与市场主体生产经营活动密切相关的行政法规、规章、行政规范性文件，应当按照国务院的规定进行公平竞争审查。制定涉及市场主体权利义务的行政规范性文件，应当按照国务院的规定进行合法性审核。市场主体认为地方性法规同行政法规相抵触，或者认为规章同法律、行政法规相抵触的，可以向国务院书面提出审查建议，由有关机关按照规定程序处理。

力清理废除妨碍统一市场和公平竞争的各种规定和做法,确立竞争政策基础性地位,推进产业政策由差异化、选择性向普惠化、功能性转变。

另外,《优化营商环境条例》第63条还规定了“制定涉及市场主体权利义务的行政规范性文件”应当进行合法性审查。

第二章
反行政垄断执法

第一节 反行政垄断执法阶段

从整个反行政垄断执法变化分析,大体可以分为三个阶段,执法萌芽期、执法成长期和执法发展期。

一、执法萌芽期

1993 年至 2013 年为反行政垄断执法萌芽期。此阶段包括《反不正当竞争法》和《反垄断法》两法并行。而《反不正当竞争法》自 1993 年 12 月 1 日实施至 2017 年 11 月 4 日第一次修订,此期间行政垄断主要由《反不正当竞争法》进行规制。

2018 年 1 月 1 日实施的《反不正当竞争法》,已经删除了行政垄断条文。此后,行政垄断主要由《反垄断法》规制,但在《反垄断法》2008 年 8 月 1 日至 2017 年 12 月 31 日《反不正当竞争法》实施前,此期间反行政垄断规制存在两部法律并行时期。

据原国家工商行政管理总局统计,1993 年《反不正当竞争法》颁布至 2005 年 11 月,共查处各类垄断案件 6100 多件,每年 500 多件,其中行业垄断 5642 件,行政部门垄断 519 件。[①]

---

① 参见国家工商行政管理总局公平交易局、中国社会科学院国际法学研究中心编著:《反垄断典型案例及中国垄断执法调查》,法律出版社 2007 年版,第 3 页。

2007年以来,部分省市陆续推出了以“统一安装,统一收费”为主要特点的新建居民住宅小区供配电设施(以下简称“新居配”)政策,“新居配”政策抬高了市场价格,影响了服务质量,在招标投标过程中部分企业在签订合同中存在歧视性条款,相关政策具有明显的排除限制竞争效果。

《反垄断法》从2008年8月1日实施直到2013年,行政垄断规制没有得到有效治理,反垄断执法仅由原工商行政管理部门负责,只调查了极少的案件,信息公开也不透明。典型案件仅能在部分新闻报道,或论文会议中了解案件基本情况。

例如2009年,江苏省原工商局查处的连云港混凝土行业垄断协议案,是我国原工商行政管理机关适用《反垄断法》作出行政处罚的第一案。[①] 2010年,广东省原工商局适用《反垄断法》制止广东省河源市人民政府滥用行政权力排除、限制竞争行为,是我国第一起适用《反垄断法》依法制止滥用行政权力排除限制竞争行为的案件。[②]

此期间典型司法案件如原国家质检总局涉嫌行政垄断案。该案基本案情为:2008年8月1日,北京4家企业向北京市第一中级人民法院提起诉讼,状告原国家质检总局涉嫌行政垄断。当天正是《反垄断法》实施的第一天,因此此案被称为“反垄断第一案”。此案最终因法院不予受理而结束。

行政调查典型案件如广东省河源市指定卫星定位汽车行驶记录仪和监控平台提供商行政垄断案,就是这一阶段根据受害人的举报进行调查的案件,但该案没有主动进行政府信息公开,整个案件调查过程和建议处分具有封闭性。

二、执法成长期

2014年至2016年是反行政垄断执法的成长期。

2014年以河北省交通运输厅行政垄断案为标志性案件,国家发展改革委反垄断执法开始关注行政垄断案件。

2014年9月11日,在国务院新闻办的反垄断专题吹风会上,时任国家发展

---

① 参见林文、甘蜜:《中国反垄断行政执法大数据分析报告(2008—2015)》,载王先林主编:《竞争法律与政策评论》(第2卷),法律出版社2016年版。

② 参见吴振国、吴鸣鸣:《中国〈反垄断法〉实施五周年回顾与展望》,载《中国法律》2013年第4期。

改革委原价格监督检查与反垄断局局长许昆林通报了河北遭“反垄断调查”事件。许昆林称，国家发展改革委接到了韩国大使馆的举报：河北对本地客运企业制定了优惠政策，过路过桥费打“对折”，只收半价，但其他省份跨省运输则无权享受这一优惠。一个在天津的中韩合资企业，未能享受到该优惠待遇。许昆林表示，河北省交通厅、物价局、财政厅规定河北省客运企业享受过路过桥费半价优惠，涉嫌歧视性规定。国家发展改革委已向河北省人民政府发出执法建议函，建议其立即责令三部门改正错误。据《新京报》记者了解，此系《反垄断法》实施6年来，中国反垄断调查首次涉及行政机关。① 从时间发生顺序，此案件是国家发展改革委调查并公开的首例行政垄断案，而非“中国反垄断调查首次”。2011年7月，原国家工商行政管理总局公布了第一件依据《反垄断法》对行政垄断的执法——广东省河源市指定卫星定位汽车行驶记录仪和监控平台提供商行政垄断案。

2014年4月22日，“深圳斯维尔案”，在一次赛事中指定使用另外一家公司的软件程序，涉嫌违反《反垄断法》相关规定。这是《反垄断法》颁布实施6年多来，第一起被法院正式受理并进入实质审理的行政垄断诉讼，也是第一次获得胜诉判决的反行政垄断案件。但该案胜诉后未见启动行政调查，以及作出对相关人员进行行政处分的建议。

2015年11月5日，国家发展改革委召开新闻发布会，介绍价格改革与价格监管工作有关情况。国家发展改革委价格监督检查与反垄断局巡视员董志明表示，自《反垄断法》实施以来，国家发展改革委共查处行政垄断案件6件，其中2015年就达5件，分别对河北省交通运输厅、山东省交通运输厅、云南省通信管理局、安徽省蚌埠市原卫计委、四川省原卫计委、浙江省原卫计委等政府部门实施的地方保护、指定交易、强制交易、制定含有排除和限制竞争内容的规定等违反《反垄断法》的行为进行了依法纠正。②

2016年，国家发展改革委调查并公布“新居配”系列行政垄断案，深圳市教育局在中小学学生装中涉嫌滥用行政权力排除、限制竞争案，北京市住房和城

---

① 参见《发改委首度公布行政垄断案件，高调打击地方保护主义》，载微信公众号“反垄断实务评论”2014年9月13日。

② 参见《发改委：反垄断法实施后共查处6起行政垄断案件》，载中国新闻网，https://www.chinanews.com/cj/2015/11-05/7607637.shtml。

乡建设委员会混凝土行业管理滥用行政权力限制竞争案，上海市交通委员会在黄浦江游览行业管理中滥用行政权力排除、限制竞争案，以及陕西省物价局查处的榆林市环境保护局行政垄断案等6起行政垄断案。

2016年原国家工商部门查处支付密码器案，实属对政府限制竞争的行为进行查处。在这起案件中，安徽省原工商局处罚了3家支付密码器的制造商，这些制造商在销售中分割市场、固定价格，是由金融监管机构中国人民银行安徽地方分行授意“安排”的。

依据反垄断执法机关人员在中国竞争政策与法律年会（2016/2017）上披露的信息，2016年国家发展改革委共完成对17件行政垄断案件的调查，其中对“新居配”建设管理中存在的统一建设、统一收费问题进行调查，督促12个省级政府部门对照《反垄断法》和公平竞争审查制度调整相关政策。根据不完全统计，地方政府依据法律的授权查处了21起行政垄断案件，并已经审结。2016年反垄断行政执法成果中还有许多“零的突破”，如国内医疗器械领域反垄断案在12月产生；盐业专营企业滥用市场支配地位反垄断处罚案在内蒙古自治区产生；供电公用企业滥用市场支配地位反垄断调查案在江苏产生，以及2016年反垄断最具标杆意义的事件——《国务院关于在市场体系建设中建立公平竞争审查制度的意见》的出台。2016年6月1日，国务院发布《关于在市场体系建设中建立公平竞争审查制度的意见》，要求建立公平竞争审查制度，以规范政府有关行为，防止出台排除、限制竞争的政策措施，逐步清理废除妨碍全国统一市场和公平竞争的规定和做法。随着公平竞争审查制度的建立，地方政府的行政垄断案例“零”的突破数目在增加，继河北、山东、云南、安徽、四川、浙江之后，2016年年末，陕西、湖北、辽宁也公布了各自的首个行政垄断执法案例。①

三、执法发展期

2017年至2022年是反行政垄断执法的发展期，以及最近几年仍将持续。

从国家市场监管总局公布的“竞争执法公告”案件来看（数据统计截至

---

① 参见林文、甘蜜：《2016年度中国反垄断行政执法报告》，载王先林主编：《竞争法律与政策评论》（第3卷），法律出版社2017年版。

2018 年 5 月 1 日)，自 2008 年《反垄断法》实施以来，工商和市场监管部门依法查处滥用行政权力排除、限制竞争案件，共制止滥用行政权力排除、限制竞争行为 41 起。[①] 仅 2017 年一年，全国工商和市场监管部门共制止此类行为 12 件。

2017 年是围绕公平竞争审查制度及其配套制度落实措施的一年，2017 年 1 月建立部际联席会议制度，从制度层面落实公平竞争审查。2017 年 8 月，国家发展改革委部署 2017 年公平竞争审查的工作重点；9 月，推动公平竞争审查与行政垄断执法的专项检查工作；10 月，颁布重要文件《公平竞争审查制度实施细则(暂行)》(发改价监〔2017〕1849 号)；11 月，国务院 28 个部委落实公平竞争审查制度，并推动全国各地制度落实；12 月，颁布《2017—2018 年清理现行排除限制竞争政策措施的工作方案》。

2017 年国家发展改革委指导全国各省价格主管部门共办结公布 56 起滥用行政权力排除限制竞争案，纠正了一批地方政府部门在公用事业、中介服务、医药管理、交通运输等领域实施的指定交易、地方保护行为。2018 年积极查办医疗、交通、建筑、公章刻制等行业领域行政性垄断案件，纠正和制止滥用行政权力排除、限制竞争行为 54 件。

从 2015 年全年 6 起纠正案件，到 2018 年全国 54 起纠正案件，3 年时间内，案件增长了近 10 倍。一方面，国家发展改革委正在以前所未有的力度查处行政机关滥用行政权力和排除限制竞争的行为，将权力关进笼子；另一方面，地方政府也在加大自查自纠力度，发布案件中近半数属于主动纠正行为。

2018 年 1 月，国家发展改革委设立公平竞争审查处，并把公平竞争审查列为 2018 年工作的头号工作重点。在执法机关重组后，2018 年年底，国家市场监管总局印发《关于反垄断执法授权的通知》，为构建统一、规范、高效、权威的执法体系提供制度保障。“十三五”时期，全国各省级反垄断执法机构均已查处滥用行政权力排除、限制竞争案件，行政性垄断执法水平得到新提升。国家市场监管总局公布了内蒙古自治区公安厅、北京市交通管理局等代表性行政垄断案例。

---

① 2018 年 4 月 4 日，原国家工商行政管理总局反垄断与反不正当竞争执法局副局长陆万里在武汉大学承办的“反垄断法实施十周年研讨会”上发言总结说，自 2008 年我国实施《反垄断法》以来，全国工商机关共制止滥用行政权力排除、限制竞争行为 41 起。

在2018年11月16日,国务院新闻办举行《反垄断法》实施十周年新闻发布会。根据该新闻发布会中披露的数据统计,截至2018年10月底,查处了12个地方政府在"新居配"建设中滥用行政权力排除限制竞争案件等193件,建立并组织实施了公平竞争审查制度,各地区、各部门共对12.2万份文件开展了公平竞争审查。

2019年9月1日,国家市场监管总局实施《禁止垄断协议暂行规定》《禁止滥用市场支配地位行为暂行规定》《制止滥用行政权力排除、限制竞争行为暂行规定》等3部《反垄断法》配套规章。自《反垄断法》实施以来,执法机关查处滥用行政权力排除限制竞争案件229件。各地区、各部门对43余万份文件开展了公平竞争审查。

2019年,国家市场监管总局印发《关于开展滥用行政权力排除、限制竞争行为专项执法行动的通知》,为形成中央和地方反垄断执法合力,提升执法效能发挥了积极作用。2019年度立案调查行政性垄断案件24件,纠正滥用行政权力排除限制竞争行为12件。国家市场监管总局进一步深化滥用行政权力排除、限制竞争反垄断执法,围绕执法中发现和社会各方面反映的突出问题,聚焦重点领域,进一步加大执法力度、提升执法精度;以医药、建筑、交通、招投标与政府采购等为重点,部署开展滥用行政权力排除、限制竞争专项执法行动,立案调查案件12件,新核查线索70余条,坚决防止和制止政府对市场活动的不当干预,破除地方保护和市场分割,维护全国统一市场。①

2020年,国家市场监管总局印发《关于制止滥用行政权力排除、限制竞争行为进一步优化营商环境的通知》,明确工作重点,着力构建国际一流营商环境。2020年调查的案件中,行政垄断数量多达98件,涉及医药卫生、建筑用材、交通运输、教育等多个民生领域。以医药卫生为例,违法行为包括指定医药配送企业、限制外地企业参与本地医药配送、指定体检机构等。类似地,教育行业案件则主要涉及指定缴费渠道、校服生产企业或保险公司。例如,江西省南昌市教育局限定学费缴纳银行卡的行为,侵犯学生和家长的自主选择权。部分地方政府以行政手段干预行业和市场的过程中,还有可能导致垄断协议等违法行为。

---

① 参见《一图看懂2019年反垄断工作|吴振国:致力公平竞争 服务改革发展》,载澎湃网2020年2月25日,https://www.thepaper.cn/newsDetail_forward_6161689。

例如，湖南省怀化市液化天然气垄断协议案中，当事人就是在行政机关主导下划分当地燃气市场。

我国反垄断工作特别是破除行政垄断执法行动，在“十三五”时期交出亮眼成绩单之后，进入2021年的工作再次提速。“十三五”期间，全国依法查处滥用行政权力排除、限制竞争案件274件，有效保护市场公平竞争和消费者利益。其中，涉及省级政府所属部门的案件约占14.8%，涉及市级政府及其所属部门的案件约占45.1%，涉及县级政府及其所属部门的案件约占36.2%。同时，根据国家市场监管总局官方网站公布的案例，破除行政垄断的地方执法行动也如火如荼地进行着，2021年仅第一季度，就有来自广东、湖北、云南、甘肃、山东、福建等地方省份公布共计14起纠正地方行政部门滥用行政权力排除、限制竞争行为的案例。①

2022年，反垄断执法机构深入开展制止滥用行政权力排除、限制竞争执法专项行动，调查滥用行政权力排除、限制竞争案件92件，办结73件，案件办结数比上年增长59%。各地区、各部门共审查新出台政策措施16.37万件，清理各类存量政策措施45.2万件，废止修订、纠正违反政策措施2.04万件，公平竞争审查质量和效果进一步提升，有力维护全国统一大市场和公平竞争，有效破除完善公平竞争市场经济基础制度的壁垒和障碍。

第二节　新旧《反垄断法》的执法选择

一、反行政垄断案件统计

自2008年《反垄断法》实施起，截至2019年年底，笔者收集并统计原工商局、原价格监督检查与反垄断局执法，以及机构合并后的市场监管局反行政垄断执法，共计行政垄断案件200余件。

“十四五”期间，市场监管部门聚焦医药、建筑、交通、教育、保险等重点领

---

① 参见万静：《今年破除行政垄断执法行动再提速》，载百家号2021年4月16日，https://baijiahao.baidu.com/s?id=1697153196545270466&wfr=spider&for=pc。

域，持续强化滥用行政权力排除、限制竞争执法，依法查处滥用行政权力排除、限制竞争案件430余件，有效防止政府对市场的不当干预，及时纠正指定交易、妨碍商品要素自由流通等不当市场干预行为，维护规范高效、公平竞争、充分开放的全国统一大市场，推动我国市场由大到强转变。①

二、新旧《反垄断法》的适用

根据《立法法》规定的“法不溯及既往”原则，法律在原则上只向后发生效力而不能追溯适用于其生效之前的行为。对于垄断行为的新旧法适用，需要考虑违法行为状态（终结或持续）以及被反垄断执法机构立案调查的情况。对于新法实施前已经结束违法状态的垄断行为或者反垄断执法机构已经进行立案调查的垄断行为，应可主张适用旧法。但是，如果违法行为持续到新法生效后，则执法机关可能将适用新法予以处罚。但执法实践中存在新旧法衔接问题需要解决。

具体到新旧法衔接与执法实践，国家市场监管总局在2022年8月1日以后，对此前已经立案调查的案件，均适用新修订后的《反垄断法》。例如，知网滥用市场支配地位案（2022年5月13日立案）、附条件批准大韩航空公司收购韩亚航空株式会社股权案（2021年3月23日立案）、附条件批准上海机场与东方航空新设合营企业案（2021年11月8日立案）。

但是，省级市场监管局在2022年8月1日以后，仍旧继续对此前就已经立案调查的案件，继续适用旧《反垄断法》。例如，北京市场监管局查处士卓曼（北京）医疗器械贸易有限公司限制固定、最低转售价格案（2021年7月27日立案），广西市场监管局查处永福县供水公司滥用市场支配地位案（2021年11月18日立案）。反垄断执法出现新旧法适用衔接上的差异，不排除是执法人员对法律理解偏差造成的，应当尽快统一。表4为现行有效规制“不得滥用行政权力”的法律法规。

① 参见许建新：《砺剑为民护公平　赋能发展启新程——写在反垄断法实施十五周年之际》，载百家号2023年8月2日，https://baijiahao.baidu.com/s?id=1731242618684l8329&wfr=spider&for=pc。

表 4　现行有效规制“不得滥用行政权力”的法律法规

序号	名称	条文摘录	生效时间
1	《行政诉讼法》(2017 年修正)	第 12 条第 8 项　人民法院受理公民、法人或者其他组织提起的下列诉讼:(八)认为行政机关滥用行政权力排除或者限制竞争的;	2017 年 7 月 1 日
2	《电子商务法》	第 4 条　国家平等对待线上线下商务活动,促进线上线下融合发展,各级人民政府和有关部门不得采取歧视性的政策措施,不得滥用行政权力排除、限制市场竞争。	2019 年 1 月 1 日
3	《建筑法》(2019 年修正)	第 23 条　政府及其所属部门不得滥用行政权力,限定发包单位将招标发包的建筑工程发包给指定的承包单位。	2019 年 4 月 23 日
4	《优化营商环境条例》	第 21 条　政府有关部门应当加大反垄断和反不正当竞争执法力度,有效预防和制止市场经济活动中的垄断行为、不正当竞争行为以及滥用行政权力排除、限制竞争的行为,营造公平竞争的市场环境。	2020 年 1 月 1 日

三、典型案例反垄断法条引用

(一)引用 1 条法条

案件当事人的违法事实,只涉及违反《反垄断法》中的一种行为时,选择适用《反垄断法》中的 1 条法条。例如,(2017)黑龙江省双鸭山市住房和城乡建设局限定燃气企业案和(2017)辽宁省锦州市商务局指定审计机关案,执法机关认定违反旧《反垄断法》第 32 条。

(二)引用 2 条法条

此种情况常见以下三种情形:一是将新《反垄断法》第 10 条(旧《反垄断法》第 8 条),作为认定违法的原则条款进行引用,同时引用违法的具体条文,故通常出现引用《反垄断法》的 2 条法条,如下编第一章中的案例;二是将新《反垄断法》第 45 条(旧《反垄断法》第 37 条),作为制定含有排除、限制竞争内容的违法行为中的原则法条与具体法条同时适用,如下编第八章中的案例;三是同时具有《反垄断法》上的两种具体违法行为并引用 2 条法条。

（三）同时适用2条以上法条

例如，（2015）山东省交通运输厅车载终端和监控平台限制案和（2015）甘肃省道路运输管理局物流监控排除限制案，均认为同时违反旧《反垄断法》第8条、第32条和第37条。

（四）同时适用《反垄断法》与其他法律法规

例如，（2011）广东省清远市人民政府指定卫星定位汽车行驶记录仪案，同时适用旧《反垄断法》第8条、第32条和《道路交通安全法》第13条。

（五）《反垄断法》与其配套规章同时引用

例如，（2020）山东省济宁市财政局公交管理限制案，认定违反旧《反垄断法》第8条、第37条，《制止滥用行政权力排除、限制竞争行为暂行规定》（已废止）第9条。

（六）仅引用《公平竞争审查制度实施细则（暂行）》

例如，（2015）某县政府文件违规减免特定经营应缴纳的社会保险费用案，认定违反《公平竞争审查制度实施细则（暂行）》的相关规定。

（七）引用《反垄断法》和《公平竞争审查制度实施细则（暂行）》

例如，（2018）湖南省相关市州原经信部门限定电网非统调电源发电数据采集案，认定违反旧《反垄断法》第32条，《公平竞争审查制度实施细则（暂行）》第22条。但在引用《公平竞争审查制度实施细则（暂行）》时，较多地直接采用简称，涉嫌不规范使用法律法规术语。

（八）《反垄断法》与公平竞争审查制度同时引用

例如，（2017）山西省太原市住房和城乡建设委员会施工图审查排除限制案，认定违反旧《反垄断法》第8条、第32条、第37条，以及《国务院关于在市场体系建设中建立公平竞争审查制度的意见》的相关规定。

四、典型案例其他法规和规范性文件引用

（一）行政法规的引用

2001年4月21日，中华人民共和国国务院令第303号实施《国务院关于禁止在市场经济活动中实行地区封锁的规定》，2011年1月8日《国务院关于废止和修改部分行政法规的决定》对其进行了修订，修订后于2011年1月8日公布并实施。《国务院关于禁止在市场经济活动中实行地区封锁的规定》（中华人民共和国国务院令第588号，以下简称《地区封锁规定》）条款的表述与旧《反垄断法》基本一致，只是《地区封锁规定》表述更为细致，更具可操作性。与新《反垄断法》比较，部分条款更加细化，但没有新《反垄断法》规制的范围宽广。

收集的所有典型案例中，均未发现存在适用《地区封锁规定》相关条款的情形。

（二）公平竞争审查制度引用

2016年国务院颁布了《关于在市场体系建设中建立公平竞争审查制度的意见》。2017年10月23日，国家发展改革委、财政部、商务部、原国家工商行政管理总局、国务院原法制办共同发布《公平竞争审查制度实施细则（暂行）》，该暂行实施细则于2021年6月29日废止。

2021年6月29日，国家市场监管总局、国家发展改革委、财政部、商务部、司法部对《公平竞争审查制度实施细则（暂行）》进行了修订并重新公布了《公平竞争审查制度实施细则》（国市监反垄规〔2021〕2号）。《公平竞争审查制度实施细则》共七章31条，其中，审查标准为《公平竞争审查制度实施细则》的核心，针对市场准入和退出、商品和要素自由流动、影响生产经营成本、影响生产经营行为四个方面提出了18项审查标准，并用不完全列举的方式就特定的审查标准进行了具体释义。

从表5统计得出，将《公平竞争审查实施细则（暂行）》（已废止）作为执法依据的案件占2/3，这说明还有部分执法机关还没有习惯将其作为执法依据。

表 5 案件引用公平竞争审查实施细则

序号	年份	案例名称	执法依据	行政机关专题学习[1]	责令改正参照[2]
1	2013	某县政府文件对不同地区的经营者实施差别化待遇并违规给予特定经营者优惠政策	公平竞争审查制度实施细则(暂行)		
2	2015	某县政府文件违规减免特定经营应缴纳的社会保险费用	公平竞争审查制度实施细则(暂行)		
3	2017	某县政府文件违规给予特定经营者优惠政策并设置不合理的市场准入和退出条件	公平竞争审查制度实施细则(暂行)		
4	2017	某区政府文件对不同所有制、组织形式的经营者实施差别化待遇	公平竞争审查制度实施细则(暂行)		
5	2018	贵州省贵阳市南明区人民政府限定法律顾问		公平竞争审查制度实施细则(暂行)	
6	2018	甘肃省庆阳市西峰区政府限定集中供热			公平竞争审查制度实施细则(暂行)
7	2018	重庆市黔江区发改委非必须招标工程建设项目限制	公平竞争审查制度实施细则(暂行)		
8	2019	某市政府文件安排财政支出与企业缴纳税金挂钩并对不同地区、组织形式的经营者实施差别化待遇	公平竞争审查制度实施细则(暂行)		
9	2019	某区商务局文件对不同组织形式的经营者实施差别化待遇并变相设定市场准入障碍	公平竞争审查制度实施细则(暂行)		
10	2019	某区政府文件通过设置名录库排斥或限制潜在经营提供商品服务	公平竞争审查制度实施细则(暂行)		
11	2019	某市政府文件对不同经营者实施差别化待遇并违规给予特定经营者财政奖补	公平竞争审查制度实施细则(暂行)		

续表

序号	年份	案例名称	执法依据	行政机关专题学习	责令改正参照
12	2019	安徽省亳州市应急管理局等部门强制安全生产责任保险	公平竞争审查制度实施细则(暂行)		
13	2020	某区发改局文件对不同组织形式的经营者实施差别化待遇并变相设定市场准入障碍	公平竞争审查制度实施细则(暂行)		
14	2021	甘肃省张掖市甘州区人力资源和社会保障局技能培训机构歧视	公平竞争审查制度实施细则(暂行)		
15	2021	甘肃省嘉峪关市财政局政府采购歧视		公平竞争审查制度实施细则(暂行)	
16	2021	福建省诏安县人民政府办公室财政评审中介限制	公平竞争审查制度实施细则(暂行)		
17	2021	福建省明溪县人民政府建筑施工企业限制	公平竞争审查制度实施细则(暂行)		
18	2021	湖北省随州市自然资源和规划局土地估价机构限制		公平竞争审查制度实施细则(国市监反垄规〔2021〕2号)	
19	2021	云南省曲靖市工业和信息化局工业产品限制	公平竞争审查制度实施细则(暂行)		
20	2022	湖北省市场监管局依法调查处理十堰市郧阳区自然资源和规划局滥用行政权力排除、限制竞争行为		公平竞争审查制度实施细则(国市监反垄规〔2021〕2号)	
21	2022	湖北省市场监管局纠正随州市自然资源和规划局滥用行政权力排除、限制竞争行为		公平竞争审查制度实施细则(国市监反垄规〔2021〕2号)	

续表

序号	年份	案例名称	执法依据	行政机关专题学习	责令改正参照
22	2022	宁夏回族自治区市场监管厅纠正银川市教育局滥用行政权力排除、限制竞争行为		公平竞争审查制度实施细则（国市监反垄规〔2021〕2号）	
23	2022	青海省市场监管局纠正海东市卫生健康委员会滥用行政权力排除、限制竞争行为		公平竞争审查制度实施细则	
24	2022	湖北省市场监管局纠正襄阳市行政审批局滥用行政权力排除、限制竞争行为		公平竞争审查制度实施细则（国市监反垄规〔2021〕2号）	
25	2022	宁夏回族自治区市场监管厅纠正中卫市中宁县教育体育局滥用行政权力排除、限制竞争行为		公平竞争审查制度实施细则（国市监反垄规〔2021〕2号）	

1　部分执法机关在建议书或公布的信息中，有提及行政机关自行组织对《公平竞争审查制度实施细则（暂行）》或《公平竞争审查制度实施细则》进行了学习。

2　只有很少的执法机关在建议书中，作为执法依据。

表6为公平竞争审查制度修改对照。

表6　公平竞争审查制度修改对照

《公平竞争审查制度实施细则》	《公平竞争审查制度实施细则（暂行）》	备注
第一章　总则		
第1条　为全面落实公平竞争审查制度，健全公平竞争审查机制，规范有效开展审查工作，根据《中华人民共和国反垄断法》、《国务院关于在市场体系建设中建立公平竞争审查制度的意见》（国发〔2016〕34号，以下简称《意见》），制定本细则。	第1条　为保障公平竞争审查工作顺利开展，推动公平竞争审查制度有效实施，根据《中华人民共和国反垄断法》、《国务院关于在市场体系建设中建立公平竞争审查制度的意见》（国发〔2016〕34号，以下简称《意见》），制定本细则。	

续表

《公平竞争审查制度实施细则》	《公平竞争审查制度实施细则(暂行)》	备注
第2条 行政机关以及法律、法规授权的具有管理公共事务职能的组织(以下统称政策制定机关),在制定市场准入和退出、产业发展、招商引资、招标投标、政府采购、经营行为规范、资质标准等涉及市场主体经济活动的规章、规范性文件、其他政策性文件以及"一事一议"形式的具体政策措施(以下统称政策措施)时,应当进行公平竞争审查,评估对市场竞争的影响,防止排除、限制市场竞争。经公平竞争审查认为不具有排除、限制竞争效果或者符合例外规定的,可以实施;具有排除、限制竞争效果且不符合例外规定的,应当不予出台或者调整至符合相关要求后出台;未经公平竞争审查的,不得出台。	第2条 行政机关以及法律法规授权的具有管理公共事务职能的组织(以下统称政策制定机关),在制定市场准入、产业发展、招商引资、招标投标、政府采购、经营行为规范、资质标准等涉及市场主体经济活动的规章、规范性文件和其他政策措施(以下统称政策措施)时,应当进行公平竞争审查,评估对市场竞争的影响,防止排除、限制市场竞争。经审查认为不具有排除、限制竞争效果的,可以实施;具有排除、限制竞争效果的,应当不予出台或者调整至符合相关要求后出台;未经公平竞争审查的,不得出台。以多个部门名义联合制定出台的政策措施,由牵头部门负责公平竞争审查,其他部门在各自职责范围内参与公平竞争审查[本条第3款(但并不完全一致)调整至《实施细则》第3条第3款]。	对纳入公平竞争审查的范围进行了扩大和明确,**增加了"市场退出","一事一议形式的具体政策措施"和其他政策性文件。**
第3条 涉及市场主体经济活动的行政法规、国务院制定的政策措施,以及政府部门负责起草的地方性法规、自治条例和单行条例,由起草部门在起草过程中按照本细则规定进行公平竞争审查。未经公平竞争审查的,不得提交审议。以县级以上地方各级人民政府名义出台的政策措施,由起草部门或者本级人民政府指定的相关部门进行公平竞争审查。起草部门在审查过程中,可以会同本级市场监管部门进行公平竞争审查。未经审查的,不得提交审议。以多个部门名义联合制定出台的政策措施,由牵头部门负责公平竞争审查,其他部门在各自职责范围内参与公平竞争审查。政策措施涉及其他部门职权的,政策制定机关在公平竞争审查中应当充分征求其意见。	第3条 对行政法规和国务院制定的政策措施、政府部门负责起草的地方性法规,由起草部门在起草过程中参照本细则规定进行公平竞争审查。未经公平竞争审查不得提交审议。	对行政法规、国务院制定的政策措施纳入公平竞争审查的范围进行了限缩,**即"涉及市场主体经济活动的行政法规、国务院制定的政策措施",增加了"自治条例和单行条例"**;增加了多部门联合制定出台的政策措施的审查主体;明确了县级以上地方各级人民政府名义出台的政策措施的审查主体。

续表

《公平竞争审查制度实施细则》	《公平竞争审查制度实施细则(暂行)》	备注
第4条　市场监管总局、发展改革委、财政部、商务部会同有关部门,建立健全公平竞争审查工作部际联席会议制度,统筹协调和监督指导全国公平竞争审查工作。县级以上地方各级人民政府负责建立健全本地区公平竞争审查工作联席会议制度(以下简称联席会议),统筹协调和监督指导本地区公平竞争审查工作,原则上由本级人民政府分管负责同志担任联席会议召集人。联席会议办公室设在市场监管部门,承担联席会议日常工作。地方各级联席会议应当每年向本级人民政府和上一级联席会议报告本地区公平竞争审查制度实施情况,接受其指导和监督。	第4条　国家发展改革委、国务院法制办、财政部、商务部、工商总局会同有关部门,建立公平竞争审查工作部际联席会议制度,统筹协调推进公平竞争审查相关工作,对实施公平竞争审查制度进行宏观指导。地方各级人民政府建立的公平竞争审查联席会议或者相应的工作协调机制(以下统称联席会议),负责统筹协调本地区公平竞争审查工作。各级公平竞争审查联席会议应当每年向上级公平竞争审查联席会议报告本地区公平竞争审查制度实施情况。	明确了工作联席会议制度。
第二章　审查机制和程序		
第5条　政策制定机关应当建立健全公平竞争内部审查机制,明确审查机构和程序,可以由政策制定机关的具体业务机构负责,也可以采取内部特定机构统一审查或者由具体业务机构初审后提交特定机构复核等方式。	第5条　政策制定机关应当建立健全自我审查机制,明确责任机构和审查程序。自我审查可以由政策制定机关的具体业务机构负责,或者由政策制定机关指定特定机构统一负责,也可以采取其他方式实施。	对《实施细则(暂行)》中规定的其他审查方式进行了明确,即**“也可以采取内部特定机构统一审查或者由具体业务机构初审后提交特定机构复核等方式”**。
第6条　政策制定机关开展公平竞争审查应当遵循审查基本流程(可参考附件1),识别相关政策措施是否属于审查对象、判断是否违反审查标准、分析是否适用例外规定。属于审查对象的,经审查后应当形成明确的书面审查结论。审查结论应当包括政策措施名称、涉及行业领域、性质类别、起草机构、审查机构、征求意见情况、	第6条　政策制定机关开展公平竞争审查应当遵循审查基本流程(可参考附件一),并形成明确的书面审查结论(可参考附件二)。书面审查结论由政策制定机关存档。未形成书面审查结论出台政策措施的,视为未进行公平竞争审查。	**增加、明确了审查的内容**,即“识别相关政策措施是否属于审查对象、判断是否违反审查标准、分析是否适用例外规定”。**增加和明确了审查结论的内容**,即“审查结论应当包括政策措施。

续表

《公平竞争审查制度实施细则》	《公平竞争审查制度实施细则(暂行)》	备注
审查结论、适用例外规定情况、审查机构主要负责人意见等内容(可参考附件2)。政策措施出台后,审查结论由政策制定机关存档备查。未形成书面审查结论出台政策措施的,视为未进行公平竞争审查。		名称、涉及行业领域、性质类别、起草机构、审查机构、征求意见情况、审查结论、适用例外规定情况、审查机构主要负责人意见等内容”。
第7条　政策制定机关开展公平竞争审查,应当以适当方式征求利害关系人意见,或者通过政府部门网站、政务新媒体等便于社会公众知晓的方式公开征求意见,并在书面审查结论中说明征求意见情况。在起草政策措施的其他环节已征求过利害关系人意见或者向社会公开征求意见的,可以不再专门就公平竞争审查问题征求意见。对出台前需要保密或者有正当理由需要限定知悉范围的政策措施,由政策制定机关按照相关法律法规处理。利害关系人指参与相关市场竞争的经营者、上下游经营者、行业协会商会、消费者以及政策措施可能影响其公平参与市场竞争的其他市场主体。	第7条　政策制定机关开展公平竞争审查,应当征求利害关系人意见或者向社会公开征求意见,并在书面审查结论中说明征求意见情况。对出台前需要保密的政策措施,由政策制定机关按照相关法律法规处理。利害关系人指参与相关市场竞争的经营者、上下游经营者、消费者以及政策措施可能影响其公平参与市场竞争的其他市场主体。	**明确了征求利害关系人的方式**,即“适当方式”“政府部门网站、政务新媒体等便于社会公众知晓的方式”;明确了可不再征求意见的例外情形。
第8条　政策制定机关进行公平竞争审查,可以咨询专家学者、法律顾问、专业机构的意见。征求上述方面意见的,应当在书面审查结论中说明有关情况。各级联席会议办公室可以根据实际工作需要,建立公平竞争审查工作专家库,便于政策制定机关进行咨询。	第8条　政策制定机关开展公平竞争审查,可以征求专家学者、法律顾问、专业机构的意见。征求上述方面意见的,应当在书面审查结论中说明有关情况。	

续表

《公平竞争审查制度实施细则》	《公平竞争审查制度实施细则(暂行)》	备注
第9条　政策制定机关可以就公平竞争审查中遇到的具体问题,向本级联席会议办公室提出咨询。提出咨询请求的政策制定机关,应当提供书面咨询函、政策措施文稿、起草说明、相关法律法规依据及其他相关材料。联席会议办公室应当在收到书面咨询函后及时研究回复。对涉及重大公共利益,且在制定过程中被多个单位或者个人反映或者举报涉嫌排除、限制竞争的政策措施,本级联席会议办公室可以主动向政策制定机关提出公平竞争审查意见。	第9条　政策制定机关可以就公平竞争审查中遇到的具体问题,向履行相应职责的反垄断执法机构提出咨询。反垄断执法机构基于政策制定机关提供的材料,提出咨询意见。	**修改和调整了咨询的对象和主体,**由"反垄断执法机构"变更为"本级联席会议办公室"。增加了本级联席会议办公室可主动审查的情形。
第10条　对多个部门联合制定或者涉及多个部门职责的政策措施,在公平竞争审查中出现较大争议或者部门意见难以协调一致时,政策制定机关可以提请本级联席会议协调。联席会议办公室认为确有必要的,可以根据相关工作规则召开会议进行协调。仍无法协调一致的,由政策制定机关提交上级机关决定。	第10条　政策制定机关开展公平竞争审查时,对存在较大争议或者部门意见难以协调一致的问题,可以提请同级公平竞争审查联席会议协调。联席会议认为确有必要的,可以根据相关工作规则召开会议进行协调。仍无法协调一致的,由政策制定机关提交上级机关决定。	对于可提请本级联席会议协调的范围进行了限缩,即"对多个部门联合制定或者涉及多个部门职责的政策措施"。
第11条　政策制定机关应当对本年度公平竞争审查工作进行总结,于次年1月15日前将书面总结报告报送本级联席会议办公室。地方各级联席会议办公室汇总形成本级公平竞争审查工作总体情况,于次年1月20日前报送本级人民政府和上一级联席会议办公室,并以适当方式向社会公开。	第11条　政策制定机关应当每年对开展公平竞争审查情况进行总结,于次年1月31日前将书面总结报告报送同级公平竞争审查联席会议办公室。	**增加和明确了予以信息公开的情形。**

续表

《公平竞争审查制度实施细则》	《公平竞争审查制度实施细则(暂行)》	备注
第12条　对经公平竞争审查后出台的政策措施,政策制定机关应当对其影响统一市场和公平竞争的情况进行定期评估。评估报告应当向社会公开征求意见,评估结果应当向社会公开。经评估认为妨碍统一市场和公平竞争的,应当及时废止或者修改完善。定期评估可以每三年进行一次,或者在定期清理规章、规范性文件时一并评估。	第12条　对经公平竞争审查后出台的政策措施,政策制定机关应当对其影响全国统一市场和公平竞争的情况进行定期评估。经评估认为妨碍全国统一市场和公平竞争的,应当及时废止或者修改完善。定期评估可以每三年进行一次,也可以由政策制定机关根据实际情况自行决定。自行决定评估时限的,政策制定机关应当在出台政策措施时予以明确。政策制定机关可以建立专门的定期评估机制,也可以在定期清理本地区、本部门规章和规范性文件时一并评估。	**增加和明确了予以信息公开的情形。**
删除《实施细则(暂行)》第13条	第13条　鼓励各地区、各部门委托第三方专业机构,协助对政策措施进行公平竞争审查和定期评估。(删除)	
第三章　审查标准		
第13条　市场准入和退出标准。(一)不得设置不合理或者歧视性的准入和退出条件,包括但不限于:1.设置明显不必要或者超出实际需要的准入和退出条件,排斥或者限制经营者参与市场竞争;2.没有法律、行政法规或者国务院规定依据,对不同所有制、地区、组织形式的经营者实施不合理的差别化待遇,设置不平等的市场准入和退出条件;3.没有法律、行政法规或者国务院规定依据,以备案、登记、注册、目录、年检、年报、监制、认定、认证、认可、检验、监测、审定、指定、配号、复检、复审、换证、要求设立分支机构以及其他任何形式,设定或者变相设定市场准入障碍;4.没有法律、行政法规或者国务院规定依据,对企业注销、破产、挂牌转让、	第14条　市场准入和退出标准。(一)不得设置不合理和歧视性的准入和退出条件,包括但不限于:1.设置明显不必要或者超出实际需要的准入和退出条件,排斥或者限制经营者参与市场竞争;2.没有法律法规依据或者国务院规定,对不同所有制、地区、组织形式的经营者实施差别化待遇,设置不平等的市场准入和退出条件;3.没有法律法规依据或者国务院规定,以备案、登记、注册、名录、年检、监制、认定、认证、审定、指定、配号、换证、要求设立分支机构等形式,设定或者变相设定市场准入障碍;4.没有法律法规依据或者国务院规定,设置消除或者减少经营者之间竞争的市场准入或者退出条件。(删除)	对《实施细则(暂行)》中退出行为的漏洞进行了补足。

续表

《公平竞争审查制度实施细则》	《公平竞争审查制度实施细则(暂行)》	备注
搬迁转移等设定或者变相设定市场退出障碍;5. 以行政许可、行政检查、行政处罚、行政强制等方式,强制或者变相强制企业转让技术,设定或者变相设定市场准入和退出障碍。		
第 13 条　市场准入和退出标准。(二)未经公平竞争不得授予经营者特许经营权,包括但不限于:1. 一般竞争性领域实施特许经营或者以特许经营为名增设行政许可;2. 未明确特许经营权期限或者未经法定程序延长特许经营权期限;3. 未依法采取招标、竞争性谈判等竞争方式,直接将特许经营权授予特定经营者;4. 设置歧视性条件,使经营者无法公平参与特许经营权竞争。	第 14 条　市场准入和退出标准。(二)未经公平竞争不得授予经营者特许经营权,包括但不限于:1. 在一般竞争性领域实施特许经营或者以特许经营为名增设行政许可;2. 未明确特许经营权期限或者未经法定程序延长特许经营权期限;3. 未采取招标投标、竞争性谈判等竞争方式,直接将特许经营权授予特定经营者;4. 设置歧视性条件,使经营者无法公平参与特许经营权竞争。	
第 13 条　市场准入和退出标准。(三)不得限定经营、购买、使用特定经营者提供的商品和服务,包括但不限于:1. 以明确要求、暗示、拒绝或者拖延行政审批、重复检查、不予接入平台或者网络、违法违规给予奖励补贴等方式,限定或者变相限定经营、购买、使用特定经营者提供的商品和服务;2. 在招标投标、政府采购中限定投标人所在地、所有制形式、组织形式,或者设定其他不合理的条件排斥或者限制经营者参与招标投标、政府采购活动;3. 没有法律、行政法规或者国务院规定依据,通过设置不合理的项目库、名录库、备选库、资格库等条件,排斥或限制潜在经营者提供商品和服务。	第 14 条　市场准入和退出标准。(三)不得限定经营、购买、使用特定经营者提供的商品和服务,包括但不限于:1. 以明确要求、暗示、拒绝或者拖延行政审批、重复检查、不予接入平台或者网络等方式,限定或者变相限定经营、购买、使用特定经营者提供的商品和服务;2. 在招标投标中限定投标人所在地、所有制、组织形式,排斥或者限制潜在投标人参与招标投标活动;3. 没有法律法规依据,通过设置项目库、名录库等方式,排斥或者限制潜在经营者提供商品和服务。	

续表

《公平竞争审查制度实施细则》	《公平竞争审查制度实施细则(暂行)》	备注
第 13 条　市场准入和退出标准。(四)不得设置没有法律、行政法规或者国务院规定依据的审批或者具有行政审批性质的事前备案程序,包括但不限于:1. 没有法律、行政法规或者国务院规定依据,增设行政审批事项,增加行政审批环节、条件和程序;2. 没有法律、行政法规或者国务院规定依据,设置具有行政审批性质的前置性备案程序。	第 14 条　市场准入和退出标准。(四)不得设置没有法律法规依据的审批或者具有行政审批性质的事前备案程序,包括但不限于:1. 没有法律法规依据增设行政审批事项,增加行政审批环节、条件和程序;2. 没有法律法规依据设置具有行政审批性质的前置性备案程序。	
第 13 条　市场准入和退出标准。(五)不得对市场准入负面清单以外的行业、领域、业务等设置审批程序,主要指没有法律、行政法规或者国务院规定依据,采取禁止进入、限制市场主体资质、限制股权比例、限制经营范围和商业模式等方式,限制或者变相限制市场准入。	第 14 条　市场准入和退出标准。(五)不得对市场准入负面清单以外的行业、领域、业务等设置审批程序,主要指没有法律法规依据或者国务院决定,采取禁止进入、限制市场主体资质、限制股权比例、限制经营范围和商业模式等方式,直接或者变相限制市场准入。	
第 14 条　商品和要素自由流动标准。(一)不得对外地和进口商品、服务实行歧视性价格和歧视性补贴政策,包括但不限于:1. 制定政府定价或者政府指导价时,对外地和进口同类商品、服务制定歧视性价格;2. 对相关商品、服务进行补贴时,对外地同类商品、服务,国际经贸协定允许外的进口同类商品以及我国作出国际承诺的进口同类服务不予补贴或者给予较低补贴。	第 15 条　商品和要素自由流动标准。(一)不得对外地和进口商品、服务实行歧视性价格和歧视性补贴政策,包括但不限于:1. 制定政府定价或者政府指导价时,对外地和进口同类商品、服务制定歧视性价格;2. 对相关商品、服务进行补贴时,对外地同类商品、服务和进口同类商品不予补贴或者给予较低补贴。	
第 14 条　商品和要素自由流动标准。(二)不得限制外地和进口商品、服务进入本地市场或者阻碍本地商品运出、服务输出,包括但不限于:1. 对外地商品、服务规定与本地同类商品、服务不同的技术要求、检验标准,或者采取重复检验、	第 15 条　商品和要素自由流动标准。(二)不得限制外地和进口商品、服务进入本地市场或者阻碍本地商品运出、服务输出,包括但不限于:1. 对外地商品、服务规定与本地同类商品、服务不同的技术要求、检验标准,或者采取重复检验、	《实施细则(暂行)》第 4、5、6 项,**取消了“没有法律法规依据”的限制,形成“绝对的行为禁止”**。

续表

《公平竞争审查制度实施细则》	《公平竞争审查制度实施细则(暂行)》	备注
重复认证等歧视性技术措施;2. 对进口商品规定与本地同类商品不同的技术要求、检验标准,或者采取重复检验、重复认证等歧视性技术措施;3. 没有法律、行政法规或者国务院规定依据,对进口服务规定与本地同类服务不同的技术要求、检验标准,或者采取重复检验、重复认证等歧视性技术措施;4. 设置专门针对外地和进口商品、服务的专营、专卖、审批、许可、备案,或者规定不同的条件、程序和期限等;5. 在道路、车站、港口、航空港或者本行政区域边界设置关卡,阻碍外地和进口商品、服务进入本地市场或者本地商品运出和服务输出;6. 通过软件或者互联网设置屏蔽以及采取其他手段,阻碍外地和进口商品、服务进入本地市场或者本地商品运出和服务输出。	重复认证等歧视性技术措施;2. 对进口商品规定与本地同类商品不同的技术要求、检验标准,或者采取重复检验、重复认证等歧视性技术措施;3. 没有法律法规依据或者国务院规定,对进口服务规定与本地同类服务不同的技术要求、检验标准,或者采取重复检验、重复认证等歧视性技术措施;4. 没有法律法规依据(删除),设置专门针对外地和进口商品、服务的专营、专卖、审批、许可;5. 没有法律法规依据(删除),在道路、车站、港口、航空港或者本行政区域边界设置关卡,阻碍外地和进口商品、服务进入本地市场或者本地商品运出和服务输出;6. 没有法律法规依据(删除),通过软件或者互联网设置屏蔽以及采取其他手段,阻碍外地和进口商品、服务进入本地市场或者本地商品运出和服务输出。	
第14条　商品和要素自由流动标准。(三)不得排斥或者限制外地经营者参加本地招标投标活动,包括但不限于:1. 不依法及时、有效、完整地发布招标信息;2. 直接规定外地经营者不能参与本地特定的招标投标活动;3. 对外地经营者设定歧视性的资质资格要求或者评标评审标准;4. 将经营者在本地区的业绩、所获得的奖项荣誉作为投标条件、加分条件、中标条件或者用于评价企业信用等级,限制或者变相限制外地经营者参加本地招标投标活动;5. 没有法律、行政法规或者国务院规定依据,要求经营者在本地注册设立分支机构,在本地拥有一定办	第15条　商品和要素自由流动标准。(三)不得排斥或者限制外地经营者参加本地招标投标活动,包括但不限于:1. 不依法及时有效地发布招标信息;2. 直接明确外地经营者不能参与本地特定的招标投标活动;3. 对外地经营者设定明显高于本地经营者的资质要求或者评审标准;4. 通过设定与招标项目的具体特点和实际需要不相适应或者与合同履行无关的资格、技术和商务条件,变相限制外地经营者参加本地招标投标活动。	《实施细则》增加了本地业绩的限制,加深了审查深度,保证了招投标活动的公平性。

续表

《公平竞争审查制度实施细则》	《公平竞争审查制度实施细则（暂行）》	备注
公面积，在本地缴纳社会保险等，限制或者变相限制外地经营者参加本地招标投标活动；6. 通过设定与招标项目的具体特点和实际需要不相适应或者与合同履行无关的资格、技术和商务条件，限制或者变相限制外地经营者参加本地招标投标活动。		
第14条　商品和要素自由流动标准。（四）不得排斥、限制或者强制外地经营者在本地投资或者设立分支机构，包括但不限于：1. 直接拒绝外地经营者在本地投资或者设立分支机构；2. 没有法律、行政法规或者国务院规定依据，对外地经营者在本地投资的规模、方式以及设立分支机构的地址、模式等进行限制；3. 没有法律、行政法规或者国务院规定依据，直接强制外地经营者在本地投资或者设立分支机构；4. 没有法律、行政法规或者国务院规定依据，将在本地投资或者设立分支机构作为参与本地招标投标、享受补贴和优惠政策等的必要条件，变相强制外地经营者在本地投资或者设立分支机构。	第15条　商品和要素自由流动标准。（四）不得排斥、限制或者强制外地经营者在本地投资或者设立分支机构，包括但不限于：1. 直接拒绝外地经营者在本地投资或者设立分支机构；2. 没有法律法规依据或者国务院规定，对外地经营者在本地投资的规模、方式以及设立分支机构的地址、模式等进行限制；3. 没有法律法规依据，直接强制外地经营者在本地投资或者设立分支机构；4. 没有法律法规依据，将在本地投资或者设立分支机构作为参与本地招标投标、享受补贴和优惠政策等的必要条件，变相强制外地经营者在本地投资或者设立分支机构。	
第14条　商品和要素自由流动标准。（五）不得对外地经营者在本地的投资或者设立的分支机构实行歧视性待遇，侵害其合法权益，包括但不限于：1. 对外地经营者在本地的投资不给予与本地经营者同等的政策待遇；2. 对外地经营者在本地设立的分支机构在经营规模、经营方式、税费缴纳等方面规定与本地经营者不同的要求；3. 在节能环保、安全生产、健康卫生、工程质量、市场监管等方面，对外地经营者在本地设立的分支机构规定歧视性监管标准和要求。	第15条　商品和要素自由流动标准。（五）不得对外地经营者在本地的投资或者设立的分支机构实行歧视性待遇，包括但不限于：1. 对外地经营者在本地的投资不给予与本地经营者同等的政策待遇；2. 对外地经营者在本地设立的分支机构在经营规模、经营方式、税费缴纳等方面规定与本地经营者不同的要求；3. 在节能环保、安全生产、健康卫生、工程质量、市场监管等方面，对外地经营者在本地设立的分支机构规定歧视性监管标准和要求。	

续表

《公平竞争审查制度实施细则》	《公平竞争审查制度实施细则(暂行)》	备注
第15条 影响生产经营成本标准。(一)不得违法给予特定经营者优惠政策,包括但不限于:1. 没有法律、行政法规或者国务院规定依据,给予特定经营者财政奖励和补贴;2. 没有专门的税收法律、法规和国务院规定依据,给予特定经营者税收优惠政策;3. 没有法律、行政法规或者国务院规定依据,在土地、劳动力、资本、技术、数据等要素获取方面,给予特定经营者优惠政策;4. 没有法律、行政法规或者国务院规定依据,在环保标准、排污权限等方面给予特定经营者特殊待遇;5. 没有法律、行政法规或者国务院规定依据,对特定经营者减免、缓征或停征行政事业性收费、政府性基金、住房公积金等。给予特定经营者的优惠政策应当依法公开。	第16条 影响生产经营成本标准。(一)不得违法给予特定经营者优惠政策,包括但不限于:1. 没有法律法规依据或者国务院规定,给予特定经营者财政奖励和补贴;2. 没有法律法规依据或者未经国务院批准,减免特定经营者应当缴纳的税款(删除);3. 没有法律法规依据或者国务院规定,以优惠价格或者零地价向特定经营者出让土地,或者以划拨、作价出资方式向特定经营者供应土地(删除);4. 没有法律法规依据或者国务院规定,在环保标准、排污权限等方面给予特定经营者特殊待遇;5. 没有法律法规依据或者国务院规定,对特定经营者减免、缓征或停征行政事业性收费、政府性基金、住房公积金等。	
第15条 影响生产经营成本标准。(二)安排财政支出一般不得与特定经营者缴纳的税收或非税收入挂钩,主要指根据特定经营者缴纳的税收或者非税收入情况,采取列收列支或者违法违规采取先征后返、即征即退等形式,对特定经营者进行返还,或者给予特定经营者财政奖励或补贴、减免土地等自然资源有偿使用收入等优惠政策。(三)不得违法违规减免或者缓征特定经营者应当缴纳的社会保险费用,主要指没有法律、行政法规或者国务院规定依据,根据经营者规模、所有制形式、组织形式、地区等因素,减免或者缓征特定经营者需要缴纳的基本养老保险费、基本医疗保险费、失业保险费、工伤保险费、生育保险费等。	第16条 影响生产经营成本标准。(二)安排财政支出一般不得与企业缴纳的税收或非税收入挂钩,主要指根据企业缴纳的税收或者非税收入情况,采取列收列支或者违法违规采取先征后返、即征即退等形式,对企业进行返还,或者给予企业财政奖励或补贴、减免土地出让收入等优惠政策。(三)不得违法违规减免或者缓征特定经营者应当缴纳的社会保险费用,主要指没有法律法规依据或者国务院规定,根据经营者规模、所有制形式、组织形式、地区等因素,减免或者缓征特定经营者需要缴纳的基本养老保险费、基本医疗保险费、失业保险费、工伤保险费、生育保险费等。	**将"企业"调整为"特定经营者"。**

续表

《公平竞争审查制度实施细则》	《公平竞争审查制度实施细则(暂行)》	备注
第 15 条　影响生产经营成本标准。(四)不得在法律规定之外要求经营者提供或扣留经营者各类保证金,包括但不限于:1. 没有法律、行政法规依据或者经国务院批准,要求经营者交纳各类保证金;2. 限定只能以现金形式交纳投标保证金或履约保证金;3. 在经营者履行相关程序或者完成相关事项后,不依法退还经营者交纳的保证金及银行同期存款利息。	第 16 条　影响生产经营成本标准。(四)不得在法律规定之外要求经营者提供或扣留经营者各类保证金,包括但不限于:1. 没有法律法规或者国务院规定,要求经营者交纳各类保证金;2. 在经营者履行相关程序或者完成相关事项后,不及时退还经营者交纳的保证金。	
第 16 条　影响生产经营行为标准。(一)不得强制经营者从事《中华人民共和国反垄断法》禁止的垄断行为,主要指以行政命令、行政授权、行政指导等方式或者通过行业协会商会,强制、组织或者引导经营者达成垄断协议、滥用市场支配地位,以及实施具有或者可能具有排除、限制竞争效果的经营者集中等行为。(二)不得违法披露或者违法要求经营者披露生产经营敏感信息,为经营者实施垄断行为提供便利条件。生产经营敏感信息是指除依据法律、行政法规或者国务院规定需要公开之外,生产经营者未主动公开,通过公开渠道无法采集的生产经营数据。主要包括:拟定价格、成本、营业收入、利润、生产数量、销售数量、生产销售计划、进出口数量、经销商信息、终端客户信息等。	第 17 条　影响生产经营行为标准。(一)不得强制经营者从事《中华人民共和国反垄断法》规定的垄断行为,主要指以行政命令、行政授权、行政指导或者通过行业协会等方式,强制、组织或者引导经营者达成、实施垄断协议或者实施滥用市场支配地位行为。(二)不得违法披露或者违法要求经营者披露生产经营敏感信息,为经营者实施垄断行为提供便利条件。生产经营敏感信息是指除依据法律法规或者国务院规定需要公开之外,生产经营者未主动公开,通过公开渠道无法采集的生产经营数据。主要包括:拟定价格、成本、生产数量、销售数量、生产销售计划、经销商信息、终端客户信息等。	《实施细则》增加了"经营者集中"。

续表

《公平竞争审查制度实施细则》	《公平竞争审查制度实施细则(暂行)》	备注
第 16 条　影响生产经营行为标准。(三)不得超越定价权限进行政府定价,包括但不限于:1. 对实行政府指导价的商品、服务进行政府定价;2. 对不属于本级政府定价目录范围内的商品、服务制定政府定价或者政府指导价;3. 违反《中华人民共和国价格法》等法律法规采取价格干预措施。(四)不得违法干预实行市场调节价的商品和服务的价格水平,包括但不限于:1. 制定公布商品和服务的统一执行价、参考价;2. 规定商品和服务的最高或者最低限价;3. 干预影响商品和服务价格水平的手续费、折扣或者其他费用。	第 17 条　影响生产经营行为标准。(三)不得超越定价权限进行政府定价,包括但不限于:1. 对实行政府指导价的商品、服务进行政府定价;2. 对不属于本级政府定价目录范围内的商品、服务制定政府定价或者政府指导价;3. 违反《中华人民共和国价格法》等法律法规采取价格干预措施。(四)不得违法干预实行市场调节价的商品和服务的价格水平,包括但不限于:1. 制定公布商品和服务的统一执行价、参考价;2. 规定商品和服务的最高或者最低限价;3. 干预影响商品和服务价格水平的手续费、折扣或者其他费用。	
第四章　例外规定		
第 17 条　属于下列情形之一的政策措施,虽然在一定程度上具有限制竞争的效果,但在符合规定的情况下可以出台实施:(一)维护国家经济安全、文化安全、科技安全或者涉及国防建设的;(二)为实现扶贫开发、救灾救助等社会保障目的;(三)为实现节约能源资源、保护生态环境、维护公共卫生健康安全等社会公共利益的;(四)法律、行政法规规定的其他情形。属于前款第一项至第三项情形的,政策制定机关应当说明相关政策措施对实现政策目的不可或缺,且不会严重限制市场竞争,并明确实施期限。	第 18 条　政策制定机关对政策措施进行公平竞争审查时,认为虽然具有一定限制竞争的效果,但属于《意见》规定的为维护国家经济安全、文化安全、涉及国防建设,为实现扶贫开发、救灾救助等社会保障目的,为实现节约能源资源、保护生态环境等社会公共利益以及法律、行政法规规定的例外情形,在同时符合以下条件的情况下可以实施:(一)对实现政策目的不可或缺,即为实现相关目标必须实施此项政策措施;(二)不会严重排除(删除)和限制市场竞争;(三)明确实施期限。	明确"**维护公共卫生健康安全等社会公共利益的**"可纳入例外情形。对于例外情形,政策制定机关应当说明相关政策措施对实现政策目的不可或缺,且不会严重限制市场竞争,并明确实施期限,**将《实施细则(暂行)》中"严重排除"表述予以删除。**
第 18 条　政策制定机关应当在书面审查结论中说明政策措施是否适用例外规定。认为适用例外规定的,应当对符合适用例外规定的情形和条件进行详细说明。	第 19 条　政策制定机关应当在书面审查结论中说明政策措施是否适用例外规定。认为适用例外规定的,应当对符合适用例外规定的情形和条件进行详细说明。	序号调整。

续表

《公平竞争审查制度实施细则》	《公平竞争审查制度实施细则(暂行)》	备注
第19条　政策制定机关应当逐年评估适用例外规定的政策措施的实施效果,形成书面评估报告。实施期限到期或者未达到预期效果的政策措施,应当及时停止执行或者进行调整。	第20条　政策制定机关应当逐年评估适用例外规定的政策措施的实施效果,形成书面评估报告。实施期限到期或者未达到预期效果的政策措施,应当及时停止执行或者进行调整。	序号调整。
第五章　第三方评估		
第20条　政策制定机关可以根据工作实际,委托具备相应评估能力的高等院校、科研院所、专业咨询公司等第三方机构,对有关政策措施进行公平竞争评估,或者对公平竞争审查有关工作进行评估。各级联席会议办公室可以委托第三方机构,对本地公平竞争审查制度总体实施情况开展评估。		
第21条　政策制定机关在开展公平竞争审查工作的以下阶段和环节,均可以采取第三方评估方式进行:(一)对拟出台的政策措施进行公平竞争审查;(二)对经公平竞争审查出台的政策措施进行定期评估;(三)对适用例外规定出台的政策措施进行逐年评估;(四)对公平竞争审查制度实施情况进行综合评价;(五)与公平竞争审查工作相关的其他阶段和环节。		
第22条　对拟出台的政策措施进行公平竞争审查时,存在以下情形之一的,应当引入第三方评估:(一)政策制定机关拟适用例外规定的;(二)被多个单位或者个人反映或者举报涉嫌违反公平竞争审查标准的。		

续表

《公平竞争审查制度实施细则》	《公平竞争审查制度实施细则（暂行）》	备注
第 23 条　第三方评估结果作为政策制定机关开展公平竞争审查、评价制度实施成效、制定工作推进方案的重要参考。对拟出台的政策措施进行第三方评估的，政策制定机关应当在书面审查结论中说明评估情况。最终做出的审查结论与第三方评估结果不一致的，应当在书面审查结论中说明理由。		
第 24 条　第三方评估经费纳入预算管理。政策制定机关依法依规做好第三方评估经费保障。		
第六章　监督与责任追究		
第 25 条　政策制定机关涉嫌未进行公平竞争审查或者违反审查标准出台政策措施的，任何单位和个人可以向政策制定机关反映，也可以向政策制定机关的上级机关或者本级及以上市场监管部门举报。反映或者举报采用书面形式并提供相关事实依据的，有关部门要及时予以处理。涉嫌违反《中华人民共和国反垄断法》的，由反垄断执法机构依法调查。	第 21 条　政策制定机关涉嫌未进行公平竞争审查或者违反审查标准出台政策措施的，任何单位和个人可以向政策制定机关反映，政策制定机关应当核实有关情况。 第 23 条　政策制定机关涉嫌未进行公平竞争审查或者违反审查标准出台政策措施的，任何单位和个人可以向政策制定机关的上级机关或者反垄断执法机构举报。举报采用书面形式并提供相关事实和证据的，上级机关应当核实有关情况；涉嫌违反《中华人民共和国反垄断法》的，反垄断执法机构应当进行必要（删除）的调查。	加强了监督机制和力度，对于任何单位和个人的反映、举报，相关部门从《实施细则（暂行）》中要求的“核实情况”，变更调整为“及时予以处理”。
第 26 条　政策制定机关未进行公平竞争审查出台政策措施的，应当及时补做审查。发现存在违反公平竞争审查标准问题的，应当按照相关程序停止执行或者调整相关政策措施。停止执行或者调整相关政策措施的，应当依照《中华人民共和国政府信息公开条例》要求向社会公开。	第 22 条　政策制定机关未进行公平竞争审查出台政策措施的，应当及时补做审查。发现存在违反审查标准问题的，应当按照相关程序停止执行或者调整相关政策措施。停止执行或者调整相关政策措施的，应当按照《中华人民共和国政府信息公开条例》要求向社会公开。	

续表

《公平竞争审查制度实施细则》	《公平竞争审查制度实施细则(暂行)》	备注
第27条　政策制定机关的上级机关经核实认定政策制定机关未进行公平竞争审查或者违反审查标准出台政策措施的,应当责令其改正;拒不改正或者不及时改正的,对直接负责的主管人员和其他直接责任人员依据《中华人民共和国公务员法》、《中华人民共和国公职人员政务处分法》、《行政机关公务员处分条例》等法律法规给予处分。本级及以上市场监管部门可以向政策制定机关或者其上级机关提出整改建议;整改情况要及时向有关方面反馈。违反《中华人民共和国反垄断法》的,反垄断执法机构可以向有关上级机关提出依法处理的建议。相关处理决定和建议依法向社会公开。	第24条　政策制定机关未进行公平竞争审查或者违反审查标准出台政策措施的,由上级机关责令改正;拒不改正或者不及时改正的,对直接负责的主管人员和其他直接责任人员依据《中华人民共和国公务员法》、《行政机关公务员处分条例》等法律法规给予处分。违反《中华人民共和国反垄断法》的,反垄断执法机构可以向政策制定机关或者其上级机关提出停止执行或者调整政策措施的建议。相关处理决定和建议依据法律法规向社会公开。	
第28条　市场监管总局负责牵头组织政策措施抽查,检查有关政策措施是否履行审查程序、审查流程是否规范、审查结论是否准确等。对市场主体反映比较强烈、问题比较集中、滥用行政权力排除限制竞争行为多发的行业和地区,进行重点抽查。抽查结果及时反馈被抽查单位,并以适当方式向社会公开。对抽查发现的排除、限制竞争问题,被抽查单位应当及时整改。各地应当结合实际,建立本地区政策措施抽查机制。		
第29条　县级以上地方各级人民政府建立健全公平竞争审查考核制度,对落实公平竞争审查制度成效显著的单位予以表扬激励,对工作推进不力的进行督促整改,对工作中出现问题并造成不良后果的依法依规严肃处理。		

续表

《公平竞争审查制度实施细则》	《公平竞争审查制度实施细则(暂行)》	备注
第七章 附 则		
第30条 各地区、各部门在遵循《意见》和本细则规定的基础上,可以根据本地区、本行业实际情况,制定公平竞争审查工作办法和具体措施。	第25条 各级公平竞争审查联席会议可以根据实际工作需要,建立公平竞争审查工作专家支持体系。	
第31条 本细则自公布之日起实施。《公平竞争审查制度实施细则(暂行)》(发改价监〔2017〕1849号)同时废止。	第26条 本细则自公布之日起实施。	

资料来源:参见《〈公平竞争审查制度实施细则〉之法律解读》,载康达律师事务所2023年1月9日,https://www.kangdalawyers.com/newsdetail_1715.html。

注:标"红色"字体为实施细则新增条款、内容;标"紫色"字体为《公平竞争审查制度实施细则》对《公平竞争审查制度实施细则(暂行)》修改内容;标"绿色"字体为《公平竞争审查制度实施细则》对《公平竞争审查制度实施细则(暂行)》删除的条款、内容。

(三)制止滥用行政权力排除、限制竞争行为规定的引用

从表7可以得出,执法机关在执法过程中,执法依据引用《工商行政管理机关制止滥用行政权力排除、限制竞争行为的规定》(已废止)和《工商行政管理机关制止滥用行政权力排除、限制竞争行为程序规定》(已废止)的案件较少,而引用《制止滥用行政权力排除、限制竞争行为暂行规定》(已废止)明显增加,说明执法专业能力和水平有明显提升。《制止滥用行政权力排除、限制竞争行为规定》于2023年4月15日起施行,而案例收集时间早于该规定实施日期,故未能统计该规定适用情况。

表7 案件引用统计

序号	年份	案例名称	引用
1	2011	广东省清远市人民政府指定卫星定位汽车行驶记录仪案	《工商行政管理机关制止滥用行政权力排除、限制竞争行为的规定》(已废止)第3条
2	2018	某市政府和某市原城乡建设委员会太阳能产品限制案	《工商行政管理机关制止滥用行政权力排除、限制竞争行为程序规定》(已废止)第4条

续表

序号	年份	案例名称	引用
3	2018	江苏省苏州市道路运输管理机构限制驾驶培训案	《工商行政管理机关制止滥用行政权力排除、限制竞争行为程序规定》(已废止)第4条
4	2018	山东省济南市城乡建设委员会太阳能企业限制案	《工商行政管理机关制止滥用行政权力排除、限制竞争行为的规定》(已废止)第4条
5	2020	山东省荣成市海洋发展局指定捕捞许可证年审案	《制止滥用行政权力排除、限制竞争行为暂行规定》第19条
6	2021	山西省晋中市人民政府有关部门限定车辆案	《制止滥用行政权力排除、限制竞争行为暂行规定》第19条
7	2021	广东省普宁市教育局限定校服案	《制止滥用行政权力排除、限制竞争行为暂行规定》第20条第2款
8	2021	湖北省荆门市自然资源和规划局招投标歧视案	《制止滥用行政权力排除、限制竞争行为暂行规定》第19条
9	2021	湖北省鄂州市住房和城乡建设局指定培训教育机构案	《制止滥用行政权力排除、限制竞争行为暂行规定》第19条
10	2021	重庆市两江新区国有资产监督管理局限定银行账户案	《制止滥用行政权力排除、限制竞争行为暂行规定》第19条
11	2021	重庆市市场监管局纠正合川区教育委员会滥用行政权力排除、限制竞争行为	《制止滥用行政权力排除、限制竞争行为暂行规定》第19条
12	2022	重庆市市场监管局纠正两江新区国有资产监督管理局滥用行政权力排除、限制竞争行为	《制止滥用行政权力排除、限制竞争行为暂行规定》第19条
13	2022	重庆市市场监管局纠正涪陵区农业农村委员会滥用行政权力排除、限制竞争行为	《制止滥用行政权力排除、限制竞争行为暂行规定》第19条
14	2021	甘肃省天水市财政局办公供应商歧视案	《制止滥用行政权力排除、限制竞争行为暂行规定》第19条
15	2021	甘肃省张掖市甘州区人力资源和社会保障局技能培训机构歧视案	《制止滥用行政权力排除、限制竞争行为暂行规定》第19条
16	2021	甘肃省嘉峪关市财政局政府采购歧视案	《制止滥用行政权力排除、限制竞争行为暂行规定》第19条
17	2021	湖北省黄冈市城市管理执法委员会招投代理歧视案	《制止滥用行政权力排除、限制竞争行为暂行规定》第19条

续表

序号	年份	案例名称	引用
18	2022	湖北省市场监管局纠正黄冈市城市管理执法委员会滥用行政权力排除、限制竞争行为	《制止滥用行政权力排除、限制竞争行为暂行规定》第19条
19	2022	湖北省市场监管局查处襄阳市行政审批局行政垄断案	《制止滥用行政权力排除、限制竞争行为暂行规定》第19条
20	2020	湖南省怀化市住房和城乡建设局燃气强制垄断案	《制止滥用行政权力排除、限制竞争行为暂行规定》第20条第2款
21	2020	山东省济宁市财政局公交管理限制案	《制止滥用行政权力排除、限制竞争行为暂行规定》第9条
22	2021	福建省古田县人民政府生物和新医药产业限制案	《制止滥用行政权力排除、限制竞争行为暂行规定》第19条第2款
23	2021	福建省诏安县人民政府办公室财政评审中介限制案	《制止滥用行政权力排除、限制竞争行为暂行规定》第9条、第19条第2款
24	2021	福建省明溪县人民政府建筑施工企业限制案	《制止滥用行政权力排除、限制竞争行为暂行规定》第9条、第19条第2款
25	2021	云南省曲靖市工业和信息化局工业产品限制案	《制止滥用行政权力排除、限制竞争行为暂行规定》第9条
26	2021	云南省德宏州人民政府办公室二手车交易限制案	《制止滥用行政权力排除、限制竞争行为暂行规定》第9条
27	2021	湖北省随州市自然资源和规划局土地估价机构限制案	《制止滥用行政权力排除、限制竞争行为暂行规定》第19条
28	2022	湖北省市场监管局纠正随州市自然资源和规划局滥用行政权力排除、限制竞争行为	《制止滥用行政权力排除、限制竞争行为暂行规定》第19条
29	2020	山东省荣成市海洋发展局指定捕捞许可证年审案	《制止滥用行政权力排除、限制竞争行为暂行规定》第19条

第三章
反行政垄断基本知识

第一节　行政垄断分类与判定

一、行政垄断定义和分类

（一）行政垄断的定义

《反垄断法》中的行政性垄断，是行政机关和法律、法规授权的具有管理公共事务职能的组织滥用行政权力，排除、限制竞争的抽象和具体行政行为。[①] 新《反垄断法》第 10 条规定："行政机关和法律、法规授权的具有管理公共事务职能的组织不得滥用行政权力，排除、限制竞争。"时任全国人大常委会法制工作委员会副主任的安建在《中华人民共和国反垄断法释义》中指"行政机关滥用行政权力排除、限制竞争"即为"行政性垄断"。[②]

《反垄断法》并未使用"行政性垄断""行政垄断"的概念，只是提出"行政机关滥用行政权力，排除、限制竞争行为"。尽管各种法律法规中没有使用"行政垄断"或者"行政性垄断"，但实际上在实务中已经得到众多的认可，并不会被错误理解，如"国家市场监督管理总局：查处并公布一批行政垄断案件"。国家市场监管总局局长表示：下一步，做好这 4 方面重点工作，"当前，行政垄断、市场垄断、假冒伪劣、食品安全、侵犯知识产权等市场秩序问题依然突出，损害了消

① 旧《反垄断法》第 8、32～37 条。参见张占江：《弥补反垄断法行政垄断规制局限的制度方案——基于反垄断经济分析范式的修正》，载《中国价格监管与反垄断》2015 年第 1 期。

② 参见安建、黄建初：《中华人民共和国反垄断法释义》，法律出版社 2007 年版，第 9 页。

费者合法权益”。“行政垄断”是我国实务界对于“滥用行政权力排除、限制竞争行为”约定俗成的称呼，根据我国新《反垄断法》第10条和第五章规定的内容，完整的概念应该是“行政机关和法律、法规授权的具有管理公共事务职能的组织滥用行政权力，排除、限制竞争的行为”。在我国反垄断法理论研究和立法及执法实践中，行政垄断一直是关注重点之一。我国《反垄断法》中关于行政垄断的规定不仅是我国反垄断法的特色，而且意义重大。因为这不仅表明我国立法者对行政垄断持坚决反对的态度，有利于提高各级政府机构的反垄断意识，也表明反对行政垄断是我国的主流观点，有利于倡导和培育竞争文化。[①]

（二）行政垄断的分类

学术界在20世纪80年代专注于讨论行政垄断的内涵。较早建议对行政垄断进行分类的是王晓晔和王保树。前者提出，“在纵向的行业内，这种垄断表现为行业垄断”，“在横向的行政区域中，行政垄断表现为地区垄断，或称地区封锁、地方保护主义”；[②]后者提出，“行政性垄断分为两大类：行业部门性行政垄断和地区性行政垄断”[③]。行业部门性行政垄断指某些行业管理部门的行政管理人员利用行政权力限制和排斥竞争，以保证本行业本部门实现经济利益目的的行为；地区性行政垄断指一定地域范围内的行政主体，利用行政权力排除限制本地域范围内的公平竞争或排斥、阻碍外地潜在竞争者进入本地市场、参与本领域竞争的行为。安徽省蚌埠市原卫计委和山东省交通运输厅的行政垄断行为就属于典型的政府地方保护导致的地域垄断行为。

执法人员认为，我国旧《反垄断法》规定的行政垄断归纳起来具体有：（1）滥用行政权力，限定或者变相限定单位或者个人经营、购买、使用其指定的经营者提供的商品；（2）滥用行政权力，妨碍商品在地区之间的自由流通；（3）滥用行政权力，排斥或者限制外地经营者参加本地的招标、投标活动；（4）滥用行政权力，排斥或者限制外地经营者在本地投资或者设立分支机构；（5）滥用行政权力，强制经营者从事《反垄断法》规定的垄断行为；（6）滥用行政

① 参见赵鑫、周国和：《反垄断法是中国经济体制改革的里程碑》，载《深圳特区报》2019年9月24日，B08版。

② 王晓晔：《社会主义市场经济条件下的反垄断法》，载《中国社会科学》1996年第1期。

③ 王保树：《论反垄断法对行政垄断的规制》，载《中国社会科学院研究生院学报》1988年第5期。

权力,制定含有排除、限制竞争内容的规定。①

二、行政垄断判定规则

(一)法律原则性认定

早在1994年,《反不正当竞争法》实施的次年,原国家工商部门在一次学习竞争法精神的讲座上指出,政府及其所属部门滥用行政权力,实施限制竞争的行为的关键要义是:法律有规定的,要严格按照法律规定办事;法律规定较为笼统或裁量余地较大的,应结合实际情况合理运用行政权力,符合法律授权的原则和目的;法律缺乏规定的,要按照中央精神行事,要有利于社会主义市场经济的繁荣。所谓滥用行政权力限制竞争行为,就是指政府及其所属部门违反合法、合理原则,实施限制竞争行为。②

(二)两段式认定法

新《反垄断法》第10条规定,行政机关和法律、法规授权的具有管理公共事务职能的组织不得滥用行政权力,排除、限制竞争。第45条规定,行政机关和法律、法规授权的具有管理公共事务职能的组织不得滥用行政权力,制定含有排除、限制竞争内容的规定。该两条条文属于两段式,即明确规定"不得滥用行政权力"和"排除、限制竞争"。而第39条至第44条规定"不得滥用行政权力"加"……",此两段式与前述法律原则性有明确区别,区别在于后者第二段规范的内容具体明确,在实务中一般不会产生太多争议。

采取两段式认定时,第一段是认定行政垄断的基础,即实施的行政垄断行为必须是滥用其行政权力,而不管权力来源。例如,在再审申请人广东粤超体育发展股份有限公司(以下简称粤超公司)因与被申请人广东省足球协会(以下简称广东省足协)、广州珠超联赛体育经营管理有限公司(以下简称珠超公司)

① 参见王宏刚:《由两起行政垄断案例引发的一些思考》,载《中国价格监管与反垄断》2016年第S1期。

② 参见文秀梅:《实施〈反不正当竞争法〉学习讲座第十五讲 滥用行政权力限制竞争行为》,载《工商行政管理》1994年第9期。

垄断纠纷一案①，最高人民法院认为，广东省足协2009年向珠超公司出具批准书时，广东省人民政府已取消所有省内足球赛事的行政审批，广东省足协无足球赛事的行政审批权，亦无须行使行政审批权。广东省足协虽具有一定范围的足球赛事公共事务管理职能，但批准书与行使其公共事务管理职能无关，其是作为赛事权利所有者和竞赛经营管理者授权珠超公司行使其相应赛事权利的商业授权。批准书中使用带有行政色彩的“批准”用语，虽有不妥或不确切之处，但并不因此改变“批准”系商业授权的本质属性。因为批准书非行使公共事务管理职能，所以难以构成滥用行政权力，排除、限制竞争。粤超公司关于广东省足协滥用行政权力，违反旧《反垄断法》第32条②规定的申请再审理由不能成立，法院未予支持。

（三）司法认定行政垄断之突破

《反垄断法》第五章明确列出的六种行政垄断情形为实践中认定行政垄断提供了具体指引。但同时可以明确的是，这几种情形并不能涵盖所有的行政垄断情况，除了法定的六种情形外，实践中亦存在其他形式的垄断情形。例如，曾入选2015年最高人民法院十大经济行政案件的“丹阳市鸿润超市案”中，被告市场监管局为原告设定了不平等的市场准入条件，进而使原告在其所在领域从事相关经营活动的权利受到了不当限制，该案中的情形并非当时法律明确列举的六种情形之一，但法院最终仍认定其构成行政垄断，并判决原告胜诉。因此，在这种没有明确的规定却需要对其进行规制的情况下，滥用行政权力的原则规定便成为认定是否构成行政垄断的兜底条款，为了可以使其规制垄断行为的作用得到更好发挥，其含义则需要进一步明确。

（四）行政执法的原则适用

如表8所示，依据执法机关向其上级机关发出执法建议函，即4件案件建议函完整公开进行执法分析，除1件适用本身违法原则以外，其他3件均趋向认定为合理性原则。

---

① 最高人民法院民事裁定书，(2015)民申字第2313号。

② 新《反垄断法》第39条。

表8　反行政垄断执法的原则分析

序号	案件名称	被调查机关	调查机关	行业	分析方法
1	安徽省蚌埠市原卫计委滥用行政权力排除、限制竞争行为案	蚌埠市原卫计委等6部门(仅查处卫计委)	国家发展改革委	批发和零售业	合理性分析
2	广东省发展改革委关于建议纠正中山市住房和城乡建设局滥用行政权力排除、限制竞争行为案	广东省中山市住房和城乡建设委员会、市燃气管理办公室(下级单位)	广东省发展改革委	电力、热力、燃气及水生产和供应业	本身违法原则
3	内蒙古自治区公安厅滥用行政权力排除限制竞争案	内蒙古自治区公安厅	国家市场监管总局	租赁和商务服务业	合理性分析
4	江苏省原工商局纠正苏州市道路运输管理机构滥用行政权力排除、限制竞争行为	苏州市交通主管部门及道路运输管理机构	江苏省原工商局	租赁和商业服务业	合理性分析

三、行政垄断例外和豁免

(一)例外

有学者将以通过行政权限制竞争、维护社会公共利益为宗旨的行政垄断称为公益型行政垄断,而将滥用行政权,旨在谋求个人或集团(地区和行业也是私的表现)利益的行政垄断称为私利型行政垄断。在非行政权滥用即公益型行政垄断的情况下,政府限制竞争的行为不仅合法、合理,而且有很大的必要性。例如,政府为维护社会经济秩序而依法进行正常的市场管理活动和为实现对经济的宏观调控而采取的产业政策、财政政策等经济和社会政策中可能采用的限制竞争措施:(1)国家在应对经济不景气或者经济、金融危机等情况下采取的一些限制竞争的措施,如为了控制房价过快上涨而采取的财政、税收、金融等方面的限制竞争政策。(2)国家政府为了应对国际竞争,推动、组建大型国有企业的行为。(3)经法律、法规明文规定或授权的合法的限制竞争,比如《邮政法》规定的邮政专营,《烟草专卖法》规定的烟草专卖,知识产权法规定的知识产权垄断，以及银行、证券、保险的专营等。(4)国家主管机关对计划经济向市场经济转化过程中出现的有些问题采取的行政措施。例如，为解决“蚕茧大战、棉花大战”中的问题而采取的一些行政措施。(5)政府及其所属部门为扶持民族地区、贫困地区发展经济而采取的一些行政措施，如西部开发或其他地区开发中可能涉及的限制竞争措施。(6)政府及其所属部门为保障人民的人身、财产安全或者生产安全、限定他人购买其指定企业(能生产、销售符合安全、卫生标准的商品的企业)的商品或者其他限制的行为。例如，由于政府管制行为源于法律和法规的授权，从立法的层面排除了行政机关对于管制行业的管制行为演化为行政垄断的可能性。再如，对于烟草专卖制度，由《烟草专卖法》授权政府垄断烟草市场，此种垄断并不构成反垄断法意义上的行政垄断；同理，对于《对外贸易法》授权的进出口贸易中的国家贸易行为以及国务院价格主管部门[①]依据《价格法》规范的政府定价行为，也属于合法的政府管制范围。

(二)豁免

行政机关通过行政垄断行为造成了经营者具有支配地位的情形，同时经营者利用这一市场支配地位实施滥用行为，但是这一行为有可能在极其特殊的情形下具有豁免情形，即经营者的相关行为排除、限制了竞争。如果该行为可能在相关市场产生巨大的效率，增加社会总产出，则会使该行为具有了豁免情形，不应该受到《反垄断法》的规制。这类豁免理由主要包括如下几种：(1)效率抗辩。该行为虽然会限制竞争，但是可以产生效率，推动经济进步，且为产生效率必不可少的措施。(2)客观合理性抗辩。经营者施行该行为有其客观合理性，如基于产品安全或健康考虑，企业采取限制竞争的行为，在此种情形下，企业的限制竞争行为可以得到豁免。需要注意的是，虽然并不明确排除出现抗辩理由的情形存在，但是该类情形存在的可能性极小。倘若企业能够因为具有此种理由而得到了《反垄断法》的豁免，那么行政机关的行政垄断行为同样可能会因为产生了效率、提高了社会总产出而得到《反垄断法》的豁免。而在山东省交通运输厅行政垄断案中，根据该案的现有调查

① 参见国家发展改革委依据《价格法》于 2018 年 1 月 1 日起施行的《政府制定价格行为规则》。

情况,九通公司的不公平交易价格在相关市场上并未产生某种效率,同时其实施此种行为也并未基于某种客观合理性的理由,没有关于健康、安全等因素的合理考量,因此该行为没有合适的抗辩理由。而九通公司的行政强制交易行为虽然客观上是由于山东省交通运输厅的相关文件所引起的,但是其行为依旧符合强制交易的要件。在对该行为的调查中发现,其已经在相关市场严格限制了车载终端型号,并没有明显改善产品的生产和销售状况,推动技术的进步,反而使消费者承担了过高的费用,因此该行为同样不具有豁免理由。

综上所述,九通公司在监控平台市场上滥用市场支配地位,实施了不公平交易价格行为;同时,在车载终端市场上滥用市场支配地位,实施了强制交易行为,并且没有合理的抗辩理由,违反了旧《反垄断法》第 8 条、第 32 条和第 37 条①之规定。

第二节　滥用行政权力

一、滥用行政权力的渊源

(一)反不正当竞争法

1993 年颁布实施的《反不正当竞争法》将“滥用行政权力”纳入其中,在此之后,2008 年《反垄断法》和 2015 年《行政诉讼法》也对滥用行政权力作出了相应规定。除此之外,在其他一些法律法规中也能找到“滥用行政权力”的规定。1993 年实施的《反不正当竞争法》第 7 条②和第 30 条③简明扼要地将行政垄断

① 新《反垄断法》第 10 条、第 39 条和第 45 条。

② 《反不正当竞争法》(1993 年)第 7 条:“政府及其所属部门不得滥用行政权力,限定他人购买其指定的经营者的商品,限制其他经营者正当的经营活动。政府及其所属部门不得滥用行政权力,限制外地商品进入本地市场,或者本地商品流向外地市场。”

③ 《反不正当竞争法》(1993 年)第 30 条:“政府及其所属部门违反本法第七条规定,限定他人购买其指定的经营者的商品、限制其他经营者正当的经营活动,或者限制商品在地区之间正常流通的,由上级机关责令其改正;情节严重的,由同级或者上级机关对直接责任人员给予行政处分。被指定的经营者借此销售质次价高商品或者滥收费用的,监督检查部门应当没收违法所得,可以根据情节处以违法所得一倍以上三倍以下的罚款。”

纳入该法的调整范围，也是我国首次在重要的国家级法律的层面对行政垄断相关问题作出规定。《反不正当竞争法》(1993 年)第 7 条，是我国立法中第一次出现“滥用行政权力”的表述，对于其内涵为何，《反不正当竞争法》并未进行更加明晰的界定和阐明。尽管 2017 年《反不正当竞争法》进行了修订，有关行政垄断的内容已被删除，但作为行政垄断问题的“第一个法律条文”，该规定在存续期间还是具有重大的影响力，之后的各种法律和政策文件在涉及行政垄断问题时，都会多多少少受其规定的影响。

(二)反垄断法

2008 年 8 月 1 日，备受关注的《反垄断法》终于正式实施，该法也是我国主要对行政垄断的相关问题作出比较细致规定的法律。从新《反垄断法》的体例来看，共有 13 条条文涉及行政垄断的内容。第一章第 10 条对行政垄断的基本内涵作出了总括性的规定，第五章则以一整章的形式在第 39 条至第 45 条对行政垄断的 7 种典型情形进行了列举，第七章的第 61 条则对行政垄断需要承担的法律责任作出了简要的规定。新《反垄断法》第 10 条关于“滥用行政权力”的表述，其实是继承了《反不正当竞争法》(1993 年)的用语，为了与其保持一致，以免引起不必要的争议，而未对“滥用行政权力”的本身含义作具体细化规定。

对行政垄断问题作出规定的行政法律规范主要是 2015 年施行的《行政诉讼法》，1989 年公布的《行政诉讼法》未涉及行政性限制竞争的问题，因此亦无“滥用行政权力”的相关规定。《反不正当竞争法》(1993 年)和旧《反垄断法》对于针对行政机关的行政垄断行为是否可以提起行政诉讼没有明确规定，实践中争议较大，做法不一。

2008 年旧《反垄断法》出台施行后，我国行政垄断的规制体系主要由《行政诉讼法》、《反垄断法》和《优化营商环境条例》组成。

二、“滥用行政权力”的认定

(一)“滥用行政权力”的概念

针对“滥用”的界定标准，至今尚未达成一致。较有代表性的观点有：“违反目的、原则说”“违反原则说”“结果显失公正说”“内容列举说”“行政职权不规范或者超常规使用说”等。这里面牵涉的是不同角度下，界定行政权力“正当行使”与“滥用”界限的问题。关于滥用行政权力，究竟指的是狭义上的滥用自由裁量权力，还是广义上的包括了滥用羁束行政权力在内的理解呢？后者不仅包括前者，还包括行政机关的越权行为和失职行为。《反垄断法》的立法原意，显然不是仅从行政法的角度规范自由裁量权的使用，而是防范“通过作为、不作为的方式，行政权力没有正当运行，从而妨碍了相关市场的竞争”。此处的滥用行政权力，系指相关主体故意背离行政权力的正常运行轨道，通过作为或不作为的方式，排除、限制或没有在职责范围内积极地保护相关市场的竞争。[①]

（二）“滥用行政权力”的界定

对于“滥用行政权力”如何界定，学术界的争议一直较大。权威观点认为，“滥用行政权力”应该解释为既包括行政超越职权行为，也包括不符合行政权力的运行目的、运行程序和运行规范来行使行政权力的行为；[②]也有学者认为，这一扩大解释严重背离了行政法有关行政越权和滥用职权的基本理论。[③] 对于滥用行政权力排除、限制竞争的理解，在原则上通常应当限于超出法定权限或者法定程序对市场竞争实施的各种抑制举措。[④] 根据全国人大常委会法制工作委员会经济法室所作的说明，我国《反垄断法》对此应当就是秉持这种态度，即“这两类机构行使行政权力，都有法律、法规依据，其应当依法办事，如果其超越法律、法规规定的行政权力处理公共事务，就有可能导致滥用行政权力的行为发生”[⑤]。

《行政诉讼法》和《行政复议法》并没有具体规定“滥用行政权力”的实质含义，而其他的法规与法律解释也没有对“滥用行政权力”的内涵作出定论或者对

---

① 参见刘嘉明：《收紧行政权力的缰绳：1985—2013“行政性垄断”研究述评》，载《天水行政学院学报》2014 年第 1 期。

② 参见曹康泰主编：《中华人民共和国反垄断法解读——理念、制度、机制、措施》，中国法制出版社 2007 年版，第 155 页。

③ 参见魏琼：《行政性垄断新解》，载《政治与法律》2010 年第 6 期。

④ 参见丁茂中：《论我国行政性垄断行为规范的立法完善》，载《政治与法律》2018 年第 7 期。

⑤ 全国人大常委会法制工作委员会经济法室编：《中华人民共和国反垄断法条文说明、立法理由及相关规定》，北京大学出版社 2007 年版，第 212 页。

其表现作出进一步的列举。从行政法理论研究上看，可以从以下几个方面理解"滥用行政权力"：其一，被滥用的"行政权力"是行政自由裁量权。行政行为被区分为羁束行为和自由裁量行为。羁束行为严格按照法律的规定行使，不存在自由选择的幅度，因此只有"合法"问题，而无"合理"问题，并不会导致"滥用"的问题；而自由裁量可能存在违法和不合理，从而导致"滥用"问题。[①] 在美国和日本，"滥用行政权力"直接被界定为"滥用自由裁量权"；当今世界上大多数学者认为，滥用行政权力就是滥用自由裁量权。[②] 其二，何为"滥用"。较为一致的观点是，滥用即为不合理的使用，但在不合理的程度方面学术界仍然存在一定的分歧。其三，"滥用行政权力"是行政违法的一种形式。"滥用行政权力"主要是对行政自由裁量权合理性的质疑，是行政违法的形式之一。对于适用"滥用行政权力"要件还需要注意的另外一个问题就是，《反垄断法》第五章对违法性判断的实质标准其实不在《反垄断法》本身，而是在其他相关行政管制立法之中。《反垄断法》能够提供给执法者和司法者的真实判断标准只有一个，即"排除、限制竞争"，而这种"排除、限制竞争"行为是否能够为《反垄断法》所认可，其根本在于这些行为是否违反了约束行政主体本身的行政管制立法。由于《反垄断法》将行政违法行为的前提设为"滥用行政权力"，这就容易使执法机关和司法机关不得不将各类行政不当干预行为解释为"不合理地行使自由裁量权"。例如，山东省交通运输厅印发文件要求全省"两客一危"车辆、重型载货汽车和半挂牵引车必须直接接入九通公司建设的监控系统平台，并对进入山东省市场的卫星定位终端的型号和价格提出要求这一事件，国家发展改革委在《关于建议纠正山东省交通运输厅滥用行政权力排除限制竞争有关行为的函》的附件中对山东省交通运输厅行为的违法性进行了两方面的说明：(1)根据交通运输部的三个相关文件，指出道路运输企业在监控平台和车载终端上拥有自主选择权；(2)认定山东省交通运输厅的相关做法排除和限制了监控平台和车载终端市场的竞争。[③] 根据《行政许可法》的规定和公法主体"法无明文规定则

① 参见胡建淼主编：《行政违法问题探究》，法律出版社 2000 年版，第 296 页。这一推论建立在"滥用"即"不合理"的理论上，从这个意义上讲，理解"滥用行政权力"的两个方面必须同时进行。

② 参见胡建淼主编：《行政违法问题探究》，法律出版社 2000 年版，第 296 页。

③ 参见《国家发展改革委办公厅关于建议纠正山东省交通运输厅滥用行政权力排除限制竞争有关行为的函》(发改办价监〔2015〕501 号)。

不可为”的要求，在没有法律明确授权的情况下，山东省交通运输厅的行为明显超越职权，也违反了《行政许可法》关于“设定和实施行政许可，应当依照法定的权限、范围、条件和程序”的要求。[①] 但为了满足“滥用”的要求，国家发展改革委在文件正文中指出山东省交通运输厅“不合理地推高了平台服务费水平和车载终端的销售价格，增加了道路运输企业的经营成本”，从而认定相关行为违反了《反垄断法》。而事实上，山东省交通运输厅对监控平台市场和车载终端市场的强制性准入许可的违法性在于其行为本身缺乏相应管制立法的支持，而不在于其对于市场价格和经营成本的经济效果影响；换言之，即使不存在“推高平台服务费水平和车载终端的销售价格，增加了道路运输企业的经营成本”的效果，垄断性地获取行业利润也违反了《反垄断法》。[②]

（三）“滥用行政权力”的司法实践

滥用行政权力的含义在理论上有争议，在实践中也难以认定，易于使人认为其违法性在于滥用行政权力，而忽略行政垄断给竞争秩序造成的损害。[③]

“深圳斯维尔案”是一个产生了广泛影响力的典型行政垄断案件，该案创造了多个第一，被称为进入实质审理的“中国行政垄断第一案”。二审中，广东省高级人民法院则回归了对于广东省教育厅是否构成滥用职权的判断中，从作出行政行为的目的出发，认定其没有正当理由指定竞赛使用的软件，全程紧扣“目的”，这一论证符合滥用职权的通说——“违反目的说”的理论。广东省高级人民法院的论证，说明其潜在地认定滥用职权与滥用行政权力为同一概念，并且注意到滥用职权是专指滥用裁量权，如果想要认定广东省教育厅的违法行为构成行政垄断，则应当将该行为解释为滥用职权，而不是其他违法情形。尽管思路不一，但一审和二审最终的结果是一致的，两级法院都认定广东省教育厅的行为属于行政垄断，并确认该行为违法。

“南京发尔士案”[④]入选为2015最高人民法院发布的十大经济行政典型案

---

① 参见《行政许可法》第4条、第8条，以及“第二章行政许可的设定”。

② 参见盛杰民、张江莉：《论〈反垄断法〉中的“滥用行政权力”》，载《竞争政策研究》2015年第1期。

③ 参见郑鹏程：《行政垄断的法律控制研究》，北京大学出版社2002年版，第31页。

④ 江苏省南京市中级人民法院行政判决书，（2015）宁行初字第16号。

例，同样在行政垄断诉讼法治化进程中占有重要的地位。在本案的裁判要旨中，南京市中级人民法院论证被告江宁区政府的行为，不但具有超越职权的情形，而且未履行法定的行政程序，因此构成行政垄断。由此可见，南京市中级人民法院实质上是以超越职权和违反法定程序为由最终判决江宁区政府败诉，但本质上这两种违法行政的情形并不属于滥用职权。尽管如此，这并没有成为法院认定其构成滥用行政权力的障碍，而是进一步认定构成了行政垄断。值得注意的是，法院解释道，"江宁区政府的行为排除了其他可能的市场参与者，构成通过行政权力限制市场竞争"，其中的"通过"二字值得琢磨，任何不正当行使行政权力导致限制竞争结果的行为都属于"通过行政权力限制竞争"，其与"滥用行政权力限制竞争"很明显不一样，前者的范围更大，超越职权和违反法定程序等情形都可以被前者吸收，但却不一定属于后者。法院用"通过"二字回避了"滥用"二字，也表明其认为滥用行政权力与滥用职权含义一致，但因本案被告的行为难以被解释为滥用职权又确实构成行政垄断，故采取这种较为宽泛而模糊的说法，从而维护原告合法的市场利益，以及市场正常的经营和竞争秩序。

"丹阳鸿润超市案"①也是2015年最高人民法院发布的十大经济行政典型案例之一，与"深圳斯维尔案"和"南京发尔士案"两个典型行政垄断案件相比，该案中丹阳市原工商局的行为以行政登记为外壳，并没有表现出典型的行政垄断特征，在法院审理过程中也并没有对其是否构成行政垄断进行认定和说理。笔者认为，被告丹阳市原工商局的行为是在没有上位法依据的情况下，通过规定登记需要具备的其他条件，从而设置不平等的市场准入条件，同时，应当登记却不予登记的行为，还涉及行政不作为，丹阳市原工商局的这种行为可能产生排除、限制竞争的效果，进而对市场竞争造成损害性影响，因此应当构成行政垄断。在该案中，法院最终以缺乏法律依据为由撤销丹阳市原工商局不予登记的行为。通过这个案件我们可以总结，没有法律法规依据、行政不作为也可以是构成行政垄断的违法形态。通过对三个典型案件的分析可以发现，尽管《反垄断法》和《行政诉讼法》["深圳斯维尔案"一审和"南京发尔士案"主要发生在《行政诉讼法》(2014 年修正)实施前，"深圳斯维尔案"二审发生在《行政诉讼

① 江苏省丹阳市人民法院行政判决书，(2015)丹行初字第00052号。

法》(2014 年修正)实施后,“丹阳鸿润超市案”则跨越了《行政诉讼法》(2014 年修正)实施前后的阶段]都规定了行政垄断是滥用行政权力排除或限制竞争的行为,但法院在对行政垄断案件的违法构成进行判断时,并不一定只是从滥用权力的角度出发,法院在认定是否构成滥用行政权力时,理由往往伴随超越职权、违反法定程序、证据不足等多种情形。这一方面说明,不是只有滥用职权一种情形才能构成行政垄断,法院撤销行政垄断行为的理由多种多样,滥用行政权力与滥用职权并非相等概念,前者的范围应当大于后者,同时也证明了滥用行政权力这一要件具有表述上的局限性,法院在面临该问题时只能另辟蹊径。另一方面,法院不同的裁判思路也表明这可能与其自身未能正确理解滥用职权有关,有关判决文书显示,法院倾向于将滥用职权泛化理解为违法,在这三个案件中,广州市中级人民法院的这种倾向较为明显。

造成此种泛化也有行政相对人的因素。行政相对人在行政诉讼中不能给予进一步细化,仅仅是主张行政机关“滥用职权”或者“不当行使行政权”,而法院在具体诉讼中又基本不可能主动去查明如此之多的可能涉及滥用职权的因素,这使法院无法在行政诉讼中更好地适用这一事由。因此,尽可能地明确滥用职权的衡量因素,对作为行政诉讼原告的相对人同样具有意义,也有利于对滥用职权的司法控制。[①]

三、行政垄断构成要件

(一)“四要件”说

我国新《反垄断法》第 10 条和第 39 条至第 45 条属禁止性条款,采用“一般与列举相结合”的方式具有其合理性。在认定行政性垄断的具体操作中,有学者提出了“构成要件说”,该说认为认定行政性垄断须包含下列四方面要件:[②](1)主体要件。标准在于是否运用行政权力去限制竞争,而不在其身份是否为行政机关抑或企事业单位。(2)行为要件,具体而言是指主观方面表现为故意,

① 参见姚建军:《对行政滥用职权的司法审查》,载《人民司法》2011 年第 7 期。

② 参见郭登科、付荣:《行政垄断法律责任的界定及构成要件》,载《现代法学》2003 年第 2 期。

行为方式包括具体和抽象行政行为。(3)结果要件。我国目前要求存在对市场竞争的实质限制,主要表现为包括既得利益减损和预期可得利益损失在内的财产损害。(4)因果关系,即行政性垄断行为与其造成的损害结果之间存在必然联系。

(二)司法“三要件”说

例如,在汕尾市真诚公共汽车运输有限公司与汕尾市人民政府排除、限制竞争纠纷上诉案[①]中,二审法院就“关于行政性限制竞争行为的认定”认为,旧《反垄断法》第 8 条[②]规定:“行政机关和法律、法规授权的具有管理公共事务职能的组织不得滥用行政权力,排除、限制竞争。”第 32 条[③]规定:“行政机关和法律、法规授权的具有管理公共事务职能的组织不得滥用行政权力,限定或者变相限定单位或者个人经营、购买、使用其指定的经营者提供的商品。”根据上述法律规定,可以认定构成《反垄断法》所规制的行政性限制竞争行为,一般应同时具备以下三个要件:一是主体要件,即应当是行政机关或者法律、法规授权的具有管理公共事务职能的其他组织。二是行为要件,即行政主体欠缺法律、法规、规章或者国家政策依据,或者违反法定程序,实施了限定或者变相限定单位或者个人经营、购买、使用其指定的经营者提供的商品的行政行为。三是效果要件,行政机关指定经营者的行为产生了排除、限制同一市场其他同业竞争者竞争的客观效果,损害市场公平竞争秩序。据此,结合上述认定行政性竞争行为的三个法定要件,法院认为,在本案特许经营许可中的行政性限制竞争行为的基本认定规则是:政府或者实施机构严格按照《基础设施和公用事业特许经营管理办法》《市政公用事业特许经营管理办法》的规定,遵循法定程序,将特许经营权授予一家经营者或者投资者独家经营,虽然也会产生排除、限制其他同业竞争者的客观效果,但该行为不属于《反垄断法》所规制的行政性限制竞争行为。相反,政府或实施机构在实施许可过程中,违反上述法律、法规、规章的规定,未经公平、公开、公正的竞争机制,未按法定程序实施或者故意设置不合理

① 广东省高级人民法院行政判决书,(2016)粤行终 1455 号。

② 新《反垄断法》第 10 条。

③ 新《反垄断法》第 39 条。

的条件，指定特许经营者，从而排除、限制同一市场其他同业经营者的公平竞争权和参与权，损害消费者的自主选择权，则应认定构成了行政性限制竞争行为。

再如，“深圳斯维尔案”[①]中，如何认定“行政垄断行为”？广州市中级人民法院在判决当中指出，根据旧《反垄断法》第32条规定：“行政机关和法律、法规授权的具有管理公共事务职能的组织不得滥用行政权力，限定或者变相限定单位或者个人经营、购买、使用其指定的经营者提供的商品。”广东省教育厅“指定独家参赛软件”行为符合构成行政垄断的要素条件，即在主体上，广东省教育厅是“行政机关和法律、法规授权的具有管理公共事务职能的组织”；在行为上，其“指定独家参赛软件行为”符合“限定或者变相限定单位或者个人经营、购买、使用其指定的经营者提供的商品”；至于“滥用行政权力”，法院依据行政诉讼法规定行政机关应对自己的“具体行政行为负有举证责任”，认定广东省教育厅对自己“指定独家参赛软件”行为不能提供证据证明其合法性，为此广东省教育厅构成“滥用行政权力”。

二审法院认为，关于广东省教育厅在涉案赛项中指定独家使用由广联达公司免费提供的相关软件是否合法问题。旧《反垄断法》第8条规定：“行政机关和法律、法规授权的具有管理公共事务职能的组织不得滥用行政权力，排除、限制竞争。”第32条规定：“行政机关和法律、法规授权的具有管理公共事务职能的组织不得滥用行政权力，限定或者变相限定单位或者个人经营、购买、使用其指定的经营者提供的商品。”根据上述法律规定，行政机关滥用行政权力，排除、限制竞争应具备以下三个要件：一是主体是行政主体，即行政机关和法律、法规授权的具有管理公共事务职能的组织；二是行政机关及相关组织有限定或者变相限定单位或者个人经营、购买、使用其指定的经营者提供商品的行为；三是行政机关及相关组织在实施上述行为过程中滥用行政权力，并且产生了排除、限制竞争的效果，损害市场公平竞争秩序。本案中，经广东省教育厅审核通过后才予以公布的涉案赛项技术规范、竞赛规程均明确在涉案赛项中指定独家使用广联达公司的相关软件，该行政行为已符合上述法律规定的行政机关排除、限制竞争行为的前两个要件。至于该指定使用行为是否构成滥用行政权力，产生

---

① 一审广州市中级人民法院行政判决书，(2014)穗中法行初字第149号；二审广东省高级人民法院行政判决书，(2015)粤高法行终字第228号。

排除、限制竞争的效果，损害市场公平竞争秩序问题。根据《行政诉讼法》(1989年)第32条“被告对作出的具体行政行为负有举证责任，应当提供作出该具体行政行为的证据和所依据的规范性文件”的规定，广东省教育厅应对其在涉案赛项中指定独家使用广联达公司相关软件的合法性负举证责任，包括其行为不仅合法且应当遵循正当程序，正当合理地行使行政权力负举证责任，如举证不能，理应承担败诉的结果。广东省教育厅在法律未有明确规定其指定使用行为应遵循何种法定程序的情况下，应当经过公开、公平的竞争性选择程序来决定使用相关商家免费提供的软件，除非有正当理由，否则属于滥用行政权力。广东省教育厅在指定独家使用广联达公司软件的文件中，虽有专家组会议评议决定与国赛保持一致，但没有进行合法性以及合理性论证，其亦未能提供其他证据证明其经过公开、公平的竞争性选择程序指定使用广联达公司软件，且其指定使用该软件的目的是用于学生竞赛，并非从国家安全需要、保守国家秘密、突发事件等正当理由考虑。另外，广东省教育厅指定独家使用广联达公司软件的后果是排除了其他软件供应商包括斯维尔公司作为合作方参与竞争提供赛项软件的权利，影响了其他软件供应商包括斯维尔公司的公平竞争权；同时可使参赛学校师生形成使用习惯，并且对于提高广联达公司的市场声誉有极佳效果，从而提高了广联达公司软件在市场的占有份额。因此，广东省教育厅指定使用广联达公司相关软件行为会导致参赛院校师生在使用习惯方面产生依赖，并且提升广联达公司产品的知名度，从而导致广联达公司软件在市场占有份额的上升，同时导致了斯维尔公司等同类竞争者的产品在市场占有份额方面的下降，进而损害市场公平竞争秩序，产生了排除、限制竞争的效果。因此，广东省教育厅指定使用广联达公司相关软件属于滥用行政权力，排除、限制竞争的行为。广东省教育厅上诉主张，因教育部在国赛中先行指定使用广联达公司相关软件，其以教育部的指定使用文件为依据，是为了更好地与国赛对接，使参赛选手尽快适应竞赛规则，有利于选手的发挥。教育部下发的国赛赛项规程虽然明确要求在国赛中独家使用广联达公司相关软件，但并未强制规定各省选拔赛亦应独家使用广联达公司相关软件，因此，广东省教育厅以教育部在国赛中先行指定使用广联达公司相关软件为由提出抗辩，法院未予支持。原审判决确认广东省教育厅指定在涉案赛项中独家使用广联达公司相关软件的行为违法并无不当，法院予以维持。上诉人广东省教育厅和广联达公司上诉主张，广东省教育厅指定使用行为不产生排除、限制竞争的效果，不构成行政垄断，原审法院作合理性审查该指定使用行为错误，请求撤销原审判决，改判驳回上诉人全部诉讼请求等，因缺乏事实根据和法律依据，上诉理由不成立，法院未予采纳。

司法实务中，采取“三要件”认定是法院常用方法。

（三）滥用行政权力

2014 年《行政诉讼法》修法将“行政性限制竞争”的行为明确纳入行政诉讼的案件审理范围，规定在其第 12 条第 1 款第 8 项，使司法机关受理和裁判行政垄断案件有了直接的依据。在《反垄断法》沿用《反不正当竞争法》的规定的情况下，《行政诉讼法》采取“滥用行政权力”的表述，亦是为了与《反垄断法》的规定保持一致，减少在行政垄断案件的审理过程中两部法律的矛盾和不适，但是未考虑到与其第 70 条“滥用职权”的关系问题。《行政诉讼法》（2014 年修正）的出台与施行，并没有使对行政垄断的认定标准更加明朗，反而使滥用行政权力与滥用职权关系不清的问题更加突出。当然，明确滥用行政权力的具体内涵和情形本身并非《行政诉讼法》的职责，《行政诉讼法》已为更好地规制行政垄断开辟了崭新的路径，在行政垄断规制进程中具有里程碑式的重大意义。①

长期以来，我们一直认为滥用行政权力是行政垄断的行为标准，尽管有学者对滥用行政权力标准不易界定有过研究，但大多认为滥用行政权力是行政垄断的唯一标准。直到魏琼在《政治与法律》2010 年第 6 期发表的《行政性垄断新解》中提出滥用行政权力不是行政垄断的唯一标准，他认为，如果将行政垄断看作“滥用行政权力”的结果，那么大量的行政垄断行为将会因为不是“滥用行政权力”的结果而无法得到规制。“滥用行政权力”实际上应是“违法行使行政权力”的表现形式之一。由此可见，行政垄断不仅是“滥用行政权力”的行为，准确地讲，应是“违法行使行政权力”的行为。②

---

① 参见高杜鹃：《行政垄断案件中的滥用行政权力问题研究》，华东政法大学 2019 年硕士学位论文，第 58 页。

② 参见魏琼：《行政性垄断新解》，载《政治与法律》2010 年第 6 期。

四、排除和限制竞争的认定

反垄断的执法工作是一项技术性和专业性都比较强的工作,对行政机关或管理公共事务组织的行为是否构成行政垄断需要加以分析和判断。在反垄断执法的过程中,一个垄断行为是否确实排除和妨碍了公平竞争是准确界定垄断行为成立与否的关键。这个判断的标准又需要借助相关部门对市场的竞争情况的了解和其他一系列因素作综合评价。所以,相关机构应当定时调查和分析一定区域市场有关商品和服务等的总体情况,市场竞争是一种变幻莫测和比较复杂的社会现象,需要从更加专业的角度来理解和执行,这就对执法机关人员的专业水平、专业知识以及经验提出了更高的要求。我国反垄断执法机关的组成人员除了一些专业人士外,还可以有一些相关领域的专家,从而更有效地解决和面对复杂的情形。

(一)行政执法与排除、限制竞争

反垄断行政执法过程的逻辑思路与行政诉讼司法裁判具有一定差异。在行政执法中,一般不考量和分析“滥用行政权力”,而是从行政机关是否“排除和限制竞争”角度进行判断,如四川省和浙江省原卫计委行政垄断案①,国家发展改革委认为,四川省原卫计委在组织实施本省药品集中采购中,实施地方保护行为,损害了相关市场的公平竞争,具体包括:2013 年印发《四川省医疗机构药品阳光采购管理暂行办法》,对医疗机构采购本省药品比例进行考核,对未达到比例要求的采取一定惩罚措施;在 2014 年药品挂网采购中,禁止全国均未挂网/中标的外地药品挂网,而相同条件下的本地药品可以参与挂网,限制此类外地药品进入本省市场;在 2015 年 8 月公布的《2015 年四川省公立医院药品集中分类采购实施方案(征求意见稿)》中,通过经济技术标评审中给本地企业额外加分、本地企业可以不占指标单独入围商务标评审等方式,重点支持本地药品生产企业参加双信封招标。

---

① 参见万静:《发改委:四川、浙江两省卫计委涉嫌违反反垄断法》,载《法制日报》2015 年 11 月 4 日。

浙江省原卫计委在2014年度两批药品集中采购中,实施地方保护和指定交易,排除和限制了相关市场竞争。在《浙江省2014年药品集中采购(第一批)实施方案》和《2014年浙江省普通大输液集中采购方案》的经济技术标评审项目中,专门针对本地企业设定加分项目,外地企业无法获得此类加分,使外省企业无法获得与本省企业平等的加分机会,一定程度上限制了外省企业同本省企业的公平竞争。在第二批采购中,将招标范围限定为在药品集中采购平台上有历史交易记录的产品,导致之前未中标企业及其他药品生产企业和新产品无法参与此次采购。上述做法限制了相关市场的公平竞争,分别属于旧《反垄断法》第34条所列"以设定歧视性资质要求、评审标准或者不依法发布信息等方式,排斥或者限制外地经营者参加本地的招标投标活动"和第32条所列"限定或者变相限定单位或者个人经营、购买、使用其指定的经营者提供的商品"的行为。

(二)司法裁判与排除、限制竞争

新昌中石油昆仑燃气有限公司诉绍兴市原工商局工商行政处罚一案①,二审法院认为,《反不正当竞争法》(1993年)第23条规定:"公用企业或者其他依法具有独占地位的经营者,限定他人购买其指定的经营者的商品,以排挤其他经营者的公平竞争的,省级或者设区的市的监督检查部门应当责令停止违法行为,可以根据情节处以五万元以上二十万元以下的罚款。被指定的经营者借此销售质次价高商品或者滥收费用的,监督检查部门应当没收违法所得,可以根据情节处以违法所得一倍以上三倍以下的罚款。"被上诉人依据该条对上诉人作出行政处罚决定,认定上诉人存在限制竞争行为和滥收费用两个行为。根据立法本意,存在限制竞争行为是前提。而一审法院对上诉人是否存在限制竞争行为未作审查和评论,直接以上诉人存在滥收费用的行为而判断其违反《反不正当竞争法》(1993年)第23条的规定,属认定事实不清,证据不足。依照《行政诉讼法》(1989年)第61条第3项之规定,裁定如下:(1)撤销浙江省绍兴市越城区人民法院(2013)绍越行初字第48号行政判决;(2)发回浙江省绍兴市越城区人民法院重审。

行政诉讼中,司法机关一般会将"排除限制竞争行为"的审查作为基础行为

① 浙江省绍兴市中级人民法院行政裁定书,(2014)浙绍行终字第11号。

进行审查。

五、排除和限制竞争的评估方法

《反垄断法》对经济性垄断的规制较充分地运用了经济学的分析路径，然而其对“滥用行政权力排除、限制竞争”的规制却在这一方面十分欠缺，这也是我国《反垄断法》亟待解决的问题之一。例如，山东省交通运输厅行政垄断案，国家发展改革委根据有关事实认定该行为属于行政垄断行为，违反了旧《反垄断法》第8条、第32条和第37条。国家发展改革委的处理结果虽然正确，但是在其发布的函件中并没有对山东省交通运输厅的行为进行足够的经济学分析。

除前述案件，查处的行政垄断案件中多数没有进行任何分析，这是我国行政垄断查处中面临最大的困境，也是行政垄断建议函需要重点完善的地方。

第三节 执法建议权

一、建议权立法的争议

（一）反对建议权立法的观点

新《反垄断法》第61条[①]有以下三个要点：（1）行政垄断由上级机关责令改正，反垄断执法机关无直接处罚权而只有建议权；（2）直接负责的主管人员和其他直接责任人员承担行政责任；（3）法律、行政法规另有规定时，适用其他规定。

在《布莱克法律词典》中，法律责任是指“因某种行为而产生的受惩罚的义

① 新《反垄断法》第61条规定，行政机关和法律、法规授权的具有管理公共事务职能的组织滥用行政权力，实施排除、限制竞争行为的，由上级机关责令改正；对直接负责的主管人员和其他直接责任人员依法给予处分。反垄断执法机构可以向有关上级机关提出依法处理的建议。行政机关和法律、法规授权的具有管理公共事务职能的组织应当将有关改正情况书面报告上级机关和反垄断执法机构。法律、行政法规对行政机关和法律、法规授权的具有管理公共事务职能的组织滥用行政权力实施排除、限制竞争行为的处理另有规定的，依照其规定。

务及对引起的损害予以赔偿或以其他诉讼法予以补偿的义务”①。

有关行政垄断法律责任散见于多层次的立法之中，上至全国人大及其常委会制定的法律，下到国务院各部委的规章。我国对行政垄断的规制始于国务院在1980年发布的行政法规——《关于开展和保护社会主义竞争的暂行规定》。当我国反垄断执法机关对行政垄断行为只享有对有关上级机关提出依法处理的建议权时，由于《反垄断法》对行政垄断行为的处罚是重复了《反不正当竞争法》(1993年)第30条规定的“由上级机关责令改正”的规定，而从我国《反不正当竞争法》实施近20年的实践活动来看，“上级机关”对其“下级机关”滥用行政权力排除、限制竞争的违法行为进行监督检查的成功案例极为少见，这样的法律责任条款较难有效地遏制行政垄断行为。

该法律责任设计自产生以来，就一直备受质疑，人们普遍认为这会影响反垄断法规制行政性垄断的效果，无法有效威慑敢于实施行政性垄断行为的行政机关及有关公共组织，有可能成为一只“无牙的老虎”。② 反垄断执法机关的建议权形同虚设。例如，2011年1月，广东省某市易流科技有限公司等3家汽车GPS运营商联名向广东省原工商局投诉，反映该市人民政府在强制推广汽车GPS工作中的行政行为涉嫌滥用行政权力排除、限制竞争，广东省原工商局向广东省人民政府正式作出“依法纠正该市政府上述滥用行政权力排除、限制竞争行为”的建议。2011年6月，广东省人民政府作出复议决定，认为该市人民政府上述行政行为违反旧《反垄断法》第8条、第32条和《道路交通安全法》第13条的规定，属于滥用行政职权，其行为明显不当，决定撤销其具体行政行为。该市人民政府根据广东省人民政府决定，纠正了其滥用行政权力排除、限制竞争的行为，恢复了该市汽车GPS运营市场的竞争格局。该案虽然是由省级人民政府处理，但其适法路径其实并不是靠反垄断机构建议上级机关处理，而是投诉人同时走了行政复议的渠道，最终是以省人民政府作出复议决议的形式给予解决。

也少有对直接负责的主管人员和其他直接责任人员依法给予处分。以四川省成都市原交通委员会的案件为例，四川省原工商局只是向成都市原交通委

① 《布莱克法律词典》，美国西部出版社公司1983年版，第1197页。

② 参见黄勇：《当行政垄断遭遇法律“挑战”》，载《中国报道》2008年第8期。

员会提出了工作建议，并没有见到交通委员会的上级来处理这一违法行为。之后，成都市原交通委员会也没有撤销原违法文件，只是表示，今后在制定新增出让方案时，将积极采纳省工商局提出的工作建议。

（二）支持建议权的观点

关于滥用行政权力，大家现在对滥用行政权力说得最多的是只设置建议权不好，对滥用行政权力应该有直接的调查、调查完了直接处置，但笔者认为，我们这个建议权是非常精准的制度设计。在我们国家的行政体制下，行政机关之间的组织构架，是上级指挥下级，没有横向的权力。竞争这个目标是市场经济中非常重要的一个目标，但是我们社会中还有其他重要的目标，有安全的目标，有社会公共福利的目标。建议权如果改成直接处理权，从法理上讲不通，在现实中也不可能。[①] 时任国务院原法制办主任曹康泰认为："从行政体制上看，对于包括地方各级政府及其相关部门在内的行政机关和公共组织的行为，由同样作为行政机关的反垄断执法机关去处理，是不顺的，不符合行政权力运行的基本轨道，很可能将反垄断执法机关置于和各级地方政府及其有关部门对立的地位，引发行政架构内部的矛盾。"[②]

从国情出发，我国《反垄断法》确立的执法者向上级机关建议处理的方式虽然是一种微弱的授权，但在一定程度上符合我国目前的行政管理体制，为上级机关规制下级行政部门的限制竞争行为提供了可能性，其实上级部门比反垄断执法机关更有威慑力，因为它们可能会担心承担政治责任。当然，我们也可以采用一些较具有威慑力的辅助措施，如执法者可以根据已有的调查结果，将行政垄断实施者的名称、主要负责人、垄断事实、证据等相关事项进行公布，这种公开的披露方式可能会具有更强的约束力。因为实施机关的上级机关会基于已公开的压力要求其改正，实施机关本身也会害怕承担政治责任自行改正；更

---

① 参见李青：《反垄断不应限于中央事权》，中国世界贸易组织研究会竞争政策与法律专业委员会主办的"2019 中国竞争政策与法律年会暨新时期中国反垄断立法和执法研讨会"发言。

② 曹康泰主编：《中华人民共和国反垄断法解读——理念、制度、机制、措施》，中国法制出版社 2007 年版，第 226 页。

为重要的是，它也为私人诉讼的执行提供了良好的激励机制与证据材料。[①] 这说明我国绝大部分行政性垄断案件未启动追责程序，只要在反垄断执法机关启动调查、提出依法处理的建议之前，行政机关或具有管理公共事务职能的组织主动纠正，案件便告结束。这些主动纠正的案件涉及的原因有多种：有些只是简单说主动纠正或者调查过程中/后主动纠正，有的则是进一步说明了主动纠正的原因，包括调查过程中指出问题后主动纠正、督促整改/提出整改建议（要求）后主动纠正、反馈相关情况后主动纠正、约谈后主动纠正、调查过程中主动提出整改方案并加以纠正。分析这些原因可见，有些主动纠正是较为主动的，有些主动纠正是较为被动的，需要指出问题、督促整改、提出整改建议、反馈相关情况甚至约谈后才“主动纠正”。严格意义上说，这种“主动纠正”其实是“被动纠正”，属于迫不得已而为之，对于这类案件，反垄断执法机关理应向“上级机关”提出依法处理的建议。

二、建议权的上级机关

我国新《反垄断法》第61条将“上级机关”作为行政垄断法律责任的追责主体，只有“上级机关”才可以“责令改正”和“行政处分”。“上级机关”不是法定的反垄断法的执法主体，与行政垄断的行为人通常有利益趋同性，而且又缺乏对下级机关的有效监督，使该责任条款形同虚设。在大多数行政性垄断案件中，“上级机关”实际上采取了不作为的消极做法。[②]

“上级机关”的定位是模糊的。首先，“上级机关”就是“上一级机关”吗？依文义解释难以得出此结论。层级越低的行政机关其“上级机关”就越多。其次，即使将“上级机关”理解为“上一级机关”，在我国现行体制下，除了海关、外汇管理等实行垂直领导的行政机关其“上级机关”就是“上一级主管部门”，地方人民政府的“上级机关”就是“上一级人民政府”外，大多数行政机关内部存在着双重领导关系。地方政府部门可能会存在两个上级机关，一个是作为组

① 参见邵亚雄、卢文涛、王若宇：《论行政垄断的主体区分及规制路径选择——以〈反垄断法〉为视角》，载《当代经济》2011年第19期。

② 参见王健：《行政垄断法律责任追究的困境与解决思路》，载《法治论丛》2010年第1期。

织、人事、财政领导的本级人民政府;另一个是作为业务领导的“上一级主管部门”。在反垄断执法机关公布的行政性垄断案件中,“上级机关”就是“上一级机关”,而且地方政府组成部门的行政机关的“上级机关”基本上指向了本级地方人民政府。例如,在“都江堰市财政局行政性垄断案”中,都江堰市财政局的上级机关是都江堰市人民政府。但也有案件将“上级机关”指向了“上一级业务主管机关”。例如,在“湖南省相关市州原经信部门行政性垄断案”中,湖南省原工商局查办的行政性垄断的实施机关均是各市州经信部门,但没有向各市州的人民政府提出依法处理的建议,而是统一向湖南省原经济和信息化委员会提出。还有个别行政性垄断案件将“上级机关”指向了多个机关。再如,在“房山燃气开发中心行政垄断案”中,北京市发展改革委向房山区政府办、区国资委、区城管委、区燃气开发中心等相关部门通报了排除、限制竞争行为的事实,并提出立即全面纠正的建议。

此外,“具有管理公共事务职能的组织”的“上级机关”如何界定也是一个问题。在“中国证券业协会行政性垄断案”中,北京市发展改革委认定中国证券业协会接受中国证监会和民政部的业务指导和监督管理。一个是“业务指导”的上级机关中国证监会,另一个是“监督管理”的上级机关民政部,那么究竟该向哪一个“上级机关”提出依法处理的建议呢?因该案在调查过程中采取主动纠正而结案,所以尚未能展示一个明晰的答案。上述案例显示,“上级机关”的法律定位是模糊的、不清晰的,实践中尚无一个统一的解释,也无一个约定俗成的做法。虚化的概念导致了“上级机关”自身也无法正确认知,到底谁是行政性垄断案件的追责主体?难道反垄断执法机关行政建议指向的主体就是依法承担行政性垄断追责的主体?当自身都无法准确认知时,行政性垄断的追责势必走向虚化。①

所谓“上级机关”应当是实施行政垄断行为主体的上级机关,在绝大部分情况下,“上级机关”是行政机关,而上下级行政机关之间是领导与被领导的关系,实践中大多为利益共同体,发生包庇、纵容等现象也不在少数,甚至在个案中,下级机关的行政垄断行为就是奉上级命令执行的,这样就陷入了“自己责令自己改正”的怪圈。这里的“上级机关”不是一个确定的机关,更不是一个确定的

① 参见王健:《我国行政性垄断法律责任的再造》,载《法学》2019 年第 6 期。

行政执法机关。但现实情况中，反垄断法没有明确对省部级违法单位的上级机关，可否提出建议。“法无明文授权不可为”，导致上级机关不好管或者不愿管，反垄断执法部门管不了或不好建议，尤其不便对自己的直接上级送达提出建议的执法文书。这就导致行政管理权和行政执法权横向配置出现漏洞，司法权出现真空，这是新《反垄断法》第 61 条反行政垄断的效果不大的根本原因。①

但笔者认为，没有明确上级机关（除查处省部级以外），导致上级机关的范围存在可选择性，对于执法机关在实务中更加具有可操作性。以政府部门为例，其既可以选择政府作为上级部门，也可以选择上级业务指导单位作为上级机关，还可以同时给前述两个上级机关发出建议。实务中，此种做法也得到执法实践的认可。

三、建议权的适用

（一）可以与建议权

新《反垄断法》第 61 条虽然确认“上级机关”是行政性垄断法律责任追究的主体，但同时也为反垄断执法机关参与行政性垄断的责任追究提供了路径，即“可以向有关上级机关提出依法处理的建议”。“可以”的表述是否意味着反垄断执法机关能够随意选择不提出依法处理的建议？此处的“建议权”是一项公权，关涉重大公共利益，不能被任意放弃或给自己设定条件，更不能据个案情况决定是否放弃。即使在行政性垄断违法主体主动纠正违法行为后，反垄断执法机关虽可不提出“责令改正”的建议，但仍该提出“对直接负责的主管人员和其他直接责任人员依法给予处分”的建议。

在已披露的 82 件行政性垄断案件中，通过启动反垄断执法机关建议权追究责任的案件只有 19 件，其余 63 件案件皆是通过行政性垄断实施机关或具有管理公共事务职能的组织主动纠正解决的。在这些主动纠正的案件中，反垄断执法机关一般不会向“上级机关”提出处理建议，自然也就不触动“责令改正”

① 参见戴冠来：《我国〈反垄断法〉反行政垄断的效果评析》，载《中国物价》2013 年第 12 期。

的责任形式,行政机关工作人员也就不会因此而受到处分。[①]《反垄断法》实施后,若无反垄断执法机关提出依法处理的建议,我们很少能听到有哪个政府"上级机关"对其"下级机关"滥用权力限制竞争的违法行为进行过监督和检查,也鲜能听到有对违法行为的直接责任人员作出处分决定的案件。[②]

(二)整改与建议权的关系

一方面,从名称上看,反垄断执法机关拥有对行政垄断的执法权,然而依据新《反垄断法》第61条的规定,反垄断执法机关仅拥有向上级机关提出"建议权"。另一方面,从性质上看,反垄断执法机关的"建议权"究竟是一种"权利"还是一种"权力",尚不明确:若其为一种"权利",则反垄断执法机关享有是否提出建议的自由裁量权;若其为一种"权力",则法律赋予反垄断执法机关向上级机关提出建议的"职责",从法理的角度来看,这种"职责"是不允许放弃的。不管这种"建议权"是一种"权利"还是一种"权力",若上级机关对反垄断执法机关的"建议"不予采纳,那么在实际规制行政垄断的过程中,这种"建议权"往往会流于形式,起不到多大的作用。[③]

例如,安徽省原物价局纠正涡阳县人民政府滥用行政权力排除、限制竞争行为案中,安徽省原物价局认为,开展调查期间,涡阳县人民政府高度重视,于2017年8月10日下发了《涡阳县人民政府办公室关于撤销涡政办秘〔2017〕14号文件的通知》(涡政办秘〔2017〕110号),并在门户网站予以公示,主动纠正了滥用行政权力排除、限制竞争行为。同时涡阳县人民政府向安徽省原物价局提交了承诺函,表示将按照国务院、省政府关于在市场体系中建立公平竞争审查制度的要求,对已出台的政策进行梳理审查,切实规范政府行为,维护市场公平竞争,避免类似情况再次发生。鉴于涡阳县人民政府能及时、主动整改,积极消除滥用行政权力排除、限制竞争行为的影响,经国家发展改革委同意,安徽省原物价局决定不再向涡阳县人民政府的上级机关提出依法处理的建议,并结束

---

① 参见王健:《我国行政性垄断法律责任的再造》,载《法学》2019年第6期。

② 参见王晓晔:《反垄断法》,法律出版社2011年版,第320页。

③ 参见沈飞:《试论我国行政垄断法律责任体系的重构与完善——兼评我国〈反垄断法〉第51条》,载《广西社会主义学院学报》2011年第5期。

调查。①

梳理现有的行政性垄断案例可以发现，反垄断执法机关将“是否主动整改”作为行使建议权的前提条件。若主动整改了，便不再提出依法处理建议；若不主动整改或未开展实质性整改工作，则提出依法处理建议。例如，“台州市住建局行政性垄断案”中，浙江省原物价局称：“鉴于台州市住建局能及时、主动整改，积极消除滥用行政权力排除、限制竞争行为的影响，省物价局决定不再向有关上级机关提出依法处理的建议，并终止调查。”

“内蒙古自治区公安厅行政性垄断案”则证明，只有在提醒后不积极整改的情况下，反垄断执法机关才向上级机关提出依法处理建议。对此，国家市场监管总局认为：“我局在调查结束后，向内蒙古自治区公安厅反馈了案件定性依据和结论，以及相关整改建议。内蒙古自治区公安厅表示完全接受并积极整改，但至今未向我局报送具体的整改方案，也未开展实质性整改工作。依据旧《反垄断法》第 51 条关于‘反垄断执法机关可以向有关上级机关提出依法处理的建议’的规定，现建议内蒙古自治区政府责令公安厅改正相关行为。案件主要事实和具体整改建议附后。”

只要在调查过程中问题得到纠正，反垄断执法机关通常就不会再向“上级机关”提出责令改正和提出处分的建议。

前述做法实际上与《制止滥用行政权力排除、限制竞争行为规定》第 20 条规定是相符的，根据该规定，对于在调查期间，当事人主动采取措施停止相关行为，消除相关后果，滥用行政权力排除、限制竞争行为已得到制止的，可以不再向有关上级机关提出依法处理的建议。这有利于给予被调查单位明确的预期，促使其配合反垄断执法机关的调查，及时纠正滥用行政权力排除、限制竞争行为，减少对市场公平竞争的损害，降低执法成本，实现《反垄断法》的立法目标。同时，对于违法情节较为严重或其他必要的情形，反垄断执法机关仍可以根据该规定向有关上级机关提出依法处理建议。

（三）建议权适用与行政垄断类型

许光耀教授认为，行政垄断行为可以分为具体行政垄断行为和抽象行政垄

① 安徽省物价局反垄断调查结论书（皖价结论〔2017〕1 号）。

断行为。具体行政垄断行为主要是依托具体行政行为来实施的排除、限制竞争的垄断行为;抽象行政垄断行为主要是依托抽象行政行为来实施的排除、限制竞争的垄断行为。新《反垄断法》第61条第1款规定,行政主体"滥用行政权力,实施排除、限制竞争行为的,由上级机关责令改正;对直接负责的主管人员和其他直接责任人员依法给予处分。反垄断执法机关可以向有关上级机关提出依法处理的建议"。从该规定可见反垄断法执法机关对行政垄断行为具有建议权。但是,这种建议权并不适用于所有的行政垄断行为。对于具体行政垄断行为,反垄断执法机关拥有处罚权。例如,限定交易行为中,行政相对人由于行政机关的权力施压不得不与第三人进行交易,该第三人取得市场支配地位,与因为市场份额而取得市场支配地位的主体无异,从事的行为属于支配地位滥用行为。对于这一具体的滥用行为,基于具体行政行为的可诉性,反垄断执法机关当然享有处罚权,行政相对人也可以就行政行为提起行政诉讼。抽象行政垄断行为,诸如行政机关颁布的一些规章、命令等文件因为不可诉,执法机关只能对此提出建议。而限定交易属于具体和抽象行政垄断行为并存的行政垄断行为,要分情况考虑反垄断执法机关对其管辖权。①

(四)建议权的要求

依据《制止滥用行政权力排除、限制竞争行为规定》第21条的规定,反垄断执法机关向有关上级机关提出依法处理建议的,应当制作行政建议书。行政建议书应当载明以下事项:(1)主送单位名称;(2)被调查单位名称;(3)违法事实;(4)被调查单位的陈述意见及采纳情况;(5)处理建议及依据;(6)被调查单位改正的时限及要求;(7)反垄断执法机关名称、公章及日期。前款第5项规定的处理建议应当具体、明确,可以包括停止实施有关行为、废止有关文件并向社会公开、修改文件的有关内容并向社会公开文件的修改情况等。

但目前行政执法中,建议书的内容过于简单和形式,需要进一步地完善。

---

① 参见王文君、许光耀:《行政垄断中限定交易行为的反垄断法分析——对〈反垄断法〉第32条的解读》,载《中国物价》2016年第1期。

第四节　违反行政垄断的法律责任

一、行政处分

新《反垄断法》第61条作出了“对直接负责的主管人员和其他直接责任人员依法给予处分”的规定。从性质上讲,“给予处分”属于行政责任的一种。除此之外,新《反垄断法》第61条并未对其他责任形式作出明确的规定。而且,如果细究的话,这种“行政处分”属于内部行政行为的一种,并不具有对外的效力。在我国的《反垄断法》中,对于经济垄断等典型的垄断行为,新《反垄断法》规定了没收违法所得、罚款以及承担民事责任等责任形式;同时,新《反垄断法》第67条对刑事责任也作出了明确的规定,即“构成犯罪的,依法追究刑事责任”。反观行政垄断的责任形式,只有“给予处分”这种单一的形式。事实上,行政垄断较之其他形式的经济垄断危害更甚,也更难根除,如果仅仅科以“行政处分”这一种责任形式,从威慑力的角度来看,不及刑事责任的震慑力大;从经济补偿的角度来看,不及经济性行政处罚和民事赔偿的效果好。值得注意的是,新《反垄断法》第61条第2款规定了“法律、行政法规……另有规定的,依照其规定”,这实际上是从立法的技术层面上为行政垄断的其他责任形式留有了余地。[①]

2008年8月1日至2019年2月18日公布的行政性垄断案件,共计82件。在已披露的82件行政性垄断案件中,在反垄断执法机关提起反垄断执法建议的19件案件中,且只有1件案件明确提出“对直接负责的主管人员和其他直接责任人员依法给予处分”,即在“苏州市运管局行政性垄断案”中,江苏省原工商局在调查核实后向苏州市人民政府提出如下建议:(1)责令改正上述滥用行政权力排除、限制竞争行为;(2)对直接负责的主管人员和其他直接责任人员依法给予处分;(3)建立健全公平竞争审查保障机制,及时纠正滥用行政权力排除、

---

① 参见沈飞:《试论我国行政垄断法律责任体系的重构与完善——兼评我国〈反垄断法〉第51条》,载《广西社会主义学院学报》2011年第5期。

限制竞争行为。其余18件案件皆只提出"责令改正",均不涉及"行政处分"的建议。[①]

二、责令改正

(一)责令改正的性质

新《反垄断法》将行政责令设置于行政处罚及民事、刑事责任之前,但《行政处罚法》第28条第1款"行政机关实施行政处罚时,应当责令当事人改正或者限期改正违法行为"的行文结构与此相反,体现两者对行政责令的地位、适用顺序存在立法理念上的不一致。行政责令行为是否可诉,则需要考量其是否属于《行政诉讼法》第2条所规定的"行政行为"。

作为竞争法中较为常见的责任形式,"责令改正"的本质是要求停止和消除违法行为,使恢复至竞争状态。不同的行政性垄断案件应有不同的"责令改正"方式。有人认为,行政性垄断属于具体行政行为的,直接责令停止、纠正即可;属于抽象行政行为的,上级机关应当责令下级机关撤销有关规定,或者修改、删除其中涉及滥用行政权力排除、限制竞争的相关内容。[②] 有人认为,责令改正的内容因具体违法行为的不同而分为停止违法行为、责令退还、责令赔偿、责令整顿、限期治理等情形。[③] 可见,"责令改正"有着丰富的内涵,实践中应结合具体个案提出具体的改正要求。也有学者认为,从法律责任的本质看,责令改正并非法律责任形式。责令改正既不是行政处罚,也不是行政赔偿,更不是行政强制,故认为责令改正具备制裁或者补偿乃至强制等作用,实属牵强附会。责令改正是行政确认权的结果。责令改正是一种依职权或授权的具体行政行为,其目的在于维护行政管理秩序,具有法定性、强制性、主动性等特征。因各种具体违法行为不同,责令"改正"的方式也是有所不同的,分别表现为停止违法行为、

---

① 参见王健:《我国行政性垄断法律责任的再造》,载《法学》2019年第6期。

② 参见曹康泰主编:《中华人民共和国反垄断法解读——理念、制度、机制、措施》,中国法制出版社2007年版,第228页。

③ 参见魏琼:《追究行政性垄断法律责任的对策——从"责令改正"谈起》,载《政治与法律》2009年第11期。

限期拆除、限期纠正违法行为、消除不良后果、限期治理等形式。各执法机关在法律法规规定的幅度内，可以根据违法行为的不同类型，给当事人限定一个“合理”的改正期限。责令改正本身具有独立的法律意义，既可以单独适用，也可以成为行政处罚、行政强制等的前置措施。因此，责令改正是一种行政行为，绝非法律责任。《反垄断法》将“责令改正”这一针对滥用行政权力的违法行为确认权赋予行政性垄断主体的上级机关，这一做法是不妥的。①

在再审申请人山东省淄博市人民政府与被申请人王某某行政复议一案中，关于责令改正或限期改正违法行为是否属于行政处罚的问题。最高人民法院在行政裁定书中认为②，首先，责令改正（或者限期改正）与行政处罚概念有别。行政处罚是行政主体对违反行政管理秩序的行为依法定程序所给予的法律制裁；而责令改正或限期改正违法行为是指行政机关在实施行政处罚的过程中对违法行为人发出的一种作为命令。

其次，两者性质、内容不同。行政处罚是法律制裁，是对违法行为人的人身自由、财产权利的限制和剥夺，是对违法行为人精神和声誉造成损害的惩戒；而责令改正或者限期改正违法行为本身并不是制裁，只是要求违法行为人履行法定义务，停止违法行为，消除不良后果，恢复原状。

再次，两者的规制角度不同。行政处罚是从惩戒的角度，对行政相对人科处新的义务，以告诫违法行为人不得再违法，否则将受罚；而责令改正或者限期改正则是命令违法行为人履行既有的法定义务，纠正违法，恢复原状。

最后，两者形式不同。《行政处罚法》第 9 条规定了行政处罚的具体种类，具体有：警告、通报批评，罚款、没收违法所得、没收非法财物，暂扣许可证件、降低资质等级、吊销许可证件，限制开展生产经营活动、责令停产停业、责令关闭、限制从业，行政拘留等。

据此，最高人民法院认为，责令改正或限期改正违法行为是与行政处罚不同的一种行政行为，二审法院认为本案不适用行政处罚相关规定，其不属于审查范围，不予审理的观点并无不当。

---

① 参见魏琼：《追究行政性垄断法律责任的对策——从“责令改正”谈起》，载《政治与法律》2009 年第 11 期。

② 最高人民法院行政裁定书，（2018）最高法行申 4718 号。

(二)责令改正应当具体明确

在实践中,行政机关作出责令改正行为时往往仅要求相对人改正,而不指明改正的方式与要求,因而导致相对人不能理解行政机关究竟对其设定了何种义务,更无法履行该义务。从行政行为明确性的审查标准来看,这种责令改正行为无疑是不明确的,因为其既不具有可理解性也不具备可审查性。正因如此,我国台湾地区行政法学者许宗力教授明确指出,只要求责令改正而不指明如何改正与只要求恢复原状不指明如何恢复,都是不明确的行政行为。[①] 尤其在实务中,出现涉案当事人不认可建议函的情况发生,如 2015 年 8 月 26 日,国家发展改革委向安徽省人民政府办公厅发函,建议责令蚌埠市原卫计委改正相关行为,并对安徽省药品集中采购中是否还存在其他违反《反垄断法》排除限制竞争行为,从总体上予以清理规范。蚌埠市原卫计委方面回应称,在组织回复材料,来函部分情况属于片面论断。[②]

根据依法行政原理,任何行政行为都应当是有法律依据的,责令改正行为亦是如此。行政机关之所以对相对人作出责令改正的行政行为,必然是因为相对人的行为造成了一种违法状态,而责令改正要求其将这种违法状态消除,恢复至合法状态。而什么才是合法状态,往往在行政行为的法律依据中能够找到。因为只有相对人的行为符合了法规范的构成要件,行政机关才可以作出行政行为。因此,在行政决定书中已经载明了法律依据的情况下,行政机关即使没有指明改正的方式与要求,相对人也应当知道如何改正。例如,行政机关对某相对人作出了一个责令改正上述违法行为的决定,该行政决定书中已经载明了决定的依据的,即应认为该行政行为是明确的。如果责令改正的行政行为没有指明改正的具体要求,那么该行为的明确性可以分为两种情形:如果其依据的法规范中的构成要件是明确的法律概念,那么该行为就是明确的;如果其所依据的法规范中的构成要件是不确定法律概念,那么该行为就是不明确的。[③]

反垄断执法机关在提出“责令改正”建议时,很多建议过于原则,缺乏对如

---

① 参见翁岳生编:《行政法》,中国法制出版社 2009 年版,第 667 页。

② 参见《发改委责令蚌埠卫计委整改　当地回应:来函片面论断》,载凤凰安徽网,http://ah.ifeng.com/news/fengguan/detail_2015_09/01/4302136_0.shtml。

③ 参见王留一:《论行政行为明确性原则的司法适用与制度实现》,载《行政法学研究》2019 年第 5 期。

何改正的具体指引和措施。[①] 例如，在“中山市住建局行政性垄断案”中，广东省发展改革委向中山市人民政府发出的行政建议书只是建议“责令中山市住房和城乡建设局及其下级单位中山市燃气管理办公室深刻认识并改正相关违法行为，认真学习《反垄断法》，不再发生违反《反垄断法》的行为”。在“苏州市运管局行政性垄断案”中，只是原则性建议“责令改正上述滥用行政权力排除、限制竞争行为”。显而易见，这些过于原则的“责令改正”建议不能说是一个合格的建议，它可能会令“上级机关”无所适从，不足以有效制止行政性垄断行为，从而大大降低“责令改正”形式的效用。[②]

“‘责令改正’一般适用于行政不当和行政程序违法的救济。从理论上看，改正虽然可适用于对违法行为的处理，但是并非对所有的违法行为都适用。行政垄断属于严重的行政违法行为，不属于行政不当行为，也不是行政程序违法行为，故对行政垄断适用‘责令改正’于法无据，于理不通。从法律上讲，行政垄断行为显然严重地违反了法律法规，应属于无效行政行为。有权机关应当宣告行政主体行政垄断行为无效，而不是责令行政主体改正行政垄断行为。”[③]

（三）责令改正的执行

在新《反垄断法》中规定行政垄断行为是中国特有的垄断规章制度。该法第 61 条规定，行政垄断“由上级机关责令改正”，并对直接负责的主管人员和其他直接责任人员依法给予处分。由于主体和适用范围的特殊性，前述文中并未讨论该条行政法律责任的执行问题。传统的行政诉讼法理论认为，内部行政行为有别于外部行政行为，并不通过行政诉讼而通过行政机关内部程序加以救济。《行政诉讼法》第 13 条规定，人民法院不受理行政机关对行政机关工作人员的奖惩、任免的决定；《最高人民法院关于适用〈中华人民共和国行政诉讼法〉的解释》第 1 条规定，上级行政机关基于内部层级监督关系对下级行政机关作出的督促履责等行为不属于行政诉讼受案范围。《反垄断法》对三种经济性垄断行为规定了行政和民事责任，对行政垄断仅仅规定了以行政处分为主的责任

---

① 但也有“责令改正”建议是较为具体明确的案例，如“内蒙古自治区公安厅行政垄断案”和“山东省交通运输厅行政垄断案”等。

② 参见王健：《我国行政性垄断法律责任的再造》，载《法学》2019 年第 6 期。

③ 丁国峰：《我国〈反垄断法〉规制行政性垄断之不足及完善建议》，载《江淮论坛》2010 年第 2 期。

模式,已经遭致“造成‘同罪不同罚’的极不合理现象”的批评。[①] 如果认为行政垄断法律责任的执行属于内部行政处分行为,则受其影响的社会主体更将完全失去司法救济的机会。另外,内部行政责令行为并不属于《公务员法》所列举的处分类型,亦未规定相应的申诉控告程序,更不属于行政诉讼受案范围,对于行政垄断责任主体而言,同样不具备司法救济的途径。

执行“由上级机关责令改正”的行为应当属于行政诉讼受案范围,进而为被害主体获得司法救济提供途径,理由有二:第一,新《反垄断法》第 65 条并未排除相关主体就第 61 条有关行为起诉的权利,作为特殊法,应当优先适用;第二,新《反垄断法》第 61 条规定适用“由上级机关责令改正”的情形是“行政机关和法律、法规授权的具有管理公共事务职能的组织滥用行政权力,实施排除、限制竞争行为”,应当认为该行政垄断行为已经产生外部法律效力,则执行相应的行政责令同样产生外部法律效力和影响,根据《行政诉讼法》第 2 条,认为合法权益受到侵犯的公民、法人或者其他组织有权提起行政诉讼。基于相同的理由,对直接负责的主管人员和其他直接责任人员给予相应处分的行为是否属于不可诉的内部处分行为,同样值得商榷,并有待立法进一步明确、完善。[②]

涉嫌违法的行政机关或法律、法规授权的具有管理公共事务职能的组织拒不执行行政责令行为,究竟由谁请求执法机关责令改正,应在多长时间内责令改正,不予改正的法律责任是什么等都缺乏明确的规定。[③] 修正后的《反垄断法》同样将面临此问题。

也有法官持不同观点,并对反垄断行政责令的属性进行如下归纳:第一,通说认为责令行为属于行政行为。反垄断法意义上的行政责令行为是依据《反垄断法》所预设的行政责令法律规范,适用于特定行政相对人即各类型垄断行为人的行政行为,因此,与抽象行政行为具有明显区别,应当属于具体行政行为范畴。第二,主流观点认为其属于行政命令行为,即对外产生行政效力,并对行政相对人设立义务,从而产生新的权利义务法律关系。第三,无论从哪一角度论述,均无法否认反垄断行政责令本质上是对行政相对人科以的一种法上的不利

① 参见孙晋:《反垄断法——制度与原理》,武汉大学出版社 2010 年版,第 188 ~ 189 页。
② 参见杨军:《反垄断行政执行的司法规制途径》,载《法律适用》2018 年第 15 期。
③ 参见孙晋:《反垄断法——制度与原理》,武汉大学出版社 2010 年版,第 189 页。

益即设立义务。这和《反垄断法》将行政责令和行政处罚并列但有所区别地共同作为法律责任形式的立法模式和精神也是契合的。基于上述三点属性,反垄断执法机关决定和执行行政责令行为具有行政诉讼法意义上的可诉性。这和新《反垄断法》的规定是一致的,根据该法第65条,对反垄断执法机关作出的行政责令决定不服的,可以依法提起行政诉讼。[①] 其理由在于:(1)立法允许提请司法监督反垄断行政执行行为。《行政处罚法》第9条规定罚款、没收违法所得属于行政处罚;《行政处罚法》第28条第1款规定"行政机关实施行政处罚时,应当责令当事人改正或者限期改正违法行为",反映出立法者认为行政责令可以作为行政处罚的补充或附随行为;[②]该法第六章专章规定"行政处罚的执行",第72条规定,当事人逾期不履行行政处罚决定的,作出行政处罚决定的行政机关可以采取依照《行政强制法》的规定申请人民法院强制执行的措施,实现了《行政处罚法》和《行政强制法》非诉行政执行制度的衔接,因此,反垄断执法机关可以申请司法审查强制执行。(2)邻近法律部门的判例支持司法审查行政执行。在"中国裁判文书网"以"行政案件"为案件类型和"公平交易局"为当事人关键词输入查询,可以发现在2013年至2017年至少有11件工商局公平交易局基于反不正当竞争执法向人民法院提出强制执行申请的既判裁判文书。从法律责任内容看,仅有4件申请人民法院同时准予执行行政责令和行政处罚;[③]从法律责任依据看,4件依据《反不正当竞争法》,[④]2件依据《商标法》,[⑤]1件依据《欺诈消费者行为处罚办法》(已废止),[⑥]这说明在反不正当竞争执法中已依据多部法律适用非诉执行。

---

① 参见杨军:《反垄断行政执行的司法规制途径》,载《法律适用》2018年第15期。

② 参见王虹玉:《处罚法语言中的"责令"文化——基于安全生产行政处罚的分析》,载《民主与法制》2014年第34期。

③ 江西省靖安县人民法院执行裁定书,(2016)赣0925行审01号;山东省济南市历城区人民法院行政裁定书,(2016)鲁0112行审118号;江西省靖安县人民法院行政裁定书,(2017)赣0925行审1号;山东省齐河县人民法院行政裁定书,(2016)鲁1425行审63号。

④ 江西省靖安县人民法院行政裁定书,(2016)赣0925行审01号;山东省济南市历城区人民法院行政裁定书,(2016)鲁0112行审118号;江西省靖安县人民法院行政裁定书,(2017)赣0925行审1号;山东省济南市历城区人民法院行政裁定书,(2016)鲁0112行审75号。

⑤ 山东省诸城市人民法院行政裁定书,(2017)鲁0782行审45号;山东省齐河县人民法院行政裁定书,(2016)鲁1425行审63号。

⑥ 湖北省云梦县人民法院行政裁定书,(2015)鄂云梦行非审字第00048号。

下　篇

反行政垄断
典型案例评析

第一章
反行政垄断总则

第一节　行政垄断原则性规定

一、原则性规定构成要件

此章案例均为违反新《反垄断法》第 10 条(旧《反垄断法》第 8 条)的行为，新《反垄断法》对该条内容未进行修订，故该条文内容完全相同，仅是调整了法条序号。我国新《反垄断法》第 10 条是规制行政垄断的总则，或称原则性规定，没有对行政垄断进行明确定义，其结构由"主体 + 不得滥用"行为构成。

该条明确行政垄断的两个构成要件：一是实施行政垄断的主体范围，将其限定为行政机关和法律、法规授权的具有管理公共事务职能的组织；二是关于行政垄断的行为标准。

二、原则性规定的理解

(一)行政垄断的主体

新《反垄断法》第 10 条规定，"行政机关和法律、法规授权的具有管理公共事务职能的组织不得滥用行政权力，排除、限制竞争"。新《反垄断法》第 39 条至第 45 条规制的主体与第 10 条完全一致。因此，通俗认为，行政垄断的主体为"行政机关"和"法律、法规授权的具有管理公共事务职能的组织"两大类。

1. 行政机关

行政机关指的是依宪法或者行政组织法的规定而设置的行使国家行政职能的国家机关。行政机关不同于行政机构,后者即各级行政机关所属的内部组成部分,一般表现为内设机构、派出机构、办公机构和办事机构,一般不具有独立的行政主体资格,只有获得了法律、法规和规章的特别授权,才具有行政主体资格,不然只能以其所代表的机关名义进行行政行为。而行政机关是一定行政机关的整体,具有行政主体资格,能独立以自己的名义进行行政活动并独立承担由此产生的法律后果。

按照管辖范围,行政机关分为中央行政机关和地方行政机关。地方行政机关又可分为若干层次。国家行政机关是国家权力机关的执行机关,有权制定行政法规,发布决定和命令等,指导所属各部门、下级国家行政机关、企事业单位、社会团体的行政活动。国家行政机关实行首长负责制与集体领导相结合的原则。按照国家行政机关的管辖权和活动地域,国家行政机关又分中央行政机关和地方行政机关。国家行政机关从上到下分为国务院、省、市、县、乡镇五级政府,各级政府还设置了各种机构。

通常认为,中央政府(国务院)及所属部门作出的限制竞争的行为同样会对正常市场竞争秩序进行不适当的限制和阻碍,所以它应当也是行政垄断法律责任的主体。

但也有学者认为,我国反垄断法规定了滥用行政权力排除、限制竞争的主体为行政机关和法律、法规授权的具有管理公共事务职能的组织,其中应当明确的是,行政机关是不包括中央行政机关的,因为中央行政机关的行为属于国家行为,是应该被豁免于反垄断法之规制的。① 笔者认为,豁免与是否能认定为行政垄断主体不是同一个概念,豁免是构成垄断行为,但不追究其法律责任。此处讨论的是行政垄断主体。从理论上分析,中央行政机关不应当被排除在行政垄断主体之外,但实务中,截至目前,未见中央政府(国务院)及所属部门作为行政垄断案件的主体被调查。

另从《公平竞争审查制度实施细则》规定来看,因为很多条款中均有“没有

① 参见比干尧:《从反垄断法宗旨看行政性垄断主体之规定》,载《湖南科技学院学报》2012 年第 9 期。

法律、行政法规或者国务院规定依据”的表述，故通常认为不包括国务院。

2. 法律、法规授权的具有管理公共事务职能的组织

法律、法规授权的具有管理公共事务职能的组织指的是根据法律、法规的授权，对于社会公共事务，如教育、科学、文化、科技、卫生、体育、环境等领域，以及公共财政、社会政策具有管理职能的组织。

在立法规范结构中，“法律、法规授权的具有管理公共事务职能的组织”和“法律、法规授权的具有公共事务管理职能的组织”两种称谓并用，其无实质差别，用以指称享有特定的行政管理权限和公法上权利义务的新型行政主体。在立法规范用语中，还有“法律、法规授权的组织”这样的称谓，指称另一类行政主体，其内涵及外延与“法律、法规授权的具有管理公共事务职能的组织”有范围上的重合，但在内涵上有实质性差别。全国人大及其常委会有关“法律、法规授权的具有管理公共事务职能的组织”的立法规定，按照颁布的先后顺序有：《行政处罚法》（1996 年）第 17 条、《行政许可法》（2003 年）第 23 条、旧《反垄断法》第 8 条及第 32 条至第 36 条、《防震减灾法》（2008 年修订）第 80 条、《行政监察法》（2010 年修正）第 50 条和《行政强制法》第 70 条，分别赋予法定公共职能组织实施行政处罚权、许可权、强制权以及接受行政监察的法定义务。[①]

法律、法规授权的具有管理公共事务职能的组织，一般是指行使行政管理权的事业单位。事业单位是我国公共部门重要组成部分，承担着公共事务管理职能。中华人民共和国成立初期，为适应计划经济体制的需要，国家直接承担了人民从“摇篮”到“坟墓”的很多建设事业，如教育、医疗、科学、文化、卫生、广播电视、社会福利等。事业单位是我国经济社会发展中提供公益服务的主要载体。除教育、医疗等基本公共服务职能外，有些事业单位在成立之初就被赋予了行政管理职能。因此，我国事业单位与国家行政机关之间并没有严格的泾渭分明的界限，两者共同承担着国家管理的职能。

例如，在再审申请人粤超公司因与被申请人广东省足协、珠超公司垄断纠纷一案中[②]，最高人民法院认为，广东省足协是否如粤超公司所称，系具有管理

① 参见于立深：《法定公共职能组织的资格、权能及其改革》，载《华东政法大学学报》2016 年第 6 期。

② 最高人民法院民事裁定书，（2015）民申字第 2313 号；广东省高级人民法院民事判决书，（2014）粤高法民三终字第 242 号。

公共事务职能的组织，这需要考量有关法律法规规定及广东省足协章程规定。《体育法》(2009 年修正，下同)第 31 条规定，全国单项体育竞赛由该项运动的全国性协会负责管理，地方单项体育竞赛的管理办法由地方人民政府制定。该规定将制定地方单项体育竞赛管理办法的立法权授予地方人民政府，在没有证据证明广东省人民政府制定了相应管理办法的情况下，不能仅依据《体育法》第 31 条的规定得出法律授权广东省足协具有足球赛事公共事务管理职能的结论。但是，《体育法》第 49 条、第 50 条规定：在竞技体育中从事弄虚作假等违反纪律和体育规则的行为，由体育社团按照章程规定给予处罚；在体育运动中使用禁用的药物和方法的，由体育社团按照章程规定给予处罚。此外，《全国体育竞赛管理办法(试行)》第 6 条规定，体育行政部门审批、制定的体育竞赛计划，由各级单项体育协会管理和组织实施。广东省足协在运行中实际履行的职能通过广东省足协章程有明确体现，主要可以归纳为：制定足球项目的方针、政策、规划和管理制度；组织教练员、裁判员、运动员、协会会员、俱乐部有关人员的培训、考核；指导运动训练和后备人才培养；制定竞赛规则和裁判规则；组织运动项目的科研、培训的宣传；组织、管理和指导全省足球运动普及和提高；开展对外交流等。上述广东省足协依据章程对足球赛事中的违规违纪行为行使处罚权，以及其他对足球运动的组织、管理职能，不仅限于协会与单个成员之间的关系，还涉及广东省范围内其他社会主体参与足球运动及整个足球运动竞技秩序、发展水平、共同利益的维护与管理，是政府行政部门对足球公共事务管理职能部分转移到足球协会等社会团体的体现。因此，广东省足协具有与足球运动、足球竞赛有关的特定范围和事项的公共事务管理性质的职能，可以认定其系旧《反垄断法》第 32 条所称的具有管理公共事务职能的组织，粤超公司此主张成立。

某些自然垄断行业和公共企业，如铁路业、电力行业、城市燃气、石油天然气等基础产业，依然保持着其垄断的地位。它们的这种垄断是政府赋予的，这些企业和政府之间有着密不可分的联系，一些企业有了政府赋予的背景，便实施独占市场的行为，并且还利用这些优势实施损害消费者合法权利和利益以及扰乱市场秩序、破坏公平竞争的行为。这一类企业或组织成为行政垄断主体的前提是他们借助了行政权力实施了垄断。确定行政垄断主体，关键看是否运用了行政权力，政府或者凭借行政权力的组织实施排斥或妨碍市场竞争等违法行为时，这些政府和组织就成了行政垄断的主体。例如，在查办北京兆日等 3 家公司垄断协议案过程中,安徽省原工商局针对人民银行合肥中心支行滥用行政权力排除、限制竞争行为,依法向其上级机关发出行政建议书,督促其纠正违法行为。

我国目前经济转型还未彻底完成,在少数领域还存在政企不分的行政性公司,它们实际上在某些地区、某些行业依然具备了行政管理的职能,会存在滥用行政权力的可能,但是这类主体本质上已经成了一般意义上的市场主体,应当将其作为经济性垄断进行处理。①

(二)法律、法规授权组织的认定困局

虽然《反垄断法》的这一提法比《反不正当竞争法》(1993 年)中的"政府及其所属部门"更加明确,但是实践中要认定《反垄断法》所称的行政机关及公共组织的具体范围仍然不是一件容易的事情。原因是,我国目前仍处在经济转型时期,原来隶属政府的很多部门、组织正处于从行政单位向市场主体过渡的特殊阶段,特别是一些负责能源、卫生以及公共服务性质工作的企事业组织,大多或多或少具有一些管理公共事务的职能,要判断它们是行政主体还是市场主体非常复杂。

行政垄断行为可以分为两种,一种是政府和其职能部门以其自己的名义所实施的垄断;另一种是法律、法规授权的具有管理公共事务职能的组织所实施的垄断,这种垄断实质上是这些市场主体凭借行政权力作为主要支持的行为,仍然属于行政垄断。由此,行政垄断实施的主体包括政府、政府的职能部门及法律法规授权的组织和单位。前者属于一个非市场化的主体,而后者则属于具有市场主体性质的企业或组织。

例如,北京市纠正房山区燃气开发中心限定燃气企业案中,本案作为行政性垄断案件,其隐蔽性主要源于房山区燃气开发中心的主体性质、机构组成和行为表现。通过查询可知,房山区燃气开发中心为事业单位,其作为投资主体,通过 100% 持股北京房山燃气开发集团有限公司(以下简称房燃集团)和 19% 持股北京房开控股集团有限公司对下属 27 家公司具有实际控制权,多数为与燃气行业或燃气行业上下游产品、服务有关的公司。北京市房山区人民政府官

---

① 参见唐丰峰:《论行政垄断的法律责任及相关制度》,华东政法大学 2012 年硕士学位论文,第 60 页。

网显示,房山区燃气开发中心的八个内设机构全部为房燃集团的有关管理机构,房山区燃气开发中心主页呈现的信息基本上都是房燃集团的企业经营行为信息。这种名义上是事业单位但主要精力放在企业经营管理的现象,为其实施行政性垄断行为抹上了一层“掩护色”,导致现实生活中辨识此类行政垄断行为存在一定难度。如果进一步查证该组织的性质,就可以发现其主管单位为北京市房山区人民政府,登记管理机关为房山区机构编制委员会办公室。其宗旨和业务范围是,为城乡燃气事业提供规划建设服务,做好燃气管道规划、设计、建设、管理、经营等工作。燃气行业属于公用事业领域,事关老百姓的民生。通过这些信息,可以进一步确认燃气中心是法律、法规授权的具有管理公共事务职能的组织,完全符合旧《反垄断法》第 32 条关于滥用行政权力限定交易的行政主体资格。山东省临沂市莒南县公共资源交易服务中心也是法律、法规授权具有管理公共事务职能的组织,除了认识和观念上的原因,主要原因是公共事务管理职能与经营管理职能存在混合交叉,经营与管理具有角色定位冲突。①

本案中,对于行政垄断危害后果采用了定性分析和定量评估相结合的方法,办案人员收集、整理房山区燃气开发中心指定设计施工企业的项目费用,与经由招投标等竞争程序的项目工程费用进行数据抽样比对,认定本案当事人损害了开发单位的自主选择权和其他具有资质施工企业的公平竞争权。

(三)行政垄断的行为标准

行政垄断的行为标准主要从两个方面进行了规定:(1)行政机关和法律、法规授权的具有管理公共事务职能的组织实施的滥用行政权力,滥用行政权力的样态,参见《反垄断法》第五章;(2)行政垄断的构成并不以发生“排除、限制竞争”的后果为要件。换言之,“排除、限制竞争”既可以是滥用行政权力的主要要件,也可以是其客观要件。只要满足其中一个要件,即可构成行政垄断。若发生“排除、限制竞争”的后果,则是加重处罚的情形。②

---

① 参见高建平:《北京市纠正房山区燃气开发中心行政性垄断行为》,载《中国市场监管报》2019 年 2 月 12 日,A8 版。

② 参见时建中主编:《反垄断法——法典释评与学理探源》,中国人民大学出版社 2008 年版,第 71 ~ 72 页。

第二节　行政垄断原则性规定的适用

一、典型案例的法律适用

原则性规定是认定法律未列举行为的开放性依据。它能够确保法律对新发展和新需求的适应性,确保法律调整的灵活性和及时性。法律实施时间越长、社会经济情势变化越大,原则性规定的适用空间越大。理论上分析,新《反垄断法》第 10 条作为原则条文在行政执法实践中可以存在两种援引方式,即单独援引或原则法条和具体法条并用。但收集的案例均为适用新《反垄断法》第 10 条(旧《反垄断法》第 8 条)和具体法条并用的情形,未发现单独援引情形。

原则性规定和具体法条并用成为执法实践的做法,但严格来说,我们认为只有在新《反垄断法》第五章没有明确规定具体的行政垄断行为类型时,选择适用原则性规定。建议国家市场监管总局在以后行政垄断的执法中,通过典型案例,对如何选择适用新《反垄断法》第 10 条进行规范,以求行政执法的统一。

二、典型案例违法特征

此类典型案例违法行为具有以下鲜明的特点:(1)违法主体层级高。既有地市级人民政府如清远市人民政府,也有市级人民政府各部门如成都市原交通委员会,还有省级行政部门如内蒙古自治区公安厅、广西壮族自治区原道路运输管理局、北京住房公积金管理中心、北京市公安局公安交通管理局。尤其还有改革特区深圳市原卫计委,其影响不能说不重大。(2)违法行为多样。例如,广东省清远市人民政府指定卫星定位汽车行驶记录仪案中,该市人民政府行为违反旧《反垄断法》第 8 条、第 32 条和《道路交通安全法》第 13 条的规定。深圳市原卫计委、广西壮族自治区原道路运输管理局、琼海市交通运输局、北京住房公积金管理中心、北京市公安局公安交通管理局,均违反了旧《反垄断法》第 8 条和第 32 条。青海省人力资源和社会保障厅、内蒙古自治区公安厅和青海省西宁市交通运输局,均存在同时违反了旧《反垄断法》第 8 条、第 32 条和第 37

条。(3)上级部门的业务指导是保障。例如,广东省清远市人民政府指定卫星定位汽车行驶记录仪案中,办案机关认定,该市人民政府的行政行为超出了法定权限和上级有关政策要求,干预了企业正常经营活动,导致排除、限制竞争的后果,违反了《反垄断法》的规定,构成行政机关滥用行政权力排除、限制竞争行为。在原国家工商总局的指导下,广东省原工商局向广东省人民政府正式作出"依法纠正该市政府上述滥用行政权力排除、限制竞争行为"的建议,恢复了该市汽车 GPS 运营市场的竞争格局。

第三节 案例评析

一、查处难度较大

从查处该类型案件的当事人来看,涉及地市级人民政府、省市级公安机关,每一个涉案单位都是政府重要的组成机构。执法机关在调查过程中难免遇到来自各方的压力和阻力,由于不能行使调查垄断行为的强制措施,采用什么样的执法策略和技巧,如何保障调查工作顺利进行,有效进行证据的收集和固定,是调查工作的重点和难点。例如,在广东省清远市人民政府指定卫星定位汽车行驶记录仪案中,在本案调查中,执法人员在前期进行了大量外围资料的收集和研究工作,深入了解了有关强制推广应用卫星定位汽车行驶记录仪工作的背景、具体要求、各地做法等情况,从而锁定了调查取证的重点,并围绕重点制定了由省及市、先外后里、先企业后政府的调查计划,最终使案件调查工作得以顺利进行。广东省原工商局首次依据《反垄断法》行使建议权,给全社会上了一堂生动的反垄断法律课。① 其实反行政垄断案件的查处,相较经济垄断的调查难度普遍大,各方面阻力也多。

① 参见周萍、潘传龙:《会议纪要指定经营者,工商机关首次行使建议权〈反垄断法〉剑指地方政府排除限制竞争——广东省工商局调查滥用行政权力排除、限制竞争案纪实》,载对外经济贸易大学 2011 年 7 月 29 日,http://news.uibe.edu.cn/info/1371/12055.htm。

二、投诉举报是重要信息来源

此类案件无一例外都是因为举报或投诉后才引发行政调查，说明此类案件不容易发现，具有一定保密性。后续应当发挥社会监督作用，让行政垄断无避身之处。

三、涉及行业广泛

例如，涉及汽车行业、公章、医保和药品等，此种违法行为在任何行业都可能发生，但药品和医保等，都是涉及民生方面的，不仅执法部门关注度高，也是人们普遍关心的问题。

四、执法人员业务能力有待提高

从典型案例可得出，案例均是较早期的执法案件，2018 年以后适用该条认定违法的很少，说明执法人员对于法条的立法含义能正确理解，并能在执法过程中选择违法行为对应的具体法条。

附：典型案例①

案　例　一

（2011）广东省清远市人民政府指定卫星定位汽车行驶记录仪案

2011 年 1 月 26 日，广东省清远市 3 家汽车 GPS 运营商联名向广东省原工

① 本书中所有典型案例前的( )内数字，表示该案例查处时间。案例中引用的《反垄断法》，未特殊说明的，均为旧《反垄断法》。以便于读者查阅。

商局投诉,反映该市人民政府在强制推广应用卫星定位汽车行驶记录仪工作中存在滥用行政权力排除、限制竞争的行为。按照《反垄断法》相关规定,广东省原工商局受理了该投诉并展开调查。

经查明:2010年,该市人民政府在强制推广应用卫星定位汽车行驶记录仪工作中,通过印发《市政府工作会议纪要》的形式,指定作为汽车GPS运营商的新时空导航科技有限公司(以下简称新时空公司)自行投资建设的卫星定位汽车行驶监控平台为市级监控平台,采取不予通过定期年审的强制性措施限定其他GPS运营商的车辆监控数据必须接入新时空公司的监控平台,限定其他GPS运营商向新时空公司缴纳监控数据接入费用(30元/辆·月)。该市人民政府的该行政行为造成该市其他GPS运营商在接受政府行政监管的同时,不得不接受新时空公司提供的数据接入有偿服务,既大大增加了运营成本,又丧失了与新时空公司公平竞争的权利。同时,某市数千辆重点监控车辆由于未将监控数据接入新时空平台而无法通过年审,带来一系列交通安全和社会管理的隐患。

广东省原工商局经调查认为,该市人民政府上述行为超出了法定权限和上级有关政策要求,不公平地助长了新时空公司的市场竞争优势,使新时空公司这一原本平等的市场竞争对手,变成了其他GPS运营商正常经营必须依赖的对象,排除、限制了该市汽车GPS运营市场的竞争,对竞争格局带来了不利影响,违反了《反垄断法》第32条"行政机关和法律、法规授权的具有管理公共事务职能的组织不得滥用行政权力,限定或者变相限定单位或者个人经营、购买、使用其指定的经营者提供的商品"的规定,构成行政机关滥用行政权力排除、限制竞争行为。广东省原工商局依法向广东省人民政府上报了《关于依法纠正清远市人民政府滥用行政权力排除、限制竞争行为的意见》,同时报原国家工商总局反垄断与反不正当竞争执法局备案。

在广东省原工商局调查期间,投诉人向广东省人民政府法制办公室就该市人民政府上述行政行为提起行政复议。广东省人民政府作出行政复议决定,认为该市人民政府上述指定行为"违反《反垄断法》第8条、第32条和《道路交通安全法》第13条的规定,属于滥用行政职权,其行为明显不当"。依据《行政复议法》相关规定,广东省人民政府决定,撤销该市人民政府指定新时空公司的卫星定位汽车行驶监控平台为该市市级平台的具体行政行为。广东省人民政府的行政复议决定，与广东省原工商局《关于依法纠正清远市人民政府滥用行政权力排除、限制竞争行为的意见》所提的建议一致。该市人民政府根据广东省人民政府决定，纠正了上述指定行为。

案例二

（2011）四川省成都市原交通运输委员会指定购买汽车案①

2010年12月，成都市中心城区8家民营公交公司委托四川英济律师事务所向四川省原工商局竞争执法处投诉，反映成都市原交通运输委员会（以下简称成都市交委）滥用行政权力限定购买其指定的一汽大众生产的速腾汽车。

四川省原工商局领导对此投诉高度重视，指示竞争执法处积极稳妥处理。按照四川省工商局领导的要求，竞争执法处立即组织人员，全面开展了调研工作。一是通过座谈、走访等形式，向成都市特许办、成都市交委、8家民营公交公司、出租车经营公司、一汽大众成都生产厂、一汽大众汽车经销商等行政机关和十几家企业了解了相关情况，收集了大量证据资料；二是认真研究情况及其处理意见；三是多次与成都市交委沟通交换意见，向成都市交委提出了工作建议。

经了解，2010年以来，成都市交委按照“成都市中心城区交通缓堵保畅工程专项目标任务”的要求，部署民营公交公司公交线路运营权置换为出租汽车经营权工作，制定了《成都市中心城区2010年至2012年新增客运出租汽车特许经营权出让方案》（以下简称《出让方案》），在经过听证、修改后，报经成都市人民政府特许经营权管理委员会批准实施。

四川省原工商局认为，成都市交委作为具有管理出租车行业职能的行政机关，制定的《出让方案》中虽然未明确规定必须使用其指定的车型，但是规定的车型技术指标实际具有唯一的指向性，尤其是在实际操作过程中，要求申请方在承诺书上申请车型一栏中必须填写速腾车型，否则不予审批，事实上排除了8

① 参见《省工商局积极妥善规范垄断行为　切实维护公平竞争的市场秩序》，载四川省人民政府，https://www.sc.gov.cn/10462/10883/11066/2011/11/29/10191251.shtml。

家民营公交公司等申请方对成都市中心城区现有出租车 3 种主流车型中其他车型的选择权，其行为涉嫌违反了《反垄断法》第 8 条和《工商行政管理机关制止滥用行政权力排除、限制竞争行为的规定》（已废止）第 3 条，构成行政机关滥用行政权力排除、限制竞争行为。

成都市交委相关领导表示，四川省原工商局对投诉情况的调查了解是客观清楚的，向成都市交委提出的工作建议是中肯的。针对此次 8 家民营公交公司提出的异议，成都市交委加强政策宣传，耐心细致地与民营公交公司进行沟通，同时给予减免第一年经营权有偿使用费、准予使用双燃料和同意其分期购置车辆投入营运等政策上的照顾和优惠，使 8 家民营公交公司均已向成都市交委提出了受让出租汽车经营权的申请并对其选用车辆进行了承诺。成都市交委表示，今后在制订新增出让方案时，将积极采纳四川省原工商局提出的工作建议，针对出租汽车公司的实际情况和市民群众不同的出行需求，在车辆选型上既有较高档次的车辆，也有普通档次的车辆，兼顾社会需求和企业愿望。相关企业对四川省原工商局依法行政，促进行政机关改进管理工作表示感谢。

案 例 三

（2017）深圳市原卫生和计划生育委员会公立医院药品集团采购指定限定案①

根据企业和行业协会反映，国家发展改革委会同广东省发展改革委，对深圳市卫计委在推行公立医院药品集团采购改革试点过程中，对涉嫌滥用行政权力排除、限制竞争的行为进行了调查。经查，深圳市卫计委存在以下违反《反垄断法》的行为。

1. 只允许一家集团采购组织（经遴选为全药网药业）提供药品集团采购服务。集团采购组织受医院委托代为购买所需药品、提供团购服务，凡符合国家

① 参见《深圳市卫计委承诺纠正公立医院药品集团采购改革试点中滥用行政权力排除限制竞争行为》，载网易财经 2017 年 4 月 7 日，https://www.163.com/money/article/CHEEE7JI002580S6.html。

规定资质、能够为医院提供团购服务的经营者，都可以平等进入深圳市公立医院药品集团采购市场。只有各个集团采购组织之间存在竞争，才能提供更好、更有效率的服务。深圳市卫计委通过遴选，从符合资质的企业中确定一家集团采购组织，使其他有能力、有意愿提供药品集团采购服务的经营者被排除在外，导致深圳市公立医院药品集团采购市场只有一家经营者，没有竞争。

2. 限定深圳市公立医院、药品生产企业使用全药网药业提供的服务。一是限定深圳市所有公立医院只能通过全药网药业采购，不能选择向其他具备条件的集团采购组织采购，也不能在省级药品集中采购平台上自行采购。二是变相限定药品生产企业只能通过全药网药业向深圳市公立医院销售目录内药品，不能通过省级药品集中采购平台销售，破坏了药品市场正常的竞争秩序。

3. 限定药品配送企业由全药网药业指定。违背了《国务院办公厅关于完善公立医院药品集中采购工作的指导意见》（国办发〔2015〕7号）关于药品生产企业自主选择配送企业的规定。

深圳市卫计委的上述做法违反了《反垄断法》第8条“行政机关和法律、法规授权的具有管理公共事务职能的组织不得滥用行政权力，排除、限制竞争”；第32条“行政机关和法律、法规授权的具有管理公共事务职能的组织不得滥用行政权力，限定或者变相限定单位或者个人经营、购买、使用其指定的经营者提供的商品”等规定，构成滥用行政权力排除、限制竞争的行为。

案例四

（2017）广西壮族自治区原道路运输管理局限定驾培系统案[①]

根据机动车驾驶员培训机构（以下简称驾培机构）经营者的投诉举报，经广西壮族自治区物价局调查核实，2012年5月以来，广西壮族自治区原道路运输管理局（以下简称广西运管局）在推广使用机动车驾驶员计时培训管理系统工

① 参见《广西壮族自治区道路运输管理局纠正滥用行政权力排除限制竞争行为》，载《中国价格监管与反垄断》2017年第9期。

作中，多次印发有关文件，要求全自治区各市驾培机构安装系统车载硬件设备的车辆，使用同一套计时培训监控系统，不允许再委托建设第二套计时培训监控系统。全自治区各市道路运输管理机构按照文件要求，在所辖市、县建设和运行计时培训系统中，普遍存在只允许一家计时培训系统运营商独家运营的现象。

广西运管局上述做法实际是利用行政权力，“变相限定”各市驾培机构只能购买由本市道路运输管理机构指定的计时终端设备经营者提供的服务，排除、限制了其他计时培训系统运营商参与公平竞争的权利，其行为违反了《反垄断法》第 8 条“行政机关和法律、法规授权的具有管理公共事务职能的组织不得滥用行政权力，排除、限制竞争”的规定，属于第 32 条所列行政机关滥用行政权力，限定或者变相限定单位或者个人经营、购买、使用其指定的经营者提供的商品行为，构成滥用行政权力，排除、限制竞争的行为。

案例五

（2017）青海省人力资源和社会保障厅限定医保案①

青海省发展改革委对青海省人力资源和社会保障厅省金保工程管理办公室（以下简称青海省金保办）在“金保工程”中的医疗保险业务进行了调查，查明青海省金保办在医疗保险业务中，存在涉嫌滥用行政权力，排除、限制竞争和固定医保专线价格的垄断行为。

1. 统一规定社会保障卡（以下简称社保卡）读卡器品牌、型号、价格，指定购买地点。青海省在 2014 年推进医疗保险业务整合时，通过招标采购了一批社保卡读卡器对试点单位进行免费发放。随着青海省医疗保险业务整合在全省范围内的开展，社保卡读卡器用量日益增长，财政资金无力负担，没有再次进行招标及政府采购工作，由各医疗机构和药店自行承担读卡器相关费用。青海省

---

① 参见《青海省人力资源和社会保障厅主动纠正医疗保险业务中滥用行政权力排除限制竞争行为》，载《中国价格监管与反垄断》2017 年第 9 期。

金保办为了规范社保卡读卡器市场,防止读卡器市场混乱、质量不一、影响社保卡的使用,决定由负责前期社保卡读卡器的厂商直接供应全省社保卡读卡器,该厂家据此设立销售点。青海省金保办对社保卡读卡器的采购工作进行安排并下发通知,指定两家医疗机构去厂家销售点购买社保卡读卡器,并提供了联系电话。同时,青海省金保办要求定点医院须配备具有身份证读取功能三合的德卡T10读卡器,定点药店可根据需求选用不具有身份证读取功能的二合一德卡T10读卡器。

2. 协调运营商对全省医保专线统一市场定价。青海省金保办于2015年、2016年两次协调电信、联通、移动三家运营商,要求三家运营商提供医保专线资费的承诺函,通过下发《关于调整和优化全省医保业务网络的通知》(青金保办发〔2015〕21号)和《关于建设全省医疗保险定点医药机构即时结算联网备用线路的通知》(青金保办发〔2016〕12号)统一了全省医保专线资费,设定10M、4M、2M档带宽网络,资费分别为主用1800元/月、800元/月、500元/月,备份700元/月、300元/月、200元/月的标准。青海省金保办还要求各运营商严格遵守该资费标准,不得擅自抬高或降低资费。医疗保险业务整合是支持青海省医药卫生制度改革的重要推动力,也是加快构建全国跨省异地就医结算工作的重要一环。青海地广人稀,牧区面积较大,在全省范围尤其是牧区覆盖统一医保结算专线在资金投入上有较大困难,青海省金保办协调运营市省医保专线统一定价的行为在推动青海省建设中具有一定合理性,但其统一规定社保卡读卡器品牌、型号、价格,指定购买地点,协调运营商对全省医保专线统一定价的行为,干预了经营者自主定价权,限制了读卡器市场和网络专线市场竞争,违反了《反垄断法》第8条"行政机关和法律、法规授权的具有管理公共事务职能的组织不得滥用行政权力,排除、限制竞争"的规定,属于第32条所列"滥用行政权力,强制经营者从事本法规定的垄断行为"的行为,以及第37条所列"制定含有排除、限制竞争内容的规定"的行为。

在青海省发展改革委调查后,青海省人力资源和社会保障厅相关领导对该问题高度重视,会同青海省金保办对统一社保卡读卡器,协调运营商统一定价,达成并实施价格垄断协议,与《反垄断法》相关规定不符的问题进行研究,表示将积极整改,对已经发布的管理制度、政策措施等进行清查,对涉嫌垄断的政策措施坚决予以纠正。

2017年7月21日,青海省金保办下发了《关于社保卡读卡终端设备的通知》(青金保办发〔2017〕18号),自文件下发日起,废止2015年8月10日下发的通知,德卡公司T10设备暂停销售,社保卡读卡器购买有关问题待请示有关部门后另行通知。同日,青海省金保办下发了《关于医疗保险定点医药机构医保专线资费有关问题的通知》(青金保办发〔2017〕19号),决定自文件下发日起,停止执行原三家运营商承诺的资费标准,同时全省各定点医药机构MOIS-VPN线路资费由各运营商自主确定、市场调节,各定点医药机构根据业务需要自主选择医保线路带宽和运营商。

案例六

(2018)海南省琼海市交通运输局限定车辆案[①]

2017年7月和12月,海南省原物价局在对琼海市万泉河河道疏浚采砂的河砂销售价格和运输管理情况进行调查中发现,琼海市综合治砂领导小组规定:从疏浚河砂开采码头至各统一堆放点的河砂以统一黄色标识车进行统一调配运输,这些专用运砂车辆由琼海市交通运输局负责统一管理调配;重点项目用砂可采取疏浚码头直供的方式进行,负责销售的琼海市城市投资建设有限公司每天将各重点项目河砂需求量报琼海市交通运输局,由琼海市交通运输局安排和调度车辆进行运输。但琼海市交通运输局在对重点项目、混凝土搅拌站等从疏浚河砂开采码头直接销售的购砂企业调度运砂车辆时,只安排该局管理的专用运砂车辆运砂,不允许其他社会车辆参与运砂,购砂企业也不能使用自备车辆运砂,且指定了某运输公司作为运砂车辆运费结算企业,该公司则根据琼海市交通运输局的相关会议精神,规定了河砂运费统一价格。此举剥夺了购砂企业选择使用运砂车辆的自主权,排除了其他社会车辆参与该领域运输的市场竞争,也排除了在该领域通过市场竞争形成运价的价格机制。购砂企业对于不能自主选择运砂车辆,还被迫接

① 参见《海南省物价局纠正琼海市交通运输局滥用行政权力排除限制竞争行为》,载《中国价格监管与反垄断》2018年第4期。

受较高的运砂价格颇有意见，但目前河砂供不应求，企业敢怒不敢言。

琼海市交通运输局上述相关行为违反了《反垄断法》第8条“行政机关和法律、法规授权的具有管理公共事务职能的组织不得滥用行政权力，排除、限制竞争”的规定，属于第32条所列“限定或变相限定单位或个人经营、购买、使用其指定的经营者提供的商品”的行为。

2018年2月6日，在海南省原物价局对琼海市交通运输局进行约谈后，该局主动进行整改，成立了整改工作领导小组，落实责任到人机制，制定了整改措施，并向海南省原物价局书面报告整改情况。随着整改措施的落实，解除了对从码头直接购买河砂的企业使用运砂车辆的限制，在社会车辆参与竞争下，通过市场形成的运砂价格有所回落，不少社会车辆业主、购砂企业对此表示满意。

案 例 七

(2018)北京住房公积金管理中心限定二手房评估费案①

北京住房公积金管理中心2016年9月30日发布了《关于调整住房公积金贷款担保服务费支付方式及下调二手房评估费收费标准的通知》(京房公积金发〔2016〕28号)(以下简称28号文件)。该文件规定二手房评估费最高收费标准为每件600元，且指定了6家评估公司承接该项业务。北京市发展改革委于2017年10月18日起对北京住房公积金管理中心开展了反垄断调查。

经查，北京住房公积金管理中心为直属市人民政府、不以营利为目的的独立事业单位，负责承办北京住房公积金管理委员会决定的有关事项，依法履行北京市住房公积金管理运作及执法监督等职责，是法律、法规授权的具有管理公共事务职能的组织。

北京住房公积金管理中心2016年9月20日在网上发布《北京住房公积金管理中心关于公开选用评估机构的通知》。在规定时限内报名并提交材料的评

① 参见《北京住房公积金管理中心主动纠正滥用行政权力排除限制竞争行为》，载《中国价格监管与反垄断》2018年第3期。

估公司共有9家。9月28日，北京住房公积金管理中心组织召开评审会议。根据投票结果，北京住房公积金管理中心选用了其中6家评估公司，从而研究出台28号文件，其规定二手房公积金贷款评估收费的最高收费标准为每件600元，并指定上述6家评估公司开展此项业务。

二手房公积金贷款评估收费不在现行国家及北京市定价目录内，属于市场调节价，其价格应该由经营者自主制定。北京住房公积金管理中心制定28号文件规定二手房评估费最高收费标准为每件600元及指定6家评估机构的行为，涉嫌违反《反垄断法》第8条“行政机关和法律、法规授权的具有管理公共事务职能的组织不得滥用行政权力，排除、限制竞争”和第32条“行政机关和法律、法规授权的具有管理公共事务职能的组织不得滥用行政权力，限定或者变相限定单位或者个人经营、购买、使用其指定的经营者提供的商品”的规定，损害了消费者和其他经营者的利益。

案例八

(2018)吉林省白山市原社会治安综合治理委员会与原卫生和计划生育委员会指定医疗责任保险案①

2017年10月，吉林省原物价局派出调查组对白山市原社会治安综合治理委员会(以下简称白山市原综治委)、白山市原卫生和计划生育委员会(以下简称白山市原卫计委)涉嫌滥用行政权力排除、限制竞争的行为开展了调查。

调查显示，2015年9月24日至2016年3月8日，白山市原综治委、白山市原卫计委相继4次印发文件，限定江泰保险经纪股份有限公司(以下简称江泰公司)作为白山市医疗责任保险统保工作的经纪公司。

保险经纪市场是具有充分竞争环境的市场，白山市原综治委、白山市原卫计委印发文件，限定白山市医疗机构将江泰公司作为医疗责任保险统保工作的

① 参见《吉林省物价局纠正白山市社会治安综合治理委员会白山市卫生和计划生育委员会滥用行政权力排除限制竞争行为》，载《中国价格监管与反垄断》2018年第3期。

经纪公司，该行为违反了《反垄断法》第8条“行政机关和法律、法规授权的具有管理公共事务职能的组织不得滥用行政权力，排除、限制竞争”的规定，属于第32条所列“限定或者变相限定单位或者个人经营、购买、使用其指定的经营者提供的商品”行为和第37条所列“制定含有排除、限制竞争内容的规定”行为。

在吉林省原物价局提出整改意见后，白山市人民政府责成白山市原综治委、白山市原卫计委进行了整改，废止了排除、限制竞争的相关文件规定。

案例九

（2018）内蒙古自治区公安厅指定刻章企业案[①]

一、案件基本事实

2013年3月，内蒙古自治区公安厅（以下简称内蒙古公安厅）与内蒙古恭安金丰网络印章科技有限责任公司（以下简称金丰公司）签订了《新型防伪印章治安管理信息系统建设合同》，约定由金丰公司提供经公安部检测合格的新型防伪印章治安管理信息系统软件，统一负责全区印章治安管理信息系统（以下简称印章系统）的升级改造和整合联网，并由金丰公司向全区所有的刻章企业供应符合国家有关技术标准的章材和芯片；内蒙古公安厅为印章系统提供场地、环境以及政策支持，协调自治区有关部门和盟市治安管理部门，为系统建设、运行、推广、维护提供必要条件。

2013年4月23日，内蒙古公安厅向各盟市公安局下发了《全区印章治安管理信息系统整合联网及推广使用新型防伪印章实施方案》（内公办〔2013〕60号，以下简称“60号文”），决定按照“统一领导、统一规划、统一标准、统一建设”原则，对全自治区印章系统进行升级改造和整合联网，明确规定“依照政府采购程序，金丰公司为全区新型防伪印章系统建设项目中标单位，负责新型防伪印章系统软件的开发建设”，要求“各地积极支持配合金丰公司建设维护全区印章

① 参见《市场监管总局办公厅关于建议纠正内蒙古自治区公安厅滥用行政权力排除限制竞争有关行为的函》，载《中国价格监管与反垄断》2018年第8期。

系统管理平台，杜绝自行其是、各自为政”。但经调查发现，选择金丰公司作为印章系统建设单位，并未履行任何招投标程序。

“60号文”出台后，内蒙古公安厅多次要求各盟市公安局尽快落实文件要求，卸载正在使用并经公安部检测通过的系统软件，安装使用金丰公司的系统软件，并要求全自治区刻章企业统一向金丰公司采购符合国家有关技术标准的章材、芯片以及配套硬件设备等。2017年1月6日，内蒙古公安厅再次向各盟市公安局下发《关于落实自治区党委巡视组意见强力推动印章系统建设的通知》（内公网传〔2017〕260号），要求“对于已完成金丰系统安装调试却仍在使用旧系统运行的盟市，要切实采取措施，淘汰旧系统，启用新系统；对于至今尚未安装金丰系统的盟市，要迅速采取制定贯彻落实措施，明确责任部门、责任人，抓紧时间落实”。在内蒙古公安厅的督促下，除包头市外，其他11个盟市均已安装金丰公司的系统软件，或者由原系统软件供应商与金丰公司共同建设。

“60号文”出台前后内蒙古自治区各盟市印章系统一览表（省略）。

二、案件定性分析

内蒙古公安厅的相关做法，违反了《反垄断法》第8条“行政机关和法律、法规授权的具有管理公共事务职能的组织不得滥用行政权力，排除、限制竞争”的规定，属于《反垄断法》第32条所列“限定或者变相限定单位或者个人经营、购买、使用其指定的经营者提供的商品”的行为和第37条所列“制定含有排除、限制竞争内容的规定”的行为。

（一）排除和限制了印章系统软件市场的竞争

1.各地公安机关和刻章企业在选择印章系统软件上拥有自主权。2000年4月，公安部颁布《印章治安管理信息系统标准》，并下发《关于贯彻执行〈印章治安管理信息系统标准〉的通知》（公通字〔2000〕36号），要求各地公安机关认真贯彻执行《印章治安管理信息系统标准》，所应用的印章系统软件必须经过公安部检测并符合《印章治安管理信息系统标准》，同时严禁借推广应用印章系统之名，强制更换印章或推行“防伪印章”。2001年8月31日，公安部又下发《关于规范印章治安管理信息系统建设的通知》（公传发〔2001〕2512号，以下简称“公安部2512号文”），明确要求“严禁独家垄断。各省、自治区、直辖市必须通过公开招标的方式，选择3家以上的系统软件在本省范围内供各地、州、市推广使用”。因此，各地公安机关和刻章企业在选择系统软件上拥有一定的自主权。

“60号文”出台前，内蒙古自治区10个盟市自行选择了经公安部检测评估合格的系统软件，在各自辖区内建立了印章系统。自治区印章系统软件市场是竞争性、开放性的。

2. 内蒙古公安厅相关做法排除和限制了系统软件市场竞争，形成并强化了金丰公司的垄断地位。“60号文”规定由一家企业统一建设全自治区印章系统，本身就违背了“公安部2512号文”的精神和要求，而且未经招投标程序直接指定金丰公司，剥夺了其他系统软件供应商参与竞争的机会，也侵犯了各盟市公安机关和刻章企业自主选择系统软件的权利。“60号文”出台后，内蒙古公安厅强迫各盟市公安机关和刻章企业卸载运行良好的现有系统软件，统一安装金丰公司的系统软件，将盟市公安机关拒绝安装金丰公司系统软件视为“不作为”“乱作为”，责令相关负责人检讨整改，对未安装金丰公司系统软件的刻章企业的刻章申请不予审批备案，迫使7个盟市更换原有的系统软件，2个盟市原有软件供应商被迫与金丰公司开展合作，导致大量供应商被清除出系统软件市场，形成和强化了金丰公司的垄断地位，严重破坏了公平竞争的市场秩序。

（二）排除和限制了章材和刻章设备市场的竞争，增加了刻章企业和印章用户的成本

“60号文”出台前，刻章企业可以自行选购经过公安部鉴定合格的章材（包括铜质和塑料），自行购置符合《印章治安管理信息系统标准》的刻章设备。章材和刻章设备市场存在竞争，交易价格由买卖双方协商确定。据调查章材价格一般在10元/枚至35元/枚。“60号文”出台后，内蒙古公安厅强迫刻章企业更换金丰公司开发的装有加密电子芯片的新型防伪印章，购买金丰公司统一定制的新型防伪印章章材（每枚最低55元、最高85元）；采购与金丰公司系统软件配套的“中晶高清扫描仪”（每台1600元）、速拍证卡读写一体机（每台4800元）、全铜印章雕刻设备（每台4万元）等硬件设备，据调查这些设备价格要比一般市场价格高出1倍以上。上述做法大大增加了刻章企业的生产成本，导致印章价格明显上涨，加重了印章用户的负担。“60号文”出台前，每枚印章价格最高不超过200元。“60号文”出台后，金丰公司向刻章企业推荐的指导价为每枚280元。

三、相关整改建议

为恢复公平竞争的市场秩序，保障有关经营者的合法权益，建议内蒙古公

安厅作出如下整改：

1. 停止滥用行政权力，强迫各盟市公安机关安装金丰公司系统软件、卸载已有系统软件，强迫刻章企业向金丰公司购买章材和刻章设备的行为。

2. 废止“60号文”关于指定金丰公司负责全区新型防伪印章系统软件的开发建设、强迫各地公安机关和刻章企业安装金丰公司系统软件等排除、限制竞争的规定。

3. 撤销与金丰公司签订的《新型防伪印章治安管理信息系统建设合同》，该合同自始无效。

4. 按照公安部治安管理局2018年3月印发的《加强和改革印章刻制业治安管理工作实施方案》（公传发〔2018〕202号）的部署要求，通过公开招标方式，确定自治区层面的印章系统承建商或运维商，并向经过公安部检测评估合格的系统软件开放自治区印章系统的数据接口。

5. 恢复印章系统软件市场、章材市场、刻章设备市场的公平竞争秩序，允许各盟市公安机关和刻章企业自行选择印章系统承建商或运维商、章材和刻章设备供应商。

案例十

（2018）北京市公安局公安交通管理局限定交通违章罚款代收案①

2018年7月，国家市场监管总局根据举报，对北京市公安局公安交通管理局（以下简称北京市交管局）在交通违章罚款管理中涉嫌滥用行政权力排除、限制竞争行为进行了调查，查明以下事实：

一是北京市交管局未经公开竞争性程序，确定工商银行北京市分行作为北京市交通违章罚款唯一代收银行。1995年，北京市交管局未经公开招投标等竞争性程序，与工商银行北京市分行签署委托协议，并发布相关通告和通知，确定

① 参见《北京市公安局公安交通管理局积极纠正交通违章罚款管理中排除限制竞争行为》，载《中国价格监管与反垄断》2018年第7期。

该行作为北京市交通违章罚款唯一代收银行并延续至今。《招标投标法》和《反垄断法》相继实施后，北京市交管局也未依法依规进行调整。二是线下缴纳罚款只能通过工行卡办理。自 1995 年起，根据北京市交管局相关规定，北京市驾驶人在京发生的交通违章，必须到工商银行网点缴纳罚款。随着互联网技术的发展，近年来北京市交管局逐步开通了线上缴纳罚款方式。违章驾驶人可通过北京交警 App、12123 交警 App、北京市交管局综合服务管理平台网站等线上交款渠道，使用所有带有银联标识的银行卡缴纳罚款；外地驾驶人在京发生的现场违章，还可以到工商银行、建设银行等 11 家银行的全国任意网点缴纳罚款。但北京市驾驶人在京违章，线下缴纳罚款仍然只能到工商银行网点办理，即使通过设立在各网点以及部分执法站、交通队、车辆检测场的多媒体自助终端机或者工商银行 ATM，也只能通过工行卡办理。三是未向社会公示不再强制将牡丹交通卡作为驾驶人信息卡使用。从 1999 年开始，北京市交管局要求驾驶人办理工商银行发行的牡丹交通卡作为机动车驾驶人智能信息卡，用于记载交通违法处理信息及缴纳罚款等。随着信息技术和管理手段不断升级，驾驶人信息卡承载信息的功能和必要性逐步弱化，加之一些地方公安交管部门联合商业银行推行机动车驾驶人交通安全信息卡，出现违规强制发卡、商业银行“搭车发卡、借卡揽存”等问题，群众意见强烈。2015 年，按照公安部有关规范机动车驾驶人交通安全信息卡管理工作要求，北京市交管局不再强制将牡丹交通卡作为驾驶人信息卡使用，内部发文要求停止对未携带信息卡违法行为实施处罚。驾驶人可自愿选择继续保留该卡作为普通信用卡使用，或者到工商银行销户不再保留。但北京市交管局未对社会公示此消息，也未进行相关必要宣传和说明。

国家市场监管总局认为，1995 年北京市交管局从尽快建立交通管理信息化平台，以及便利驾驶人缴纳罚款角度出发，确定了当时网点较多、设施较好，且承诺出资建立交通管理信息化系统的工商银行北京市分行作为交通违章罚款唯一代收银行，具有一定合理性。但 2000 年《招标投标法》、2008 年《反垄断法》相继实施后，北京市交管局一直没有依照相关法律、法规的要求，通过公开、正式的招投标等竞争性程序，向所有银行提供公平竞争的机会，遵循公开、公正、透明的原则选择合作银行。北京市交管局一直维持工商银行北京市分行作为唯一代收银行的做法，排除、限制了其他具有合格资质和服务能力的银行参与交通违章罚款代收业务竞争。截至2018年7月,线下交纳违章罚款仍然只能通过工行卡办理,驾驶人实际上必须办理工行卡成为工商银行客户后,才能接受工商银行的服务缴纳罚款。此外,2015年以后,北京市交管局未对社会广泛公示和宣传已不再强制将牡丹交通卡作为驾驶人信息卡使用,导致很大部分驾驶人仍然保留牡丹交通卡,并通过其缴纳罚款,一定程度上减少了驾驶人选择办理其他银行卡在线上缴纳罚款的可能性,从而排除和限制了其他银行参与相关市场竞争。

北京市交管局在交通违章罚款管理中的相关规定和做法,一定程度上排除、限制了竞争,涉嫌违反《反垄断法》第8条“行政机关和法律、法规授权的具有管理公共职能的组织,不得滥用行政权力,排除、限制竞争”的规定,属于第32条所列“限定或者变相限定单位或者个人经营、购买、使用其指定的经营者提供的商品”。

国家市场监管总局开展调查后,北京市交管局认识到相关做法与《反垄断法》规定不符,承诺尽快调整相关工作方式方法,并提出三项具体整改措施:一是加强社会宣传引导。一方面,通过多种渠道告知群众,今后牡丹交通卡仅作为普通信用卡,不再强制驾驶人使用。另一方面,持续加大对北京市交管局对外服务网站、“12123”手机App缴款渠道和方式的宣传力度,提示驾驶人合理选择交纳方式。二是加快终端升级改造。积极推进对现有多媒体自助终端机升级改造,力争实现支持其他银行卡办理罚款交纳业务。三是积极拓展代收银行。协调市财政部门,召集本市具备交通罚款代收资质的银行,在代收异地驾驶人交通违章罚款基础上,积极参与代收本市驾驶人交通违章罚款。对有意开展本市交通违章罚款代收业务的银行,将在系统建设和改造工作中给予大力支持和配合。北京市交管局同时表示,将接受国家市场监管总局对于整改措施落实情况的监督,并在今后严格遵守各项法律法规,按照《反垄断法》和公平竞争审查制度的要求,加强自我审查,规范各项工作管理,积极引进新技术、新方法,提供更多便民利民措施。

案例十一

(2018)青海省西宁市交通运输局限定出租车智能设备补装、维修案①

2018年7月,青海省价格监督检查与反垄断局对西宁市交通运输局出租车智能服务管理系统补装、维修收费情况开展调查,查明该局存在滥用行政权力排除、限制竞争行为。

2014年12月3日,西宁市发展改革委在《关于西宁市智能交通系统工程立项的批复》(宁发改环交〔2014〕556号)中准予西宁市交通运输局开展出租车智能服务管理系统项目建设。2016年12月2日,西宁市交通运输局下属交通信息科技有限公司成立,负责交通信息化项目运营维护管理工作。2016年年底,按照《西宁市"畅通西宁"三年攻坚行动计划智能交通建设方案的通知》总体规划要求,为全市出租车免费安装智能服务管理系统,该系统包含计价器、摄像头、智能主机等多项设备,初次安装智能终端所需资金由政府负担。

2016年12月7日,西宁市交通运输局出台《西宁市出租智能服务管理系统项目设备补装价格管理办法(试行)》,该办法规定了出租车智能设备二次购买、维修及补装的价格。通过调查走访,西宁市多家出租车公司均接到该办法,并按照该办法流程执行智能终端补装、维修工作。西宁市交通信息科技有限公司在出租车维修点公示执行的设备补装、维修价格均与该办法规定价格一致。

西宁市交通运输局以公文形式规定设备补装、维修价格的行为,排除和限制了出租车智能终端市场竞争,剥夺了出租车司机的自主选择权,限定出租车司机与指定维修服务商进行交易,导致市场竞争不充分,增加了出租车运营成本。该行为违反了《反垄断法》第8条"行政机关和法律、法规授权的具有管理公共事务职能的组织不得滥用行政权力,排除、限制竞争",第32条"行政机关和法律、法规授权的具有管理公共事务职能的组织不得滥用行政权力,限定或者变相限定单位或者个人经营、购买、使用其指定的经营者提供的商品"和第37

---

① 参见《青海省发展改革委纠正交通警察部门滥用行政权力排除限制竞争行为成效显著》,载《中国价格监管与反垄断》2018年第8期。

条“行政机关不得滥用行政权力,制定含有排除、限制竞争内容的规定”规定,以及《国务院关于在市场体系建设中建立公平竞争审查制度的意见》中“审查标准”第4项影响生产经营行为标准“(4)不得违法干预实行市场调节价的商品和服务的价格水平”规定,属于指定交易的垄断行为。

青海省价格监督检查与反垄断局于2018年12月底对案件进行通报并下达行政执法建议函。西宁市交通运输局相关领导高度重视此项工作,表示将对违反《反垄断法》和公平竞争审查制度相关规定的行为积极进行整改,对已经发布的管理制度、政策措施进行清查,涉嫌垄断的坚决予以纠正。

西宁市交通运输局于2018年12月28日向青海省价格监督检查与反垄断局提交整改报告,并承诺于2019年1月15日前完成全部整改内容,整改措施如下:(1)自2018年12月31日起,废止《西宁市出租智能服务管理系统项目设备补装价格管理办法(试行)》,并书面函告相关部门及企业。(2)通过资质审核,促进西宁市出租车智能设备维修行业形成充分竞争。(3)制定西宁市出租车智能设备维修服务行业管理办法,促进出租车智能设备维修服务行业健康发展。

第二章
行政限定交易

第一节　行政限定交易的立法

一、《反垄断法》的修订

行政限定交易[①]是指违反新《反垄断法》第 39 条，即行政机关和法律、法规授权的具有管理公共事务职能的组织不得滥用行政权力，限定或者变相限定单位或者个人经营、购买、使用其指定的经营者提供的商品。

与旧《反垄断法》第 32 条法条内容完全相同，仅是修正时调整了法条序号。限定交易行为通过限定只有特定经营者才能进入相关市场的方式，将其他经营者排除出市场之外，不仅剥夺了市场主体公平参与市场竞争的权利，排除、限制了竞争，也损害了下游用户和消费者的自由选择权。

二、相关规定的修订

《制止滥用行政权力排除、限制竞争行为规定》第 4 条，进一步细化了新《反垄断法》第 39 条的规定，列举了限定的具体方式。例如，"以明确要求、暗示、拒绝或者拖延行政审批、备案、重复检查、不予接入平台或者网络等方式，限定或

---

① 也有"行政强制交易"的称谓，主要是基于其不同于经济性垄断情形下的强制交易，重在强调其滥用行政权力的特点，参见时建中主编：《反垄断法——法典释评与学理探源》，中国人民大学出版社 2008 年版，第 121 页。也有学者称之为"超经济强制交易"，其所要表达的意旨与"行政强制交易"是相同的。参见徐杰主编：《经济法概论》，首都经济贸易大学出版社 2002 年版，第 200 页。

者变相限定经营、购买、使用特定经营者提供的商品”,与此前《制止滥用行政权力排除、限制竞争行为暂行规定》(已废止)相比,本次规定特别增加了“备案”的方式。又如,“通过设置不合理的项目库、名录库、备选库、资格库等方式,限定或者变相限定经营、购买、使用特定经营者提供的商品”,与此前暂行规定相比,本次规定特别强调了“不合理”的效果要件,并且增加了“备选库”“资格库”等名录库类型。①

三、限定或变相限定的理解

(一)商品的范围

依据新《反垄断法》第 1 条和《制止滥用行政权力排除、限制竞争行为规定》第 4 条的规定,行政机关和法律、法规授权的具有管理公共事务职能的组织不得滥用行政权力,实施下列行为,限定或者变相限定单位或者个人经营、购买、使用其指定的经营者提供的商品或者服务(以下统称商品)。据此,反垄断法上的商品包括服务,而不应当仅仅局限于有形商品。

(二)限定或变相限定交易现状

国家发展改革委早期公布了滥用行政权力排除、限制竞争的案例 56 件,这些案例是原各级价格主管部门 2017 年办结的,案涉 29 省。供水、供电、供热、公共交通等公用事业领域是高发区域。在这些公布的案件中,行政机关滥用行政权力限定或变相限定购买特定经营者商品或服务的案件占 70% 以上。供水、供电、供热、公共交通等公用事业领域是滥用行政权力排除限制竞争的高发区域。政企不分是其中的关键因素。全国各城市几乎都设有公用事业局或相类似的政府机构,既负责城市公用事业的管理工作,又由其所属的企业垄断经营公用事业的各项活动。城市公用事业局与其所属的公用事业运营企业之间的

① 参见潘志成、吴悦:《企业如何识别应对行政垄断行为? ——〈制止滥用行政权力排除、限制竞争行为规定〉要点解读》,载威科先行,wkinfo. com. cn。

政企不分,使企业既缺乏自主权又缺少竞争力。[①]

这些被披露的案件中,所涉及的当事人既有市县政府,也有交通运输、住房建设、金融、商务、质检、公共资源交易管理、公安、发改价格、水务、安监、旅游、国资、财政、市场监管等部门,甚至公积金管理中心、卫生计生部门、能源监管部门也涉行政垄断。

四、授权的依据

依据新《反垄断法》第 39 条之规定,行政主体为"行政机关和法律、法规授权的具有管理公共事务职能的组织",此处需要重点掌握"法律、法规授权"。在《反垄断法》修正过程中,建议稿中增加"规章"作为授权依据之一,以便与《行政诉讼法》的规定相衔接。[②] 但最后正式稿中,删除了"规章"之规定。《制止滥用行政权力排除、限制竞争行为规定》第 4 条,与新《反垄断法》规定一致,没有将"规章"作为授权依据。

法律有广义、狭义两种理解。广义上讲,法律指国家机关以强制力保证实施的、具有普遍约束力的行为规范的总和;狭义上讲,仅指全国人大及其常委会制定的规范性文件。在与法规等一起谈时,法律是指狭义上的法律。

狭义上的法律,是指经过拥有国家立法权的全国人民代表大会和全国人民代表大会常务委员会通过后,由国家主席签署主席令予以公布。一般均以"法"字配称,如《反食品浪费法》(中华人民共和国主席令第 78 号)。此处的法律应作狭义理解。

法规包括行政法规和地方性法规。"法规"一般用"条例""规定""办法"等称谓。行政法规是由国务院根据宪法和法律制定,并由国务院总理签署国务院令公布,如《机关事务管理条例》(中华人民共和国国务院令第 621 号)。地方性法规是由省、自治区、直辖市以及较大的市(如省会)的人大及其常委会制定,并由大会主席团或常委会发布公告予以公布,如《湖南

---

① 参见万静:《国家发改委密集公布反行政垄断案例　公用事业领域为高发区》,载公平竞争网 2018 年 2 月 8 日,http://www.zggpjz.com/domestic/3277.html。

② 参见时建中主编:《〈中华人民共和国反垄断法〉专家修改建议稿及详细说明》,中国政法大学出版社 2020 年版,第 122 页。

省家庭教育促进条例》(湖南省第十三届人民代表大会常务委员会公告第64号)。

规章包括部门规章、地方政府规章。规章由本部门首长或省长、自治区主席、市长签署命令予以公布。规章一般称“规定”“办法”,但不能用“条例”。部门规章是指国务院组成部门及具有行政管理职能的直属机构在它们的职权范围内,依据法律、法规制定的规范性文件,如《公共机构能源审计管理暂行办法》(中华人民共和国国家发展和改革委员会、中华人民共和国国家机关事务管理局令第32号)。地方政府规章是省、自治区、直辖市人民政府以及较大的市(如省会)的人民政府,在它们的职权范围内,依据法律、法规制定的规范性文件,如《湖南省实施〈机关事务管理条例〉办法》(湖南省人民政府令第272号)。

第二节 限定交易的类型

《制止滥用行政权力排除、限制竞争行为规定》第4条规定了四种限定类型。《公平竞争审查制度实施细则》第13条第3款规定三种类型:(1)以明确要求、暗示、拒绝或者拖延行政审批、重复检查、不予接入平台或者网络、违法违规给予奖励补贴等方式,限定或者变相限定经营、购买、使用特定经营者提供的商品和服务;(2)在招标投标、政府采购中限定投标人所在地、所有制形式、组织形式,或者设定其他不合理的条件排斥或者限制经营者参与招标投标、政府采购活动;(3)没有法律、行政法规或者国务院规定依据,通过设置不合理的项目库、名录库、备选库、资格库等条件,排斥或限制潜在经营者提供商品和服务。《制止滥用行政权力排除、限制竞争行为规定》规定的四种类型中,前三种类型与《公平竞争审查制度实施细则》规定的类型基本相同。也就是说,《公平竞争审查制度实施细则》规定的三种类型已经被《制止滥用行政权力排除、限制竞争行为规定》吸收。

一、明确要求、暗示、拒绝或者拖延

“明确要求”的定义一般不会出现歧义,即明确的强制性要求。暗示是指不

采取前述明确的要求，而是不直接地表示意思，用含蓄的言语、示意的举动或制造某种气氛、景象使人领会。拒绝是指不答应、不同意，明确地表示不愿意或不做。拖延是指延长时间，不迅速处理，或者不在规定的时限内处理。

前述是四种具体的行为，行为限定范围为“行政审批、备案、重复检查、不予接入平台或者网络等方式”，此处的“等”可以解释为包括但不限于“行政审批、备案、重复检查、不予接入平台或者网络”以外的方式，如行政确认、行政协助等。

该项“等”字导致与该条的第 4 项存在相同作用，即都有兜底的功能。但二者区别应在于：“行政审批、备案、重复检查、不予接入平台或者网络等方式”的“等”，应当解释为范围的等，而第 4 项，应解释为除该条明确规定的第 1 项至第 3 项以外的行政垄断行为。

二、限制投标人形式

投标人是按照招标文件的规定参加投标竞争的自然人、法人或其他社会经济组织。该项滥用行政权力实施的是“限制招标人所在地、所有制形式、组织形式等”方式。

需要注意本项与《制止滥用行政权力排除、限制竞争行为规定》第 7 条具有重合性，如“要求招标人完税额指标”与第 7 条中的第 3 项设定歧视性的资质要求或者评审标准就具有重合性。所以，在适用条文时应当进行准确选择。

三、设置不合理的资格库

设置不合理的项目库、名录库、备选库、资格库等方式中的“不合理”如何理解，目前没有法律对其解释，一般指不合理的、不符合规范性的。从执法上讲，“不合理”应当是指没有法律法规或国务院的规定。不合理限定的范围为“项目库、名录库、备选库、资格库等”，前述虽然名称各不相同，但实际上都是滥用行政权力实施的限定。另外，此处的“国务院规定”仅限于狭义的最高行政机关国务院作出的规定，而不能包括国务院各部门文件。

四、其他行为

其他行为实际上系该条的兜底规定,即除前述3项具体规定行为以外的限定或变相限定行政垄断行为,适用该项规定。

第三节 案例评析

一、“新居配”评析

“新居配”指的是地方指定供电企业对新建设的居民住宅小区统一建设供配电设施,并统一收费的做法。2007年以来,部分省市陆续推出了以“统一安装,统一收费”为主要特点的“新居配”政策。“新居配”政策抬高了市场价格,影响了服务质量,在招投标过程中部分企业在签订合同时存在歧视性条款,相关政策具有明显的排除和限制竞争效果。这一做法涉嫌滥用行政权力,排除、限制竞争。时任国家发展改革委价监局副局长李青认为:应该有两个主要的原因,一个是制度错配,另一个就是管理越界。李青所说的制度错配和管理越界,指的是地方政府部门本应通过其他制度措施保障住宅电力设施质量,但错误地想通过行政指定供电企业统一建设的方式来实现,造成以行政命令的手法限制该市场竞争的后果。①

“新居配”排除、限制案涉及12个省份颁布的2份省政府令、2份省级政府办公厅文件、8份省政府部门文件。因产生排除、限制竞争效果,这些文件先后被废止、停止执行或修改,“新居配”建设市场的公平竞争秩序得以恢复。“新居配”排除、限制案非常独特,而且从消费者保护层面来说涉及的群体非常广泛。案例相关的政府机关或者行政部门撤销了相应的违法规定,仅此一项可以给全

① 参见《国家发改委公布一批行政垄断案例,15个省市部门被公告处理》,载澎湃网2016年12月29日,https://m.thepaper.cn/newsDetail_forward_1589750。

国的房地产建设部门节约成本达53亿元之多。[①]

“新居配”具有以下几方面的不合理性：一是发生了指定交易，对市场公平交易不利，供电配套设施的建设本来是一种市场行为，应可以由房地产商自主选择电力设施供应商，而政府部门的文件下达后，变成只能由供电企业来选择，现实中供电企业可能从其众多的（从事服务业的公司）中来选取，通过关联交易或是转包工程获取超额利润；二是从更多关注民生的角度看，开发商的前期费用，最终还是由购房者来买单，电力部门在新建小区“红线”内的垄断行为成为推高房价的又一个重要因素。[②]

二、公用事业类案件评析

（一）公用事业单位被认定为法律、法规授权组织

北京市房山区燃气开发中心滥用行政权力限定交易案在现实生活中具有一定的隐蔽性和代表性，其隐蔽性主要源于房山区燃气开发中心的主体性质、机构组成和行为表现。房山区燃气开发中心主管单位为北京市房山区人民政府，登记管理机关为房山区机构编制委员会办公室。其宗旨和业务范围为：为城乡燃气事业提供规划建设服务，做好燃气管道规划、设计、建设、管理、经营等工作。据此可以进一步确认房山区燃气开发中心是法律、法规授权的具有管理公共事务职能的组织，完全符合旧《反垄断法》第32条关于滥用行政权力限定交易的行政主体资格。

在山东省临沂市莒南县公共资源交易服务中心招投标代理限制案实施行政性垄断行为案中，山东省临沂市莒南县公共资源交易服务中心也是法律、法规授权具有管理公共事务职能的组织。在全国各个省市县三级行政地区，多数设置了公共资源交易服务中心，这个领域存在大量的行政垄断行为，想要根除这类行为并不容易，除了认识和观念上的原因，主要原因是公共事务管理职能与经营管理职能存在混合交叉，经营与管理具有角色定

---

① 参见丛琳：《十大反垄断典型案例及点评》，载《工商行政管理》2018年第16期。

② 参见刘泉红等：《坚决对行政性垄断说“不”——清理整顿“新居配”政策执法效果评估》，载《中国价格监管与反垄断》2018年第6期。

位冲突。

（二）限定方式各有差异

一是通过特许经营方式进行限定。例如，黑龙江省双鸭山市住房和城乡建设局限定燃气企业案、黑龙江省绥芬河市人民政府等限定燃气案、黑龙江省鸡西市住房和城乡建设局指定燃气企业案、黑龙江省鸡西市鸡冠区人民政府限定燃气企业案、安徽省芜湖市湾沚区人民政府指定燃气企业案和黑龙江省市场监管局纠正七台河市住房和城乡建设局滥用行政权力排除、限制竞争行为。二是政府及其政府部门文件直接要求经营者与指定经营者签订合同，从而排除经营者选择权。例如，河南省汝州市人民政府指定燃气企业案，汝州市人民政府于2016年7月下发了《关于汝州市燃气工程配套费和初安装费收取问题的批复》（汝政文〔2016〕117号），该文件指定汝州燃气企业为庭院管网、户内设施建设的设计施工企业。

2022年11月18日、2022年11月25日、2023年1月11日，国家市场监管总局竞争政策协调司先后三批发布2022年制止滥用行政权力排除、限制竞争执法专项行动案件，涉及地方政府、发展改革委、应急管理、民政、教育、卫健、城管局、交通运输、住房、城乡建设、自然资源、行政审批等。三批案例中，行政垄断行为主要表现为指定或限定供应商，如指定医疗机构、限定本县文化旅游企业、限定本县施工企业、指定生活垃圾清运企业、限定本地建筑垃圾运输企业、限定本地工程运输企业、优先使用本地企业、限定共享单车系统建设及运营项目的经营企业，等等。

三、判定分析的方法

以山东省市场监管委纠正城市管理委员会滥用行政权力排除、限制竞争行为案为例，在本案的查办过程中，出现了两个方面的争议焦点。①

一是如何确定该市城乡建设委员会（以下简称市建委）实施了排除、限制竞

---

① 参见赵跃程、李婉莹：《山东查处某市建委涉嫌滥用行政权力限制竞争行为》，载《中国工商报》2018年4月24日，A6版。

争行为。在本案中,直接组织实施评选确定入围太阳能企业的是市太阳能协会而非市建委,能否认定市建委滥用行政权力排除、限制竞争?经调查,某市建委虽并未直接指定太阳能产品入围企业,但市太阳能协会是在其委托指导下审核确定了24家企业的产品为高层建筑太阳能热水系统推荐产品。与此同时,该市建委还发布了《高层建筑太阳能热水系统(含节能替代产品)设计、施工规范要点》,以政府文件的方式对全市新建高层建筑在选择太阳能产品时划定了范围,要求"高层建筑太阳能热水系统应用产品原则上从推荐入围企业中选取"。在实际中,该市建委凭借其对建筑工程的监督管理和检查验收权,一直要求企业在安装太阳能产品时遵照上述文件的要求。由此可见,该市建委通过市太阳能协会实施了滥用行政权力排除限制竞争行为。

二是专家评审能否为某市高层建筑太阳能应用资格的合法性"背书"。在确定高层建筑太阳能应用产品入围资格时,该市建委邀请了专家进行评审考查,《进一步加强和规范高层建筑太阳能热水系统(含节能替代产品)应用管理的通知》也规定:"凡市域范围内高层建筑太阳能热水系统应用产品(含企业),必须按规定经建设行政主管部门(含委托的第三方质量检验机构)考察审核和专家评审。凡未经上述程序或经过上述程序未予通过的,均不具备某市域范围内高层建筑的应用资格。"

我国行政立法遵循法律优位原则,法律、法规无相关依据,规章及规范性文件均不得设定减损公民、法人和其他组织等行政相对人权利或增加其义务的规范。因此,即使该市建委出于确保太阳能产品应用质量安全等因素考虑,根据行业内专家评审意见确定全市高层建筑太阳能入围企业,但无相关法律、法规授权,损害了其他未入围企业在相关市场的公平竞争权利,仍属滥用行政权力行为。

附：典型案例

一、“新居配”

案　例

（2016）“新居配”排除限制案①

近年来，国家发展改革委收到多起举报，反映部分省（自治区、直辖市）人民政府所属部门指定供电企业，统一建设“新居配”并统一收费（以下简称“统一收费、统一建设”），涉嫌滥用行政权力，排除、限制竞争。

据此，国家发展改革委组织开展了调查，分别听取了有关部门、供电企业、房地产企业和住宅业主的意见。在此基础上，督促相关地方对照《反垄断法》，清理、纠正排除、限制竞争的规定和做法。全国共有12个省（自治区、直辖市）政府部门出台了“统一收费、统一建设”政策，各地高度重视，及时清理纠正。

其中，重庆等地停止执行相关文件。2016年6月30日，重庆市人民政府办公厅明确，停止执行《重庆市新建居民住宅小区供配电设施建设管理办法（试行）》。2016年11月7日，贵州省发展改革委明确，暂停执行“新居配”建设收费标准。2013年9月1日，山西省原物价局明确表示，《关于新建住宅小区供电设施工程费（试行）的批复》试行1年期满，停止实施。

辽宁省、吉林省修改相关文件。2016年1月12日，辽宁省原物价局发布《关于完善新建住宅供电工程建设收费的通知》，删除了“统一收费、统一建设”的内容。2016年8月15日，吉林省原物价局发布《关于完善向新建住宅小区收取电力配套设施工程费的通知》，删除统一建设规定。

---

① 参见《“新居配”中排除限制竞争的行为得以纠正》，载《中国价格监管与反垄断》2017年第1期；《广西、青海纠正“新居配”中排除限制竞争行为》，载《中国价格监管与反垄断》2017年第2期。

河北等省废止相关文件。2016年1月15日,河北省原物价局和住建厅废止原《河北省设区市市区新建住宅小区电力设施建设费管理暂行办法》。2016年6月7日,黑龙江省物价监督管理局废止原《黑龙江省新建住宅供电设施工程收费管理办法》。2016年6月28日,甘肃省发展改革委废止原《关于新建居民住宅供配电工程建设暂行收费标准的通知》。

江西省、天津市放开收费标准。2016年11月16日,江西省发展改革委决定自2016年12月1日起,放开"新居配"建设收费标准,由项目建设单位与供配电设施施工企业协商确定。2016年12月16日,天津市发展改革委决定自2017年3月1日起,新建住宅电力工程建设费实行市场调节,房地产开发企业可自主选择电力设施建设企业,费用标准由双方协商确定。

广西壮族自治区人民政府于2017年1月23日召开第89次常务会议,决定废止《广西壮族自治区新建住宅小区供配电设施建设维护管理办法》。青海省发展改革委决定停止执行现行配套费政策,废止《青海省城市新建房屋供配电工程配套费管理暂行办法》,从2017年1月24日起暂停向房屋开发建设单位收取供配电工程配套费。

二、燃气、供热

案例一

(2017)黑龙江省双鸭山市住房和城乡建设局限定燃气企业案[1]

2017年10月,双鸭山市住房和城乡建设局以《燃气特许经营协议》形式,限定了建设开发单位只能与燃气经营企业签订协议,由燃气经营企业对管道燃气入户安装工程进行设计、安装,剥夺了建设开发单位自主选择燃气工程安装企业的权利,以及其他具有燃气工程安装资质企业的公平竞争权,排除和限制

① 参见《黑龙江省市场监管局依法纠正鸡西市住房和城乡建设局滥用行政权力排除和限制竞争行为》,载国家市场监督管理总局,https://www.samr.gov.cn/fldes/tzgg/xzjj/202204/t20220424_342236.html。

了相关市场的竞争。上述行为违反了《反垄断法》第32条"行政机关和法律、法规授权的具有管理公共事务职能的组织不得滥用行政权力,限定或者变相限定单位或者个人经营、购买、使用其指定的经营者提供的商品"之规定,构成滥用行政权力排除、限制竞争行为。

在调查过程中,双鸭山市住房和城乡建设局主动采取措施停止了上述行为,并进行整改。一是签订《燃气特许经营协议》补充协议书;二是明确提出放开燃气管道安装市场,维护天然气市场的公平竞争。

案例二

(2017)河南省汝州市人民政府指定燃气企业案[①]

根据群众举报,河南省发展改革委经查证核实,汝州市人民政府于2016年7月下发了《关于汝州市燃气工程配套费和初安装费收取问题的批复》(汝政文〔2016〕117号),该文件指定汝州燃气企业为庭院管网、户内设施建设的设计施工企业,并制定收费标准。

汝州市人民政府的上述行为违背了《河南省燃气管理办法》及《国家计委、财政部关于全面整顿住房建设收费取消部分收费项目的通知》(计价格〔2001〕585号)的相关规定和改革精神,指定市场主体、制定交易价格,限制了其他具有相关资质的企业进入汝州市天然气配套安装市场,影响了相关市场公平竞争,涉嫌违反《反垄断法》的相关规定,属于滥用行政权力、排除限制竞争的行为。

① 参见《汝州市人民政府主动纠正滥用行政权力排除限制竞争行为》,载《中国价格监管与反垄断》2018年第2期。

案例三

(2017)黑龙江省绥芬河市人民政府等限定燃气案[①]

2017年1月,黑龙江省原物价局对全省市(地)、县的燃气管道入户安装市场相关情况进行了调查摸底,发现牡丹江市住房和城乡建设局等三部门、绥芬河市人民政府、甘南县人民政府、肇源县人民政府涉嫌存在滥用行政权力排除、限制竞争行为。经国家发展改革委同意,黑龙江省原物价局于2017年7月开始,对上述市(县)人民政府、部门及天然气入户安装相关企业开展了调查。

经查证,上述市(县)人民政府、部门分别以特许经营协议、政府常务会会议纪要和政策性文件等形式,限定了建设开发单位只能与燃气企业签订协议,由燃气企业对管道燃气入户安装工程进行设计、安装,剥夺了建设开发单位自主选择的权利,以及其他具有燃气管道建设资质的公司的公平竞争权,排除和限制了相关市场的竞争,让本应开放的天然气入户安装市场形成了独家垄断经营的格局,房地产开发企业无法择"价"更无法择"优"确定施工单位,不利于安全领域新技术的开发和应用,阻碍了相关市场的正常竞争和健康有序发展。

案例四

(2018)北京市房山区燃气开发中心限定燃气企业案[②]

2018年2月,北京市发展改革委对房山区燃气开发中心涉嫌滥用行政权力排除、限制竞争行为进行调查。

经查,房山区燃气开发中心负责房山区天然气工程建设、管理和经营等工

① 参见《燃气主管部门滥用行政权力排除限制竞争的典型案例》,载搜狐网2017年12月28日,https://www.sohu.com/a/213344878_652961。

② 参见高建平、魏士廪:《北京市纠正房山区燃气开发中心行政性垄断行为》,载《中国市场监管报》2019年2月12日,A8版。

作,承担着房山区燃气行业管理职能。该中心在开展燃气项目报装审批过程中,以直接委托、指定等形式,要求开发单位签订由房山区燃气开发中心提供的制式合同,限定开发单位选择房山区燃气开发中心下属企业从事施工建设。据调查,房山区内绝大部分燃气工程都未执行招投标程序,直接由房山区燃气开发中心下属企业施工建设。前述行为在一定程度上限制了开发单位的自主选择权和其他具有资质施工企业的公平竞争权,违反了《反垄断法》第32条的规定,构成滥用行政权力,排除、限制竞争行为。

针对上述情况,北京市发展改革委向房山区政府办、区国资委、区城管委、区燃气开发中心等通报了排除、限制竞争行为的事实,并提出立即全面纠正的建议。房山区燃气开发中心积极配合执法调查,并实施了有效整改,对行使区政府授权的燃气行业管理职能时存在的排除、限制竞争行为予以主动纠正,于2018年4月通过网站对主动纠正情况予以公示。

案例五

(2018)甘肃省庆阳市西峰区人民政府限定集中供热案①

2017年12月,甘肃省发展改革委对庆阳市西峰区人民政府涉嫌滥用行政权力排除、限制竞争行为进行调查。

经查,2017年10月30日,庆阳市西峰区人民政府印发了《庆阳市西峰城区集中供热管理办法(试行)的通知》(区政府发〔2017〕261号),赋予了供热企业"提出改造方案"、委托有资质设计单位进行设计,以及热用户不购置安装与供热企业监控系统相匹配的远程监控及温度调控设备,供热可以"停止供暖"的权利,构成限定购买、使用特定经营者提供的商品和服务。

甘肃省发展改革委认为,上述行为违反了《反垄断法》第32条"行政机关和

① 参见《甘肃省发展和改革委员会关于建议纠正庆阳市西峰区政府违反公平竞争审查制度及滥用行政权力排除限制竞争等有关行为的函》,载中国协同创新网2018年4月18日,http://www.cipnet.cn/bs_info/Resource/Information?piiiType=Policy&id=6cdd7b0c-56cf-43bc-838a-421cd97a2350。

法律、法规授权的具有管理公共事务职能的组织不得滥用行政权力，限定或者变相限定单位或者个人经营、购买、使用其指定的经营者提供的商品”之规定，构成滥用行政权力，排除、限制竞争行为。2018 年 4 月，甘肃省发展改革委向庆阳市人民政府发出行政建议书，建议其责令庆阳市西峰区人民政府改正相关行为：一是依照《公平竞争审查制度实施细则（暂行）》（已废止）第 22 条的规定，对已发布的《庆阳市西峰城区集中供热管理办法（试行）的通知》立即公开停止执行，在履行公平竞争审查程序后重新发布；二是纠正违反《反垄断法》的相关规定。建议书发出后，庆阳市人民政府责成西峰区人民政府按照有关法规和甘肃省发展改革委的建议进行整改。西峰区人民政府于 2018 年 4 月 17 日废止相关文件，并对相关责任人进行了诫勉谈话。

案例六

（2020）山东省日照市城市管理局限定供热企业案[①]

2020 年 8 月至 9 月，山东省市场监管局对日照市城市管理局（以下简称日照市城管局）滥用行政权力排除、限制竞争行为进行调查。

经查，2018 年 8 月 20 日，日照市住房和城乡建设局发布了《关于进一步增强服务意识提高气暖专营设施设备建设验收工作效率的通知》（日建字〔2018〕81 号），该通知规定：“新建住宅小区内的用热计量装置，一律由供热企业负责采购、安装、维护使用，采购安装费用由开发建设单位与供热企业按照合同约定，由开发建设单位缴纳。”2019 年机构改革后，热力行业的管理职能由日照市住房和城乡建设局划转至日照市城管局，该局仍执行上述通知，限定开发单位在建设新建住宅小区时，所需用热计量装置只能向供热企业采购。

根据《山东省供热条例》第 14 条第 2 款的规定，供热经营设施的建设资金，并入城市基础设施配套费，由房地产开发企业按照规定缴纳，专项用于供热经

① 参见《山东省市场监督管理局纠正日照市城市管理局滥用行政权力排除限制竞争行为》，载《市场监督管理》2021 年 1 月 13 日。

营设施的投资建设。除开发建设单位缴纳城市基础设施配套费之外,没有法律、法规规定开发建设单位必须与某一家被指定单位另就用热计量装置签订采购安装合同和缴纳款项。日照市城管局的行为,违反了《反垄断法》第32条"行政机关和法律、法规授权的具有管理公共事务职能的组织不得滥用行政权力,限定或者变相限定单位或者个人经营、购买、使用其指定的经营者提供的商品"的规定,构成滥用行政权力排除、限制竞争的行为。

日照市城管局于2020年11月4日向山东省市场监管局报送了《关于进一步优化营商环境扎实做好水气暖保障工作的通知》(日城管发〔2020〕7号),其内容包括:废止《关于进一步增强服务意识提高气暖专营设施设备建设验收工作效率的通知》;明确水气暖专营单位要按照相关法律法规规定签订合同;对房地产开发建设单位自行建设的项目,水气暖专营单位要提前介入,协助指导做好方案施设计和建设施工。该文件已经在日照市城管局官网上进行了公示。

案例七

(2021)黑龙江省鸡西市住房和城乡建设局指定燃气企业案①

2020年11月,黑龙江省市场监管局依法对鸡西市住房和城乡建设局涉嫌滥用行政权力排除、限制竞争行为进行立案调查。

经查,2015年鸡西市住房和城乡建设局(原鸡西市城乡建设局)与鸡西中燃城市燃气发展有限公司(以下简称鸡西中燃公司)签订《城市管道燃气特许经营协议》,将鸡西市特许经营权地域范围内所有燃气管道工程安装权(包括建筑区划红线内燃气管道工程)独家授予鸡西中燃公司。该协议限定了建设开发单位只能与鸡西中燃公司签订协议,由鸡西中燃公司对管道燃气入户安装工程进行设计、安装,剥夺了建设开发单位自主选择燃气工程安装企业的权利,以及其

① 参见《黑龙江省市场监管局依法纠正鸡西市住房和城乡建设局滥用行政权力排除和限制竞争行为》,载国家市场监督管理总局,https://www.samr.gov.cn/fldes/tzgg/xzjj/202204/t20220424_342236.html。

他具有燃气工程安装资质企业的公平竞争权，排除和限制了相关市场的竞争。

鸡西市住房和城乡建设局上述行为违反了《反垄断法》第32条"行政机关和法律、法规授权的具有管理公共事务职能的组织不得滥用行政权力，限定或者变相限定单位或者个人经营、购买、使用其指定的经营者提供的商品"之规定，构成滥用行政权力排除、限制竞争行为。

依据《反垄断法》第51条第1款之规定，黑龙江省市场监管局向鸡西市人民政府发出行政建议书，建议鸡西市人民政府要求鸡西市住房和城乡建设局停止滥用行政权力排除、限制管道燃气工程安装市场竞争的行为，消除相关后果，恢复相关市场的公平竞争秩序。

2021年7月，黑龙江省市场监管局收到鸡西市人民政府反馈材料，反映鸡西市住房和城乡建设局已经按照行政建议书要求进行整改。一是与鸡西中燃公司签订《城市管道燃气特许经营协议相关条款调整协议》，修改原协议有关条款，调整为特许经营权及特许经营范围不再包含建筑区划红线内燃气管道工程安装；二是制发《关于燃气工程安装市场相关问题的通知》，明确管道燃气工程的设计、施工由建设单位自主选择具有相应资质的企业进行工程设计和安装，并在该局官网予以公布。

案例八

（2021）安徽省芜湖市湾沚区人民政府指定燃气企业案[①]

2021年5月，安徽省市场监管局对芜湖市湾沚区人民政府涉嫌滥用行政权力排除、限制竞争行为进行调查。

经查，原芜湖县人民政府和原芜湖县中燃城市燃气发展有限公司（现变更为芜湖湾沚中燃城市燃气发展有限公司）于2004年11月23日签订《安徽省芜湖县天然气项目投资开发合同》，合同中约定燃气管道工程安装由原芜湖县中

① 参见《安徽省市场监管局纠正芜湖市湾沚区人民政府滥用行政权力排除、限制竞争行为》，载国家市场监督管理总局，https://www.samr.gov.cn/fldes/tzgg/xzjj/202204/t20220424_342262.html。

燃城市燃气发展有限公司实施。原芜湖县人民政府于2005年3月10日以芜湖县人民政府办公室的名义下发了《关于芜湖县天然气利用工程合资建设经营优惠政策的通知》(芜政办〔2005〕7号),要求芜湖县所有开发公司在办理房屋开工许可证前要向原芜湖县中燃城市燃气发展有限公司交纳管道燃气用户建设安装费。截至2021年6月4日,该通知内容一直有效实施。上述行为违反了《反垄断法》第32条"行政机关和法律、法规授权的具有管理公共事务职能的组织不得滥用行政权力,限定或者变相限定单位或者个人经营、购买、使用其指定的经营者提供的商品"之规定,构成滥用行政权力,排除、限制竞争行为。

调查期间,芜湖市湾沚区人民政府积极主动整改,消除违法行为造成的不良影响。一是芜湖市湾沚区人民政府于2021年6月4日召开专题会议,决定废止《关于芜湖县天然气利用工程合资建设经营优惠政策的通知》中有关燃气安装市场限制竞争行为的条款内容,要求在全区范围内全面放开燃气工程安装市场,鼓励具备燃气工程安装施工能力的企业依法取得相应市政公用工程施工资质后参与市场竞争,并于2021年12月2日在当地政府门户网站向社会公布。二是芜湖市湾沚区人民政府表示要加强源头防控,认真落实公平竞争审查制度。今后芜湖市湾沚区人民政府制定涉及市场主体经济活动规范性文件和其他政策措施,均要进行公平竞争审查,严格遵守《反垄断法》等法律法规规定,坚决杜绝发生类似违法违规问题。

案例九

(2022)黑龙江省市场监管局纠正七台河市住房和城乡建设局滥用行政权力排除、限制竞争行为①

2021年10月28日,黑龙江省市场监管局依法对七台河市住房和城乡建设局涉嫌滥用行政权力排除、限制竞争行为立案调查。

---

① 参见《2022年制止滥用行政权力排除、限制竞争执法专项行动案件(第二批)》,载澎湃网2022年7月29日,https://www.thepaper.cn/newsDetail_forward_19229665。

经查,2014年3月和2018年1月,当事人分别与两家燃气公司签订了《城市燃气特许经营协议》,将该市特许经营权地域范围内所有管道燃气工程安装权(包括市政规划红线内管道燃气工程)分别授予两家燃气公司。

黑龙江省市场监管局认为,特许经营协议限定了建设开发单位只能与上述两家燃气公司签订协议,由燃气公司对管道燃气入户安装工程进行设计、安装,剥夺了建设开发单位自主选择燃气工程安装企业参与施工的权利,以及其他具有燃气工程安装资质企业的公平竞争权,排除和限制了相关市场的竞争,违反了《反垄断法》第32条"行政机关和法律、法规授权的具有管理公共事务职能的组织不得滥用行政权力,限定或者变相限定单位或者个人经营、购买、使用其指定的经营者提供的商品"的规定,构成滥用行政权力排除、限制竞争行为。

调查期间,当事人积极整改,消除不良影响。一是分别与两家燃气公司签订了《城市管道燃气特许经营协议相关条款调整协议》,修改原协议有关条款,调整后的特许经营权及特许经营范围不再包含建筑区划红线内燃气管道工程安装。二是制发《关于规范燃气工程安装市场行为的通知》,明确凡具备燃气安装工程资质的企业均可参与七台河市燃气工程安装的施工,促进燃气工程安装市场的公平竞争,并在七台河市人民政府官网公布。三是向黑龙江省市场监管局报送整改报告,表示将严格执行公平竞争审查制度,凡涉及市场主体经济活动的政策措施必须经过公平竞争审查,防止出现排除、限制竞争的情况。

案例十

(2022)贵州省市场监管局纠正遵义市正安县综合行政执法局滥用行政权力排除、限制竞争行为①

2021年11月12日,贵州省市场监管局依法对正安县综合行政执法局涉嫌滥用行政权力排除、限制竞争行为立案调查。

① 参见《2022年制止滥用行政权力排除、限制竞争执法专项行动案件(第五批)》,载国家市场监督管理总局,https://www.samr.gov.cn/jzxts/tzgg/qlpc/202301/t20230111_352803.html。

经查,2017 年 3 月 15 日,当事人印发《关于进一步落实城镇燃气安全生产企业主体责任制的通知》,规定“全县燃气经营网点必须挂靠公司经营”“办理城镇燃气经营许可证和年审时,必须要有挂靠正安某燃气有限责任公司的审查意见,方可办理燃气经营许可证和年审手续”。2018 年 1 月 5 日,当事人印发《关于成立“正安瓶装燃气配送中心”的批复》,同意成立正安瓶装燃气配送中心,由正安某燃气有限责任公司和正安某新能源有限公司共同管理、经营全县瓶装燃气配送服务等工作,配送中心统一燃气配送车辆、员工服装、燃气瓶标识标志。

贵州省市场监管局认为,当事人作为正安县瓶装液化石油气主管部门,组织全县液化石油气经营网点整合的行为,违反了《反垄断法》第 32 条“行政机关和法律、法规授权的具有管理公共事务职能的组织不得滥用行政权力,限定或者变相限定单位或者个人经营、购买、使用其指定的经营者提供的商品”和第 37 条“行政机关不得滥用行政权力,制定含有排除、限制竞争内容的规定”的规定,构成滥用行政权力排除、限制竞争行为。

调查期间,当事人认识到上述行为违反了《反垄断法》相关规定,发布公告废止文件,告知涉及相关企业,向贵州省市场监管局提交了整改报告,印发《正安县综合行政执法局关于建立公平竞争审查工作机制的通知》,明确今后出台涉及市场主体经济活动的政策措施必须经过公平竞争审查,防止出现排除、限制竞争情况。

三、医药卫生健康

案 例 一

(2017)辽宁省锦州市古塔区卫生监督所限定医疗体检案[①]

2017 年年初,辽宁省原物价局派出调查组对锦州市古塔区卫生监督所涉嫌滥用行政权力排除、限制竞争的行为展开调查。

① 参见广东省发展改革委价监局编:《行政垄断典型案例汇编》(2018 年 5 月)。

2016年1月19日，原国家卫生和计划生育委员会废止了预防性健康体检指定疾控中心提供服务的规定。调查发现，锦州市古塔区卫生监督所涉嫌滥用行政权力，在2016年1月20日至12月31日，仍然限制古塔区内从事公共卫生服务等人员购买锦州市古塔区疾病预防控制中心提供的预防性健康体检服务，排除、限制了当地医疗机构体检市场的竞争，剥夺了健康从业人员体检时对医疗机构的选择权。锦州市古塔区卫生监督所上述做法违反了旧《反垄断法》第32条"行政机关和法律、法规授权的具有管理公共事务职能的组织不得滥用行政权力，限定或者变相限定单位或者个人经营、购买、使用其指定的经营者提供的商品"的规定，构成了滥用行政权力排除、限制竞争的行为。

在调查过程中，锦州市古塔区卫生监督所认识到其行为违反了《反垄断法》的有关规定，立即进行了整改。2017年12月8日，锦州市古塔区卫生监督所在锦州市古塔区人民政府网站公布了《关于放开预防性健康体检市场的通知》，告知古塔区医疗机构和公共场所从业单位均可承担预防性健康体检业务，古塔区疾病预防控制中心将对出具有效体检报告的申请人及时发放健康证明。锦州市古塔区卫生监督所的上述举措主动纠正了滥用行政权力，排除、限制竞争行为，有效减轻了排除、限制竞争的危害后果，保障了各医疗机构参与公平竞争，给予了健康从业人员自行选择医疗机构的权利。

案　例　二

(2017)新疆维吾尔自治区塔城地区原卫生和计划生育委员会指定药品配送案①

2017年3月13日至14日，根据举报线索，新疆维吾尔自治区发展改革委原价格监督检查局依法对塔城地区原卫生和计划生育委员会(以下简称塔城地区原卫计委)在公立医院药品进销管理中的行政垄断行为开展调查，对其滥用

① 参见《公平竞争审查案例选编(一)》，载科尔沁区人民政府，http://keerqin.gov.cn/zwgk/jfjggs/201805/t20180524_570687.html。

行政权力排除、限制竞争的行为进行了纠正。

调查组通过现场取证、分析询问,查明塔城地区原卫计委及其九家公立医院与国药集团新疆新特药业有限公司、国药控股新疆塔城药业有限公司签订《药事服务合作协议》,确定上述两家药品流通企业为塔城地区各级公立医院药品和耗材的优先供应商,并通过会议要求等方式推动协议落实。

根据提取的证据材料及对相关单位的询问,调查组认定,塔城地区原卫计委作出的该项行政行为,对塔城地区公立医疗机构药品耗材采购的特定市场进行了限制,侵犯了医疗机构自主选择药品配送方的权力,违反了《反垄断法》第32条"行政机关和法律、法规授权的具有管理公共事务职能的组织不得滥用行政权力,限定或者变相限定单位或者个人经营、购买、使用其指定的经营者提供的商品"和第37条"行政机关不得滥用行政权力,制定含有排除、限制竞争内容的规定"的规定。

案 例 三

(2017)山东省聊城市冠县原卫生和计划生育局指定药品集中采购配送案①

2017年3月,根据举报,山东省原工商局对聊城市冠县原卫生和计划生育局涉嫌滥用行政权力排除、限制竞争行为进行调查。经调查,聊城市冠县原卫生和计划生育局成立了冠县药品集中采购配送改革领导小组,于2017年1月以领导小组的名义分别与山东上药医药有限公司和国药控股聊城有限公司签订了《战略合作框架协议书》,指定两家药品配送企业负责冠县辖区内二级医疗机构和基层医疗卫生机构所用药品的配送工作,并对两家药品配送企业划分了配送区域,授权两家药品配送企业为所属医疗单位的指定采购

① 参见《市场监管总局公布全国工商和市场监管系统反行政垄断十大典型案例》,载九江市市场监督管理局(知识产权局),http://amr.jiujiang.gov.cn/zwzx_200/ztzl/fzxcjy/201810/t20181009_3034100.html。

供应商，并且集中配送。

山东省原工商局认为，聊城市冠县原卫生和计划生育局上述行为违反了《反垄断法》相关规定，于2017年4月17日向聊城市冠县人民政府发出行政建议书，建议责令聊城市冠县原卫生和计划生育局改正其滥用行政权力排除、限制竞争的行为并撤销聊城市冠县原卫生和计划生育局与山东上药医药有限公司和国药控股聊城有限公司签订的《战略合作框架协议书》。

行政建议书送达后，聊城市冠县人民政府立即责令聊城市冠县原卫生和计划生育局整改，并印发了《关于药品集中采购配送合作框架协议废止的声明》。

案例四

（2017）湖南省长沙市原卫生和计划生育委员会指定殡葬服务案①

2016年12月，根据举报，湖南省原工商局对长沙市原卫生和计划生育委员会涉嫌滥用行政权力排除、限制竞争行为进行调查。

经调查，长沙市原卫生和计划生育委员会于2016年印发了《关于加强医院太平间殡葬服务的通知》（长卫函〔2016〕199号），该通知规定"各医院要引起高度重视……并进一步规范太平间管理，并第一时间通知明阳山殡仪馆，杜绝遗体外运……"，变相指定明阳山殡仪馆为唯一殡仪服务机构。

湖南省原工商局认为，长沙市原卫生和计划生育委员会上述行为违反了《反垄断法》相关规定，于2017年3月，向其发出行政建议书，建议其按照《湖南省人民政府办公厅关于在市场体系建设中建立公平竞争审查制度的实施意见》的要求，对《关于加强医院太平间殡葬服务的通知》内容进行公平竞争审查，清理废止妨碍公平竞争秩序建立的相关规定。长沙市原卫生和计划生育委员会高度重视，立即与相关部门进行协商，于2017年3月废止了上述文件，并制发了新的文件。

① 参见《工商制止滥用行政权力排除、限制竞争行为10大典型案例》，载百家号2018年6月27日，https://baijiahao.baidu.com/s?id=1604394429052269606&wfr=spider&for=pc。

案例五

(2018)河南省封丘县人民政府限定药品配送案①

2018年6月,根据举报,河南省发展改革委对封丘县人民政府涉嫌滥用行政权力排除、限制竞争行为进行调查。

经查,2016年年底,封丘县人民政府和华润河南医药有限公司签署战略合作协议,约定封丘县人民政府支持华润河南医药有限公司在封丘县各级医疗机构开展药品、耗材配送工作,并协调解决华润河南医药有限公司与当地经营企业的并购问题。

2017年年底,作为县政府协调并购的参与方——河南中诺医药有限公司向封丘县人民政府递交了关于在全县公立医院试行药品统一配送的请示报告,请求封丘县人民政府按照与华润河南医药有限公司签订的战略合作协议中的责任和义务,尽快制订出台公立医院药品、医疗器械统一配送工作实施方案。

2018年5月,封丘县人民政府召开县长办公会,会后印发了《封丘县人民政府县长办公会议纪要》,其中包括以下内容:

一是为履行封丘县人民政府与华润河南医药有限公司签署的战略合作协议,封丘县人民政府原则上同意河南省中诺医药有限公司作为全县药物、医疗器械、耗材转配送的主体企业,负责全县药物、医疗器械、耗材的转配送工作,并由该企业开票实施。

二是卫生部门要将会议精神传达到全县所有公立医院、各乡镇卫生院以及村医卫生室,并对各单位落实药物统一配送工作开展专项整治行动,进行跟踪指导。监察部门要提前介入,对私自采药,违规套取新农合资金的严肃处理并追究相关责任人责任。

三是所有在封丘县中标的基本药物配送企业须经封丘县药业有限公司转配送,并在该纪要下发后签订转配送协议;如中标企业不签订转配送协议,取消

---

① 参见《2018年市场监管部门制止滥用行政权力排除、限制竞争行为典型案例》,载鲁南网,http://www.lunannews.com/xianqu/shangcheng/shangchenghongdun/2019/0107/18424.html。

在封丘县的配送资格。

上述行为违反了《反垄断法》第32条“行政机关和法律、法规授权的具有管理公共事务职能的组织不得滥用行政权力，限定或者变相限定单位或者个人经营、购买、使用其指定的经营者提供的商品”和第37条“行政机关不得滥用行政权力，制定含有排除、限制竞争内容的规定”之规定，构成滥用行政权力，排除、限制竞争行为。

在调查过程中，封丘县人民政府认识到其行为违反了《反垄断法》相关规定，积极配合调查工作，并及时报送了《封丘县人民政府办公室关于对中诺医药有限公司限制性竞争的整改报告》（封政办〔2018〕83号）和《封丘县人民政府县长办公会议纪要》，决定撤销涉嫌违法的会议纪要，消除限制市场主体公平竞争的社会后果，规范行政行为。

案例六

（2018）山东省济南市原卫生局、教育局儿童入园查体医院指定案[①]

2014年4月，山东省原工商局接群众举报称，济南市适龄儿童在入园前必须到指定医院查体。经查，原卫生部、教育部的《托儿所幼儿园卫生保健管理办法》已取消了儿童入园（所）应当到卫生行政部门指定的医疗卫生保健机构进行健康查体的要求，且《托儿所幼儿园卫生保健工作规范》中也未规定儿童体检必须到指定医院的相关事宜，但济南市原卫生局、教育局联合或单独下发的《关于加强托幼机构卫生保健管理工作的通知》等规定中仍然限定儿童在入园前必须到济南市儿童保健所或当地县（市）区卫生部门指定的医疗卫生保健机构进行健康检查。

2014年7月，山东省原工商局向济南市人民政府送达了行政建议书，建议济南市人民政府责令济南市原卫生局、济南市教育局对在托幼机构卫生保健工

① 参见《何则伟：济南两部门指定儿童入园查体医院被约谈　目前已免费》，载搜狐网2022年10月8日，https://www.sohu.com/a/247511691_100023701。

作中存在的限制竞争行为予以改正,撤销两局在托幼机构卫生保健工作中制定的与法律、法规、规定不一致、含有排除和限制竞争内容的相关规范性文件,但济南市原卫生局、教育局的整改效果并不理想。山东省原工商局立即对两部门进行行政约谈,要求其立即采取有效措施停止违法行为,同时加快撤销和修订相关文件进度。约谈后,济南市原卫生局立即下发通知,要求各区县停止指定行为,家长自愿选择儿童入园前查体机构。同时,针对此次约谈及整改情况,济南市原卫生局向山东省原卫生局作了专题书面汇报。山东省原工商局之后对部分查体机构进行了暗访,发现其已不存在指定行为。目前,济南市儿童入园查体已免费,由政府承担相关费用。

案例七

(2018)黑龙江省哈尔滨市交通运输局指定车载卫星定位装置案①

经查,2018 年 2 月 6 日,哈尔滨市交通运输局发布了《关于公布首批哈尔滨市网络预约出租汽车车载卫星定位装置专用设备厂家和型号的通知》中规定:首批哈尔滨市网约车车载卫星定位装置的厂家及型号为深圳锐明技术股份有限公司生产的 C6D 型和河南速恒物联网科技有限公司生产的 SH-VST601 型。哈尔滨市近 4500 台网约车安装了该两种型号车载卫星定位装置。上述行为违反了《反垄断法》第 32 条“行政机关和法律、法规授权的具有管理公共事务职能的组织不得滥用行政权力,限定或者变相限定单位或者个人经营、购买、使用其指定的经营者提供的商品”之规定,构成滥用行政权力排除、限制竞争行为。

在调查过程中,哈尔滨市交通运输局主动采取措施停止了上述行为,并进行整改。一是废止了《关于公布首批哈尔滨市网络预约出租汽车车载卫星定位装置专用设备厂家和型号的通知》,并予以公示;二是明确提出放开网约车车载卫星定位装置安装市场,网约车车主可自主选择安装符合国家标准的车载卫星

① 参见《市场监督管理总局发布 2019 年反垄断执法十大典型案例》,载《人民日报》2020 年 12 月 26 日,第 6 版。

定位装置。

案例八

（2021）山东省临沂市兰山区卫生健康局限定药物配送案①

2020年9月至12月，山东省市场监管局对临沂市兰山区卫生健康局（以下简称兰山区卫健局）滥用行政权力排除、限制竞争行为进行调查。

经查，2012年6月，兰山区卫健局以开展基层医疗机构基本药物集中配送试点工作的名义，联合区纪检、药监、财政等多部门组成监督小组和领导小组对配送企业进行遴选，最终选定了5家配送企业作为本区基层医疗机构及村卫生室的基本药物配送单位，各基层医疗机构在采购基本药物时，必须通过相关业务系统进行填报，而该系统设定的配送企业只有这5家。在此后长达8年的时间内，兰山区卫健局没有更换或组织新的遴选，特别是在相关职责因机构改革转至其他部门后，仍未及时取消对5家配送企业的指定，导致其他医药配送企业无法进入该区域市场。

兰山区卫健局的上述行为违反了《反垄断法》第32条"行政机关和法律、法规授权的具有管理公共事务职能的组织不得滥用行政权力，限定或者变相限定单位或者个人经营、购买、使用其指定的经营者提供的商品"的规定，构成滥用行政权力排除、限制竞争的行为。

2020年12月9日，兰山区卫健局正式向区属各公立医疗机构印发《兰山区关于保障基本药物采购配送落实基药制度的通知》，其中明确："自2020年12月21日起，兰山区各公立医疗机构基药采购及配送业务由各单位自主遴选配送企业，接到订单的药企根据采购要求，直接配送到区、镇、村三级医疗机构"，该通知已在兰山区人民政府网站进行了公示。

---

① 参见《指定企业配送基本药物达8年，临沂一区卫健局违法行为被纠正》，载百家号2021年2月10日，https://baijiahao.baidu.com/s?id=1691279031850065065&wfr=spider&for=pc。

案例九

(2022)湖南省市场监管局纠正衡阳县卫生健康局等部门滥用行政权力排除、限制竞争行为①

2021年3月10日,湖南省市场监管局对衡阳县卫生健康局等部门涉嫌滥用行政权力排除、限制竞争行为进行了调查。

经查,2020年11月24日,衡阳县卫生健康局等三部门联合出台《关于做好2020年全县机关事业单位在职公职人员定期健康体检工作的通知》,该文件规定,"县保健委通过审核、考察,遴选出4家具备体检资质的医疗机构作为承检机构"。

湖南省市场监管局认为,上述行为排除、限制了该县域外其他具备体检资质的医疗、体检机构参与的机会,妨碍了该县体检市场的公平竞争,违反了《反垄断法》第32条"行政机关和法律、法规授权的具有管理公共事务职能的组织不得滥用行政权力,限定或者变相限定单位或者个人经营、购买、使用其指定的经营者提供的商品"的规定,构成滥用行政权力,排除、限制竞争行为。

调查期间,当事人撤销了上述文件,恢复了该县体检市场公平竞争。

案例十

(2022)广西壮族自治区市场监管局纠正都安瑶族自治县卫生健康局滥用行政权力排除、限制竞争行为②

2020年10月20日,广西壮族自治区市场监管局对都安瑶族自治县卫生健康局涉嫌滥用行政权力排除、限制竞争行为进行立案调查。

---

① 参见《2022年制止滥用行政权力排除、限制竞争执法专项行动案件(第一批)》,载百家号2022年6月9日,https://baijiahao.baidu.com/s?id=1735142945634532232&wfr=spider&for=pc。

② 参见《2022年制止滥用行政权力排除、限制竞争执法专项行动案件(第一批)》,载百家号2022年6月9日,https://baijiahao.baidu.com/s?id=1735142945634532232&wfr=spider&for=pc。

经查,2019年12月4日,当事人以《都安瑶族自治县卫生健康局关于给予某医药有限公司优惠政策的请示》(都卫报〔2019〕88号)上报都安瑶族自治县人民政府,该文件中提出“在同等条件下,全县所有医疗单位优先采购某医药有限责任公司的药品、医疗器械、一次性耗材、中药饮片、医用化验试剂等药品医疗器械”。2020年1月8日,当事人将文件转发至县直医疗保健单位、各乡镇卫生院,要求认真执行。2020年1月至10月,当事人所在县人民医院、中医医院、妇幼保健院、乡镇卫生院先后与某医药有限公司签订了配送协议。

广西壮族自治区市场监管局认为,当事人要求辖区内公立医疗机构在医疗物资采购上使用其指定医药供应商提供医药物资配送服务的行为,排除了其他医药供应商参与竞争,限制了公立医疗机构自由选择医药供应商的权利,影响了当地医药经营市场公平竞争。上述行为违反了《反垄断法》第32条“行政机关和法律、法规授权的具有管理公共事务职能的组织不得滥用行政权力,限定或者变相限定单位或者个人经营、购买、使用其指定的经营者提供的商品”的规定,构成滥用行政权力排除、限制竞争行为。

调查期间,当事人积极整改,消除不良影响。一是废止了相关文件,2021年1月20日,当事人在《河池日报》刊登《都安瑶族自治县卫生健康局关于撤销都卫报〔2019〕88号文件及有关指示批示精神的公告》,将原文件予以废止。二是改进政策措施,由各医疗卫生机构自主在集中采购平台上选择药品配送企业。三是认真学习《反垄断法》和《公平竞争审查制度实施细则》,严格落实公平竞争审查制度,防止发生滥用行政权力排除、限制竞争行为。

案例十一

(2022)湖南省市场监管局纠正岳阳市卫生健康委员会滥用行政权力排除、限制竞争行为①

2022年3月25日,湖南省市场监管局依法对岳阳市卫生健康委员会涉嫌

① 参见《2022年制止滥用行政权力排除、限制竞争执法专项行动案件(第三批)》,载百家号2022年11月19日,https://baijiahao.baidu.com/s?id=1749938383932880666&wfr=spider&for=pc。

滥用行政权力排除、限制竞争行为立案调查。

经查,2021 年 11 月 12 日,当事人印发《岳阳市卫生健康委员会关于印发〈生物医药企业纾困解难专项行动工作方案〉的通知》(岳卫函〔2021〕188 号),明确鼓励该市医疗卫生单位和机构优先采购使用其指定的 3 家被帮扶生物医药企业生产的原研药和通过一致性评价仿制的药品、试剂等产品,并纳入各单位年度绩效考核。

湖南省市场监管局认为,当事人作为行政机关,印发文件限定该市直医疗卫生单位和机构优先采购指定的 3 家生物医药企业的帮扶产品,剥夺了相关单位购买医药产品的自主选择权,限制了其他医药企业同类产品的销售,妨碍了该市相关医药市场的公平竞争。当事人的上述行为违反了《反垄断法》第 32 条“行政机关和法律、法规授权的具有管理公共事务职能的组织不得滥用行政权力,限定或者变相限定单位或者个人经营、购买、使用其指定的经营者提供的商品”的规定,构成滥用行政权力排除、限制竞争行为。

调查期间,当事人高度重视,积极整改,发布通知将原文件予以废止,恢复该市医药市场的公平竞争。

案例十二

(2022)青海省市场监管局纠正海东市卫生健康委员会滥用行政权力排除、限制竞争行为[①]

2022 年 8 月 1 日,青海省市场监管局依法对海东市卫生健康委员会涉嫌滥用行政权力排除、限制竞争行为立案调查。

经查,2022 年 6 月 14 日,当事人以海东市干部保健委员会办公室名义制定印发《关于开展 2022 年市直机关干部职工健康体检的通知》(东干保办〔2022〕2 号),规定“青海省某 6 家医疗机构作为市直各单位干部职工 2022 年健康体检

① 参见《2022 年制止滥用行政权力排除、限制竞争执法专项行动案件(第三批)》,载百家号 2022 年 11 月 19 日,https://baijiahao.baidu.com/s?id=1749938383932880666&wfr=spider&for=pc。

的定点体检医院，体检经费由省财政干部职工健康体检补助资金和市财政补助资金构成，体检人员在定点体检医疗机构所发生的费用，由定点体检医疗机构凭体检花名册和收回的体检卡与海东市干保办结算”。

青海省市场监管局认为，当事人印发文件确定青海省6家医疗机构为海东市市直各单位干部职工提供健康体检服务，该行为排除其他医疗机构参与体检市场竞争，违反了新《反垄断法》第39条“行政机关和法律、法规授权的具有管理公共事务职能的组织不得滥用行政权力，限定或者变相限定单位或者个人经营、购买、使用其指定的经营者提供的商品”的规定，构成滥用行政权力排除、限制竞争行为。

调查期间，当事人积极整改，印发《关于撤销2022年市直机关干部职工健康体检的公告》，并在《海东日报》上公布，对海东市健康体检工作进行重新安排部署，确保该市直机关单位干部职工健康体检工作整改措施落实到位，组织相关人员认真学习《反垄断法》和《公平竞争审查制度实施细则》等法律法规，承诺建立长效机制，认真落实公平竞争审查制度，严格履行审查程序。

案例十三

（2020）山东省日照市卫生健康委员会指定非急救转运车平台案[①]

2020年10月至12月，山东省市场监管局对日照市卫生健康委员会（以下简称日照市卫健委）滥用行政权力排除、限制竞争行为进行调查。

经查，2020年2月6日，日照市卫健委为了规范全市非急救状态下病患的转院、出入院车辆接送业务，发布了《关于印发〈日照市非急救转运社会化服务工作实施意见（试行）〉的通知》（日卫发〔2020〕4号），该通知规定：建立起市场化非急救转运服务平台并投入运营；逐步规范全市非急救转运服务工作，实现非急救转

① 参见《山东省市场监管局纠正日照市卫生健康委员会滥用行政权力排除、限制竞争行为》，载山东省市场监督管理局（知识产权局），http://amr.shandong.gov.cn/art/2021/2/7/art_76546_10286228.html。

运服务与院前急救的分类管理、有序运行。由日照市公交车辆运营服务有限公司和国济医疗管理有限公司联合开展试点工作,搭建非急救转运服务运营平台。

为搭建涉案文件中的平台,日照市公交车辆运营服务有限公司和国济医疗管理有限公司共同成立了日照市国济好护送健康服务有限公司(以下简称国济好公司),其经营范围包括转院、出入院接送服务。日照市卫健委将具有竞争关系的非急救转运公司指定为全市非急救转运车的平台管理方和运营方,导致原本在日照市某地正常经营的三家非急救转运车公司在涉案文件发布后不再被当地医疗机构接纳,其正常运营业务停滞。

虽然日照市卫健委发布涉案文件是出于规范全市非急救转运车的行业管理,但是涉案文件将具有竞争关系的非急救转运公司指定为全市非急救转运车的平台管理方和运营方,直接导致了原本在市场上经营的非急救转运车公司无法再正常开展业务。因此,日照市卫健委的行为违反了《反垄断法》第 32 条"行政机关和法律、法规授权的具有管理公共事务职能的组织不得滥用行政权力,限定或者变相限定单位或者个人经营、购买、使用其指定的经营者提供的商品"的规定,构成滥用行政权力排除、限制竞争的行为。

2020 年 12 月 24 日,日照市卫健委发布了《关于进一步规范全市非急救转运市场秩序的通知》,其中明确:"支持鼓励合法市场主体面向出院患者和社会提供非急救转运服务;自本通知印发之日起日卫发〔2020〕4 号文件自行废止",该通知已在日照市卫健委网站进行了公示。

案例十四

(2022)湖南省市场监管局纠正益阳市资阳区卫生健康局滥用行政权力排除、限制竞争行为[①]

2022 年 4 月 7 日,湖南省市场监管局依法对益阳市资阳区卫生健康局涉嫌

① 参见《2022 年制止滥用行政权力排除、限制竞争执法专项行动案件(第四批)》,载澎湃网 2022 年 11 月 25 日,https://m.thepaper.cn/baijiahao_20894294。

滥用行政权力排除、限制竞争行为立案调查。

经查，2022 年 3 月 17 日，当事人印发《关于进一步规范行政事业单位工作人员定期健康体检的函》（益资卫健函〔2022〕15 号），明确 4 家医疗机构为 2022 年至 2023 年益阳市行政事业单位工作人员定期健康检查承检机构（定点医院），并要求辖区内行政事业单位按属地原则定期组织开展健康检查。

湖南省市场监管局认为，当事人作为行政机关，在组织行政事业单位工作人员体检过程中以印发文件形式，限定辖区内行政事业单位选择其指定的 4 家定点医院作为健康检查机构，剥夺了体检单位的自主选择权，排除、限制了其他具有合格资质和服务能力健康检查机构的服务。当事人的上述行为违反了《反垄断法》第 32 条"行政机关和法律、法规授权的具有管理公共事务职能的组织不得滥用行政权力，限定或者变相限定单位或者个人经营、购买、使用其指定的经营者提供的商品"的规定，构成滥用行政权力排除、限制竞争行为。

调查期间，当事人积极整改，立即对原文件内容进行了修改，经公平竞争审查、相关部门联合会签后，重新出台了新文件，消除不良影响；调整了所在单位公平竞争领导小组，制定公平竞争审查联席会议制度，举一反三，开展自查自纠。

四、学校教育

案例一

（2018）青海省教育厅指定校讯通业务案[①]

国务院督查办接到举报，反映青海省部分学校强制或变相强制要求学生家长办理"校讯通"（后更名为"和教育"）、"翼校通"、"沃校通"等业务，收费 10 元/月，给学生和家长增加了经济负担，在社会上产生了不良影响。随后，此问

① 参见《青海全面叫停"校讯通"类收费业务　每年减轻家长经济负担 1000 万元》，载新华网，http://www.xinhuanet.com/politics/2018-02/25/C_1122449173.htm。

题由国家发展改革委原价格监督检查与反垄断局移交至青海省价格监督检查与反垄断局，要求开展相关调查。

调查发现，“校讯通”类业务起初在加强家校联系、促进信息沟通等方面起到了一定积极作用，但如今家长和老师均反映其主要功能“家校互动”已被其他免费软件如微信、QQ等代替。调查显示，相关业务涉嫌存在行政垄断、商业贿赂、违规收费等违法行为，并立即向青海省教育厅送达了行政执法建议函，责令其对该类业务进行认真整改。对此，青海省教育厅立即组织力量排查使用“校讯通”类业务的学校，并召开专题会，对清理整顿提出要求，责令全省学校立即停止“校讯通”类变相收费业务。

青海省发展改革委、青海省教育厅有关负责人表示，此次监管部门对“校讯通”类业务的清理整顿，既是加快政府职能转变、提升群众满意度的必然要求，也是理顺教育体制机制、探索教育沟通渠道的现实需要。各相关部门将继续关注“校讯通”类业务清理整顿情况，一方面，通过各种媒体进行广泛宣传，发挥社会监督作用，确保清理整顿行动不反弹，切实维护好学生及家长正当权益；另一方面，进一步规范运营商经营行为，遵守相关法律法规，不得存在强制或者变相强制服务并收费的价格违法行为。

案例二

（2020）江西省南昌市教育局指定银行卡交费案[①]

2020年2月25日，江西省人民政府通报，江西省市场监管局对南昌市教育局指定银行卡交费，涉嫌滥用行政权力排除、限制竞争的行为予以纠正。

本案始于2019年9月，江西省市场监管局对南昌市教育局涉嫌滥用行政权力排除、限制竞争行为进行调查。调查发现，2019年8月，南昌市教育局学校后勤与产业管理办公室下发了《致家长的一封信》。该文要求南昌市各级、各类

① 参见黄莉玲：《发文指定银行卡缴费！南昌市教育局被指涉嫌行政垄断　回应已整改》，载搜狐网2020年2月28日，https://www.sohu.com/a/376553468_161795。

学校、幼儿园的学生统一启用南昌市教育智慧后勤管理云平台（“校勤通”手机App）进行缴费，并指定使用当地两家银行的银行卡。其中，南昌市西湖、东湖、红谷滩等区对应南昌农商银行，高新区对应南昌招商银行。

江西省市场监管局认为，上述行为违反了《反垄断法》第32条规定，南昌市教育局构成滥用行政权力排除、限制竞争行为。

据了解，在调查过程中，南昌市教育局停止了上述行为并进行了整改。南昌市教育局在云平台上增加一网通支付功能，方便家长使用自己的银行卡直接缴费，并通过下发通知和云平台公示的形式，告知家长更换银行卡的具体操作流程。

案例三

（2021）吉林省松原市教育局限定学生服装案①

2021年1月，吉林省市场监管厅对松原市教育局涉嫌滥用行政权力排除、限制竞争行为进行调查。

经查，2019年11月，松原市教育局印发《关于做好市直学校学生装征订和管理工作的通知》（松教通字〔2019〕274号），要求原市直属学校学生装采购供应商为福建泉州惠新实业有限公司；原油区教育处学生装采购供应商为兴城市东辛庄利权服装加工厂、海宁圣浩达服饰有限公司、福建泉州惠新实业有限公司。严禁任何学校和个人以任何理由与中标供应商以外的商家直接订购学生装。上述行为违反了《反垄断法》第32条“行政机关和法律、法规授权的具有管理公共事务职能的组织不得滥用行政权力，限定或者变相限定单位或者个人经营、购买、使用其指定的经营者提供的商品”之规定，构成滥用行政权力排除、限制竞争行为。

调查过程中，当事人认识到上述行为涉嫌违反《反垄断法》后，立即进行了整改，第一时间废止《关于做好市直学校学生装征订和管理工作的通知》，并向

① 参见《立案调查！立即整改》，载《人民资讯》2021年11月18日。

吉林省市场监管厅报送了整改报告。

案 例 四

（2021）广东省普宁市教育局限定校服案①

2020 年 11 月，根据国务院督查工作有关反映的情况，广东省市场监管局依法对普宁市教育局涉嫌滥用行政权力排除、限制竞争行为进行立案调查。

经查，2019 年以来，普宁市教育局制定下发了《关于进一步加强我市中小学生等校服管理工作的实施意见》（普教发〔2019〕37 号）等文件，规定实行“一市一款”校服款式，提出采用公开招标模式确定本市中小学校服生产制作供应商，要求全市各中小学校必须从获得校服制作资格标的的 5 家校服生产制作企业中选择一家（“五选一”）作为供应商，采购校服的价格按照普宁市教育局委托公开招标的中标结果执行，并签署有效期 5 年的合同。普宁市教育局在校服制作资格标的政府采购过程中设定不合理招标条件，通过制定招投标“参考价”消除投标人之间的价格竞争，干预校服市场价格形成。上述行为违反了《反垄断法》第 32 条“行政机关和法律、法规授权的具有管理公共事务职能的组织不得滥用行政权力，限定或者变相限定单位或者个人经营、购买、使用其指定的经营者提供的商品”和第 37 条“行政机关不得滥用行政权力，制定含有排除、限制竞争内容的规定”的规定，构成滥用行政权力排除、限制竞争的行为。

依据《反垄断法》第 51 条第 1 款及《制止滥用行政权力排除、限制竞争行为暂行规定》（已废止）第 20 条第 2 款之规定，广东省市场监管局向普宁市人民政府发出行政建议书，建议普宁市人民政府责令普宁市教育局改正相关行为，督促该局妥善做好校服管理政策措施的“废改立”，消除有关行政行为对企业、学校校服管理工作造成的影响，按规定严格开展公平竞争审查，依法维护好企业和学生合法权益。

---

① 参见《要求学校采购校服“五选一”，广东普宁教育局被查》，载百家号 2021 年 3 月 27 日，https://baijiahao.baidu.com/s?id=1695359296628381700&wfr=spider&for=pc。

在调查过程中，普宁市教育局采取积极措施，废止了含有排除、限制竞争内容的《关于进一步加强我市中小学生等校服管理工作的实施意见》文件，部署加强校服管理工作，进一步规范校服选用和选购管理。2021 年 2 月，广东省教育厅联合广东省市场监管局废止了《关于进一步加强中小学生校服管理工作的意见》（粤教后勤〔2017〕2 号）。

案例五

（2021）湖北省鄂州市住房和城乡建设局指定培训教育机构案①

2020 年 11 月，湖北省市场监管局对鄂州市住房和城乡建设局涉嫌滥用行政权力排除、限制竞争行为进行调查。

经查，2020 年 8 月，鄂州市住房和城乡建设局在政府网站上发布《关于开展建设领域施工现场专业人员职业培训继续教育及合格证书换证工作的通知》，明确"鄂州市捷创建设职业技术培训学校有限公司具备了职业培训机构应具备的基本条件，取得我市建设领域施工现场专业人员职业培训继续教育及合格证书换证工作资格，是目前我市现场专业人员职业培训继续教育及合格证书换证工作的唯一培训机构"，并要求换证学员注册信息由培训机构上传办理。上述行为违反了《反垄断法》第 32 条"行政机关和法律、法规授权的具有管理公共事务职能的组织不得滥用行政权力，限定或者变相限定单位或者个人经营、购买、使用其指定的经营者提供的商品"的规定，构成滥用行政权力排除、限制竞争行为。

在调查过程中，当事人认识到上述行为违反了《反垄断法》规定，在调查期间积极整改，消除不良影响。一是废止了相关文件。2020 年 11 月 29 日，下发《关于废止〈关于开展建设领域施工现场专业人员职业培训继续教育及合格证书换证工作的通知〉的通知》（鄂州建办发〔2020〕40 号），明确提出在建设领域施工现场专业人员职业培训继续教育及合格证书换证工作中可以自由选择培

① 参见《湖北鄂州住建局滥用行政权被纠正：职业教育换证指定唯一培训机构》，载百家号 2021 年 3 月 18 日，https://baijiahao.baidu.com/s?id=1694534713949928266&wfr=spider&for=pc。

训方式和机构。二是召开专题整改会议。2020 年 11 月 27 日,召集相关人员开会,就职业培训管理有关问题进行整改,要求将《反垄断法》纳入单位普法范围,严格落实公平竞争审查制度。

依据《制止滥用行政权力排除、限制竞争行为暂行规定》(已废止)第 19 条第 2 款规定,"在调查期间,当事人主动采取措施停止相关行为,消除相关后果的,反垄断执法机构可以结束调查",考虑到当事人已主动采取措施停止相关行为,消除相关后果,湖北省市场监管局按程序结束调查。

案例六

(2022)云南省市场监管局依法调查处理昆明市西山区教育体育局滥用行政权力排除、限制竞争行为①

2021 年 11 月 12 日,云南省市场监管局对昆明市西山区教育体育局涉嫌滥用行政权力排除、限制竞争行为立案调查。

经查,2021 年 3 月 9 日,当事人向西山区属公办中小学、幼儿园和职业学校制定印发《昆明市西山区教育体育局关于区属公办学校保安配置相关事宜的通知》,规定"校园保安服务自 2021 年春季学期开始,统一由西山区保安服务公司承接"。

云南省市场监管局认为,当事人制定印发文件,指定西山区保安服务公司承接自 2021 年春季学期开始的区属公办学校校园保安服务,直接排除、限制了其他同行业经营者参与当地相关市场竞争,违反了《反垄断法》第 32 条"行政机关和法律、法规授权的具有管理公共事务职能的组织不得滥用行政权力,限定或者变相限定单位或者个人经营、购买、使用其指定的经营者提供的商品"的规定,构成滥用行政权力排除、限制竞争行为,应当依法予以纠正。

云南省市场监管局根据《反垄断法》第 51 条第 1 款"行政机关和法律、法规授权的具有管理公共事务职能的组织滥用行政权力,实施排除、限制竞争行为

---

① 参见《2022 年制止滥用行政权力排除、限制竞争执法专项行动案件(第二批)》,载澎湃网 2022 年 7 月 29 日,https://www.thepaper.cn/newsDetail_forward_19229665。

的,由上级机关责令改正;对直接负责的主管人员和其他直接责任人员依法给予处分。反垄断执法机构可以向有关上级机关提出依法处理的建议”的规定,向西山区人民政府发出行政建议书,依法提出处理建议:一是责令当事人立即改正违法行为,修改或废除《昆明市西山区教育体育局关于区属公办学校保安配置相关事宜的通知》文件。二是责令当事人向社会公开改正信息,当事人改正情况在规定时间报送云南省市场监管局。三是要求当事人举一反三,认真落实公平竞争审查制度,确保出台的政策、措施符合国家法律、法规的规定。

案例七

(2022)湖南省市场监管局纠正永州市零陵区教育局等部门滥用行政权力排除、限制竞争行为①

2021年7月,湖南省市场监管局对永州市零陵区教育局等部门涉嫌滥用行政权力排除、限制竞争行为进行调查。

经查,2021年1月15日,当事人联合零陵区卫生健康局下发《关于全面开启全区中小学校学生视力建档的通知》,规定“明确要求全县各中小学校、职业中专学生到零陵某医院进行视力检查”。

湖南省市场监管局认为,当事人的上述行为违反了《反垄断法》第32条“行政机关和法律、法规授权的具有管理公共事务职能的组织不得滥用行政权力,限定或者变相限定单位或者个人经营、购买、使用其指定的经营者提供的商品”的规定,排除、限制了其他医疗、体检机构(经营者)参与视力检查建档的机会,构成滥用行政权力排除、限制竞争行为。

调查期间,当事人积极整改,主动纠正违法行为,联合有关部门发文废止了上述文件,消除了不良社会影响,恢复了市场公平竞争。

① 参见《2022年制止滥用行政权力排除、限制竞争执法专项行动案件(第二批)》,载澎湃网2022年7月29日,https://www.thepaper.cn/newsDetail_forward_19229665。

案 例 八

(2022)湖南省市场监管局纠正祁阳市教育局等部门滥用行政权力排除、限制竞争行为①

2021 年 7 月,湖南省市场监管局对祁阳市教育局等部门涉嫌滥用行政权力排除、限制竞争行为进行了调查。

经查,2021 年 3 月 8 日,祁阳市教育局联合祁阳市卫生健康局下发《关于全面开启祁阳县中小学校学生建立视力健康发育档案活动方案》,直接指定某眼科医院为本次视力检查建档机构。

湖南省市场监管局认为,当事人的上述行为违反了《反垄断法》第 32 条“行政机关和法律、法规授权的具有管理公共事务职能的组织不得滥用行政权力,限定或者变相限定单位或者个人经营、购买、使用其指定的经营者提供的商品”的规定,排除了其他医疗、体检机构(经营者)参与视力检查建档的机会,构成滥用行政权排除、限制竞争行为。

调查期间,当事人高度重视,积极整改,主动纠正违法行为,联合有关部门发文宣布停止执行上述文件,消除了不良社会影响,恢复了市场公平竞争。

案 例 九

(2022)重庆市市场监管局纠正合川区教育委员会滥用行政权力排除、限制竞争行为②

2021 年 11 月,重庆市市场监管局对合川区教育委员会涉嫌滥用行政权力排除、限制竞争行为进行调查。

---

① 参见《2022 年制止滥用行政权力排除、限制竞争执法专项行动案件(第二批)》,载澎湃网 2022 年 7 月 29 日,https://www.thepaper.cn/newsDetail_forward_19229665。

② 参见《重庆市市场监督管理局纠正合川区教育委员会滥用行政权力排除、限制竞争行为》,载重庆市市场监督管理局,http://scjgj.cq.gov.cn/zt_225/yqfkjjz/dxal/202203/t20220329_10564792.html。

经查,2011 年 5 月 23 日,合川区教育委员会下发了《重庆市合川区教育委员会关于坚持民生导向服务教育事业加强中小学后勤服务管理工作的意见》(合川教〔2011〕230 号),该文件规定“一是全区中小学教辅资料发行统一由合川区教委组织,具体由学子公司统一发行;二是全区中小学服装采购统一由学子公司组织供货;三是全区中小学办公用品、文教用品、体育器材供给,一律由学子公司集中采购供给;四是全区中小学学生保险,统一由学子公司代理;五是全区教育考察培训,统一由学子公司组织办理”。

合川区教育委员会的上述行为违反旧《反垄断法》第 32 条“行政机关不得滥用行政权力,限定或者变相限定单位或者个人经营、购买、使用其指定的经营者提供的商品”之规定,排除、限制了竞争。

当事人认识到上述行为违反了《反垄断法》规定,在调查期间积极整改,消除了不良影响。一是废止了相关文件,2021 年 12 月 9 日,当事人在其官网发布《关于废止合川教〔2011〕230 号文件的决定》(合川教〔2021〕461 号),将原文件予以废止。二是认真学习《反垄断法》《公平竞争审查制度实施细则》,严格落实公平竞争审查制度,举一反三,对规范性文件进行清理和审查。

依据《制止滥用行政权力排除、限制竞争行为暂行规定》第 19 条第 2 款规定:“在调查期间,当事人主动采取措施停止相关行为,消除相关后果的,反垄断执法机构可以结束调查。”考虑到当事人已主动采取措施停止相关行为,消除相关后果,重庆市市场监管局按程序结束调查。

案例十

(2022)安徽省市场监管局纠正安庆市怀宁县教育局滥用行政权力排除、限制竞争行为[①]

2022 年 7 月 11 日,安徽省市场监管局依法对怀宁县教育局涉嫌滥用行政权力排除、限制竞争行为立案调查。

① 参见《2022 年制止滥用行政权力排除、限制竞争执法专项行动案件(第三批)》,载百家号 2022 年 11 月 19 日,https://baijiahao.baidu.com/s?id=1749938383932880666&wfr=spider&for=pc。

经查,2018 年 5 月 7 日,当事人牵头,会同怀宁县原卫生和计划生育委员会印发《关于做好全县中小学生近视防控工作的通知》(怀教基〔2018〕36 号),规定“综合考虑医疗服务能力和实际工作需要,指定 2 家医院承担全县近视防控工作”“定点医院按照《国家学生体质健康标准》相关要求对全县中小学生进行视力健康体检并建档”。

安徽省市场监管局认为,当事人的上述行为排除、限制了该县中小学生视力检测或检查市场的竞争,违反了《反垄断法》第 32 条“行政机关和法律、法规授权的具有管理公共事务职能的组织不得滥用行政权力,限定或者变相限定单位或者个人经营、购买、使用其指定的经营者提供的商品”的规定,构成滥用行政权力排除、限制竞争行为。

调查期间,当事人积极主动整改,消除违法行为造成的不良影响,会同怀宁县卫生健康委员会印发《关于进一步做好全县儿童青少年近视防控工作的通知》(怀教基〔2022〕14 号),明确有资质的医疗机构均可参与儿童青少年近视防控工作,并废止了有关文件。当事人会同怀宁县卫生健康委员会对全县具备资质的医疗机构进行调查摸底,组织召开座谈会,协调有资质的医疗机构开展青少年视力筛查和数据上报工作。

案例十一

(2022)宁夏回族自治区市场监管厅纠正中卫市中宁县教育体育局滥用行政权力排除、限制竞争行为①

2022 年 6 月 27 日,宁夏回族自治区市场监管厅依法对中宁县教育体育局涉嫌滥用行政权力排除、限制竞争行为立案调查。

经查,2019 年 9 月 18 日,当事人印发《关于在全县校园安装一键视频报警装置及硬隔离防撞设施的通知》,规定“中卫市具有安装资质的企业分别是宁夏某保安电子服务有限公司、宁夏某智能科技有限公司”。截至调查时,在宁夏公

① 参见《2022 年制止滥用行政权力排除、限制竞争执法专项行动案件(第三批)》,载百家号 2022 年 11 月 19 日,https://baijiahao.baidu.com/s?id=1749938383932880666&wfr=spider&for=pc。

安厅登记备案的具备安防工程安装资质的企业就达 567 家，中卫市有 26 家。

宁夏回族自治区市场监管厅认为，安防技术安装维护市场属于竞争性市场，当事人要求全县中小学、幼儿园（含民办）购买其指定的经营者提供的安防设备，违反了新《反垄断法》第 39 条“行政机关和法律、法规授权的具有管理公共事务职能的组织不得滥用行政权力，限定或者变相限定单位或者个人经营、购买、使用其指定的经营者提供的商品”和第 45 条“行政机关和法律、法规授权的具有管理公共事务职能的组织不得滥用行政权力，制定含有排除、限制竞争内容的规定”的规定，构成滥用行政权力排除、限制竞争行为。

调查期间，当事人积极整改，印发废止该文件的通知，消除不良影响，印发《关于进一步完善公平竞争审查工作机制的通知》，对所有涉及市场主体经济活动的存量文件进行清理，对增量文件进行审查，认真评估对市场竞争的影响，依法维护公平竞争的环境。除此之外，当事人组织机关干部认真学习《反垄断法》和《公平竞争审查制度实施细则》等法律法规，提高公平竞争审查意识，举一反三，承诺杜绝此类事件发生。

案例十二

（2022）宁夏回族自治区市场监管厅纠正银川市教育局滥用行政权力排除、限制竞争行为①

2022 年 6 月 27 日，宁夏回族自治区市场监管厅依法对银川市教育局涉嫌滥用行政权力排除、限制竞争行为立案调查。

经查，2019 年 5 月 30 日，当事人印发《关于在全市校园安装一键报警器装置及硬隔离防撞设施的通知》（银教发〔2019〕124 号），规定具备安装资质的企业分别是宁夏某保安电子服务有限公司、宁夏某智能科技有限公司，并明确了安装企业的具体联系人和联系方式。截至调查时，银川市在宁夏公安厅备案具

① 参见《2022 年制止滥用行政权力排除、限制竞争执法专项行动案件（第三批）》，载百家号 2022 年 11 月 19 日，https://baijiahao.baidu.com/s?id=1749938383932880666&wfr=spider&for=pc。

有安防资质的企业就达472家。

宁夏回族自治区市场监管厅认为,安防技术安装维护市场属于竞争性市场,当事人要求全市所有中等职业学校、市直属中小学、幼儿园(含民办)购买其指定的经营者提供的安防设备安装和维护,违反了《反垄断法》第32条“行政机关和法律、法规授权的具有管理公共事务职能的组织不得滥用行政权力,限定或者变相限定单位或者个人经营、购买、使用其指定的经营者提供的商品”和第37条“行政机关不得滥用行政权力,制定含有排除、限制竞争内容的规定”的规定,构成滥用行政权力排除、限制竞争行为。

调查期间,当事人认识到上述行为违反了《反垄断法》的规定,积极主动整改,废止了相关文件,并在政府官网上公布;对银川市教育系统在中小学幼儿园安装一键报警装置工作予以专项审计,建立健全公平竞争审查制度;组织学习《反垄断法》和《公平竞争审查制度实施细则》等法律法规,严格落实公平竞争审查制度,举一反三,对有关文件进行清理和审查,杜绝此类情况发生。

案例十三

(2022)安徽省市场监管局纠正阜阳市教育局滥用行政权力排除、限制竞争行为[①]

2022年3月18日,安徽省市场监管局依法对阜阳市教育局涉嫌滥用行政权力排除、限制竞争行为立案调查。

经查,2008年10月,当事人委托阜阳市人民政府采购中心对全市中小学生服装(校服)定点生产厂家进行招标采购,确定广州某时装有限公司为定点生产厂家。2008年12月,当事人印发《关于做好我市中小学校学生着装推广及购置工作的通知》(阜教勤〔2008〕8号),要求凡需购置校服的各中小学校应从招标采购确定的定点生产经营企业购置,不得擅自订购中标定点生产企业以外厂家

① 参见《2022年制止滥用行政权力排除、限制竞争执法专项行动案件(第四批)》,载澎湃网2022年11月25日,https://m.thepaper.cn/baijiahao_20894294。

或商家的学生服装。2010年6月，当事人增补安徽省舒城县某制衣有限公司阜阳分公司为该市中小学生服装(校服)定点生产厂家。2013年6月，当事人印发《阜阳市教育局关于进一步规范全市中小学校校服采购管理工作的通知》(阜教勤〔2013〕6号)，通知再次要求全市中小学校在采购校服时，要继续认真贯彻执行《关于做好我市中小学校学生着装推广及购置工作的通知》要求。

安徽省市场监管局认为，当事人要求该市中小学校在采购校服时，必须从中标定点生产经营企业购置，排除、限制了校服采购市场的公平竞争。当事人的上述行为违反了《反垄断法》第32条"行政机关和法律、法规授权的具有管理公共事务职能的组织不得滥用行政权力，限定或者变相限定单位或者个人经营、购买、使用其指定的经营者提供的商品"的规定，构成滥用行政权力排除、限制竞争行为。

调查期间，当事人积极主动整改，消除违法行为造成的不良影响。2022年3月28日，当事人印发《关于进一步加强学生校服管理工作的通知》，通知要求全市各县区教育局在校服采购管理工作中，不得违反市场原则采取"定点""定商标"等方式干涉交易，废止相关文件，同时将整改通知在该局门户网站上公布。

案例十四

(2022)安徽省市场监管局纠正阜阳市临泉县教育局滥用行政权力排除、限制竞争行为①

2022年3月18日，安徽省市场监管局依法对临泉县教育局涉嫌滥用行政权力排除、限制竞争行为立案调查。

经查，2010年2月，当事人印发《关于进一步规范全县中小学校校服购置工作的通知》(临教〔2010〕65号)等文件，确定安徽省舒城县某制衣有限公司临泉分公司为该县中小学生服装定点生产厂商，同时依据阜阳市教育局的文件精

① 参见《2022年制止滥用行政权力排除、限制竞争执法专项行动案件(第四批)》，载澎湃网2022年11月25日，https://m.thepaper.cn/baijiahao_20894294。

神，全县中小学校在采购校服时，也可以从定点生产厂商广州某时装有限公司进行采购。2015年11月30日，当事人在转发市局通知时，再次强调各乡镇中心校，县直学校在采购校服时，要继续贯彻执行《关于做好我市中小学校学生着装推广及购置工作的通知》（阜教勤〔2008〕8号）及县政府招商引资有关政策要求，从招标采购确定的定点生产经营企业购置。

安徽省市场监管局认为，当事人要求该县中小学校在采购校服时，必须从中标定点生产经营企业购置，排除、限制了校服采购市场的公平竞争。当事人的上述行为违反了《反垄断法》第32条"行政机关和法律、法规授权的具有管理公共事务职能的组织不得滥用行政权力，限定或者变相限定单位或者个人经营、购买、使用其指定的经营者提供的商品"的规定，构成滥用行政权力排除、限制竞争行为。

调查期间，当事人积极主动整改，消除不良影响。2022年4月2日，当事人印发《关于规范全县学生校服管理工作的通知》，废止相关文件，组织临泉县部分校服生产企业代表召开座谈会，告知相关企业代表，今后在中小学校学生校服采购管理工作中不再要求必须从中标定点生产经营企业购置，所有校服生产经营企业在该县学生校服征订过程中均可公平参与市场竞争。

五、保险担保

案例一

（2014）河北省邯郸市住房保障和房产管理局贷款担保限制案①

2013年7月1日，河北省邯郸市住房保障和房产管理局（以下简称邯郸市房管局）下发了《关于〈加强个人住房贷款担保服务管理若干规定〉的通知》。该通知自2013年11月1日起执行，第6条关于担保程序的第1项指出，借款人

① 参见《邯郸市房管局限制竞争案》，载华律网2015年12月7日，https://lawyers.66law.cn/s2d08346160c14_i181337.aspx。

应先向指定的担保公司提出贷款申请，填写抵押贷款担保申请表。该通知第6条第3项规定，借款人与银行签订借款合同，同时与担保公司签订抵押合同。由此可知，贷款银行只有在确认邯郸市某担保公司与借款人签订了抵押担保合同，并收到该担保公司出具的放款通知书后，贷款部门才会依照约定的划款方式和时间将借款人申请的贷款转到售房单位指定账户。综上所述，该担保公司收取的担保服务费具有一定的强制性。

贷款购房者在办理个人住房贷款手续时，被强制接受该担保公司提供的担保服务，并需要交纳数额不等的担保费、服务费。截至被查处之日，该担保公司收费标准为：担保手续费每户200元；住房借款30万元以下的按借款额的1.5%收取担保服务费，30万元（含30万元）以上的按借款额的2%收取担保服务费，商用房（含写字楼）借款按借款额的3%收取担保服务费；费用交纳后，该担保公司向借款人统一开具"河北省地方税务局通用机打发票"，收取的担保费和手续费被统一列入"担保费"或"服务费"项目。

该担保公司提供的2013年11月财务报表（利润表）、票据、账册资料显示，该担保公司2013年11月主营业务收入418，210元，主营业务利润394，790.24元。

邯郸市原工商局认为，邯郸市房管局在借款人贷款购房时，办理房屋产权预抵押登记手续是其中非常重要、不可或缺的一个步骤。《个人住房贷款管理办法》第5条第5项规定，有贷款人认可的资产作为抵押或质押，或有足够代偿能力的单位或个人作为保证人。也就是说，购房者可以选择抵押、质押或者保证这三种担保方式中的任意一种，邯郸市房管局利用办理房屋产权预抵押登记手续的行政权力，为牟取部门利益，人为设置障碍，要求购房者必须到该担保公司办理保证式的担保手续，并收取每笔金额不等的担保费用，否则不予办理房屋预抵押登记手续，借款人也就无法办理购房贷款，从而损害了购房者的合法权益。邯郸市房管局的行为直接剥夺了购房者的自由选择权，其行为违反了《反不正当竞争法》（1993年）第7条，构成政府部门滥用行政权力的行为。邯郸市某担保公司利用被指定经营者的机会，收取相关费用，违反了《反不正当竞争法》规定。

对此，邯郸市原工商局依据《河北省反不正当竞争条例》第39条"违反本条例第十三条规定的，对政府及其所属部门的行为，上级机关责令其改正；情节严重的，由上级或者同级机关对直接责任人员给予行政处分。被指定的经营者借机销售质次价高商品或者提供质次价高服务滥收费用的，监督检查部门应当没收违法所得，可并处违法所得一倍以上三倍以下罚款”之规定，没收邯郸市房管局的违法所得394,790.24元，并处罚款305,209.76元。

本案中，邯郸市房管局滥用行政权力，制定违反法律规定超出职能权限的政策规定，其行为属限制房屋贷款担保领域市场竞争的行为，违反了《反不正当竞争法》(1993年)第7条的规定，也是案件当事人滥收费用行为的根源。邯郸市原工商局在此案中，直接对此进行了明确分析，做法值得肯定。同时，邯郸市原工商局应将该意见报邯郸市房管局的上级部门，促其改正滥用行政权力的行为。

《行政处罚法》规定了对当事人减轻处罚的法定情节，工商机关查处经济违法案件可以依法从轻和减轻处罚。在此案中，邯郸市原工商局说明了对当事人减轻处罚的原因，符合法律规定的情节，适用了减轻处罚的规定。但是，邯郸市原工商局在行政处罚决定书中并没有引用《行政处罚法》。

案例二

(2017)山西省大同市人民政府金融工作办公室等部门指定特种设备责任险案①

2017年11月，山西省价格监督检查与反垄断局在工作中发现，大同市人民政府金融工作办公室、大同市质量技术监督局和中国人寿财产保险股份有限公司大同市中心支公司于2015年11月3日，联合下发了《关于在全市开展电梯及其他特种设备安全责任保险工作的意见》(同政金发〔2015〕26号)文件，指定中国人寿财产保险股份有限公司大同市中心支公司为大同市电梯及其他特种设备安全责任保险的实施主体，文件中明确了保费方案、保费计算表、免赔额。

按照《反垄断法》及《国务院关于在市场体系建设中建立公平竞争审查制度的意见》的相关规定，该行为属于滥用行政权力排除、限制市场竞争行为。

① 参见广东省发展改革委价监局编:《行政垄断典型案例汇编》(2018年5月)。

案 例 三

(2017)江苏省原质量技术监督局指定电梯责任保险案[①]

江苏省原质量技术监督局(以下简称江苏省原质监局)在全省推行电梯责任保险的过程中,于2014年1月26日印发《关于贯彻落实〈省政府办公厅关于推行电梯责任保险的实施意见〉的通知》,选择保险中介机构组织招标电梯责任保险承保企业,保险中介机构据此向中标保险企业收取总保费7.5%的保险经纪费、招标代理服务费、履约管理费。江苏省原质监局下属的电梯检验机构对中标保险企业开展的电梯责任保险业务,按比例缴纳一定保费,对其他保险企业开展电梯责任保险业务的,不参与投保。

通过认真学习反垄断法律法规,江苏省原质监局充分认识到,其未经竞争选择保险中介机构负责全省电梯责任保险经纪服务,客观上限制了其他保险经纪企业公平参与相关市场竞争的权利。江苏省原质监局超越职权范围,组织招标电梯责任保险企业,并参与对中标企业投保,使中标企业获得不公平的竞争优势,有损其他保险企业合法权益和全省电梯责任保险市场公平竞争秩序。江苏省原质监局有关行为涉嫌滥用行政权力排除、限制竞争,违反《反垄断法》的相关规定。

案 例 四

(2017)河北省蔚县人民政府限定农业保险案[②]

河北省原物价局在清理存量的工作中发现人保财险蔚县支公司2017年4月21日代政府起草的《关于继续深入开展政策性农业保险工作的通知》(蔚政办字〔2017〕26号,以下简称蔚政办字〔2017〕26号文)中明确"人保财险蔚县支

---

① 参见广东省发展改革委价监局编:《行政垄断典型案例汇编》(2018年5月)。
② 参见广东省发展改革委价监局编:《行政垄断典型案例汇编》(2018年5月)。

公司要做好引领、示范工作,其他保险主体,要达到有专门农业保险机构、有覆盖乡镇的专门'三农'服务部、有专门的'三农'服务车辆,方可办理农险业务"。河北省原物价局认为,只要具备办理政策性农保业务资质的保险机构都可以参与此项工作,设置准入门槛应该是针对所有参与竞争的保险机构,而不是针对某些特定机构。此项规定不利于其他保险机构针对政策性农保业务展开竞争,提升服务质量,提供质优价廉产品,对参保农户选择保险机构起到误导作用,损害了其他保险机构和农民的利益。同时,这项规定违反了《关于在市场体系建设中建立公平竞争审查制度的意见》和《反垄断法》的有关规定。

蔚县人民政府高度重视,经过研究于2017年11月23日下发《关于修改蔚政办字〔2017〕26号文的通知》(蔚政办函〔2017〕44号),对文件中涉及的排除、限制竞争的有关条款内容进行了修改,将蔚政办字〔2017〕26号文中"人保财险蔚县支公司要做好引领、示范工作,其他保险主体,要达到有专门保险机构、有覆盖乡镇的专门'三农'服务部、有专门的'三农'服务车辆,方可办理农险业务"修改为:"有资质的保险公司要做好引领、示范工作,保证有专门农业保险机构、有覆盖乡镇的专门'三农'服务部、有专门的'三农'服务车辆"。蔚县人民政府决定今后政府出台的文件都必须要进行公平竞争审查,同时立刻在全县行政机关开展存量清理,存在妨碍市场主体竞争的规定一律废除,保护统一开放、竞争有序的市场环境,避免类似问题再次发生。

案例五

(2017)四川省成都市国有资产监督管理委员会限定保险服务案①

根据举报,国家发展改革委会同四川省发展改革委,对成都市国有资产监督管理委员会(以下简称成都市国资委)涉嫌滥用行政权力排除、限制竞争的行为展开调查。

① 参见《成都市国资委主动纠正滥用行政权力排除限制竞争行为》,载《中国价格监管与反垄断》2017年第8期。

调查发现，成都市国资委组织召开专题协调会并印发会议纪要，要求市属国有企业及其所属全资、控股子（分）公司，在价格和服务同等条件下优先选择当地国有企业提供的保险服务。

成都市国资委上述做法实际是利用行政权力，“变相限定”市属国有企业购买其指定经营者提供的服务，排除、限制其他保险企业参与公平竞争的权利，违反了《反垄断法》第32条“行政机关和法律、法规授权的具有管理公共事务职能的组织不得滥用行政权力，限定或者变相限定单位或者个人经营、购买、使用其指定的经营者提供的商品”的规定，构成滥用行政权力排除、限制竞争的行为。

成都市国资委认识到相关行为涉嫌违反《反垄断法》，立即整改，主动发文废止会议纪要，表示在今后的工作中要认真落实《国务院关于在市场体系建设中建立公平竞争审查制度的意见》的要求，加快推进公平竞争审查工作，清理存量文件，审查增量文件，避免类似问题再度发生。

案例六

（2018）四川省都江堰市财政局指定保险案[①]

根据举报，在国家发展改革委指导下，四川省发展改革委对都江堰市财政局涉嫌滥用行政权力排除、限制竞争的行为展开调查。

调查发现，都江堰市财政局于2016年组织协调都江堰市国有平台公司都江堰市工业集中发展建设投资有限责任公司（以下简称工投公司）与金祥保险销售有限公司（以下简称金祥保险）开展战略合作，并提出由市教育局、青都局、人社局（医保局）、交通局等市级相关部门全力配合，协调都江堰市域内相关单位积极参与支持金祥保险的业务发展。对双方共同参与合作的保险业务，金祥保险向工投公司支付一定的服务报酬。

都江堰市财政局上述做法实际是利用行政权力，排除、限制保险代理市场

① 参见《都江堰市纠正滥用行政权力排除限制竞争行为》，载四川省人民政府，https://www.sc.gov.cn/10462/11857/13305/13312/2018/1/2/10442499.shtml。

的竞争,妨碍了都江堰市各行政机关、各市属国有企业及医疗卫生机构等域内相关单位和企业在购买保险代理上的自主选择权,不利于通过市场竞争形成合理价格,违反了《反垄断法》第32条"行政机关和法律、法规授权的具有管理公共事务职能的组织不得滥用行政权力,限定或者变相限定单位或者个人经营、购买、使用其指定的经营者提供的商品"及第37条"行政机关不得滥用行政权力,制定含有排除、限制竞争内容的规定"的规定,构成滥用行政权力排除、限制竞争的行为。

根据《反垄断法》第51条的规定,四川省发展改革委向都江堰市人民政府发出行政执法建议书(川发改价检建〔2017〕1号),建议其责令都江堰市财政局改正相关行为。都江堰市人民政府高度重视,立即召集有关部门研究与金祥保险合作的整改事宜,要求都江堰市财政局向工投公司下发终止协议的整改通知,解除两家公司的上述合作关系,妥善处理相关违法所得,并表示在今后的工作中要认真落实《国务院关于在市场体系建设中建立公平竞争审查制度的意见》的要求,加快推进公平竞争审查工作,清理存量文件,审查增量文件,避免类似问题再度发生。

案例七

(2018)黑龙江省原旅游发展委文件指定企业购买某保险公司产品①

2018年6月,黑龙江省原旅游发展委印发《关于做好2018年旅行社责任险投保续保工作的通知》(黑旅办发〔2017〕194号),指定旅行社购买江泰公司为经纪人的保险产品,违反"不得限定经营、购买、使用特定经营者提供的商品和服务"的审查标准。目前,相关单位已整改,删除了该规定,重新印发了文件。

① 参见广东省发展改革委价监局编:《行政垄断典型案例汇编》(2018年5月)。

案　例　八

(2018)安徽省六安市原安全生产监督管理局限定财产保险案[①]

2017 年 12 月,安徽省原工商局在查处有关案件中发现,六安市原安全生产监督管理局(以下简称六安市原安监局)存在涉嫌滥用行政权力排除、限制竞争行为,随即进行调查。

经查,六安市原安监局委托六安市人民政府采购中心发布“六安市安全生产责任保险项目竞争性谈判采购公告”,其中规定:本保险项目共涉及 18 个行业的安全生产责任保险,全市市场划分为 5 个区域,确定 5 家财产保险公司作为中标单位。之后,六安市安监局通过竞争性谈判确认 5 家财产保险公司为候选人,并按前述规定,明确了每家公司的承保区域,同时与 5 家公司约定了“五统一”,即统一保险责任、统一保险费率、统一保险金额、统一理赔标准、统一浮动机制;5 家公司如未执行“五统一”,或超出划分的承保区域向投保企业收取保费,一经发现,取消其承保资格,并不得参加下一轮六安市安全生产责任保险投标活动。各县(区)原安监局根据六安市人民政府和六安市原安监局相关文件要求,分别以县政府办公室或县原安全生产委员会办公室名义制定下发或转发了关于进一步深化安全生产责任保险工作实施方案的通知,确定了实施范围、承保单位、工作措施、参保方式、工作要求等内容,并将实施范围内企业是否投保安全生产责任保险作为安全生产许可的重要条件进行审查,将是否参加安全生产责任保险纳入执法检查的重要内容,依法检查相关高危行业企业参加安全生产责任保险情况,对未按规定参保的企业依法处理。

安徽省原工商局认为,六安市原安监局及所辖县(区)原安监局的上述行为违反了《反垄断法》第 32 条“行政机关和法律、法规授权的具有管理公共事务职能的组织不得滥用行政权力,限定或者变相限定单位或者个人经营、购买、使用其指定的经营者提供的商品”之规定,构成滥用行政权力,排除、限制竞争行为,

---

① 参见《市场监管总局关于发布 2018 年市场监管部门制止滥用行政权力排除、限制竞争行为　典型案例的公告》,载中华人民共和国中央人民政府,https://www.gov.cn/zhengce/zhengceku/2018-12/31/content_5459681.htm。

于2018年11月向六安市人民政府发出行政建议书，建议其责令涉案机关纠正违法行为，吸取教训，认真落实国务院、省政府关于开展公平竞争审查相关制度与规定，切实维护公平竞争市场秩序。现六安市原安监局已终止与5家财产保险公司的合同。

案例九

（2019）安徽省亳州市应急管理局等部门强制安全生产责任保险案①

2019年11月，安徽省市场监管局对亳州市应急管理局（亳州市原安全生产监督管理局）等七部门涉嫌滥用行政权力排除、限制竞争行为进行调查。

经查，2018年5月，亳州市原安全生产监督管理局会同亳州市原住房和城乡建设委员会、亳州市原经济和信息化委员会、亳州市交通运输局、亳州市原农业委员会、亳州市原人民政府金融工作办公室、亳州市保险行业协会印发《亳州市高危行业领域强制实施安全生产责任保险工作方案》，明确市内2家保险机构为全市安全生产责任保险承保人，并实行统一保险条款和固定费率，保费由各生产经营单位缴纳。上述行为违反了《反垄断法》第32条“行政机关和法律、法规授权的具有管理公共事务职能的组织不得滥用行政权力，限定或者变相限定单位或者个人经营、购买、使用其指定的经营者提供的商品”以及第37条“行政机关不得滥用行政权力，制定含有排除、限制竞争内容的规定”之规定，构成滥用行政权力，排除、限制竞争行为。

在调查过程中，根据执法机构指出的问题，亳州市应急管理局等七部门联合印发了《关于规范2020年全市安全生产责任保险的通知》（亳应急〔2019〕92号），对上述规定和行为予以纠正，允许生产经营单位自行选择保险机构，市场化确定保险费率，并终止了与2家保险公司签订的安全生产责任保险项目合同。

---

① 参见《安徽省市场监管局纠正亳州市应急管理局等部门滥用行政权力排除、限制竞争行为》，载安徽省市场监督管理局（知识产权局）2020年7月3日，http://amr.ah.gov.cn/public/5248926/142312701.html。

案 例 十

(2021)宁夏回族自治区石嘴山市应急管理局指定安全生产责任保险案①

2021年9月,宁夏回族自治区市场监督管理厅(以下简称宁夏市场监管厅)依法对石嘴山市应急管理局(石嘴山市安全生产委员会办公室)涉嫌滥用行政权力排除、限制竞争行为进行立案调查。

经查,2020年5月,石嘴山市应急管理局牵头,与中国石油和化学工业联合会(以下简称工业联合会)共同制定《石嘴山市安全生产责任保险统保项目保险经纪人比选文件》;2020年5月8日,石嘴山市应急管理局以石嘴山市安全生产委员会办公室名义印发《市安委会办公室关于进一步深化安全生产责任保险工作实施意见》(石安办发〔2020〕9号),其中规定:"引入第三方机构和获得共保体资格的保险公司共同承担石嘴山市安全生产责任保险运行";2020年5月28日,石嘴山市应急管理局牵头与工业联合会共同在其官网发布比选邀请书;6月1日,又共同在其官网发布石嘴山市安全生产责任保险统保项目保险经纪人比选中选公告,通过比选确定江泰保险经纪有限公司宁夏分公司为负责采购石嘴山市安全生产责任保险统保项目保险的唯一供应商。2020年11月1日,石嘴山市应急管理局作为监督方,参与签订石嘴山市安全生产责任保险统保项目框架协议书,建立了由石嘴山市应急管理局局长和分管领导任组长、副组长的石嘴山市安全生产责任保险统保项目组织体系,并在该协议中约定了"划分承保份额、统一保险费率"等内容。2021年5月11日,石嘴山市应急管理局以石嘴山市安全生产委员会办公室名义制定印发《关于认真做好安全生产责任保险投保工作的通知》(石安办发〔2021〕23号),其中规定了"对高危行业未投保安责险的,不予办理安全生产有关手续,各部门要加强与安责险经纪公司的沟通协

---

① 参见《宁夏回族自治区市场监督管理厅依法纠正石嘴山市应急管理局滥用行政权力排除、限制竞争行为》,载国家市场监督管理总局反垄断执法二司,https://www.sac.gov.cn/cms_files/filemanager/samr/www/samrnew/fldes/tzgg/xzjj/202204/t20220424_342242.html。

作，此项工作纳入年度安全生产工作考核”等内容。

石嘴山市应急管理局上述行为违反了《反垄断法》第32条“行政机关和法律、法规授权的具有管理公共事务职能的组织不得滥用行政权力，限定或者变相限定单位或者个人经营、购买、使用其指定的经营者提供的商品”和第37条“行政机关不得滥用行政权力，制定含有排除、限制竞争内容的规定”之规定，构成滥用行政权力排除、限制竞争行为。

2021年10月22日，宁夏市场监管厅依法向石嘴山市人民政府发出行政建议书，建议石嘴山市人民政府责成石嘴山市应急管理局废止或修改有关文件，消除相关后果，严格落实公平竞争审查制度，规范行政行为，依法维护公平竞争的安责险市场环境。

2021年11月4日，宁夏市场监管厅收到石嘴山市人民政府复函，反映石嘴山市应急管理局已经按照行政建议书要求进行整改。一是将比选邀请书、石嘴山市安全生产责任保险统保项目保险经纪人比选中选公告等有关安责险文件全部予以废止，并在该局网站进行公示。二是发布关于规范企业安全生产责任险投保的公告，明确企业可自行购买安责险、取消了将购买安责险作为行政许可的前置条件。三是印发关于协商解散石嘴山市安责险共保体的函，制定《石嘴山市安全生产责任保险统保项目框架协议书终止协议》，解散石嘴山市安责险共保体。

案例十一

（2022）湖南省市场监管局纠正郴州市教育局滥用行政权力排除、限制竞争行为①

2021年8月13日，湖南省市场监管局对郴州市教育局涉嫌滥用行政权力排除、限制竞争行为进行立案调查。

① 参见《2022年制止滥用行政权力排除、限制竞争执法专项行动案件（第一批）》，载百家号2022年6月9日，https://baijiahao.baidu.com/s?id=1735142945634532232&wfr=spider&for=pc。

经查,2021 年 4 月 30 日,当事人在中国采购与招标网、郴州市政府网、郴州市教育局门户网发布郴州市中小学校服生产供应厂家入围招标公告,组织开展郴州市中小学校服厂家入围资质公开招标工作。该招标文件明确"由市教育局业务主管部门按县市区和市直学校划分区域,分成 4 个区域,然后由入围企业自行抽签确定各自经营区域"。当事人拟通过这次招标最终确定郴州市中小学校服生产供应商。

湖南省市场监管局认为,上述行为剥夺了学校和家长委员会的自主选择权,排除、限制了该市中小学校服市场的公平竞争,违反了《反垄断法》第 32 条"行政机关和法律、法规授权的具有管理公共事务职能的组织不得滥用行政权力,限定或者变相限定单位或者个人经营、购买、使用其指定的经营者提供的商品"的规定,构成滥用行政权排除、限制竞争行为。

调查期间,当事人积极整改,2021 年 9 月 3 日,当事人终止了本次招标工作,并在相关网站进行了公告,消除了不良社会影响,恢复了郴州市中小学校服市场的公平竞争。

案例十二

(2022)重庆市市场监管局纠正秀山土家族苗族自治县农业农村委员会涉嫌滥用行政权力排除、限制竞争行为[①]

2022 年 3 月 7 日,重庆市市场监管局对秀山土家族苗族自治县农业农村委员会涉嫌滥用行政权力排除、限制竞争行为立案调查。

经查,2018 年 11 月 12 日,当事人联合秀山土家族苗族自治县财政局下发《关于做好秀山县 2018 年农产品收益保险实施方案的通知》,决定在全县开展生猪养殖收益保险和山羊养殖收益保险试点工作。该通知中规定,"二、试点保险机构:2018 年生猪养殖收益保险由某 2 家财险秀山支公司共同承担,山羊养

① 参见《2022 年制止滥用行政权力排除、限制竞争执法专项行动案件(第二批)》,载澎湃网 2022 年 7 月 29 日,https://www.thepaper.cn/newsDetail_forward_19229665。

殖收益保险承保机构为某1家财险秀山支公司”。

重庆市市场监管局认为,当事人作为行政机关,通过制定发布文件的方式,要求辖区内生猪养殖及山羊养殖投保农户(公司)在养殖收益保险上必须使用其指定承保机构提供养殖保险服务的行为,限制了投保农户(公司)自由选择承保机构的权利,排除了其他承保机构参与竞争,影响了当地养殖保险服务市场公平竞争,上述行为违反了《反垄断法》第32条“行政机关和法律、法规授权的具有管理公共事务职能的组织不得滥用行政权力,限定或者变相限定单位或者个人经营、购买、使用其指定的经营者提供的商品”的规定,构成滥用行政权力排除、限制竞争行为。

调查期间,当事人高度重视,积极整改,消除不良影响,下发通知将原文件予以废止,组织干部职工认真学习《反垄断法》等法律法规,全面清理废除妨碍统一市场和公平竞争的各种规定做法,要求今后在制定涉及市场主体的政策措施过程中严格落实公平竞争审查制度。

案例十三

(2022)国家市场监管总局纠正甘肃省应急管理厅滥用行政权力排除、限制竞争行为①

2022年6月23日,国家市场监管总局根据举报,依法对甘肃省应急管理厅涉嫌滥用行政权力排除、限制竞争行为立案调查。

经查,2021年12月29日,当事人印发《关于进一步推进全省应急管理高危行业领域安全生产责任保险工作的通知》(甘应急规财〔2021〕155号),指定2家保险经纪公司为甘肃省矿山、危险化学品、烟花爆竹、金属冶金四个行业领域安全生产责任保险经纪机构;明确10家保险机构为甘肃省应急管理有关高危行业领域安全生产责任保险承保机构;要求相关企业在上述保险机构进行投

① 参见《2022年制止滥用行政权力排除、限制竞争执法专项行动案件(第三批)》,载百家号2022年11月19日,https://baijiahao.baidu.com/s?id=1749938383932880666&wfr=spider&for=pc。

保,并将有关安全生产责任保险工作纳入甘肃省安全委员会办公室对市、州的年度考核内容;对存在推进不力、与其文件精神不一致等问题的,做扣分处理并责令整改。

国家市场监管总局认为,当事人在推动有关高危行业领域安全生产责任保险过程中,没有法律法规依据,通过制定印发文件直接为相关行业企业指定保险经纪机构和保险承保机构,并制定相应的考核举措推动文件,剥夺了有关行业企业的自主选择权,限制了该地区安全生产责任保险经纪服务市场和保险服务市场的充分有效竞争,并且使潜在进入者在一定时期内难以进入相关市场,降低了相关市场的竞争程度,不利于更好发挥市场竞争机制的优胜劣汰和创新激励功能,排除、限制了市场公平竞争,违反了新《反垄断法》第39条"行政机关和法律、法规授权的具有管理公共事务职能的组织不得滥用行政权力,限定或者变相限定单位或者个人经营、购买、使用其指定的经营者提供的商品"和第45条"行政机关和法律、法规授权的具有管理公共事务职能的组织不得滥用行政权力,制定含有排除、限制竞争内容的规定"的规定,构成滥用行政权力排除、限制竞争行为。

调查期间,当事人主动改正有关违法行为,消除相关后果,废止相关文件,解除与有关保险经纪公司的协议,并召开党委会专题学习《反垄断法》等法律法规,举一反三,要求今后在制定涉及市场主体经济活动的政策措施过程中,严格落实公平竞争审查制度,防止排除、限制市场竞争。

案例十四

(2022)湖南省市场监管局纠正湖南省住房和城乡建设厅滥用行政权力排除、限制竞争行为①

2022年3月30日,湖南省市场监管局依法对湖南省住房和城乡建设厅涉嫌滥用行政权力排除、限制竞争行为立案调查。

---

① 参见《2022年制止滥用行政权力排除、限制竞争执法专项行动案件(第四批)》,载澎湃网2022年11月25日,https://m.thepaper.cn/baijiahao_20894294。

经查,2019 年 2 月 19 日,当事人印发《关于切实做好新时期我省建筑施工行业安全生产责任保险工作的通知》(湘建建〔2019〕29 号),规定“省住房和城乡建设厅按照具有相应专业资质及下列能力情况,依法通过公开招投标确定共保体统一承保我省住建安责险项目”“在工程项目开工前安全生产条件审查等环节把是否按规定参保住建安责险作为一项重点的检查内容”。2019 年 6 月 18 日,当事人委托第三方招标代理机构发布公开招标公告,并于同年 7 月 12 日在湖南省公共资源交易中心进行了公开开标。2019 年 8 月 1 日,当事人对此次入围该省住建安责险共保体(复评)中标候选人的 12 家保险机构进行公示。2019 年 9 月 30 日,当事人指导上述 12 家保险公司签订了有效期为 3 年的共保协议。在执行共保体统一承保该省住建安责险过程中,当事人在工程项目开工前的安全生产条件审查等环节,把是否按规定参保住建安责险作为一项重点的检查内容,督促做到应保尽保。

湖南省市场监管局认为,当事人作为行政机关,印发文件要求确定共保体,统一承保该省住建安责险项目,剥夺了建筑施工企业自主选择建筑施工安责险保险公司的权利,排除、限制了住建安责险共保体之外其他具有合格专业资质和服务能力的保险机构在该省安责险市场进行公平竞争的机会。当事人的上述行为违反了新《反垄断法》第 39 条“行政机关和法律、法规授权的具有管理公共事务职能的组织不得滥用行政权力,限定或者变相限定单位或者个人经营、购买、使用其指定的经营者提供的商品”和第 45 条“行政机关和法律、法规授权的具有管理公共事务职能的组织不得滥用行政权力,制定含有排除、限制竞争内容的规定”的规定,构成滥用行政权力排除、限制竞争行为。

调查期间,当事人高度重视,主动采取措施进行整改,消除不良影响。在广泛调研、多方征求意见和建议的基础上,当事人于 2022 年 9 月 23 日印发《关于完善我省建筑施工行业安全生产责任保险有关事项的补充通知》(湘建建〔2022〕197 号),要求从 2022 年 10 月 1 日起全省按新模式推行住建安责险。该补充通知明确规定,不再通过统一招标确定该省住建安责险共保体,只要是符合国家、该省安责险相关政策文件和原银保监部门对安责险承保机构专业资质和服务能力要求的保险机构就可在该省开展住建安责险业务;施工企业也可以自愿选择符合专业资质和服务能力要求的承保机构进行投保。

案例十五

（2022）江苏省市场监管局纠正常州市住房和城乡建设局滥用行政权力排除、限制竞争行为[①]

根据举报，江苏省市场监管局依法对常州市住房和城乡建设局涉嫌滥用行政权力排除、限制竞争行为立案调查。

经查，2019年年底，当事人通过公开招标方式，确定以某公司为首席承保人、4家保险机构为共保人，组成常州市建筑施工行业安全生产责任保险统保示范项目共保体。2020年4月17日，当事人牵头印发《关于在我市建筑施工行业实施安全生产责任保险的通知》（常住建〔2020〕78号），规定自2020年5月1日起，全市新申领施工许可证的新建、改建、扩建房屋建筑和市政基础设施工程及轨道交通工程，项目施工企业必须向上述5家保险公司组建的共保体投保常州市建筑施工安全生产责任保险。

江苏省市场监管局认为，当事人限定新开工建筑施工企业在指定保险公司组成的共保体投保建筑施工安全生产责任保险的行为，排除、限制了常州地区建筑施工安全生产责任保险市场的竞争，违反了《反垄断法》第32条“行政机关和法律、法规授权的具有管理公共事务职能的组织不得滥用行政权力，限定或者变相限定单位或者个人经营、购买、使用其指定的经营者提供的商品”和第37条“行政机关不得滥用行政权力，制定含有排除、限制竞争内容的规定”的规定，构成滥用行政权力排除、限制竞争行为。

调查期间，当事人积极整改，主动采取措施停止相关行为，消除相关后果，出台《关于我市办理建筑施工安全生产责任险有关事项的通知》，规定凡具有安全生产责任保险业务资格且具备相应风控服务能力的保险机构均可承接建筑施工安全生产责任保险业务，明确是否办理建筑施工安全生产责任保险不得作为申领施工许可证的前置条件，建筑施工安全生产责任保险保费率由双方协商决定。

---

① 参见《2022年制止滥用行政权力排除、限制竞争执法专项行动案件（第五批）》，载国家市场监督管理总局，https://www.samr.gov.cn/jzxts/tzgg/qlpc/202301/t20230111_352803.html。

六、交通运输及设施

案例一

(2017)江苏省连云港市公安局交通警察支队车辆管理所指定车辆牌照案①

2017年5月,江苏省原物价局根据群众举报,依法对连云港市公安局交通警察支队车辆管理所(以下简称连云港市车管所)在货车登记管理中滥用行政权力排除、限制竞争的行为进行了调查。调查发现,连云港市车管所利用其连云港市行政辖区内机动车登记管理的职权,设置没有法律法规依据的审批程序,变相限制车主购买其指定的经营者提供的服务。

根据国家有关规定,重型、中型载货汽车及其挂车的车身或者车厢后部必须按照规定喷涂放大的牌号。连云港市车管所发现部分机动车未按规定喷涂放大牌号即上路行驶,容易产生道路交通安全隐患。为加强监管,连云港市车管所遂要求重型、中型载货汽车及其挂车的所有人,须凭车管所驻地市场内"放大号"企业出具的交费票据领取牌照,否则不予发放牌照。

根据《反垄断法》第32条的规定,行政机关和法律、法规授权的具有管理公共事务职能的组织不得滥用行政权力,限定或者变相限定单位或者个人经营、购买、使用其指定的经营者提供的商品。连云港市车管所作为机动车登记主管部门,通过在货车登记领取号牌流程中,违规设置交费放大牌号的前置条件,客观造成相关机动车所有人向特定企业购买放大牌号服务的结果,排除、限制了市场竞争,涉嫌违反《反垄断法》。

① 参见广东省发展改革委价监局编:《行政垄断典型案例汇编》(2018年5月)。

案 例 二

(2017)辽宁省铁岭市人民政府文件鼓励优先购买本省专用车生产基地的产品①

2017年3月,铁岭市人民政府印发《关于优先采购辽宁专用车生产基地产品的通知》(铁政办发〔2017〕13号),要求在政府采购中优先采购辽宁专用车生产基地产品,并鼓励其他企事业单位优先考虑该基地产品,违反"不得限定经营、购买、使用特定经营者提供的商品和服务"的审查标准。经督察,相关单位删除该规定,按程序报批后重新发文。

案 例 三

(2018)青海省西宁市车辆管理所限定驾驶员信息采集案②

青海省发展改革委对西宁市车辆管理所滥用行政权力,指定驾驶员信息采集服务单位的行为进行了查处。该行为排除和限制了驾驶员信息采集服务行业的市场竞争,损害了驾驶员信息采集服务行业的竞争秩序,不利于驾驶员信息采集服务行业服务质量的提高和服务价格的降低。该行为违反了《反垄断法》第32条的相关规定,属于"限定或者变相限定单位或者个人经营、购买、使用其指定的经营者提供的商品"的行为。

在发现上述情况后,青海省发展改革委原价格监督检查与反垄断局检查人员及时对该车管所进行了反垄断调查,迅速下发了执法建议函,该单位在检查人员调查的同时,立即对上述行为进行了整改,在办证大厅采用大幅公示栏,将驾驶员信息采集相片规格及需要的相关资料进行了详细公示,并明示所有符合

① 参见广东省发展改革委价监局编:《行政垄断典型案例汇编》(2018年5月)。

② 参见《青海省发展改革委纠正交通警察部门滥用行政权力排除限制竞争行为成效显著》,载《中国价格监管与反垄断》2018年第8期。

规格的驾驶员信息资料将全部予以采纳。

案例四

(2021)河北省沧州市城管局指定共享单车案①

2021年8月,河北省市场监管局依法对沧州市城市管理综合行政执法局(以下简称沧州市城管局)涉嫌滥用行政权力排除、限制竞争案进行立案调查。

经查,沧州市城管局在共享电动单车管理中,于2020年12月,以竞争性谈判比选的方式确定上海钧正网络科技有限公司为沧州市城区唯一一家共享电动单车经营企业,并在双方签订的《共管合作协议》中约定"本协议自签订之日起两年内有效,根据双方合作的实际运营成果,到期后乙方无违规操作、无不良社会反响且考核合格优先顺延"。

沧州市城管局实施的上述行为,违反了《反垄断法》第32条"行政机关和法律、法规授权的具有管理公共事务职能的组织不得滥用行政权力,限定或者变相限定单位或者个人经营、购买、使用其指定的经营者提供的商品"和第37条"行政机关不得滥用行政权力,制定含有排除、限制竞争内容的规定"之规定,构成滥用行政权力排除、限制竞争行为,应当依法予以纠正。

2021年10月,依据《反垄断法》第51条之规定,河北省市场监管局向沧州市人民政府发出行政建议书,建议沧州市人民政府责令沧州市城管局改正相关违法行为,加强公平竞争审查工作,恢复相关市场公平竞争秩序。

① 参见《河北市场监督管理局关于依法纠正沧州城管执法局相关行为的通告》,载新浪财经,https://finance.sina.com.cn/jjxw/2021-10-20/doc-iktzscyy0771301.shtml。

案 例 五

(2021)山西省晋中市人民政府有关部门限定车辆案①

2021年3月,山西省市场监管局依法对晋中市人民政府办公室等部门滥用行政权力排除、限制竞争行为立案调查。

经查,晋中市人民政府办公室出台的《晋中市人民政府办公室关于印发晋中市深化出租汽车行业改革实施方案的通知》规定,“市城区运营的巡游车必须使用纯电动汽车、国六标准甲醇汽车”;《晋中市人民政府办公室关于印发晋中市鼓励出租行业应用电动汽车促进电能消纳试行办法的通知》规定,“由单位、个人新增或更新购买产地为本市的纯电动出租车,给予一次性低谷时段用电和充电服务费奖励”。晋中市人民政府出台的《关于做好推广使用地产车工作的通知》要求“我市辖区范围内在新增或更新公务用车、公交车、出租车、市政用车以及环卫用车等涉及政府主导或政府资金采购的公共服务车辆时,优先采购选用相应的地产车型”;《晋中市人民政府专题会议纪要〔2020〕82号》议定“由市交通运输局负责,组织地产出租汽车供应商等人员召开车型推荐征求意见会,协调地产出租汽车供应商,务于2020年12月20日前配齐1180辆纯电动出租汽车”。

晋中市交通运输局在城区出租车更换过程中制定2020年晋中市城区巡游出租车投入车辆承诺书,增设限制性内容;组织地产出租汽车供应商等人员召开车型征求意见暨推荐会,确定晋中市城区巡游出租汽车更换车型为吉利几何A。晋中市公安交警支队在出租汽车上户过程中,在没有法律法规依据的情况下,为本市城区巡游出租汽车上户设置前置备案条件。

晋中市人民政府有关部门实施的上述行为,违反了《反垄断法》第32条“行政机关和法律、法规授权的具有管理公共事务职能的组织不得滥用行政权力,限定或者变相限定单位或者个人经营、购买、使用其指定的经营者提供的商品”

① 参见黄莉玲:《强制出租车司机使用本地电动汽车,山西晋中政府涉嫌行政垄断》,载腾讯网2021年9月15日,https://new.qq.com/rain/a/20210915A0EITU00。

和第37条“行政机关不得滥用行政权力，制定含有排除、限制竞争内容的规定”之规定，构成滥用行政权力排除、限制竞争行为。

调查期间，山西省市场监管局积极宣讲《反垄断法》相关知识，当事人主动停止违法行为，并进行整改，废止了《晋中市人民政府办公室关于印发晋中市鼓励出租行业应用电动汽车促进电能消纳试行办法的通知》《晋中市人民政府办公室关于印发晋中市深化出租汽车行业改革实施方案的通知》《晋中市人民政府关于做好推广使用地产车工作的通知》等相关违法文件，纠正了排除、限制竞争的相关做法。晋中市人民政府办公室向山西省市场监督管理局报送了《关于晋中市城区巡游出租车更新工作及整改有关情况报告》。

根据《制止滥用行政权力排除、限制竞争行为暂行规定》(已废止)第19条第2款“在调查期间，当事人主动采取措施停止相关行为，消除相关后果的，反垄断执法机构可以结束调查”的规定，山西省市场监管局对晋中市人民政府有关部门滥用行政权力排除、限制竞争案结束调查。

案例六

(2021)福建省福州市交通运输局指定培训平台案①

2020年12月，福建省市场监管局对福州市交通运输局(以下简称福州市交通局)涉嫌滥用行政权力排除、限制竞争行为立案调查。

经查，2019年4月27日，福州市交通局印发《关于推动“福州市道路运输企业安全培训管理服务平台”应用工作的通知》(榕交安〔2019〕74号)，提出“要将‘平台’的应用情况作为企业落实安全生产教育培训的一项重要内容，纳入日常安全监管中，定期检查和通报培训平台上安全教育开展情况”，并辅以“组织平台应用培训”“责令限期整改”等强化督导系列措施，要求全市道路运输企业及从业人员自2019年6月1日起，安装应用“安途帮”交通运输安全培训管理

① 参见李玲：《福建反垄断第一案：福州市交通运输局涉行政垄断，两人被问责》，载《南方都市报》2021年2月25日，第8版。

服务平台。

经研究，福建省市场监管局认为，福州市交通局通过制定有关文件通知指定福州市道路运输企业安装使用“安途帮”平台的行为违反了《反垄断法》第32条“行政机关和法律、法规授权的具有管理公共事务职能的组织不得滥用行政权力，限定或者变相限定单位或者个人经营、购买、使用其指定的经营者提供的商品”和第37条“行政机关不得滥用行政权力，制定含有排除、限制竞争内容的规定”的规定，应依法予以纠正。福州市交通局虽提出了整改思路，但经分析，认为该局对行政权力边界仍存在一定程度的模糊认识，也尚未能完全消除相关后果。依据《反垄断法》第51条关于“反垄断执法机构可以向有关上级机关提出依法处理的建议”的规定，向福州市人民政府发出行政建议书，建议其责令福州市交通局改正相关行为：

1. 要求福州市交通局立即废止《福州市交通运输局关于推动“福州市道路运输企业安全培训管理服务平台”应用工作的通知》，并在官方网站或者报纸上公示，公示应注明“因违反《中华人民共和国反垄断法》有关规定废止”。

2. 要求福州市交通局持续完善公平竞争审查各环节工作，在修改或者制定出台涉及市场主体经济活动的政策措施时，应当按照有关规定进行公平竞争审查。

3. 请福州市人民政府加强对福州市交通局后续整改措施的监督与指导，防止再出现没有法律法规依据，以明确要求、暗示、拒绝、不予接入平台或者网络的方式，限定或者变相限定合法经营活动。

案例七

（2021）河南省洛阳市城市管理局指定共享单车案[①]

2020年11月，河南省市场监管局依法对洛阳市城市管理局涉嫌滥用行政权力排除、限制竞争案立案调查。

---

① 参见《河南省市场监督管理局关于依法纠正洛阳市城市管理局滥用行政权力排除、限制竞争行为的通告》，载河南省市场监督管理局，https://scjg.henan.gov.cn/2021/07-02/2176272.html。

经查,2017年以来先后有3家共享单车公司入驻洛阳市城区。洛阳市城市管理局在当地共享单车管理中,于2019年12月以洛阳市城市管理委员会办公室名义印发《关于印发市区道路保洁人员参与共享单车停放管理工作实施方案(试行)的通知》(洛城管委办〔2019〕68号),要求3家共享单车公司与各区环卫部门、河南控尘公司共同承担共享单车的停放管理。2020年3月,洛阳市城市管理局以招投标的方式确定上海钧正网络科技有限公司为洛阳市城区唯一一家共享单车经营企业,并在双方签订的《共享单车管理与服务合作协议》中约定"期限届满后,甲方再招标时,同等条件下,优先考虑乙方"。未中标企业被要求于招标结束后10日内无条件退出洛阳地域市场。

洛阳市城市管理局实施的上述行为,违反了《反垄断法》第32条"行政机关和法律、法规授权的具有管理公共事务职能的组织不得滥用行政权力,限定或者变相限定单位或者个人经营、购买、使用其指定的经营者提供的商品"和第37条"行政机关不得滥用行政权力,制定含有排除、限制竞争内容的规定"之规定,构成滥用行政权力排除、限制竞争行为,应当依法予以纠正。

依据《反垄断法》第51条之规定,河南省市场监管局向洛阳市人民政府发出行政建议书,建议洛阳市人民政府责令洛阳市城市管理局改正相关行为,恢复相关市场的公平竞争。

2021年5月,河南省市场监管局收到洛阳市人民政府反馈材料,反映洛阳市城市管理局已按照行政建议书整改要求完成相关整改,废止了《关于印发市区道路保洁人员参与共享单车停放管理工作实施方案(试行)的通知》等含有排除、限制竞争内容的文件,解除了有关合作协议,恢复了相关市场公平竞争,下一步将按照国家相关部门的有关要求继续做好互联网租赁自行车管理工作。

案例八

（2022）山东省市场监管局依法调查处理高密市综合行政执法局滥用行政权力排除、限制竞争行为[①]

2022年3月10日，山东省市场监管局依法对高密市综合行政执法局涉嫌滥用行政权力排除、限制竞争行为进行立案调查。

经查，2019年11月，当事人委托第三方通过潍坊市公共资源交易中心高密分中心以公开招标方式组织实施招标，确定某网络科技有限公司为中标单位。2019年12月18日，当事人与中标单位签订《共享助力自行车运营合同》，合同有效期为5年。

山东省市场监管局认为，当事人以共享助力自行车属于特许经营项目名义，确定某网络科技有限公司为高密市区域独家共享助力自行车经营企业的做法，没有法律法规和国家政策依据，实际上是变相限制共享助力自行车企业市场准入的行为，排除、限制了其他具有合格资质和服务能力的共享助力自行车品牌进入该区域市场，剥夺了消费者的自由选择权。上述行为违反了《反垄断法》第32条“行政机关和法律、法规授权的具有管理公共事务职能的组织不得滥用行政权力，限定或者变相限定单位或者个人经营、购买、使用其指定的经营者提供的商品”的规定，构成滥用行政权力排除、限制竞争行为。

山东省市场监管局根据《反垄断法》第51条第1款“行政机关和法律、法规授权的具有管理公共事务职能的组织滥用行政权力，实施排除、限制竞争行为的，由上级机关责令改正；对直接负责的主管人员和其他直接责任人员依法给予处分。反垄断执法机构可以向有关上级机关提出依法处理的建议”的规定，向高密市人民政府发出行政建议书，依法提出以下处理建议：一是责令当事人立即停止指定某网络科技有限公司作为高密市区域内独家共享助力自行车经营企业的违法行为，为其他具有合格资质和服务能力的共享助力自行车品牌运

① 参见《2022年制止滥用行政权力排除、限制竞争执法专项行动案件（第一批）》，载百家号2022年6月9日，https://baijiahao.baidu.com/s?id=1735142945634532232&wfr=spider&for=pc。

营商在相关市场提供公平竞争机会，保障消费者自由选择权。二是认真落实公平竞争审查机制，要求当事人在制定涉及市场主体经济活动的各类政策措施时，严格履行公平竞争审查程序，认真评估对市场竞争产生的影响，依法维护公平竞争的市场环境。三是加强对当事人后续行为的监督和指导，防止滥用行政权力排除、限制市场竞争行为发生。

案例九

(2022)广西壮族自治区市场监管局纠正灵川县交通运输局滥用行政权力排除、限制竞争行为①

2021年9月1日，广西壮族自治区市场监管局对灵川县交通运输局涉嫌滥用行政权力排除、限制竞争行为立案调查。

经查，2019年11月25日，当事人指示灵川县运输管理所发布《灵川县重点营运车辆安装使用智能视频监控装置的通知》和《灵川县运输管理所关于明确货运车辆二级维护服务厂家的通知》，要求其管辖范围内的客货营运车辆统一使用桂林某科技有限公司的智能视频监控装置，否则将对未按要求使用智能视频监控的运输企业采取暂停运力发展、审验不予通过等措施，同时，还要求货运运输企业按照车辆二级维护要求到其指定的2家维修企业开展货运车辆二级维护工作。

广西壮族自治区市场监管局认为，当事人作为行政机关，先后通过发布通知的方式，要求其辖区内客货运营车辆使用指定公司提供的智能视频监控装置，并要求货运运输企业到其指定的2家维修企业进行车辆二级维护，限制了辖区内运输企业对车辆动态监控装置和车辆维修企业的自由选择权，排除、限制了当地车辆动态信息监控和车辆维护服务市场竞争，损害了县内运输企业及交易相对人的利益。当事人的上述行为违反了《反垄断法》第32条"行政机关

① 参见《2022年制止滥用行政权力排除、限制竞争执法专项行动案件(第二批)》，载澎湃网2022年7月29日，https://www.thepaper.cn/newsDetail_forward_19229665。

和法律、法规授权的具有管理公共事务职能的组织不得滥用行政权力，限定或者变相限定单位或者个人经营、购买、使用其指定的经营者提供的商品”的规定，构成滥用行政权力排除、限制竞争行为。

调查期间，当事人积极整改，消除了不良影响。一是立即成立整改领导小组，提出整改措施，落实整改任务。二是及时废止通知，纠正不当行为。2021 年 8 月 26 日和 8 月 27 日，当事人分别发布撤销相关文件的通知，消除对灵川县客货营运车辆动态信息监控服务市场、车辆二级维护服务市场的影响。三是加强与运输企业沟通；全面梳理核查，清退不合理收费。四是认真组织学习法律法规，完善公平竞争审查机制，构建公平竞争营商环境。

案例十

（2022）河南省市场监管局纠正南阳市淅川县发展改革委滥用行政权力排除、限制竞争行为[①]

2022 年 7 月 28 日，河南省市场监管局依法对淅川县发展改革委涉嫌滥用行政权力排除、限制竞争行为进行调查。

经查，2019 年 9 月，当事人委托第三方公司对该县电动汽车充电基础设施特许经营权项目进行公开招标，并于 2019 年 11 月 22 日与中标企业签订了《淅川县电动汽车充电基础设施项目特许经营合同书》。该特许经营合同书“3.4 特许经营内容和业务范围”第 1 款“在公共领域推广充电站建设”的相关规定属于在特许经营范围内的授权行为；第 2 款“在单位与居民区停车位建设充电设施”中约定“政府机关、公共机构及事业单位内部停车资源，应结合各单位电动汽车配备、更新计划，规划建设电动汽车专用停车位和充电设施，建设比例不低于 15%，并由乙方（中标企业）配建”。

河南省市场监管局认为，上述特许经营合同书第 3.4 条第 2 款规定将该

① 参见《2022 年制止滥用行政权力排除、限制竞争执法专项行动案件（第三批）》，载百家号 2022 年 11 月 19 日，https://baijiahao.baidu.com/s?id=1749938383932880666&wfr=spider&for=pc。

县特许经营权地域范围内专用充电设施的建设运营权授予中标企业,属于超范围授予特许经营权行为。当事人在没有法律法规的情况下,与中标企业签订特许经营协议将有关专用充电设施超范围授予中标企业,剥夺了建设开发单位自主选择建设企业的权利,限制了其他具有电动汽车充电设施建设施工资质企业的服务,妨碍了该县充电设施建设运营市场的公平竞争。当事人的上述行为违反了新《反垄断法》第39条"行政机关和法律、法规授权的具有管理公共事务职能的组织不得滥用行政权力,限定或者变相限定单位或者个人经营、购买、使用其指定的经营者提供的商品"的规定,构成滥用行政权力排除、限制竞争行为。

调查期间,当事人积极整改,消除不良影响,与中标企业签订了《关于对〈淅川县电动汽车充电基础设施特许经营合同书〉的补充说明》,修改原合同书有关条款,调整后的特许经营范围不再包含电动汽车专用充电设施的配建。对全县电动汽车充电基础设施项目开展自查清理,督促特许经营企业依法依规履行协议,确保该县电动汽车及充电基础设施行业持续健康发展。当事人向河南省市场监管局报送整改报告,表示将严格执行公平竞争审查制度,凡涉及市场主体经济活动的政策措施必须经过公平竞争审查,防止出现排除、限制竞争情况。

案例十一

(2022)浙江省市场监管局纠正金华市武义县交通运输局滥用行政权力排除、限制竞争行为①

2022年10月10日,浙江省市场监管局依法对武义县交通运输局涉嫌滥用行政权力排除、限制竞争行为立案调查。

经查,2020年11月,当事人牵头印发《武义县建筑垃圾运输服务企业管理

① 参见《2022年制止滥用行政权力排除、限制竞争执法专项行动案件(第五批)》,载国家市场监督管理总局,https://www.samr.gov.cn/jzxts/tzgg/qlpc/202301/t20230111_352803.html。

实施办法》(武交〔2020〕67号),规定对武义县建筑垃圾运输服务企业实行准入制,由当事人负责制定建筑垃圾运输服务企业准入标准。其中,“在武义县市场监督管理局注册的独立法人企业,并取得《营业执照》”为建筑垃圾运输服务企业申请准入条件之一。2021年1月11日,当事人牵头印发《武义县建筑垃圾运输服务企业准入报名公告》,规定“个人或未纳入运输企业准入名录的企业及车辆,不得在县域范围内从事建筑垃圾运输”。2021年4月21日,当事人牵头发布《关于公布全县建筑垃圾运输服务准入企业的通知》。

浙江省市场监管局认为,当事人印发文件规定只有注册地在该县的企业才能从事建筑垃圾运输服务,并公布准入企业名录,排除了其他具有合格资质和服务能力的企业参与该县城市建筑垃圾运输服务市场的竞争,违反了新《反垄断法》第39条“行政机关和法律、法规授权的具有管理公共事务职能的组织不得滥用行政权力,限定或者变相限定单位或者个人经营、购买、使用其指定的经营者提供的商品”和第45条“行政机关和法律、法规授权的具有管理公共事务职能的组织不得滥用行政权力,制定含有排除、限制竞争内容的规定”的规定,构成滥用行政权力排除、限制竞争行为。

调查期间,当事人主动积极整改,废止有关文件,在政府网站进行公布,恢复了相关市场竞争,向浙江省市场监管局提交了整改报告,完善公平竞争审查机制。

案例十二

(2022)江西省市场监管局纠正吉安市城市管理局滥用行政权力排除、限制竞争行为①

2022年8月22日,江西省市场监管局依法对吉安市城市管理局涉嫌滥用行政权力排除、限制竞争行为立案调查。

经查,2021年9月7日,当事人召开会议确定由其直属事业单位吉安市园

① 参见《2022年制止滥用行政权力排除、限制竞争执法专项行动案件(第五批)》,载国家市场监督管理总局,https://www.samr.gov.cn/jzxts/tzgg/qlpc/202301/t20230111_352803.html。

林绿化中心作为吉安市中心城区引进有桩人力和助力共享单车系统建设及运营项目的招标主体进行公开招标。2021年9月7日,吉安市园林绿化中心通过中国政府采购网公开发布招标公告;2021年9月28日,确定了吉安市某科技有限公司为吉安市中心城区有桩人力和助力共享单车系统建设及运营项目的经营企业;2021年10月29日,双方签订了《吉安市中心城区有桩人力和助力共享单车系统建设及运营项目合同书》,限定投放数量1万辆,合同服务期限5年,履约保证金100万元。

江西省市场监管局认为,当事人以政府采购名义通过招投标的方式确定吉安市某科技有限公司为吉安市中心城区有桩人力和助力共享单车系统建设及运营项目的独家经营企业,没有法律、法规依据,排除、限制了其他具有合格资质和服务能力的市场主体进入吉安市中心城区经营有桩人力和助力共享单车服务市场,妨碍了市场公平竞争,违反了新《反垄断法》第39条"行政机关和法律、法规授权的具有管理公共事务职能的组织不得滥用行政权力,限定或者变相限定单位或者个人经营、购买、使用其指定的经营者提供的商品"的规定,构成滥用行政权力排除、限制竞争行为。

调查期间,当事人主动积极整改,向江西省市场监管局提交了整改报告,废止原项目合同,通过官方网站予以公告,全面放开吉安市中心城区有桩人力和助力共享单车市场,保障相关企业市场准入和消费者的自主选择权。

七、金融资产

案 例 一

(2017)中国证券业协会指定京东支付案[①]

2017年12月27日,北京市发展改革委通报,中国证券业协会被查存在滥

① 参见顾蓓蓓:《北京市发改委:中国证券业协会涉嫌滥用行政权力》,载第一财经2017年12月28日,https://www.yicai.com/news/5387537.html。

用行政权力排除、限制竞争行为。根据举报,北京市发展改革委对中国证券业协会在组织证券业从业人员资格考试中涉嫌滥用行政权力排除、限制竞争的问题进行了调查。经查,中国证券业协会指定网银在线(北京)科技有限公司运营的"京东支付"平台作为其唯一的考试费收取平台。考生报名该考试必须通过该平台缴纳考试费。通过该平台缴费,必须先注册,填写个人信息并绑定银行卡,成为该支付平台的用户。

中国证券业协会是依据《证券法》和《社会团体登记管理条例》的有关规定设立的证券业自律性组织,属于非营利性社会团体法人,接受中国证监会和民政部的业务指导和监督管理,是法律、法规授权的具有管理公共事务职能的组织。原中国证监会自1999年组织证券业从业人员考试。2002年起,经原中国证监会授权,中国证券业协会开始组织该项考试。自2007年起,该考试报名采用第三方支付方式。2007年至2015年,中国证券业协会一直与讯付信息科技有限公司合作。2016年起,中国证券业协会采用询价方式选择新的服务机构。经对易宝支付、快钱支付和京东支付三家第三方支付机构进行询价后,由内部评审小组打分,最终选择了京东支付。协议期限为2016年3月至2018年2月。中国证券业协会在《证券业从业人员资格考试公告》中规定:考试费为61元/科,通过网络在线京东支付平台缴费。

中国证券业协会仅为考生提供"京东支付"这一唯一的报名费用支付工具,使作为消费者的考生必须与"京东支付"之间形成资金支付结算服务关系,没有选择地注册成为"京东支付"的用户,破坏了提供资金支付结算服务的经营者之间的公平竞争环境,从而损害了消费者和其他经营者的利益。该行为涉嫌违反《反垄断法》第32条的规定:行政机关和法律、法规授权的具有管理公共事务职能的组织不得滥用行政权力,限定或者变相限定单位或者个人经营、购买、使用其指定的经营者提供的商品。

案例二

(2017)湖北省武汉市江夏区公安分局指定印章案和黄冈市原国土资源局指定网银案[①]

2017年7月,根据群众举报,经湖北省原物价局调查核实,武汉市江夏区公安分局在区政务公开网上发布"印章刻字"服务指南,要求申请人凭印章信息卡到指定刻章店(曾松刻字店)刻章。

2017年9月,湖北省原物价局在检查中发现,黄冈市原国土资源局在国有建设用地使用权网上挂牌出让公告中,规定"竞买人应在中国农业银行黄冈市范围内的任一网点申请成为网银客户,通过农行网银系统,在交纳保证金截止时间前一次性将竞买保证金汇入黄冈市财政局专户"。

武汉市江夏区公安分局和黄冈市原国土资源局以上行为违反了《反垄断法》的相关规定,属于滥用行政权力,排除、限制竞争的行为。

经湖北省原物价局提出整改建议后,武汉市江夏区公安分局和黄冈市原国土资源局认识到上述做法与《反垄断法》规定不相符,立即按要求进行整改。在深入学习《反垄断法》和《国务院关于在市场体系建设中建立公平竞争审查制度的意见》精神基础上,武汉市江夏区公安分局及时删除区政务公开网站上公布的《机构印章刻制许可办理指南》,公布《公章刻制业特种行业许可办理指南》,并承诺迅速整改因资质原因造成的印章刻制独家经营问题。黄冈市原国土资源局及时更改土地出让公告中的有关内容,并下发《黄冈市国土资源局关于在国土资源行政活动中维护公平竞争、防止垄断的通知》,避免类似问题再度发生。

① 参见《湖北省物价局纠正两起滥用行政权力排除限制竞争行为》,载新浪财经,http://finance.sina.com.cn/roll/2017-12-08/doc-ifypnqvn1390539.shtml。

案例三

(2018)湖南省国家税务局限定税控收款机案①

2017 年 2 月,湖南省原工商行政管理局在调查湖南百旺金赋科技有限公司、湖南航天信息有限公司涉嫌垄断协议案过程中,发现湖南省国家税务局下发的文件《关于做好增值税纳税人全面推行增值税发票管理新系统有关工作的通知》(湘国税发〔2016〕53 号)中存在“以区域为主、行业为辅,合理统筹分配划分服务单位的服务范围”“税控收款机系统服务范围分配划分,比照新系统推行要求执行”等涉及划分区域市场以及指定经营者问题。

湖南省原工商行政管理局认为,湖南省国家税务局上述行为违反了《反垄断法》相关规定,构成滥用行政权力排除、限制竞争行为,约谈了省国税局负责人,指出了文件存在的问题并提出了处理建议。湖南省国家税务局高度重视,立即撤销了原文件进行修改后重新发布。

这是反垄断执法部门在办理垄断协议案件中,通过行政指导的方式直接纠正省级行政机关滥用行政权力排除、限制竞争行为的首宗案例。

案例四

(2018)湖北省天门市人力资源和社会保障局限定农民工工资账户案②

2018 年 8 月,湖北省发展改革委对天门市人力资源和社会保障局涉嫌滥用行政权力排除、限制竞争行为进行调查。

① 参见邢郑:《工商制止滥用行政权力排除、限制竞争行为 10 大典型案例》,载百家号 2018 年 6 月 27 日,https://baijiahao.baidu.com/s?id=1604394429052269606&wfr=spider&for=pc。

② 参见《这些部门的滥用行政权力排除、限制竞争行为被纠正!市场监管总局发布 2018 年典型案例》,载百家号 2018 年 12 月 29 日,https://baijiahao.baidu.com/s?id=1621156666926461802。

经查,2017年5月,天门市人力资源和社会保障局在天门市政务公开网上发布《关于在工程建设领域实行农民工工资与工程款分账管理的公告》,规定从2017年5月10日起,为预防和解决拖欠或克扣农民工工资问题,维护农民工的合法权益,在全市工程建设领域实行农民工工资与工程款分账管理,要求"施工企业在指定的中国银行、中国工商银行、中国建设银行开设农民工工资专用账户"。上述行为违反了《反垄断法》第32条"行政机关和法律、法规授权的具有管理公共事务职能的组织不得滥用行政权力,限定或者变相限定单位或者个人经营、购买、使用其指定的经营者提供的商品"之规定,构成滥用行政权力,排除、限制竞争行为。

经湖北省发展改革委提出整改建议后,天门市人力资源和社会保障局认识到上述做法与《反垄断法》的相关规定不符,及时更改了公告中的有关内容,并于2018年8月向湖北省发展改革委提交了整改报告。

案例五

(2021)山东省淄博市张店区人民政府指定农村商业银行案①

2021年9月至10月,山东省市场监管局对淄博市张店区人民政府办公室滥用行政权力排除、限制竞争行为进行调查。

经查,2019年11月30日,淄博市张店区人民政府办公室印发《关于支持张店农村商业银行改革发展工作的指导意见》,其中第二部分"工作措施"第7条规定:"给予张店农村商业银行一定财政扶持。落实好对张店农村商业银行的财政扶持,以张店农村商业银行2017~2019三年区级税收平均数为基数,对张店农村商业银行未来3年内新增税收的区级留成部分进行同额返还。积极引导相关财政资金在张店农村商业银行存放,引导全区各党政机关、财政拨款事业单位、国有政府控股企业在张店农村商业银行开立结算账户。"上述意见违反了《反垄断法》第

① 参见《山东省市场监管局纠正淄博市张店区人民政府办公室滥用行政权力排除、限制竞争案》,载百家号,https://baijiahao.baidu.com/s?id=1715913211058288016&wfr=spider&for=pc。

32 条、第 37 条的规定,构成滥用行政权力排除、限制竞争的行为。

调查期间,淄博市张店区人民政府办公室主动采取措施进行整改,及时废止了该通知。

案例六

(2021)重庆市市场监督管理局纠正涪陵区农业农村委员会滥用行政权力排除、限制竞争行为①

2021 年 11 月,重庆市市场监管局对涪陵区农业农村委员会涉嫌滥用行政权力排除、限制竞争行为进行调查。

经查,2021 年 9 月 16 日,涪陵区农业农村委员会、涪陵区财政局联合印发了《关于印发〈重庆市涪陵区 2021—2023 年农机购置补贴实施方案〉的通知》(涪农委发〔2021〕65 号),该文件规定"补贴资金申请——申请材料——邮政储蓄银行银行卡(折)",要求购机者必须持有邮政储蓄银行银行卡(折),才能申请农机购置补贴。

涪陵区农业农村委员会在发放农机购置补贴时,要求购机者持有其指定的银行卡(折)的行为违反《反垄断法》第 32 条"行政机关和法律、法规授权的具有管理公共事务职能的组织不得滥用行政权力,限定或者变相限定单位或者个人经营、购买、使用其指定的经营者提供的商品"之规定,排除、限制了竞争。

当事人认识到上述行为违反了《反垄断法》规定,在调查期间积极整改,消除了不良影响。一是废止了相关文件,2022 年 1 月 20 日,当事人在其官网发布《关于重庆市涪陵区 2021—2023 年农机购置补贴工作的补充通知》(涪农委发〔2021〕76 号),将申请农机补贴时提交"邮政储蓄银行卡(折)"更正为"购机者本人名下有效期内的任意一张银行卡(折)"。二是组织干部职工认真学习《反

① 参见《重庆市市场监督管理局纠正涪陵区农业农村委员会滥用行政权力排除、限制竞争行为》,载国家市场监督管理总局竞争政策协调司 2022 年 3 月 30 日,https://www.samr.gov.cn/jzxts/tzgg/qlpc/art/2023/art_10da33441c174fb0abae33f445dc2f39.html。

垄断法》《公平竞争审查制度实施细则》，全面清理废除妨碍统一市场和公平竞争的各种规定做法，严格落实公平竞争审查制度。

依据《制止滥用行政权力排除、限制竞争行为暂行规定》（已废止）第19条第2款规定，“在调查期间，当事人主动采取措施停止相关行为，消除相关后果的，反垄断执法机构可以结束调查”，考虑到当事人已主动采取措施停止相关行为，消除相关后果，重庆市市场监管局按程序结束调查。

案例七

（2022）重庆市市场监管局纠正两江新区国有资产监督管理局滥用行政权力排除、限制竞争行为[①]

2021年10月，重庆市市场监管局对两江新区国有资产监督管理局涉嫌滥用行政权力排除、限制竞争行为进行调查。

经查，2020年6月23日，两江新区国有资产监督管理局下发了《关于加强两江新区直属企业资金和银行账户管理的通知》（渝两江国资发〔2020〕65号），该文件规定：一是区属国有企业（包括直属企业及其全资、控股子公司，下同）在开设一般账户时，应当选择税收和经济指标在两江新区辖区内的银行（该文件后附银行名单），开户流程须报两江新区国有资产监督管理局审核；二是区属国有企业原有银行账户不符合该文件规定的，需在规定时间内变更至指定范围的银行，或者做销户处理；三是区属国有企业在区外开设的贷款账户，可以通过提前还款后销户，企业新设贷款必须在两江新区内银行开设账户。

两江新区国有资产监督管理局上述行为违反《反垄断法》第32条“行政机关和法律、法规授权的具有管理公共事务职能的组织不得滥用行政权力，限定或者变相限定单位或者个人经营、购买、使用其指定的经营者提供的商品”之规

① 参见《重庆市市场监督管理局纠正两江新区国有资产监督管理局滥用行政权力排除、限制竞争行为》，载国家市场监督管理总局竞争政策协调司2022年3月30日，https://www.samr.gov.cn/jzxts/tzgg/qlpc/art/2023/art_b9fbc5f99e934f3ea842da3d9aeb2f4d.html。

定，排除、限制了竞争。

当事人认识到上述行为违反了《反垄断法》规定，在调查期间积极整改，消除了不良影响。一是废止了相关文件，2022 年 1 月 15 日，当事人在两江新区官网发布通知，将原文件予以废止。二是举一反三，对规范性文件进行清理和审查。三是加强干部职工对公平竞争审查相关制度的学习培训，进一步增强公平竞争审查意识。

依据《制止滥用行政权力排除、限制竞争行为暂行规定》（已废止）第 19 条第 2 款规定，“在调查期间，当事人主动采取措施停止相关行为，消除相关后果的，反垄断执法机构可以结束调查”，考虑到当事人已主动采取措施停止相关行为，消除相关后果，重庆市市场监管局按程序结束调查。

八、工程建设与房屋

案例一

（2017）广西壮族自治区百色市原房产管理局指定物业管理招标案①

2017 年 12 月 11 日，根据 2017 年涉企收费专项检查工作安排，广西壮族自治区原物价局与百色市原物价局联合检查组对百色市物业管理行业协会执行价格政策情况进行检查。2014 年 8 月，百色市原房产管理局印发《关于实施〈前期物业管理招标管理暂行办法〉有关具体事项的通知》规定，百色市的物业管理招标工作事务由百色市物业管理行业协会承担物业管理招标代理工作。

百色市原房产管理局上述行为实际是利用行政权力，“限定”百色市物业建设企业购买其指定的经营者提供的服务，剥夺了物业建设企业在前期物业管理招标投标上的自主选择权，排除、限制了其他招标代理机构参与公平竞争的权利。其行为涉嫌违反《反垄断法》第 32 条“行政机关和法律、法规授权的具有管理公共事务职能的组织不得滥用行政权力，限定或者变相限定单位或者个人经

① 参见广东省发展改革委价监局编：《行政垄断典型案例汇编》（2018 年 5 月）。

营、购买、使用其指定的经营者提供的商品”的规定，构成滥用行政权力排除、限制竞争的行为。

案例二

(2017)宁夏回族自治区银川市原环保局限定监控设备案①

2017年5月，宁夏回族自治区原工商局接到实名举报，反映银川市原环保局于2017年3月1日向银川市重点污染源企业制定印发《关于做好银川市污染源自动监控设施第三方运营管理交接工作的通知》，要求有关污染源企业在2017年3月31日之前与中标单位签订污染源自动监控设施运营服务合同，运营期限3年。

宁夏回族自治区原工商局根据《反垄断法》赋予的职责，及时组织执法力量对举报线索反映情况进行核查。经查，2017年2月7日，银川市原环保局通过政府采购程序，确定了3家银川市污染源自动监控设施第三方运营服务中标单位，中标费用由政府承担60%、企业承担40%。3月7日，银川市原环保局向各有关企业印发《关于做好银川市污染源自动监控设施第三方运营管理交接工作的通知》。经过核查，宁夏回族自治区原工商局发现该通知有两处含有排除、限制竞争内容的规定。

一是《关于做好银川市污染源自动监控设施第三方运营管理交接工作的通知》第3项“于2017年3月31日前完成与中标单位的交接工作，签订运营服务合同”、第6项“待企业原有合同到期日起，由市环保局统一安排运营单位”、第7项“待企业恢复生产或自动监控设备安装到位后，由市环保局统一安排运营单位”。根据原环保部《污染源自动监控设施运行管理办法》第5条“污染源自动监控设施运行费用由排污单位承担，有条件的地方政府可给予适当补贴”、第23条“环境保护行政主管部门在行使运行监督管理权力时，应当遵守下列规

① 参见邢郑:《工商制止滥用行政权力排除、限制竞争行为10大典型案例》，载百家号2018年6月27日，https://baijiahao.baidu.com/s?id=1604394429052269606&wfr=spider&for=pc。

定：……（五）不得以任何形式指定污染源自动监控设施运行单位”的规定，银川市原环保局基于确保监控数据真实、准确的目的，可以要求企业为享受政府补助，须与其指定的中标单位签订运营服务合同，但其要求企业必须接受中标单位运营服务的做法，违反了《反垄断法》第32条、第37条规定，剥夺了企业自主选择其他运营经营者的权利，具有排除、限制竞争效果。

二是《关于做好银川市污染源自动监控设施第三方运营管理交接工作的通知》第2项“设备关键零部件的维修、更换等费用不包括在中标价内，相关事宜由企业与中标单位另行协商”。污染源自动监控设备零部件维修、更换相关市场经营者进入较容易，竞争较为充分。根据相关规定，银川市原环保局具有对自动监控系统的建设、运行和维护的监督检查权力，其以印发通知的方式，要求企业就设备关键零部件的维修、更换服务相关事宜与中标单位另行协商的做法，属于《反垄断法》规定的滥用行政权力变相限定行为。该规定有变相限定有关企业接受中标单位设备零部件维修、更换服务之嫌疑，具有排除、限制竞争效果。

宁夏回族自治区原工商局认为，银川市原环保局上述行为违反了《反垄断法》和原环保部相关规定，构成滥用行政权力排除、限制竞争行为，2017年12月18日，向银川市原环保局发出《自治区工商局关于建议对相关文件进行公平竞争审查的函》，并组织召开会议对银川市原环保局进行行政指导。银川市原环保局高度重视，承诺按照《反垄断法》规定积极整改。随后，银川市原环保局通过其官方网站，对上述文件内容进行了变更，删除了排除、限制竞争的内容。

案例三

（2017）辽宁省住房和城乡建设厅印发文件指定4家机构承担施工图审查工作①

2017年2月，辽宁省住房和城乡建设厅印发《关于进一步做好市政基础设

① 参见《2018年市场监管总局公平竞争审查重点督察发现典型问题通报》，载《中国市场监管报》2019年1月30日，A3版。

施工程施工图审查工作的通知》(辽住建〔2017〕17号),指定沈阳市建设工程施工图设计审查咨询中心等4家审查机构承担综合管廊工程的施工图审查工作,违反"不得限定经营、购买、使用特定经营者提供的商品和服务"的审查标准。目前,相关单位已整改,删除了该规定,重新印发了文件。

案例四

(2018)陕西省西安市原住房保障和房屋管理局限定房屋维修企业案①

根据举报线索,陕西省市场监管局依法对西安市原住房保障和房屋管理局(以下简称西安市原房管局)进行了调查,纠正了西安市原房管局房屋维修资金管理中心滥用行政权力排除、限制竞争行为。

现查明,西安市原房管局于2017年2月在其官方网站和行业媒体发布《西安市房屋维修资金使用项目专业维修单位备选库招标公告》和《西安市房屋维修资金使用项目专业维修单位备选库入库单位管理考核办法》,经招标、评标、公示,于2017年4月建立"西安市房屋维修资金使用项目专业维修单位备选库",发布《关于公布西安市房屋维修资金使用项目专业维修单位备选库名单的通知》(市房发〔2017〕32号),向使用房屋专项维修资金的房屋维修工程项目的西安市行政区域内的业主委员会、物业服务企业推荐备选库内25家维修企业实施房屋维修工程。西安市原房管局的相关行政行为,变相限定了使用房屋维修资金项目的西安市行政区域内的业主委员会、物业服务企业选择房屋维修企业的权利,对备选库内外房屋维修企业之间的竞争造成消极影响,违反了《反垄断法》第32条、第37条的规定,构成滥用行政权力排除、限制竞争行为。

① 参见《西安市房管局滥用行政权力排除限制竞争行为被依法纠正》,载央广网,http://www.cnr.cn/sxpd/sx/20180115/t20180115_524098784.shtml。

案　例　五

(2018)内蒙古自治区乌海市住房和城乡建设委员会指定房产测绘机构案①

内蒙古自治区发展改革委原价格监督检查与反垄断局在进行涉企收费检查时发现,乌海市住房和城乡建设委员会涉嫌滥用行政权力,排除、限制乌海市房地产测绘市场竞争。

经调查,乌海市住房和城乡建设委员会先后于2012年和2013年下发《关于成立乌海市房产测绘中心的通知》(乌建委政字〔2012〕51号)和《关于进一步规范全市房屋产权产籍测绘的通知》(乌建委政字〔2013〕19号),明确并重申,自2012年4月1日起,乌海市所有房产测绘业务由乌海市房产测绘中心完成,其他房产测绘机构不得再从事房产测绘业务。

在调查过程中,乌海市住房和城乡建设委员会认识到上述做法与《反垄断法》的规定不相符,立即按要求进行整改,于8月4日发布了《乌海市住房和城乡建设委员会关于开放房地产测绘市场的通知》,纠正了指定房产测绘机构的行为,废止了《关于成立乌海市房产测绘中心的通知》和《关于进一步规范全市房屋产权产籍测绘的通知》,乌海市住房和城乡建设委员会将对房产测绘成果无偿审核,不再指定房产测绘机构。

案　例　六

(2018)陕西省西安市原国土资源局指定测绘机构案②

根据举报,近期陕西省原物价局依法对西安市原国土资源局指定特定测绘

① 参见《乌海市住房和城乡建设委员会纠正滥用行政权力排除限制竞争行为》,载《中国价格监管与反垄断》2018年第2期。

② 参见《陕西省依法纠正西安市国土资源局滥用行政权力排除限制竞争行为》,载《中国价格监管与反垄断》2018年第7期。

机构实施土地测绘、房产测绘，涉嫌滥用行政权力排除、限制竞争的行为进行了调查。

调查显示，西安市原国土资源局为规范全市不动产权籍调查工作，于2018年1月31日印发了《西安市不动产权籍调查工作方案（试行）》（市国土发〔2018〕36号），限定"西安市城六区和开发区主要由西安地籍不动产勘察测绘有限责任公司和西安市房产测量事务所两家单位承担权籍调查工作；五区二县由所在区县不动产权籍调查中心确认的调查机构承担"。该行政行为人为地划分了西安市土地测绘、房产测绘市场授予特定经营者特许经营权，剥夺了委托土地测绘、房产测绘当事人的自主选择权，排除和限制了具备不动产测绘资质机构在土地测绘、房产测绘市场的相互竞争，属于滥用行政权力，排除、限制竞争行为，违反了《反垄断法》第32条、第37条的规定，违反了《国务院关于在市场体系建设中建立公平竞争审查制度的意见》（国发〔2016〕34号）和《陕西省人民政府关于在市场体系建设中建立公平竞争审查制度的实施意见》（陕政发〔2016〕50号）、《陕西省优化营商环境条例》相关要求。

经国家发展改革委依法审核同意，根据《反垄断法》第51条的规定，陕西省原物价局依法建议西安市人民政府责令西安市原国土资源局纠正相关违法行为。

收到陕西省原物价局执法建议函后，西安市人民政府高度重视，立即责令西安市原国土资源局对陕西省原物价局指出的滥用行政权力排除、限制竞争行为进行认真排查，逐一整改。该行政行为虽有历史形成的客观原因，但是由于不符合现行法规，西安市原国土资源局迅速采取具体整改措施：一是撤销《西安市不动产权籍调查工作方案（试行）》，放开西安市不动产测绘市场。二是立即启动西安市不动产测绘相关实施细则的制定工作。三是加强不动产权籍测绘成果审核工作。四是建立不动产测绘从业单位诚信评价管理机制。同时，西安市原物价局下发通知，明确房产测绘收费退出政府定价目录，实行市场调节价，由具有测绘资质的机构和委托房产测绘的房产权利人双方协商议定。这些措施必将有效促进房产测绘市场健康有序发展。

案 例 七

(2018)山西省晋中市原住房保障和城乡建设局指定公共租赁住房施工图设计文件审查案①

2018年年初,山西省发展改革委对晋中市原住房保障和城乡建设局涉嫌滥用行政权力排除、限制竞争行为进行调查。

经查,2014年9月,晋中市原住房保障和城乡建设局召开专题会议研究晋中市城区新建公共租赁住房项目建设前期准备工作有关事宜,形成《晋中市住房城乡建设局专题会议纪要》,指定山西恒龙施工图审查有限公司负责该项目施工图设计文件审查。此外,晋中市原住房保障和城乡建设局行政审批大厅在无法律法规依据的情况下,设置了施工图审查备案条件,限制了外地施工图审查机构与本地施工图审查机构的公平竞争。上述行为违反了《反垄断法》第32条"行政机关和法律、法规授权的具有管理公共事务职能的组织不得滥用行政权力,限定或者变相限定单位或者个人经营、购买、使用其指定的经营者提供的商品"和第37条"行政机关不得滥用行政权力,制定含有排除、限制竞争内容的规定"之规定,构成滥用行政权力,排除、限制竞争行为。

山西省发展改革委在调查过程中向晋中市原住房保障和城乡建设局指出了上述问题。此后,晋中市原住房保障和城乡建设局对存在的问题进行了整改,于2018年4月分别发布《晋中市住房保障和城乡建设局关于撤销山西恒龙施工图审查有限公司承揽市城区公共租赁住房项目施工图审查业务的通知》(市建函〔2018〕99号)和《晋中市住房保障和城乡建设局关于调整施工图审查备案办理时限的通知》(市建函〔2018〕119号)。

---

① 参见《这些部门的滥用行政权力排除、限制竞争行为被纠正!市场监管总局发布2018年典型案例》,载百家号2018年12月29日,https://baijiahao.baidu.com/s?id=1621156666926461802。

案例八

(2019)某区政府文件通过设置名录库排斥或限制潜在经营提供商品服务[①]

市公平竞争审查和反垄断委员会办公室在对某区住建局开展公平竞争审查督查时发现,某区住建局起草的、由该区政府出台的《关于印发台州市某某区小额工程项目发包管理规定的通知》(＊政办发〔2019〕33号),规定"承包人名录中的企业,有履约良好的,经建设单位领导班子集体讨论通过,可以报执行单位核准后由企业直接承接业务。建设单位同一年度内直接确定同一承包人的各工程项目造价之和施工类不得超过400万元。对法定限额以下工程项目,已建立名录库的须在名录库中确定承包人"。

该文件要求通过在名录库内直接核准或直接确定的方式发包小额工程,限定了特定经营者,排除、限制了潜在经营者承接小额工程业务,违反了《公平竞争审查制度实施细则(暂行)》(已废止)第14条市场准入和退出标准中第3款第3项"通过设置项目库、名录库等方式,排斥或者限制潜在经营者提供商品和服务"的规定。该区政府在督查后依法废止了文件。

案例九

(2019)辽宁省鞍山市房地产交易中心指定房产交易网签业务[②]

辽宁省鞍山市房地产交易中心指定鞍山市大程房地产评估有限公司垄

① 参见《违反公平竞争十大典型案例》,载苏州市教育局2022年8月9日,http://jyj.suzhou.gov.cn/szjyj/xzzfjs/202211/e8456365eeec479b896e374e7c04e35d.shtml。

② 参见《关于国务院第六次大督查发现部分地方和单位落实深化"放管服"改革优化营商环境政策要求不到位典型问题的通报》,载中华人民共和国中央人民政府,https://www.gov.cn/hudong/ducha/2019-11/12/content_5450989.htm。

断房产交易网签业务。国务院第四督查组在辽宁省督查发现，鞍山市房地产交易中心将房产交易网签业务办理权限授予其实际控制的鞍山市大程房地产评估有限公司，将网签系统密钥交由该公司管理，客观上形成了鞍山市大程房地产评估有限公司具有鞍山市唯一办理网签业务资格、独家垄断网签业务的事实。

据查，鞍山市大程房地产评估有限公司前身是1998年成立的鞍山市房地产估价管理所，隶属鞍山市房产局下属事业单位鞍山市房地产交易中心，2003年6月进行脱钩改制，国有股份占33%，鞍山市原房地产估价管理所4名职工股份占67%。鞍山市房地产交易中心参与管理该公司的资金、账目等内部事务。

案例十

（2021）江西省安福县水利局限定水利施工企业案①

2021年2月1日，江西省人民政府网公布了《江西省市场监督管理局纠正安福县水利局滥用行政权力排除、限制竞争行为》。2020年12月，江西省市场监管局对安福县水利局涉嫌滥用行政权力排除、限制竞争行为进行调查。

经查，2018年8月28日，安福县水利局下发了《关于建立〈安福县政府投资限额以下工程项目水利施工企业预选承包商库〉的通知》（安水利字〔2018〕119号），明确工程项目水利施工企业预选承包商库适用于安福行政区域内，施工单项合作估算在400万元人民币以下，使用国有资金投资的水利类工程项目。上述行为违反了《反垄断法》第32条"行政机关和法律、法规授权的具有管理公共事务职能的组织不得滥用行政权力，限定或者变相限定单位或者个人经营、购买、使用其指定的经营者提供的商品"之规定，构成滥用行政权力排除、限制竞争行为。

① 参见《江西省市场监督管理局纠正安福县水利局滥用行政权力排除、限制竞争行为》，载江西省人民政府，http://www.jiangxi.gov.cn/art/2021/2/1/art_5400_3123763.html。

在调查过程中，安福县水利局主动采取措施停止了上述行为，并进行了及时有效的整改。一是将《安福县水利局关于建立〈安福县政府投资限额以下工程项目水利施工企业预选承包商库〉的通知》在安福县人民政府官网移除；二是将《安福县水利局关于取消〈安福县政府投资限额以下工程项目水利施工企业预选承包商库〉的通知》在安福县人民政府官网上公示，并通知相关企业。

案例十一

（2022）宁夏回族自治区市场监管厅纠正贺兰县住房和城乡建设局滥用行政权力排除、限制竞争行为①

2021年12月30日，宁夏回族自治区市场监管厅对银川市贺兰县住房和城乡建设局涉嫌滥用行政权力排除、限制竞争行为立案调查。

经查，2017年5月9日，当事人下发《关于明确贺兰县有线电视工程建设和验收主体的通知》，明确规定"凡贺兰县境内的有线电视工程，均由某公司建设"。

宁夏回族自治区市场监管厅认为，当事人指定某公司作为贺兰县辖区内有线电视工程建设和验收单位，剥夺了房地产开发企业自主选择建设单位的权利，排除、限制了其他同行业经营者参与当地相关市场竞争，妨碍了市场公平竞争，违反了《反垄断法》第32条"行政机关和法律、法规授权的具有管理公共事务职能的组织不得滥用行政权力，限定或者变相限定单位或者个人经营、购买、使用其指定的经营者提供的商品"的规定，构成滥用行政权力排除、限制竞争行为。

调查期间，当事人认识到上述行为违反了《反垄断法》有关规定，积极整改，消除不良影响。一是废止了相关文件。当事人下发《关于废止〈关于明确贺兰县有线电视工程建设和验收主体的通知〉的决定》，废止了该文件。二是规范有

① 参见《2022年制止滥用行政权力排除、限制竞争执法专项行动案件（第一批）》，载百家号2022年6月9日，https://baijiahao.baidu.com/s?id=1735142945634532232&wfr=spider&for=pc。

限电视建设和验收。当事人组织召开全县房地产开发公司通报会，公布废止该文件的决定，明确各房地产开发公司可以委托任何有资质的企业进行有线电视网络工程配套设施建设。三是开展文件清理。2022年2月22日，当事人向宁夏回族自治区市场监管厅提交了整改报告，表示认真学习《反垄断法》和《公平竞争审查制度实施细则》等法律法规文件，组织人员对2021年以前出台的存量文件进行自查梳理，进一步落实公平竞争审查制度。

案例十二

（2022）上海市市场监管局纠正青浦区朱家角镇人民政府滥用行政权力排除、限制竞争行为①

2022年7月19日，上海市市场监管局依法对青浦区朱家角镇人民政府涉嫌滥用行政权力排除、限制竞争行为立案调查。

经查，2021年11月30日，当事人印发《朱家角镇建设项目管理办法》（青朱府〔2021〕36号），规定"项目总投资在5万元至100万元的项目（不含100万元）。由领导小组会议讨论决定或通过比价形式确定施工单位，原则上选取注册并纳税在本镇的具备相应资质的企业"。

上海市市场监管局认为，当事人在开展镇机关、事业单位、镇级公司、村（居）集体和集体参股投资的土建、装饰、绿化、市政及其配套（包括给水、排水、天然气、污水管网等工程）等各类建设项目时，限定选取注册并纳税在本镇的企业作为施工单位，排除、限制了该镇以外具有合格资质和服务能力的企业进入该区域市场的公平竞争机会，违反了《反垄断法》第37条"行政机关不得滥用行政权力，制定含有排除、限制竞争内容的规定"的规定，构成滥用行政权力排除、限制竞争的行为。

调查期间，当事人积极主动采取措施进行整改，对文件中的相关规定进行

① 参见《2022年制止滥用行政权力排除、限制竞争执法专项行动案件（第三批）》，载百家号2022年11月19日，https://baijiahao.baidu.com/s?id=1749938383932880666&wfr=spider&for=pc。

修订，清理含有排除、限制竞争内容的条款，并在政府网站发布，建立健全公平竞争审查机制，进一步加强公平竞争审查。

案例十三

（2022）西藏自治区市场监管局纠正林芝市巴宜区人民政府滥用行政权力排除、限制竞争行为①

2021年12月2日，西藏自治区市场监管局依法对巴宜区人民政府涉嫌滥用行政权力排除、限制竞争行为进行立案调查。

经查，2017年5月，当事人印发《林芝市巴宜区经营商品混凝土管理（暂行）办法》，规定巴宜区商品混凝土经营权通过公开拍卖的方式确定，未在林芝市原工商局或巴宜区原工商局登记注册的企业不具有竞买资格。该办法还规定巴宜区混凝土经营权转让年限为5年，买受人成交后须向巴宜区人民政府指定专户存入300万元，作为企业合法经营保证金。当月，当事人委托拍卖公司公开拍卖出让巴宜区商品混凝土经营权，后经拍卖成交确认林芝市6家公司获得混凝土经营权，当事人分别与6家公司签订了《林芝市巴宜商品混凝土经营权出让合同》。当事人通过实施上述行为，对在巴宜区原有备案登记的11家商品混凝土企业进行整顿后，最终确定为6个经营点（企业），其余未能竞拍成功的商品混凝土企业自行退出了市场。据调查，2017年当事人实施上述政策后，再无新的商品混凝土企业进入林芝市巴宜区市场。

西藏自治区市场监管局认为，当事人的上述行为排除、限制了巴宜区商品混凝土市场竞争，妨碍了同行业其他企业自由、公平进入巴宜区商品混凝土市场，违反了《反垄断法》第32条“行政机关和法律、法规授权的具有管理公共事务职能的组织不得滥用行政权力，限定或者变相限定单位或者个人经营、购买、使用其指定的经营者提供的商品”和第37条“行政机关不得滥用行政权力，制定含有排除、

① 参见《2022年制止滥用行政权力排除、限制竞争执法专项行动案件（第五批）》，载国家市场监督管理总局，https://www.samr.gov.cn/jzxts/tzgg/qlpc/202301/t20230111_352803.html。

限制竞争内容的规定”的规定，构成滥用行政权力排除、限制竞争行为。

调查期间，当事人积极整改，消除不良影响，废除有关文件并在政府网站公布相关信息，明确对凡需进入巴宜区的企业，只要具备经营资质，均可在巴宜区办理营业执照，健全公平竞争审查制度，从机制建立上防范出台违反公平竞争的政策措施。

案例十四

（2022）辽宁省市场监管局纠正葫芦岛市自然资源局滥用行政权力排除、限制竞争行为[①]

2021年9月8日，辽宁省市场监管局依法对葫芦岛市自然资源局涉嫌滥用行政权力排除、限制竞争行为立案调查。

经查，2020年6月5日，当事人印发《关于印发〈葫芦岛市“多测合一”测绘中介服务机构名录库管理规定（试行）〉的通知》（葫自然资〔2020〕121号），规定“本市范围内的‘多测合一’测绘中介服务机构名录库（以下简称‘名录库’）备案申请、管理、移除等，适用本规定”，申请进入名录库的机构办理程序包括：（1）备案申请；（2）申请核实；（3）网上公示；（4）名录备案。2021年6月3日，当事人印发《关于印发〈葫芦岛市“多测合一”测绘中介服务机构名录库管理暂行规定〉的通知》（葫自然资办〔2021〕72号，以下简称葫自然资办〔2021〕72号），对试行管理规定的部分条款进行修改调整，但上述内容未出现变化。

辽宁省市场监管局认为，当事人作为规划领域行业主管部门，制定印发文件设置“多测合一”名录库，限定建设单位只能选择名录库内测绘单位的行为，变相设置进入市场条件，排除、限制了该市测绘市场的公平竞争，违反了《反垄断法》第32条“行政机关和法律、法规授权的具有管理公共事务职能的组织不得滥用行政权力，限定或者变相限定单位或者个人经营、购买、使用其指定的经

① 参见《2022年制止滥用行政权力排除、限制竞争执法专项行动案件（第五批）》，载国家市场监督管理总局，https://www.samr.gov.cn/jzxts/tzgg/qlpc/202301/t20230111_352803.html。

营者提供的商品”和第37条“行政机关不得滥用行政权力,制定含有排除、限制竞争内容的规定”的规定,构成滥用行政权力排除、限制竞争行为。

调查期间,当事人主动采取措施进行整改,向辽宁省市场监管局提交了整改报告,印发《关于废止葫芦岛市“多测合一”测绘中介服务机构名录库的公告》,废止原葫自然资办〔2021〕72号等4份涉及“多测合一”资质和名录库的文件,并在该局网站公布。

案例十五

(2022)辽宁省市场监管局纠正沈阳市自然资源局滥用行政权力排除、限制竞争行为①

2021年9月8日,辽宁省市场监管局依法对沈阳市自然资源局涉嫌滥用行政权力排除、限制竞争行为立案调查。

经查,2020年3月17日,当事人印发《关于发布沈阳市“多测合一”名录库的通知》(沈自然资发〔2020〕31号),规定“测绘机构入围我市‘多测合一’名录库,可以开展我市‘多测合一’有关测绘作业工作。建设单位应当按‘多测合一’项目规模、技术要求等条件,依据测绘服务机构的测绘资质等级、业务范围、技术能力和信用情况等,在测绘服务机构名录库中选择并委托测绘服务机构开展相关测绘业务,特此通知”。2020年11月23日,当事人印发《沈阳市工程建设项目多测合一改革工作实施方案》规定,“按照‘一次委托、统一测绘、成果共享’的原则,由开发建设单位在‘多测合一’测绘机构名录库中自行选择一家测绘单位,由其承担该‘多测合一’项目所有相关的测绘工作”。同时,规定测绘单位需同时具备工程测量(含控制测量、地形测量、规划测量、地下管线测量)和不动产测绘(含地籍测绘、房产测绘)专业资质,经测绘主管部门审核批准后,入驻该市测绘市场名录库,承接相关建设工程项目测绘工作。

① 参见《2022年制止滥用行政权力排除、限制竞争执法专项行动案件(第五批)》,载国家市场监督管理总局,https://www.samr.gov.cn/jzxts/tzgg/qlpc/202301/t20230111_352803.html。

辽宁省市场监管局认为，当事人作为规划领域行业主管部门，制定印发文件设置“多测合一”名录库，限定建设单位仅可选择名录库内测绘单位的行为，变相设置进入市场条件，排除、限制了该市测绘市场公平竞争，违反了《反垄断法》第32条“行政机关和法律、法规授权的具有管理公共事务职能的组织不得滥用行政权力，限定或者变相限定单位或者个人经营、购买、使用其指定的经营者提供的商品”和第37条“行政机关不得滥用行政权力，制定含有排除、限制竞争内容的规定”的规定，构成滥用行政权力排除、限制竞争行为。

调查期间，当事人积极采取措施进行整改，废止有关文件，并在该局网站公布。

案例十六

（2022）辽宁省市场监管局纠正大连市自然资源局滥用行政权力排除、限制竞争行为[①]

2021年8月22日，辽宁省市场监管局依法对大连市自然资源局涉嫌滥用行政权力排除、限制竞争行为立案调查。

经查，2018年11月23日，大连市原规划局印发《关于建立大连市“多测合一”中介服务机构名录的通知》（大规发〔2018〕55号），规定“多测合一”中介服务机构应“具有测绘地理信息主管部门颁发的测绘资质证书且具备工程测量（含控制测量、地形测量、规划测量、地下管线测量）和不动产测绘（含地籍测绘、房产测绘）专业资质”。同时，大连市原规划局要求符合条件的测绘资质企业报送申请材料供市测绘地理信息主管部门审核。2019年机构改革后，大连市原规划局相关职能并入大连市自然资源局。2021年6月16日，大连市自然资源局在市政府网站公开《关于推进“多测合一”相关工作的通知》（大自然资便笺〔2021〕175号），要求“自6月20日起，各建设单位竣工验收阶段所涉及的所有测绘中介服务事项，必须在大连市建设工程联合审批平台上从已公布的‘多测

① 参见《2022年制止滥用行政权力排除、限制竞争执法专项行动案件（第五批）》，载国家市场监督管理总局，https://www.samr.gov.cn/jzxts/tzgg/qlpc/202301/t20230111_352803.html。

合一'中介服务机构名录中选定一家测绘资质单位进行测绘作业"。

辽宁省市场监管局认为,当事人作为规划领域行业主管部门,出台文件设置"多测合一"名录库,限定建设单位仅可选择名录库内测绘单位的行为,变相设置进入市场条件,排除、限制了该市测绘市场公平竞争,违反了《反垄断法》第32条"行政机关和法律、法规授权的具有管理公共事务职能的组织不得滥用行政权力,限定或者变相限定单位或者个人经营、购买、使用其指定的经营者提供的商品"和第37条"行政机关不得滥用行政权力,制定含有排除、限制竞争内容的规定"的规定,构成滥用行政权力排除、限制竞争行为。

调查期间,当事人主动采取措施进行整改,向辽宁省市场监管局提交了整改报告,印发文件取消已建立的"多测合一"测绘中介服务机构名录,承诺今后不再建立名录,明确建设项目业主(代建)单位自主选择符合"多测合一"测绘资质要求的测绘中介服务机构,并在该局网站公布有关文件废止。

九、其他限定商品

案例一

(2017)辽宁省锦州市商务局指定审计机关案①

2017年年初,辽宁省原物价局派出调查组对锦州市商务局(由锦州市服务委员会和锦州外经贸局2016年2月5日合并成立)涉嫌滥用行政权力排除、限制竞争的行为展开调查。

调查发现,2014年8月18日锦州市服务业委员会下发《关于重新确定审计验资机构的通知》(锦服发〔2014〕45号),要求锦州市内典当企业在办理变更行政许可事项过程中,明确指定由锦州渤海会计师事务所、辽宁博宇麒会计师事务所进行审计方可变更。

锦州市商务局上述做法违反了《反垄断法》第32条"行政机关和法律、法规

① 参见广东省发展改革委价监局编:《行政垄断典型案例汇编》(2018年5月)。

授权的具有管理公共事务职能的组织不得滥用行政权力，限定或者变相限定单位或者个人经营、购买、使用其指定的经营者提供的商品”的规定，构成滥用行政权力排除、限制竞争的行为。

案　例　二

(2017)安徽省涡阳县人民政府指定项目招标代理案①

涡阳县人民政府下发的《关于涡阳县雉河项目管理有限公司项目招标代理有关事宜的通知》(涡政办秘〔2017〕14号)，存在指定招标代理公司的规定。该行为违反了《反垄断法》第32条“行政机关和法律、法规授权的具有管理公共事务职能的组织不得滥用行政权力，限定或者变相限定单位或者个人经营、购买、使用其指定的经营者提供的商品”的规定，构成滥用行政权力排除、限制竞争行为。

在安徽省原物价局开展调查期间，涡阳县人民政府于2017年8月10日下发了《涡阳县人民政府办公室关于撤销涡政办秘〔2017〕14号文件的通知》(涡政办秘〔2017〕110号)，并在门户网站予以公示，主动纠正了滥用行政权力排除、限制竞争行为，同时提交了承诺函，表示将按照国务院、省政府关于在市场体系中建立公平竞争审查制度的要求，对已出台的政策进行梳理审查，切实规范政府行为，维护市场公平竞争，避免类似情况再次发生。

案　例　三

(2017)天津市原城乡建设委员会限定水泥生产企业案②

2017年11月，天津市发展改革委对天津市原城乡建设委员会(以下简称天

① 参见广东省发展改革委价监局编:《行政垄断典型案例汇编》(2018年5月)。

② 参见《天津地区水泥市场“反垄断”调查!》，载搜狐网2017年12月27日，https://www.sohu.com/a/213162867_658567。

津市原建委)的散装水泥管理行为进行了反垄断执法调查。调查发现,2005年以来,天津市原建委发布的建材〔2005〕642号、建质安〔2006〕494号、建质安〔2008〕298号、建质安〔2010〕431号等一系列文件要求"市发展散装水泥管理中心负责组织专家组,对进市的旋窑水泥生产企业进行审核,并公布'旋窑水泥生产企业名录'供使用单位选用",同时要求天津市混凝土生产企业"必须选用经审核通过的《旋窑水泥生产企业名录》内企业生产的水泥"。天津市原建委所属天津市发展散装水泥管理中心(以下简称散水中心)自2006年至2017年第二季度,持续存在向社会公开《旋窑水泥生产企业名录》的行为。天津市发展改革委认为,上述行为违反了《反垄断法》第32条"行政机关和法律、法规授权的具有公共事务职能的组织不得滥用行政权力,限定或者变相限定单位或者个人经营、购买、使用其指定的经营者提供的商品"的规定。

案例四

(2017)新疆维吾尔自治区人民政府文件要求优先采购疆内生产的装备产品①

2017年8月,新疆维吾尔自治区人民政府印发《关于机械工业调结构促转型增效益的实施意见》(新政办发〔2017〕150号),鼓励各级财政资金优先采购疆内生产的装备产品,违反"不得限定经营、购买、使用特定经营者提供的商品和服务"的审查标准。相关单位已整改,删除了该规定,重新印发了文件。

① 参见《2018年市场监管总局公平竞争审查重点督察发现典型问题通报》,载《中国市场监管报》2019年1月30日,A3版。

案 例 五

(2017)辽宁省住房和城乡建设厅文件要求建立重点企业扶持名录并重点扶持名录内企业①

2017年8月,辽宁省住房和城乡建设厅印发《关于进一步扶持建筑业企业发展的意见》(辽住建〔2017〕162号),要求建立省级重点扶持企业名录,支持名录内企业优先参与省内国有资金投资的重点工程,违反"不得限定经营、购买、使用特定经营者提供的商品和服务"的审查标准。目前,相关单位已整改,删除了该规定,重新印发了文件。

案 例 六

(2018)上海市商务委员会指定典当行年审案②

2017年11月,上海市发展改革委对上海市商务委涉嫌滥用行政权力排除、限制竞争行为进行调查。

经查,2017年1月,上海市商务委员会发布的《上海市商务委关于开展2016年度典当行年审工作的通知》直接指定了负责年审工作的会计师事务所,该行为限制了会计师事务所在典当行年审市场的竞争,违反了《反垄断法》第32条"行政机关和法律、法规授权的具有管理公共事务职能的组织不得滥用行政权力,限定或者变相限定单位或者个人经营、购买、使用其指定的经营者提供的商品"之规定,构成滥用行政权力,排除、限制竞争行为。

在调查过程中,上海市商务委员会认识到上述做法与《反垄断法》的相关要

① 参见《2018年市场监管总局公平竞争审查重点督察发现典型问题通报》,载《中国市场监管报》2019年1月30日,A3版。

② 参见《这些部门的滥用行政权力排除、限制竞争行为被纠正！市场监管总局发布2018年典型案例》,载百家号2018年12月29日,https://baijiahao.baidu.com/s?id=1621156666926461802。

求不符,主动提出整改方案。2018 年 1 月,上海市发展改革委约谈上海市商务委员会,同意上海市商务委员会提出的整改方案。2018 年 1 月 16 日,上海市商务委员会在其官网发布了纠正限制竞争行为的有关信息。

案例七

(2018)贵州省贵阳市南明区人民政府限定法律顾问案①

2017 年 10 月 19 日,《南明区人民政府办公室关于全区行政机关企事业单位开展法律顾问选聘工作的通知》(南府办函〔2017〕130 号)印发,该文件要求所属单位聘请法律顾问原则上按推荐的律师事务所进行聘请,降低了外地具备资质的机构进入该市场的可能性,妨碍了公平竞争。

2018 年 1 月 3 日,在贵州省发展改革委、贵阳市发展改革委工作人员普法宣传基础上,南明区人民政府高度重视,主动作为。一是主动纠正了文件中涉嫌违反公平竞争的有关内容,重新制发了《南明区人民政府办公室关于进一步规范全区行政机关企事业单位推行法律顾问制度工作的通知》(南府办函〔2018〕2 号)。二是召开了区政府常务会议,专题学习《国务院关于在市场体系中建立公平竞争审查制度的意见》、《省发展改革委等五单位转发国家发展改革委等五部门关于印发公平竞争审查制度实施细则(暂行)的通知》(黔发改价监〔2017〕1733 号文),要求全区各部门高度重视公平竞争审查工作,自觉把实施公平竞争审查作为贯彻落实党的十九大精神的重要举措,自觉营造公平竞争的市场环境,更好发挥政府作用,为新时代经济高质量发展发挥应有的作用。三是拟于近期召开全区公平竞争审查制度工作推进会、培训会,致力于提升各级政府机关工作人员对制度的认知和开展审查工作的能力,采取措施,推动制度落实。

2018 年 1 月 4 日,《南明区人民政府办公室关于进一步规范全区行政机关企

① 参见《贵州省某政府选聘法律顾问涉嫌违反公平竞争,已"主动规范"》,载新浪博客,http://blog.sina.com.cn/s/blog_5a81db850102x5mm.html。

事业单位推行法律顾问制度工作的通知》自下发之日起执行。《南明区人民政府办公室关于全区行政机关企事业单位推行法律顾问工作的通知》停止执行。

案例八

（2018）湖南省相关市州原经信部门限定电网非统调电源发电数据采集案①

2018年1月，根据举报，湖南省原工商局对湖南省相关市州原经信部门涉嫌滥用行政权力排除、限制竞争行为进行调查。

经调查，湖南省大部分市州原经信部门，就开展电网非统调电源发电数据采集工作于2017年4月后相继印发文件，均未按规定进行公平竞争审查。其中株洲、邵阳、常德、怀化、张家界、娄底、郴州、益阳等市州原经信部门制发的文件要求各电站统一设备生产厂商和型号、分区域进行、限定供应商数量等内容。在调查过程中，株洲市原经信委和邵阳市原经信委分别废止了其下发的有关文件。

湖南省原工商局认为，相关市州原经信部门要求各电站统一设备生产厂商和型号、分区域进行、限定供应商数量等，违反了《反垄断法》第32条“行政机关和法律、法规授权的具有管理公共事务职能的组织不得滥用行政权力，限定或者变相限定单位或者个人经营、购买、使用其指定的经营者提供的商品”和第37条“行政机关不得滥用行政权力，制定含有排除、限制竞争内容的规定”之规定，构成滥用行政权力，排除、限制竞争行为。同时，上述行为也违反了《公平竞争审查制度实施细则（暂行）》（已废止）第22条之规定。2018年3月7日，湖南省原工商局向湖南省原经信委发出了《关于责成相关市州经信部门就开展电网非统调电源发电数据采集工作下发文件进行公平竞争补审的建议函》，建议其责成有关市州原经信部门将所涉及的文件进行公平竞争审查，对违反审查标准

① 参见《这些部门的滥用行政权力排除、限制竞争行为被纠正！市场监管总局发布2018年典型案例》，载百家号2018年12月29日，https://baijiahao.baidu.com/s?id=1621156666926461802。

的内容停止执行或调整。目前,株洲、邵阳、岳阳、娄底、益阳、张家界、常德等所有涉案原经信部门均撤销或停止执行违法文件。

案例九

(2018)辽宁省建昌县原城乡规划建设局滥用行政权力排除、限制竞争行为案①

2017年,葫芦岛市原工商局依职权对建昌县原城乡规划建设局涉嫌滥用行政权力排除、限制竞争行为进行调查。

调查发现,建昌县原城乡规划建设局下发的《关于在县城新增自来水用户统一启用智能水表的通知》中要求"用户必须使用经政府采购确定品牌的水表。如开发建设单位不能遵守该规定,供水单位将不予供水管网接入,城建局不进行工程竣工验收"。

葫芦岛市原工商局认为,建昌县原城乡规划建设局上述行为违反了《反不正当竞争法》(1993年)第7条相关规定,向建昌县人民政府发出行政建议书,建议其责令建昌县原城乡规划建设局按照《葫芦岛市人民政府关于在市场体系建设中建立公平竞争审查制度的实施意见》的规定,对所下发的通知内容进行公平竞争审查,清理废除妨碍公平竞争秩序建立的相关规定。建昌县原城乡规划建设局已经废止了上述文件。

① 参见《市场监管总局关于发布2018年市场监管部门制止滥用行政权力排除、限制竞争行为 典型案例的公告》,载中华人民共和国中央人民政府,https://www.gov.cn/zhengce/zhengceku/2018-12/31/content_5459681.htm。

案例十

(2018)广东省原经济和信息化委员会鼓励支持企业优先购置和使用本省设备①

2018年1月,广东省原经济和信息化委员会印发《广东省工业企业技术改造三年行动计划(2018—2020年)》(粤经信技改〔2018〕8号),支持企业优先购买本省首次研发的设备,鼓励企业应用省内自主品牌机器人,违反"不得限定经营、购买、使用特定经营者提供的商品和服务"的审查标准。经督察,相关单位拟删除该规定,按程序报批后重新发文。

案例十一

(2019)安徽省肥西县城市管理局限定建筑材料案②

2019年11月,安徽省市场监管局对合肥市肥西县城市管理局(以下简称肥西县城管局)涉嫌滥用行政权力排除、限制竞争行为进行调查。

经查,2019年11月8日,肥西县城管局在合肥公共资源交易网上平台发布招标公告,对肥西县站前路立面改造及亮化工程项目公开招标。其招标文件第二章"投标人须知"条款10.4中规定"工程所需材料均由中标人自行采购",并于招标文件附录10中推荐了腻子、底漆等相关工程材料品牌。该招标文件中同时说明,"对于招标人推荐品牌的材料、产品、设备等,投标单位可选用推荐品牌或不低于推荐品牌质量标准的其他品牌;采用其他品牌的应在商务标中投标函后附投标函附件注明并提供相关技术参数、业绩等供评委会评审,未附投标

① 参见《2018年市场监管总局公平竞争审查重点督察发现典型问题通报》,载《中国市场监管报》2019年1月30日,A3版。

② 参见《安徽省市监局纠正滁州市、肥西县两地七部门行政垄断行为》,载微信公众号"竞争法视界"2020年3月30日,https://mp.weixin.qq.com/s/oXGMCC74sRydJETKyFYucQ。

函附件且未提供相关技术参数、业绩,或经评委会评审未通过的,中标后只能从业主推荐品牌中进行选择,价格不予调整”。上述行为违反了《反垄断法》第32条“行政机关和法律、法规授权的具有管理公共事务职能的组织不得滥用行政权力,限定或者变相限定单位或者个人经营、购买、使用其指定的经营者提供的商品”之规定,构成滥用行政权力排除、限制竞争行为。

在调查过程中,肥西县城管局针对上述问题迅速开展自查自纠,第一时间在合肥公共资源交易网上平台公开发布变更公告,对其招标文件及附录中推荐品牌的内容予以删除,允许投标人自主选择符合国家有关质量标准的工程材料。

案例十二

(2020)山东省荣成市海洋发展局指定捕捞许可证年审案[①]

2020年4月30日,山东广播电视台《问政山东》栏目报道了“荣成市海洋发展局规定捕捞许可证年审要买山东省渔业互保协会荣成办事处的保险”的问题,该栏目组在节目播出后联系山东省市场监管局,请求对报道的问题依法调查处理。5月14日,在进行相关核查的基础上,山东省市场监管局对荣成市海洋发展局涉嫌滥用行政权力排除、限制竞争行为立案调查。

经查,2020年以来,荣成市海洋发展局在山东省2018年至2019年安全生产责任保险试点工作有关文件已过期,且相关上级部门没有发布具有指定性质文件的情况下,在渔业捕捞许可证年审过程中,要求船东必须购买其指定的山东省渔业互保协会荣成办事处的渔船船东雇主责任险,否则不予年审。荣成市海洋发展局的指定行为,导致荣成市当地有相同业务性质、经营资质、承保能力的保险公司无法开展同类业务。

当事人作为行政机关,职责范围包括渔船检验,应当依法依规开展相关业

① 参见《山东省市场监管局纠正荣成市海洋发展局滥用行政权力排除、限制竞争行为》,载山东省市场监督管理局(知识产权局),http://amr.shandong.gov.cn/art/2020/9/28/art_93584_9825843.html。

务。其在没有法律法规和政策依据的情况下，将购买指定经营者的保险作为捕捞许可证年审审批的前提条件，排除了其他同类经营者的竞争，损害了当地保险市场的竞争秩序。当事人的行为违反了《反垄断法》第 32 条："行政机关和法律、法规授权的具有管理公共事务职能的组织不得滥用行政权力，限定或者变相限定单位或者个人经营、购买、使用其指定的经营者提供的商品"之规定，构成滥用行政权力排除、限制竞争的行为。

2020 年 6 月 10 日，荣成市海洋发展局向山东省市场监管局提交了整改报告，不再将购买山东省渔业互保协会荣成办事处的安全生产责任险作为渔业捕捞许可证的年审条件。依据《制止滥用行政权力排除、限制竞争行为暂行规定》（已废止）第 19 条第 2 款"在调查期间，当事人主动采取措施停止相关行为，消除相关后果的，反垄断执法机构可以结束调查"的规定，考虑到当事人已主动采取措施停止相关行为，消除相关后果，山东省市场监管局对该案结束调查。

案例十三

（2020）山东省淄博市淄川区人力资源和社会保障局指定劳务代理案[①]

2020 年 9 月 18 日，山东省市场监管局接到群众举报，反映淄博市淄川区人力资源和社会保障局（以下简称淄川区人社局）以发布通知的形式，要求所有机关事业单位和区属国有企业使用的编外用工人员，统一由淄博齐信劳务合作有限公司代理。山东省市场监管局收到举报后，经过认真分析和核查，认为淄川区人社局涉嫌存在滥用行政权力排除、限制竞争的行为，于 9 月 18 日对其立案调查。

2020 年 9 月 21 日，山东省市场监管局执法人员赴淄川区人社局进行了立案告知并进行了必要的调查。经查，淄川区人社局于 8 月 12 日发布了《关于加强和规范机关事业单位编外用工管理的通知》（川人社字〔2020〕69 号），其中第

① 参见《山东省市场监管局纠正淄博市淄川区人力资源和社会保障局滥用行政权力排除、限制竞争行为》，载国家市场监督管理总局反垄断执法一司，https://www.sac.gov.cn/cms_files/filemanager/samr/www/samrnew/fldys/tzgg/xzjj/202204/t20220424_342185.html。

3条第2项规定,“现有机关事业单位和区属国有企业编外用工人员由其他人力资源公司代理的,按照规范管理的要求,统一由区属国有企业淄博齐信劳务合作有限公司代理,依法签订合作协议和劳动合同。其他由单位直接签订劳动合同管理的,应逐步向齐信劳务公司代理过渡”。第3条第2款第3项规定,“对不按规定执行的用人单位,区财政将不再负担相关费用”。山东省市场监管局在调查过程中,向淄川区人社局讲解了《反垄断法》中关于滥用行政权力排除、限制竞争的相关规定和行政机关在发布文件、通知时,应注意公平竞争的有关事项。

2020年9月23日,淄川区人社局向山东省市场监管局提交了整改报告,内容包括:立即废止《关于加强和规范机关事业单位编外用工管理的通知》文件;在淄川区人民政府网站予以公示,接受群众监督;将加强规范性文件制定程序和管理规范,不断优化营商环境,保护中小企业的合法权益。

案例十四

(2021)新疆维吾尔自治区青河县人民政府指定农机作业服务案①

2021年7月,新疆维吾尔自治区市场监管局对青河县人民政府滥用行政权力排除、限制竞争行为进行立案调查。

经查,青河县人民政府以会议纪要形式,要求阿魏灌区种植户必须使用当地农机合作社提供的农机作业服务,并指定使用当地品牌节水灌溉设备。青河县人民政府实施的上述行为违反了《反垄断法》第32条“行政机关和法律、法规授权的具有管理公共事务职能的组织不得滥用行政权力,限定或者变相限定单位或者个人经营、购买、使用其指定的经营者提供的商品”和第37条“行政机关不得滥用行政权力,制定含有排除、限制竞争内容的规定”之规定,构成滥用行政权力排除、限制竞争行为。调查期间,青河县人民政府主动采取措施进行整

① 参见《新疆维吾尔自治区市场监管局纠正青河县人民政府滥用行政权力排除、限制竞争行为》,载新浪财经,https://finance.sina.com.cn/jjxw/2021-11-19/doc-iktzqtyu8231420.shtml?cref=cj。

改，废止了会议纪要中排除、限制竞争的内容并进行公示。

案例十五

（2022）湖南省市场监管局纠正平江县文化旅游广电体育局滥用行政权力排除、限制竞争行为①

2021年7月，湖南省市场监管局对平江县文化旅游广电体育局涉嫌滥用行政权力排除、限制竞争行为进行了调查。

经查，2021年7月26日，当事人印发文件，规定“穿戴某品牌衣服、裤子、鞋子、袜子、帽子、护腕、头带的，吃某品牌方便面或喝某品牌果汁的，均享受优惠”。

湖南省市场监管局认为，当事人的上述行为违反了《反垄断法》第32条“行政机关和法律、法规授权的具有管理公共事务职能的组织不得滥用行政权力，限定或者变相限定单位或者个人经营、购买、使用其指定的经营者提供的商品”的规定，构成滥用行政权力排除、限制竞争行为。

调查期间，当事人积极整改，撤销了上述文件，并对所有平台的此类宣传信息全部予以下架，消除了不良社会影响。

案例十六

（2022）云南省市场监管局纠正丽江市古城区人民政府办公室滥用行政权力排除、限制竞争行为②

2022年9月8日，云南省市场监管局依法对丽江市古城区人民政府办公室

① 参见《2022年制止滥用行政权力排除、限制竞争执法专项行动案件（第二批）》，载澎湃网2022年7月29日，https://www.thepaper.cn/newsDetail_forward_19229665。

② 参见《2022年制止滥用行政权力排除、限制竞争执法专项行动案件（第三批）》，载百家号2022年11月19日，https://baijiahao.baidu.com/s?id=1749938383932880666&wfr=spider&for=pc。

涉嫌滥用行政权力排除、限制竞争行为立案调查。

经查,2020 年 9 月 16 日,当事人印发《关于印发古城区城乡生活垃圾分类实施方案的通知》(古政办〔2020〕41 号),指定丽江市某公司负责古城区垃圾清运。

云南省市场监管局认为,当事人制定印发文件,指定丽江市某公司负责古城区垃圾清运,直接排除、限制了其他同行业经营者参与当地相关市场竞争,违反了新《反垄断法》第 39 条"行政机关和法律、法规授权的具有管理公共事务职能的组织不得滥用行政权力,限定或者变相限定单位或者个人经营、购买、使用其指定的经营者提供的商品"的规定,构成滥用行政权力排除、限制竞争行为。

调查期间,当事人积极整改,主动纠正违法行为,发文修改了上述文件,消除了不良社会影响,恢复了市场公平竞争。

案例十七

(2022)江西省市场监管局纠正抚州市南城县民政局滥用行政权力排除、限制竞争行为[①]

2022 年 8 月 22 日,江西省市场监管局依法对南城县民政局涉嫌滥用行政权力排除、限制竞争行为立案调查。

经查,2022 年 3 月 16 日,当事人印发《关于进一步推进县中心城区移风易俗、文明治丧工作的通告》,规定"五、患传染病死亡的或腐烂的逝者遗体,应严格按照《中华人民共和国传染病防治法》的有关规定处理后,立即火化;在医院死亡或遭受到意外事故身亡的,由医院或警方直接通知县殡仪馆接运遗体。八、禁止县殡仪馆以外的单位和个人从事经营性的遗体运送、防腐、整容、冷藏、装敛等服务活动"。

江西省市场监管局认为,当事人的上述行为排除了其他具有合格资质和服

① 参见《2022 年制止滥用行政权力排除、限制竞争执法专项行动案件(第三批)》,载百家号 2022 年 11 月 19 日,https://baijiahao.baidu.com/s?id=1749938383932880666&wfr=spider&for=pc。

务能力的市场主体进入该县遗体运送、防腐、整容、冷藏、装殓服务市场，妨碍了相关市场的公平竞争，违反了新《反垄断法》第39条“行政机关和法律、法规授权的具有管理公共事务职能的组织不得滥用行政权力，限定或者变相限定单位或者个人经营、购买、使用其指定的经营者提供的商品”的规定，构成滥用行政权力排除、限制竞争行为。

调查期间，当事人认识到上述行为违反了《反垄断法》有关规定，积极配合调查，向江西省市场监管局提交了整改报告，主动废止相关文件，并通过其官方网站向社会发布。

十、名录库

案例一

(2017)天津市人力资源和社会保障局医保支付药品目录限制案①

根据部分医药生产企业的反映，天津市人力资源和社会保障局(以下简称天津市人力社保局)在2017年发布的《关于公示信息采集与医保支付衔接专家评议药品结果有关问题的通知》(津人社办发〔2017〕131号)、《关于公示进一步做好药品信息采集与医保支付衔接专家评议结果的通知》(津人社办发〔2017〕165号)中未将部分药品生产厂家生产的属于《国家基本医疗保险、工伤保险和生育保险药品目录(2017年版)》的药品纳入天津市医保支付范围，降低了天津市各级、各类医疗机构采购、使用这部分药品的潜在可能性，妨碍了天津市医疗药品市场的充分竞争。

2017年11月18日，天津市发展改革委约谈了天津市人力社保局，通过详细解读《反垄断法》相关规定及充分沟通，天津市人力社保局于2017年12月11日印发了《市人力社保局关于对接2017版国家目录有关问题的通知》(津人社

① 参见《天津市人力社保局主动纠正医保支付工作中妨碍医药市场竞争的行为》，载网易2017年12月29日，https://www.163.com/dy/article/D6QPR8920514CG7L.html。

办发〔2017〕321号），规定在今后的医保支付中严格按照国家有关规定执行，对于《国家基本医疗保险、工伤保险和生育保险药品目录（2017年版）》中符合国家药品目录“凡例”要求，均列入医保支付范围，企业可自愿填报药品信息后，自由进入天津市医疗药品市场。

天津市发展改革委对天津市人力社保局的这种做法表示认可，并要求天津市人力社保局在今后工作中要认真落实《国务院关于在市场体系建设中建立公平竞争审查制度的意见》的要求，加快推进公平竞争审查工作，清理存量文件，审查增量文件，避免类似问题再度发生。

据悉，天津医保“异名库”诞生于2005年，是建立在卫生部门组织的集中招标/采购中标结果的基础上，有严格数目比例控制，设专家评议，甚至加入医保和药企“再次议价”程序。最关键的是，其要求药企在集采中标后，再报一轮价格，“如果非全国最低价”，直接剔除异名库。在天津的医药市场，只有进入此医保“异名库”的药品，参保人员使用后才能报销，异名库之外，即便是国家/天津医保目标品种，也不能报销。

天津人力社保局设置天津异名库管理，违反了《反垄断法》第37条“行政机关不得滥用行政权力，制定含有排除、限制竞争内容的规定”等条款，提高了药品进入天津市场的准入门槛，限制竞争，从而引发了企业的不满，也才有了企业举报导致该异名库最终被废止的结局。

案例二

（2017）重庆市永川区公共资源综合交易管理办公室建设项目名录限制案①

2017年年初，根据国家发展改革委原价格监督检查与反垄断局工作部署，重庆市原价格监督检查与反垄断局（以下简称重庆价监局）对工程项目招投标领域的政策措施文件进行梳理，发现永川区公共资源综合交易管理办公室在

① 参见广东省发展改革委价监局编：《行政垄断典型案例汇编》（2018年5月）。

"重庆市招标投标综合网"上发布《关于印发重庆市永川区工程建设项目抽签定标企业名录管理暂行办法的通知》(永公管办发〔2015〕19号)、《重庆市永川区工程建设项目抽签定标企业名录管理暂行办法》两文件有关内容涉嫌滥用行政权力排除、限制竞争行为。2017年4月,重庆价监局对其开展滥用行政权力排除、限制竞争行为反垄断调查。

经查,永川区公共资源综合交易管理办公室通过学习《反垄断法》和《国务院关于在市场体系建设中建立公平竞争审查制度的意见》等政策法规,认识到《关于印发重庆市永川区工程建设项目抽签定标企业名录管理暂行办法的通知》《重庆市永川区工程建设项目抽签定标企业名录管理暂行办法》有关内容存在排除、限制竞争行为,已于2017年3月28日主动废止了《关于印发重庆市永川区工程建设项目抽签定标企业名录管理暂行办法的通知》《重庆市永川区工程建设项目抽签定标企业名录管理暂行办法》。

案例三

(2018)山东省济南市原城乡建设委员会太阳能企业限制案[①]

2018年1月,山东省原工商局依职权对济南市原城乡建设委员会涉嫌滥用行政权力排除、限制竞争行为进行调查。

经调查,济南市原城乡建设委员会作为市行政区域内主管建设的行政机关,通过下发文件的方式要求高层建筑太阳能热水系统应用产品从太阳能协会推荐的入围企业中选取,并同时下发文件要求各太阳能企业严禁低价操作。

在调查过程中,济南市原城乡建设委员会及时认识到上述文件存在涉嫌排除、限制竞争的问题,于2018年2月发布了新文件,同时废止了涉案有关文件。

---

① 参见邢郑:《工商制止滥用行政权力排除、限制竞争行为10大典型案例》,载百家号2018年6月27日,https://baijiahao.baidu.com/s?id=1604394429052269606&wfr=spider&for=pc。

案例四

(2018)某市政府和某市原城乡建设委员会太阳能产品限制案①

某市政府于2013年发布《关于全面推进绿色建筑发展的实施意见》，规定自2014年起，对100平方米以下新建住宅建筑和集中供应热水的公共建筑全部按太阳能热水系统与建筑一体化要求设计。该意见被称为全国高层建筑太阳能热水系统的“强推令”，即新建住宅建筑必须安装太阳能热水系统。

根据该市政府的相关规定，某市原城乡建设委员会(以下简称市建委)于2014年起陆续发布配套文件和通知，规定“高层建筑太阳能热水系统应用产品原则上从推荐入围企业和业绩、信誉良好的企业产品中选取”。2014年至2015年，该市建委委托市太阳能协会确定了24家企业的产品为全市高层建筑太阳能热水系统推荐产品。

同时，该市建委印发文件，要求市太阳能行业协会联合所有具备资质的太阳能企业签署协议价倡议书，不得擅自降低协议价。2015年7月29日，市太阳能协会联合相关太阳能企业召开高层建筑太阳能热水系统产品价格倡议会，共同签署协议价倡议书，要求每台太阳能热水系统产品单价不得低于3000元。2016年4月，市建委对3家太阳能企业以低于行业协会公约价格进行竞标的行为作出通报批评、中止“入围”资格等处理决定。

山东省原工商局在调查后认为，该市建委作为市行政区域内主管建设的行政机关，在无明确法律依据的情况下，通过印发文件的方式要求高层建筑太阳能热水系统应用产品从太阳能协会推荐的入围企业中选取，限制了相关太阳能企业在全市高层建筑领域的公平竞争，其行为涉嫌违反《反垄断法》第37条及《工商行政管理机关制止滥用行政权力排除、限制竞争行为的规定》(已废止)第4条的规定，构成行政机关滥用行政权力限制竞争行为。

在山东省原工商局调查过程中，该市建委及时认识到上述文件存在涉嫌排

① 参见赵跃程、李婉莹:《山东查处某市建委涉嫌滥用行政权力限制竞争行为》，载《中国工商报》2018年4月24日，A6版。

除、限制竞争的问题，于2018年2月24日发布新文件，同时废止了涉案有关文件。鉴于其主动纠正违法行为，山东省原工商局未再向其上级机关提出行政建议。根据反垄断执法机构职责分工，山东省原工商局将本案涉嫌的价格垄断问题移送相关部门处理。

案例五

(2018)山东省临沂市莒南县公共资源交易服务中心招投标代理限制案①

2018年6月，山东省原工商局根据举报，对临沂市莒南县公共资源交易服务中心涉嫌滥用行政权力排除、限制竞争行为进行调查。

经查，临沂市莒南县公共资源交易服务中心以防止工程建设项目招投标领域的腐败行为为由，利用行政权力，强制要求投资总额在50万元以下的项目招标人须采用资源交易系统自动抽取方式选聘招标代理机构，并印发了有关文件。山东省原工商局认为，该做法剥夺了招标人自行选择招标代理机构的权利，限制了招标代理机构之间的合法竞争，违反了《反垄断法》第37条的规定，构成滥用行政权力排除、限制竞争行为。

2018年7月下旬，山东省原工商局约谈了莒南县人民政府和莒南县公共资源交易服务中心，并指出莒南县公共资源交易服务中心相关文件存在滥用行政权力排除、限制竞争的问题。莒南县公共资源交易服务中心承诺对相关文件进行修改。2018年9月，莒南县公共资源交易服务中心向山东省原工商局提交了《关于相关问题整改落实情况的报告》，表示已经对相关文件条款进行了修订，并报莒南县人民政府批准印发。

① 参见《市场监管总局关于发布2018年市场监管部门制止滥用行政权力排除、限制竞争行为 典型案例的公告》，载中华人民共和国中央人民政府，https://www.gov.cn/zhengce/zhengceku/2018-12/31/content_5459681.htm。

案 例 六

(2018)重庆市黔江区发展改革委非必须招标工程建设项目限制案①

2018年3月1日,根据国家发展改革委原价格监督检查与反垄断局工作部署,重庆市原物价局在对重庆市相关部门出台的政策措施文件进行清理中,发现黔江区发展改革委于2017年11月17日印发的《关于建立重庆市黔江区国有投资非必须招标工程建设项目预选承包商库的通知》(黔江发改委发〔2017〕132号,以下简称黔江发改委发〔2017〕132号文件),其有关内容涉嫌滥用行政权力,排除、限制竞争以及妨碍公平竞争行为。

根据《反垄断法》相关规定,重庆市原物价局2017年12月26日对黔江区发展改革委涉嫌滥用行政权力,排除、限制竞争以及妨碍公平竞争行为开展反垄断调查。经查,黔江区发展改革委依据重庆市人民政府办公厅《关于进一步规范国有投资项目招标投标活动的通知》(渝府办发〔2016〕275号)要求,制定出台了黔江发改委发〔2017〕132号文件,由于该委在文件制定过程中,缺乏对《国务院关于在市场体系建设中建立公平竞争审查制度的意见》和《公平竞争审查制度实施细则(暂行)》(已废止)相关规定的理解和认识,文件部分内容设置了歧视性的资质要求,产生了排除限制竞争的行为。

重庆市物价局对黔江区发展改革委开展反垄断调查后,该委高度重视,认识到黔江发改委发〔2017〕132号文件有关内容存在排除限制竞争的行为,于2017年12月28日印发《重庆市黔江区发展和改革委员会关于废止〈重庆市黔江区发展和改革委员会关于建立重庆市黔江区国有投资非必须招标工程建设项目预选承包商库的通知〉的通知》(黔江发改委发〔2017〕144号),主动予以纠正。

---

① 参见《重庆市物价局纠正黔江区发展和改革委员会滥用行政权力排除限制竞争行为》,载《中国价格监管与反垄断》2018年第3期。

案 例 七

(2019)山西省药师协会利用政府下放权力垄断经营、收费敛财、弄虚作假①

国务院第二督查组在山西省督查发现,山西省药师协会利用承接有关部门下放的执业药师继续教育管理职责机会,自行出台《山西省执业药师继续教育管理办法(试行)》,超出协会业务范围违规开展并垄断全省执业药师继续教育施教工作,巧立名目收费敛财。2016 年 6 月至 2019 年 6 月,该协会共收取执业药师继续教育培训费 1848 万元、会议费等 149 万元、"一卡通"工本费 42 万元。同时,山西省药师协会未落实执业药师继续教育学时学分有关规定,实际执行中远低于相应标准,并用买杂志顶学分等手法弄虚作假。山西省药品监督管理局未履行执业药师管理、执业药师注册管理等法定职责,未对该协会进行有效指导管理,形成监管真空。

案 例 八

(2019)云南省红河哈尼族彝族自治州建水县市场监管局和个体私营经济协会强制个体工商户入会并缴纳会费②

国务院第十四督查组在云南省督查发现,红河哈尼族彝族自治州建水县市场监管局采取个体工商户加入协会并缴费与办理营业执照、年检等业务工作捆绑挂钩的方式,强制个体工商户加入建水县个体私营经济协会并缴纳会费。

① 参见《关于国务院第六次大督查发现部分地方和单位落实深化"放管服"改革优化营商环境政策要求不到位典型问题的通报》,载中华人民共和国中央人民政府,https://www.gov.cn/hudong/2019-11/12/content_5450989.htm。

② 参见《关于国务院第六次大督查发现部分地方和单位落实深化"放管服"改革优化营商环境政策要求不到位典型问题的通报》,载中华人民共和国中央人民政府,https://www.gov.cn/hudong/2019-11/12/content_5450989.htm。

2017年1月至2019年6月,建水县个体私营经济协会累计违规收取会费551万元,涉及50170户个体户、1621户企业。长期以来,建水县市场监管部门与建水县个体私营经济协会人员交叉、合署办公。建水县个体私营经济协会会费由各乡镇市场监管所在编人员负责收取并定期汇总到建水县个体私营经济协会,会费支出由建水县市场监管局实际支配。

案例九

(2022)山东省菏泽市应急管理局烟花爆竹经营限制案[①]

2021年11月至2022年1月,山东省市场监管局对菏泽市应急管理局滥用行政权力排除、限制竞争行为进行调查。

经查,2020年11月6日,菏泽市应急管理局以菏泽市安全生产委员会办公室的名义制定和印发了《菏泽市烟花爆竹连锁经营工作方案》,其中规定"申请办理《烟花爆竹零售许可证》的零售店(点),必须与辖区内批发企业签订连锁经营协议"。上述规定违反了《反垄断法》第37条"行政机关不得滥用行政权力,制定含有排除、限制竞争内容的规定"之规定,构成滥用行政权力排除、限制竞争的行为。

调查期间,菏泽市应急管理局主动采取措施进行整改,消除后果。一是及时对《菏泽市烟花爆竹连锁经营工作方案》中的相关规定进行修订,并在菏泽市应急管理局官方网站上进行了公示;二是健全公平竞争审查机制;三是向山东省市场监管局报送了整改报告。

---

① 参见《2022年制止滥用行政权力排除、限制竞争执法专项行动案件(第一批)》,载百家号2022年6月9日,https://baijiahao.baidu.com/s?id=1735142945634532232&wfr=spider&for=pc。

案　例　十

（2022）天津市市场监管委纠正蓟州区城市管理委员会滥用行政权力排除、限制竞争行为[①]

2022年5月31日，天津市市场监管委依法对蓟州区城市管理委员会涉嫌滥用行政权力排除、限制竞争行为立案调查。

经查，2019年1月29日，当事人牵头印发《区城市管理委员会　公安局蓟州分局　城市管理综合执法局关于印发〈蓟州区建筑垃圾运输企业管理办法（试行）〉的通知》《关于印发〈蓟州区零散建筑垃圾管理细则〉的通知》，规定从事建筑垃圾运输的企业需拥有运输车辆大于等于15辆；零散建筑垃圾运输的小型运输车辆须车总长小于6200毫米且总质量小于1800千克；建立《建筑垃圾运输企业名录》，未取得名录资质的企业不得从事建筑垃圾的运输工作；对建筑垃圾运输企业及车辆的准入实行总量控制。上述文件印发后，当事人建立《建筑垃圾运输企业名录》，对运输企业进入蓟州区建筑垃圾运输市场进行行政审批，制定《蓟州区建筑垃圾运输企业考核办法》，并对违反《蓟州区建筑垃圾运输企业准入名录规定和流程》有关规定、未取得资质开展此项业务行为进行行政处罚。截至调查时，蓟州区仅有9家运输企业取得《建筑垃圾运输企业名录》资质进入建筑垃圾运输市场。

天津市市场监管委认为，当事人限定运输车辆尺寸、质量，导致蓟州区建筑垃圾运输用户只能从取得《建筑垃圾运输企业名录》资质的9家运输企业中选取，限定了建筑垃圾运输需求用户对运输企业的自主选择权，限制了蓟州区建筑垃圾运输市场的竞争。当事人的上述行为违反了《反垄断法》第32条“行政机关和法律、法规授权的具有管理公共事务职能的组织不得滥用行政权力，限定或者变相限定单位或个人经营、购买、使用其指定的经营者提供的商品”的规定，构成滥用行政权力排除、限制竞争行为。

---

① 参见《2022年制止滥用行政权力排除、限制竞争执法专项行动案件（第四批）》，载澎湃网2022年11月25日，https://m.thepaper.cn/baijiahao_20894294。

调查期间，当事人认识到上述行为违反了《反垄断法》有关规定，积极整改，消除不良影响；主动废除上述两文件并在网站公布相关信息；放宽蓟州区建筑垃圾运输市场准入，对进入《建筑垃圾运输企业名录》的运输企业不再设置15台以上准入条件及运输车辆长度、质量相关参数要求；建立健全公平竞争审查制度，从机制建立上防止再次出台违反公平竞争原则的政策措施。

第三章
协议型行政垄断

第一节　协议型行政垄断立法

一、协议型行政垄断立法规定

行政机关和法律、法规授权的具有管理公共事务职能的组织不得滥用行政权力，通过与经营者签订合作协议、备忘录等方式，排除或限制竞争（新《反垄断法》第40条，2022年修正时新增法条）。

依据《制止滥用行政权力排除、限制竞争行为规定》第5条，行政机关和法律、法规授权的具有管理公共事务职能的组织不得滥用行政权力，通过与经营者签订合作协议、备忘录等方式，妨碍其他经营者进入相关市场或者对其他经营者实行不平等待遇，排除、限制竞争。

《制止滥用行政权力排除、限制竞争行为规定》的内容实际上与新《反垄断法》第40条规定的内容完全一致。

二、协议型行政垄断表现形式

2023年4月15日起施行的《禁止垄断协议规定》更多针对经营者之间违反反垄断法的经济垄断中的垄断协议行为，行政垄断协议一般不适用该规定。但其第5条规定，垄断协议是指排除、限制竞争的协议、决定或者其他协同行为。协议或者决定可以是书面、口头等形式。其他协同行为是指经营者之间虽未明确订立协议或者决定，但实质上存在协调一致的行为。新《反垄断法》第40条和《制止滥用行政权力排除、限制竞争行为规定》第5条规制行政垄断的“签订合作协议、备忘录等方式”中的“等”，可以参照“书面、口头等形式”，但具体到实务中，我们认为包括但不限于合同、协议、会议纪要、合作等，即不管名称称呼，而是看具体内容是否具有行政协议性质。

《制止滥用行政权力排除、限制竞争行为规定》第10条规定“行政机关和法律、法规授权的具有管理公共事务职能的组织不得滥用行政权力，以办法、决定、公告、通知、意见、会议纪要、函件等形式，制定、发布含有排除、限制竞争内容的规定”。而这些办法、决定、公告、通知、意见、会议纪要、函件，就是行政垄断行为的常见表现形式。实务中此条极易与第5条混淆，两者的区别在于，该规定第5条是行政机关与受益经营者之间具有意思联络并达成协议性质的行政行为，而后者是行政机关的单方行为。

三、协议型行政垄断范围

对于行政垄断协议规制的范围，《反垄断法》和《制止滥用行政权力排除、限制竞争行为规定》第5条均没有明确，可以参考《公平竞争审查制度实施细则》第2条，主要包括关于市场准入和退出、产业发展、招商引资、招标投标、政府采购、经营行为规范、资质标准等涉及市场主体经济活动的规章、规范性文件、其他政策性文件以及“一事一议”形式的具体政策措施。此外还包括该细则第3条规定的涉及市场主体经济活动的行政法规、国务院制定的政策措施，以及政府部门负责起草的地方性法规、自治条例和单行条例。

实践中，行政机关或授权管理组织不仅可以通过与特定经营者签署独家合作协议、备忘录的方式，还可以“专供”“保供”的名义，为特定地区的商品提供、服务提供指定独家合作的提供商，阻碍其他提供商的进入。

第二节　案例评析

一、政府采购不能成为抗辩理由

《政府采购法》规定的政府采购方式有公开招标、邀请招标、竞争性谈判、询价、单一来源采购。行政垄断的危害是以结果为导向的“排除和限制竞争”，故该章部分案例中政府虽然经过采购程序，但仍然被认定为行政垄断。

二、共享单车管理成难题

共享单车管理成为行政执法的重点行业。近年来，共享单车领域的行政垄断行为频频发生，多地城市管理监督局等为解决共享单车无序投放乱象，纷纷采取措施限定进驻城市的共享单车企业和数量。比如在 2021 年 1 月 28 日，防城港市城市管理监督局发布《关于互联网租赁助力车企业评审结果的公示》。该文显示，为促进防城港市城区互联网租赁助力车企业健康运营，防城港市城市管理监督局拟引入 2 家互联网租赁助力车企业运营 4000 辆互联网租赁助力车。2022 年 4 月 8 日，广西市场监管局依法对该案立案调查。经查，区内某市城市管理监督局通过制定《2021 年互联网租赁助力车运营遴选公告》，并发布《×××市城市管理监督局关于互联网租赁助力车企业评审结果的公示》，只允许 2 家互联网租赁助力车运营企业在该市城区范围内营运，每家企业拥有 2000 辆互联网租赁助力车的运营配额，运营期限 3 年。

广西市场监管局认为，涉案行政机关的行为限制了该市城区范围内的互联网租赁助力车用户的自由选择权，排除、限制了该市城区范围内的互联网租赁助力车营运企业之间的竞争，对当地互联网租赁助力车营运市场的公平竞争产生了限制影响。

国家发展改革委办公厅 2022 年 11 月 25 日对 23 个违背市场准入负面清单典型案例（第四批）进行了通报，通报案例中各地对共享单车或共享电单车的违规监管行为共 15 起，占比超过 65%，涉及云南昆明、大理，湖南张家界，山东滨州、高密,广西钦州,湖北随州等地。这些地方对共享(电)单车的违规监管行为包括:签订独家战略合作协议、公开拍卖特许经营权、限制其他共享(电)单车企业准入经营等。以山东滨州为例,据通报,滨州市城市管理局与共享单车企业签订独家战略合作协议,限制其他共享单车企业准入经营。①

附:典型案例

案例一

(2022)山东省市场监管局纠正滨州市城市管理局滥用行政权力排除、限制竞争行为②

2021年12月27日,山东省市场监管局依法对滨州市城市管理局涉嫌滥用行政权力排除、限制竞争行为进行立案调查。

经查,2017年11月14日,当事人以政府采购的方式确定某网络科技有限公司为滨州市城区共享单车经营企业,并于12月18日签订战略合作协议,合作内容第3条中注明:"为避免单车同行无序投放,控制城市车辆总数,甲方不再引进乙方以外的共享单车品牌。如有其他品牌的单车未经甲方许可就随意投放,甲方将联动相关部门进行车辆管控。"协议有效期为5年。

山东省市场监管局认为,当事人以政府采购的方式确定某网络科技有限公司为滨州市城区独家共享单车经营企业,限制了其他具有合格资质和服务能力的共享助力车品牌进入该区域市场,排除、限制了竞争,违反了旧《反垄断法》第32条"行政机关和法律、法规授权的具有管理公共事务职能的组织不得滥用行政权力,限定或者变相限定单位或者个人经营、购买、使用其指定的经营者提供的商品"的规定,构成滥用行政权力排除、限制竞争行为。

① 刘木木:《各地被要求破除垄断 共享单车市场迎变局》,载《成都商报》2022年11月23日,第5版。

② 参见《2022年制止滥用行政权力排除、限制竞争执法专项行动案件(第一批)》,载百家号2022年6月9日,https://baijiahao.baidu.com/s?id=1735142945634532232&wfr=spider&for=pc。

2022 年 1 月 7 日，当事人发布了《关于废止共享单车相关文件的公告》，决定废止与某网络科技有限公司签订的战略合作协议。该公告已在当事人官方网站进行了公示。

案例二

（2022）山东省市场监管局纠正惠民县综合行政执法局滥用行政权力排除、限制竞争行为①

2021 年 12 月 27 日，山东省市场监管局依法对惠民县综合行政执法局涉嫌滥用行政权力排除、限制竞争行为进行立案调查。

经查，2021 年 9 月 24 日，当事人与某信息科技有限公司签订战略合作协议，其中合作内容第 3 条注明："为避免同行无序投放，控制城市车辆总数，甲方在协议有效期内不再引进其他的共享助力车品牌。如有其他品牌未经甲方许可随意投放，甲方对车辆实施管控。"第 6 条约定："本协议自签订之日起 1 年内有效，根据双方合作的实际运营成果，到期后甲方优先考虑乙方后续运营。"

山东省市场监管局认为，当事人以签订战略合作协议的方式确定某信息科技有限公司为惠民县区域独家共享单车经营企业，限制了其他具有合格资质和服务能力的共享助力车品牌进入该区域市场，排除、限制了竞争，违反了《反垄断法》第 32 条"行政机关和法律、法规授权的具有管理公共事务职能的组织不得滥用行政权力，限定或者变相限定单位或者个人经营、购买、使用其指定的经营者提供的商品"的规定，构成滥用行政权力排除、限制竞争行为。

2022 年 1 月 10 日，当事人发布《关于废止共享单车相关文件的公告》，并在惠民县人民政府网站进行公示，2022 年 1 月 12 日向山东省市场监管局提交了整改报告等材料。

---

① 参见《2022 年制止滥用行政权力排除、限制竞争执法专项行动案件（第一批）》，载百家号 2022 年 6 月 9 日，https://baijiahao.baidu.com/s?id=1735142945634532232&wfr=spider&for=pc。

案 例 三

(2022)湖南省市场监管局纠正双峰县卫生健康局滥用行政权力排除、限制竞争行为①

2021 年 11 月 2 日,湖南省市场监管局对双峰县卫生健康局涉嫌滥用行政权力排除、限制竞争行为立案调查。

经查,2021 年 7 月 23 日,当事人(甲方)于 2021 年 7 月 23 日与某公司(乙方)签订《药品、耗材、设备购销战略合作协议》,该协议约定:“甲方辖区内所有公立医疗机构(附名单在后)所需药品、耗材、器械设备等拿出一定比例的采购量给乙方。甲方以文件的形式下达指标到所辖公立医疗机构,由乙方与有关公立医疗机构签订供需合同。”

湖南省市场监管局认为,当事人上述行为妨碍、限制了该县域内药品、耗材、器械设备市场的公平竞争,违反了《反垄断法》第 32 条“行政机关和法律、法规授权的具有管理公共事务职能的组织不得滥用行政权力,限定或者变相限定单位或者个人经营、购买、使用其指定的经营者提供的商品”的规定,构成滥用行政权力排除、限制竞争行为。

调查期间,当事人积极整改,2021 年 11 月 10 日,专门函告某公司解除了上述合作协议,并通知全系统二级医疗卫生单位,恢复了该县域药品、耗材、器械设备等供应市场的公平竞争。

① 参见《2022 年制止滥用行政权力排除、限制竞争执法专项行动案件(第一批)》,载百家号 2022 年 6 月 9 日,https://baijiahao.baidu.com/s?id = 1735142945634532232&wfr = spider&for = pc。

案例四

(2021)湖南省双峰县卫生健康局指定药品采购案[①]

湖南省市场监管局日前成功处置一起企业集体投诉案,维护相关市场公平竞争秩序,为有关企业挽回直接经济损失1.2亿元。

2021年10月底,娄底市双峰县相关企业联名举报,称双峰县卫生健康局(以下简称卫健局)与长沙某公司签订协议,对县属公立医疗机构药物采购下达强制性目标任务,严重限制了双峰县药物市场的公平竞争,要求相关部门查处。

11月3日,湖南省市场监管局对双峰县卫健局涉嫌滥用行政权力排除、限制竞争行为立案调查。

经查,双峰县卫健局与国药控股长沙有限公司签订的药品、耗材、设备购销战略合作协议中含有排除、限制竞争的内容,包括"甲方辖区内所有公立医疗机构所需药品、耗材、器械设备等拿出一定比例的采购量给乙方。甲方以文件的形式下达指标到所辖公立医疗机构,由乙方与有关公立医疗机构签订供需合同""甲方辖区内各公立医疗机构到乙方的采购额度:2021年7月至12月31日为4000万元,2022年1月至12月31日为8000万元"等,采购资金额度1.2亿元。

湖南省市场监管局认为,双峰县卫健局的上述行为,违反了《反垄断法》第8条"行政机关和法律、法规授权的具有管理公共事务职能的组织不得滥用行政权力,排除、限制竞争"及第32条"行政机关和法律、法规授权的具有管理公共事务职能的组织不得滥用行政权力,限定或者变相限定单位或者个人经营、购买、使用其指定的经营者提供的商品"之规定,构成滥用行政权力排除、限制竞争行为。

调查期间,执法人员向当事人积极宣讲《反垄断法》《公平竞争审查制度实施细则》等法律政策规定。双峰县卫健局当场表示立行立改,迅速着手解除该协议。

11月10日,双峰县卫生健康局专门函告国药控股长沙有限公司解除合作

① 参见谢建荣:《反行政垄断　护市场公平:湖南纠正双峰县卫健局涉嫌滥用行政权力排除限制竞争行为》,载《中国市场监管报》2021年12月23日,A3版。

协议,并通知全系统二级医疗卫生单位。

案例五

(2022)黑龙江省市场监管局纠正佳木斯市城市管理综合执法局滥用行政权力排除、限制竞争行为[①]

2022 年 4 月 18 日,黑龙江省市场监管局依法对佳木斯市城市管理综合执法局涉嫌滥用行政权力排除、限制竞争行为立案调查。

经查,2021 年 3 月 26 日,当事人委托第三方通过佳木斯市政府采购网发布《佳木斯市城区共享单车运营服务项目竞争性磋商公告》,项目中标单位为某网络科技有限公司。随后,当事人与中标单位签订《佳木斯市城区共享单车运营服务项目合同》,规定"乙方经营期限内,甲方不在佳木斯市区引进其他共享单车服务系统"。

黑龙江省市场监管局认为,当事人没有法律、法规依据,通过竞争性磋商方式确定一家中标企业,并与该企业签订合同,约定只由该企业提供佳木斯市城区共享单车服务,排除、限制了其他具有相应资质和服务能力的企业参与该区域共享单车市场竞争,剥夺了消费者的自主选择权。当事人的上述行为违反了新《反垄断法》第 40 条"行政机关和法律、法规授权的具有管理公共事务职能的组织不得滥用行政权力,通过与经营者签订合作协议、备忘录等方式,妨碍其他经营者进入相关市场或者对其他经营者实行不平等待遇,排除、限制竞争"的规定,构成滥用行政权力排除、限制竞争的行为。

调查期间,当事人积极整改,消除不良影响,解除相关协议,并在政府网站进行公告。当事人向黑龙江省市场监管局提交了整改报告,表示将严格执行公平竞争审查制度,凡涉及市场主体经济活动的政策措施必须经过公平竞争审查,防止出现排除、限制竞争情况。

---

① 参见《2022 年制止滥用行政权力排除、限制竞争执法专项行动案件(第五批)》,载国家市场监督管理总局,https://www.samr.gov.cn/jzxts/tzgg/qlpc/202301/t20230111_352803.html。

第四章
歧视性垄断

第一节　歧视性垄断立法

一、《反垄断法》修正

新《反垄断法》第41条规定行政机关和法律、法规授权的具有管理公共事务职能的组织不得滥用行政权力妨碍商品在地区之间的自由流通。《制止滥用行政权力排除、限制竞争行为规定》第6条对于行政机关和法律、法规授权的具有管理公共事务职能的组织滥用行政权力妨碍商品自由流通的方式，进行了细化。例如，“对外地商品规定与本地同类商品不同的技术要求、检验标准，或者对外地商品采取重复检验、重复认证等歧视性技术措施，阻碍、限制外地商品进入本地市场”。与《制止滥用行政权力排除、限制竞争行为暂行规定》（已废止）相比，这里的技术要求、检验标准特别强调了“歧视性”技术措施，事实上增加了外地商品进入本地市场的成本。又如，“采取专门针对外地商品的行政许可，或者对外地商品实施行政许可时，设定不同的许可条件、程序、期限等，阻碍、限制外地商品进入本地市场”。与《制止滥用行政权力排除、限制竞争行为暂行规定》（已废止）相比，《制止滥用行政权力排除、限制竞争行为规定》删除了“没有法律、法规依据”的前提条件。实践中有些规范性文件可以被视为行政规章，但这些行政规章仅仅是行政垄断行为的面具，而且这些行政规章通常并未通过立法程序便排除、限制竞争，或者超越了立法者给予行政机关或法律、法规授权的具有管理公共事务职能的组织的授权。

对外地商品设定歧视性收费项目、实行歧视性收费标准，或者规定歧视性价格(新《反垄断法》第41条第1项、旧《反垄断法》第33条第1项,法条内容完全相同,只是法条序号调整)。

对外地商品规定与本地同类商品不同的技术要求、检验标准,或者对外地商品采取重复检验、重复认证等歧视性技术措施,限制外地商品进入本地市场(新《反垄断法》第41条第2项、旧《反垄断法》第33条第2项,内容完全相同,只是法条序号调整)。

采取专门针对外地商品的行政许可,限制外地商品进入本地市场(新《反垄断法》第41条第3项、旧《反垄断法》第33条第3项,内容完全相同,只是法条序号调整)。

设置关卡或者采取其他手段,阻碍外地商品进入或者本地商品运出(新《反垄断法》第41条第4项、旧《反垄断法》第33条第4项,内容完全相同,只是法条序号调整)。

妨碍商品在地区之间自由流通的其他行为(新《反垄断法》第41条第5项、旧《反垄断法》第33条第5项,内容完全相同,只是法条序号调整)。

二、《价格法》第14条

《价格法》第14条以列举的方式规定了经营者不得实施的8类不正当价格行为,其中的第2项、第5项和第7项涉及价格垄断,第2项属于掠夺性定价行为,第5项属于价格歧视行为(提供相同商品或者服务,对具有同等交易条件的其他经营者实行价格歧视),第7项属于垄断价格行为。《价格法》第14条列举的8类不正当价格行为,其规范内容和新《反垄断法》的相应规定基本相同。两者之间的差异主要表现在处罚措施及计算方法上。[①]《价格法》第14条第7项与新《反垄断法》第41条第1项规定的行政垄断之间无直接联系,但可能会存在因行政垄断导致受益经营者违反《价格法》第14条第7项的情形。

① 参见《价格法》第40条、第41条和新《反垄断法》第56条、第57条、第60条。

三、《价格法》与价格行政管制

《价格法》赋予行政机关价格管制的权力，而《反垄断法》则禁止行政机关非法运用价格管制权力限制价格竞争。厘清合法价格管制与非法行政垄断之间的界限，将成为反垄断执法的重要命题。价格管制的正当性源于法律的授权。第八届全国人大常委会第二十九次会议通过的《价格法》第 18 条规定，政府价格主管部门在必要时可以对"与国民经济发展和人民生活关系重大的极少数商品价格""资源稀缺的少数商品价格""自然垄断经营的商品价格""重要的公用事业价格""重要的公益性服务价格"实行政府定价或者政府指导价。价格管制的合理性则来自均衡价格条件下的市场失灵，价格管制本质上是政府根据形势需要和既定政策，运用行政权力对某些产品直接规定的偏离均衡价格的价格。从这个意义上讲，无论是市场经济条件下对垄断性产品的价格限定，还是对竞争性产品的价格干预；无论是计划经济下政府直接规定产品价格，还是计划经济向市场经济转型过程中政府对产品价格控制的延续，只要具有法律正当性和经济合理性都可以称为有效的价格管制。相对于正当有效的价格管制，行政垄断则属于滥用行政权力的行为。虽然《反垄断法》未对滥用作出定义，但可以认定它是一种缺乏法律依据的行为。因此，与政府价格管制相比，行政垄断虽然也是行政权力对市场经济的一种干预行为，但前者是政府依据法律和行政法规的规定对经济运行的合法干预，后者干预经济运行则缺乏法律和行政法规的依据，亦即前者是一种合法行为，后者是一种违法行为。政府价格管制是行政权力依据法律的授权对市场进行的合法干预。政府价格管制的范围虽然涉及行政权力与市场之间的交叉，在表征上与行政垄断有着相似之处，但因为存在合法授权，政府价格管制并不属于行政垄断。只有符合：(1)违反法律规定的价格干预行为；(2)造成了排斥、限制市场竞争的后果等两个要件，政府价格干预行为才构成限制价格竞争的行政垄断。而对于政府价格管制本身的不合理之处，只能通过对相关授权的法律、法规进行修改和完善，而不能纳入《反垄断法》通过行政垄断的规制体系予以解决。[①]

---

① 参见邓志松、黄勇：《限制价格竞争的行政垄断与政府价格管制之间界限》，载《价格理论与实践》2010 年第 5 期。

第二节　歧视性垄断行为的表现类型

一、价格歧视

价格歧视是个经济学术语，一般可理解差别、区别或者歧视。价格歧视是针对不同特征的消费者，针对不同采购量的消费者，甚至针对每个不同的消费者，制定的“差别定价策略”。价格歧视实际上是行政机关对外地商品采取内外有别的收费项目、收费标准或者价格。

《制止滥用行政权力排除、限制竞争行为规定》第 6 条与新《反垄断法》第 41 条基本相同，但前者第 6 条第 1 项增加了“实行歧视性补贴政策”的规定。我国现有的政府补贴主要包括财政拨款、财政贴息、税收优惠等，并且存在面向农业、新兴产业等不同领域和上市企业、中小企业、高新技术企业等不同主体的补贴类型，同时存在生产补贴、投产补贴和购置补贴①等模式。② 基于补贴模式来考察我国政府补贴的目的，政府补贴可以分为三类：一是通过补贴扶持本地特色企业和产业。例如，包头市对铁精粉生产企业以及铁精粉来料加工企业给予补贴。③ 二是通过补贴扶持促进金融、科技等企业的发展。例如，中关村对于入驻功能区的企业提供不超过 1000 平方米的土地面积，并补贴实际租金的 50%，但单家企业的补贴期限不超过三年。④ 三是通过政府补贴鼓励本地企业做大做强，或者以政策性补贴作为地方政府招商引资的工具。例如，巢湖市对列入巢湖市工业固定资产投资项目库的项目，如果一个项目固定资产投资超过 3000 万元，就按照固定资产投资额的 5% 给予最高 1000 万元的补助。⑤

① 生产补贴是指政府对企业在生产阶段出售的产品进行补贴，投产补贴是指政府对企业在投产阶段建设的产能进行补贴，购置补贴是指政府对需求者购进的产品进行补贴，如汽车购置补贴、农机购置补贴和家电购置补贴等。

② 参见徐齐利、聂新伟、范合君：《政府补贴与产能过剩》，载《中央财经大学学报》2019 年第 2 期。

③ 参见《包头市铁精粉生产企业政策扶持实施方案》（包府办发〔2014〕130 号）、《自贡市促进经济稳定增长推进供给侧结构性改革政策措施的通知》（自府发〔2017〕10 号）。

④ 参见《中关村国家自主创新示范区促进科技金融深度融合创新发展支持资金管理办法》。

⑤ 参见《巢湖市培育新动能促进产业转型升级推动经济高质量发展若干政策》（巢政〔2018〕44 号）。

政府补贴设定差异性的条件标准,促使了受补贴主体实施排他性策略,强化其市场力量,并使其他市场主体处于不利地位,进而可能退出市场竞争,甚至导致潜在竞争者放弃进入该市场领域的意愿,从而导致该领域的市场竞争减少,最终产生排除、限制竞争的后果。[①]《制止滥用行政权力排除、限制竞争行为规定》第 6 条第 1 项明确的是"歧视性补贴政策",而不是一概否决"补贴政策"。

2019 年 8 月,交通运输部联合国家发展改革委、财政部共同印发了《关于全面清理规范地方性车辆通行费减免政策的通知》指出,在《收费公路管理条例》规定的减免费范围之外,部分省份出台了一些地方性通行费减免政策。归纳起来,这些政策主要有三个方面的问题:一是违反《反垄断法》关于不得设定歧视性收费项目、实行歧视性收费标准、规定歧视性价格,不得排除、限制竞争等相关规定,妨碍全国统一市场和公平竞争;二是需要停车接受人工查验,无法实现不停车快捷通行;三是影响跨省车辆正常交费。按照相关法律法规和规定,必须对这些政策进行规范清理。

二、技术歧视

技术标准是对标准化领域中需要协调统一的技术事项所制定的标准。它是根据不同时期的科学技术水平和实践经验,针对具有普遍性和重复出现的技术问题,提出的最佳解决方案。它的对象既可以是物质的(如产品、材料、工具),也可以是非物质的(如概念、程序、方法、符号)。技术标准一般分为基础标准,产品标准,方法标准以及安全、卫生、环境保护标准等。技术标准是从事科研、设计、工艺、检验等技术工作以及商品流通中共同遵守的技术依据,是大量存在的、具有重要意义和广泛影响的标准。[②]

主要歧视性技术标准包括:对外地商品规定与本地同类商品不同的技术要求、检验标准,或者对外地商品采取重复检验、重复认证等歧视性措施,限制外地商品进入本地市场。此处的"等"是指排除"技术要求、检验标准""重复检

① 参见张占江:《政府行为竞争中立制度的构造——以反垄断法框架为基础》,载《法学》2018 年第 6 期。

② 参见何盛明主编:《财经大辞典》,中国财政经济出版社 1990 年版,第 279 页。

验、重复认证”方式以外的其他歧视性技术标准。

技术措施是指工业企业在改革生产技术方面所采取的合理化措施。它包括改进工艺,采用新技术,改进产品设计,减轻劳动强度,提高生产效率,节约材料、能源,降低产品成本和减少公害等诸方面。技术措施主要源于科学技术研究成果;职工群众提出的合理化建议及革新方案,也是技术革命与技术革新的一个主要动力源泉。技术措施在处理问题的对象、手段等方面都是从纯技术角度着眼,这是它区别于其他措施的最鲜明的特点。实施技术措施的目的大多是推动生产力发展、提高经济效益。在现实工作中,有些技术措施常需要有适当的行政手段作为实施的保证,并按一定的计划组织实施。技术措施计划可以按年度或季度编制,也可以按项目或分部、分项工程进行编制。①

三、针对性行政许可

针对性行政许可主要是指采取专门针对外地商品的行政许可。《行政许可法》第 2 条规定,行政许可是指行政机关根据公民、法人或者其他组织的申请,经依法审查,准予其从事特定活动的行为。第 3 条规定,行政许可的设定和实施,适用该法。有关行政机关对其他机关或者对其直接管理的事业单位的人事、财务、外事等事项的审批,不适用该法。依据《行政许可法》的规定,行政许可是法定的,但现实中,行政机关为了行政管理的需要,存在另设行政备案、行政登记等名录众多的措施。只要行政机关实施带有行政许可性质(不需要是真正的行政许可)的措施,但没有法定依据的,均可以认定违反相关的规定。

四、设置关卡或者其他手段

关卡一般指为收税或警备在交通要道设立的检查站、岗哨。本项主要指设置关卡或者采取其他手段,此处的“其他手段”主要指物理的措施。

---

① 参见黄汉江主编:《投资大辞典》,上海社会科学院出版社 1990 年版,第 8 页。

五、妨碍的其他行为

妨碍商品在地区之间自由流通的其他行为，主要指前述4项行为以外的妨碍商品在地区之间自由流通的行为，属于一项兜底条款，以应对解决实务中其他新类型的违法行为。

第三节　案例评析

一、地域歧视性补贴违法明显

在广东省经济和信息化委员会发布的文件要求仅对省内企业实施保费补贴措施和湖南省张家界市原卫生和计划生育委员会医疗机构集中配送歧视案中，评标办法对本地公司、外地公司区别对待，设立了不一样的评分标准。

二、违法行为的多样性

除更多要求企业在本地注册以外，还有税收标准和投资金额标准的要求，部分要求备案等，违法情形具有多样性。涉及行业众多，既有交通运输，也有招投标和政府补贴，更有具体的“一事一议”措施违法。

三、税收优惠问题的隐蔽性

除新《反垄断法》第41条规定的5类情形以外，我国社会实践中确实还有很多以具体行政行为的方式实施的其他行政性垄断。例如，以河北省交通运输厅等部门对公路客运班车通行费歧视性收费案为例的地方政府违规对部分经营者进行税收优惠。“由于税收减免权目前被垄断在中央，地方为吸引投资、刺激经济发展，往往变相进行减税。”①当地方政府对特定的企业进行税收减免尤

① 熊伟：《法治视野下清理规范税收优惠政策研究》，载《中国法学》2014年第6期。

其是采取的力度又有所不同时，这就会在很大程度上直接影响经营者之间在市场上的公平竞争。税负是所有企业都要承担的经营成本，任何非普惠性的税收减免都会使部分经营者就此在提供的产品或者服务的价格上获得一些额外的竞争优势。正因如此，国务院在2014年专门发布了《关于清理规范税收等优惠政策的通知》，明确要求，坚持税收法定原则，除依据专门税收法律法规和《民族区域自治法》规定的税政管理权限外，各地区一律不得自行制定税收优惠政策；未经国务院批准，各部门起草其他法律、法规、规章、发展规划和区域政策都不得规定具体税收优惠政策。再如，有些地方政府对合法的进口商品采取歧视性措施，对合法的进口商品采用与本地同类商品不同的技术要求、检验标准或者采取重复检验、重复认证等歧视性措施。虽然旧《反垄断法》第33条[①]存在一个兜底条款，但是它在适用上应当仅限于外地商品。毫无疑问，当某个地方政府对合法的进口商品采取歧视性措施时，这必然会直接影响进口商品的制造商和销售商在相关市场上的公平竞争。[②]

附：典型案例

一、价格歧视案例

案 例 一

（2013）某县政府文件对不同地区的经营者实施差别化待遇并违规给予特定经营者优惠政策[③]

某市公平竞争审查联席会议办公室在对某县文化和旅游局开展公平竞争审查督查时发现，某县文旅局起草的，由该县政府出台的《关于印发加快文化产

① 新《反垄断法》调整为第41条。

② 参见丁茂中：《论我国行政性垄断行为规范的立法完善》，载《政治与法律》2018年第7期。

③ 参见《差别化待遇 限定使用商品|浙江台州公布违反公平竞争十大典型案例》，载新浪网，https://finance.sina.com.cn/jjxw/2021-08-10/doc-ikqciyzm0569083.shtml。

业发展的若干扶持政策(试行)的通知》(＊政发〔2013〕77号),规定"对投资额超过1亿元以上的文化产业园区……文化产业项目,采取一事一议的方式给予支持。在某县注册的影视公司创作的电视连续剧在中央台黄金时段、中央电视台电影频道播出的,采取一事一议的方式给予支持。在我县注册的影视公司和文化企业原创动画片、电视连续剧在省、市台播出的,每集分别给予2万元、1万元奖励。本政策适用于在某某县登记注册、并在本县纳税、从事的行业属于……文化企业和企业文化管理的文化事业单位"。

该文件将政策扶持对象限定为在当地注册的影视文化企事业单位,排除了在该县开展依法经营并为当地作出贡献的县外影视文化企事业,违反了《公平竞争审查制度实施细则》第13条"市场准入和退出标准"中第1款第2项"对不同地区的经营者实施差别化待遇"的规定;同时,采取一事一议等方式给予奖补扶持,违反了《公平竞争审查制度实施细则》第15条"影响生产经营成本标准"中第1款"不得违法给予特定经营者优惠政策"的规定。该县政府在督查后依法废止了该文件。

案 例 二

(2017)广东省经济和信息化委员会文件要求仅对省内企业实施保费补贴措施①

2017年3月,广东省经济和信息化委员会印发《广东省工业机器人保费补贴试点工作方案》(粤经信创新函〔2017〕22号),仅对本省工业机器人骨干企业进行保费补贴,违反"不得对外地和进口商品、服务实行歧视性价格和歧视性补贴政策"的审查标准。经督察,相关单位已暂停实施该政策。

① 参见《市场监管总局关于发布2018年市场监管部门制止滥用行政权力排除、限制竞争行为　典型案例的公告》,载中华人民共和国中央人民政府,https://www.gov.cn/zhengce/zhengceku/2018-12/31/content_5459681.htm。

案 例 三

(2017)广东省佛山市顺德区政府文件对并购区外企业实行歧视性补贴①

2017年8月,顺德区政府印发《顺德区促进企业利用资本市场扶持办法》(顺府办发〔2017〕107号),对并购顺德区内企业和区外企业,分别给予200万元和80万元的补贴,违反"不得对外地和进口商品、服务实行歧视性价格和歧视性补贴政策"的审查标准。经督察,相关单位拟删除该规定,按程序报批后重新发文。

案 例 四

(2018)湖南省张家界市原卫生和计划生育委员会医疗机构集中配送歧视案②

张家界市原卫生和计划生育委员会(以下简称卫计委)于2017年12月8日发布了《张家界市公立医疗机构集中配送项目招标文件》,评标办法中对本地公司、外地公司区别对待,设立了不一样的评分标准,引发企业举报。经查,该文件在发布前没有进行公平竞争审查,评标办法中存在对本地企业和外地企业设置不合理和歧视性的评分标准等问题。约谈后,张家界原卫计委承诺将组织学习公平竞争审查相关政策,完善委内公平竞争审查制度,严格按照相关条款进行审查,杜绝此类行为的再次发生。

---

① 参见《这些部门的滥用行政权力排除、限制竞争行为被纠正！市场监管总局发布2018年典型案例》,载百家号2018年12月29日,https://baijiahao.baidu.com/s?id=1621156666926461802。

② 参见《我委约谈怀化市、张家界市卫计委督促纠正违反公平竞争审查制度出台政策措施的行为》,载湖南省发展和改革委员会,http://fgw.hunan.gov.cn/xxgk_70899/gzdtf/gzdt/201803/t20180328_4980941.html。

案例五

(2018)黑龙江省交通运输厅文件仅对本省客运集团给予通行费优惠政策①

2018年3月,黑龙江省交通运输厅印发《黑龙江省内高速公路定期定线运行客运班线车辆通行费优惠实施办法》(黑交规〔2018〕3号),规定仅对本省客运集团给予车辆通行费优惠,违反"不得对外地和进口商品、服务实行歧视性价格和歧视性补贴政策"的审查标准。经督察,相关单位拟对在黑龙江省内定期定线运行的外省客运企业给予同等优惠,按程序报批后重新发文。

案例六

(2018)广西壮族自治区人民政府文件仅对购买本区企业生产的首台(套)设备进行补助②

2018年5月,广西壮族自治区人民政府印发《关于促进全社会加大研发经费投入的实施意见》(桂政发〔2018〕25号),规定仅对本区内购买使用区内企业生产的区内首台(套)重大技术装备的企业,按照单台(套)购买价格的60%给予补助,违反"不得对外地和进口商品、服务实行歧视性价格和歧视性补贴政策"和"不得违法给予特定经营者优惠政策"的审查标准。经督察,相关单位已停止首台(套)项目的评审工作,拟删除该规定,按程序报批后重新发文。

---

① 参见《2018年市场监管总局公平竞争审查重点督察发现典型问题通报》,载《中国市场监管报》2019年1月30日,A3版。

② 参见《2018年市场监管总局公平竞争审查重点督察发现典型问题通报》,载《中国市场监管报》2019年1月30日,A3版。

案 例 七

(2018)广东省佛山市政府文件对外地机器人企业实行歧视性补贴政策①

2018 年 4 月,佛山市人民政府办公室印发《佛山市推动机器人应用及产业发展扶持方案(2018—2020 年)的通知》(佛府办〔2018〕9 号),对购置佛山企业和非佛山企业生产的机器人,分别按设备购置费用总额的 12% 和 8% 给予事后补贴,违反"不得对外地和进口商品、服务实行歧视性价格和歧视性补贴政策"的审查标准。经督察,相关单位拟删除该规定,按程序报批后重新发文。

案 例 八

(2019)某市政府文件安排财政支出与企业缴纳税金挂钩并对不同地区、组织形式的经营者实施差别化待遇②

某市政府出台的《关于印发进一步规范某某市总部经济商务区开发建设实施意见的通知》(＊政办发〔2019〕98 号),规定"参与入园开发建设的市内企业……5年内入库税收每年环比增长幅度不少于 10% 或 5 年内任意年入库税收与基数相比增长不少于 60% 的,按照对我市地方经济发展贡献部分予以全额奖励……本文中'地方经济发展贡献'仅指当年在我市入库的增值税和企业所得税部分;凡申请参与开发建设总部大楼的企业必须是在本市工商登记注册、具有独立法人资格、实行统一核算、税务征管关系及统计关系在本市的企业;凡申请入驻总部大楼办公的企业必须是在本市工商登记注册、具有独立法人资格、

① 参见《2018 年市场监管总局公平竞争审查重点督察发现典型问题通报》,载《中国市场监管报》2019 年 1 月 30 日,A3 版。

② 参见《以案释法 | 石家庄市公平竞争审查工作联席会议办公室公布违反公平竞争典型案例分析(第 2 期)》,载搜狐网 2021 年 10 月 8 日,https://www.sohu.com/a/495780091_121106842。

实行统一核算、税务征管关系及统计关系在本市的企业”。

该文件以入库税收作为财政奖励依据，违反了《公平竞争审查制度实施细则》第15条“影响生产经营成本标准”中第2款“安排财政支出一般不得与企业缴纳的税收或非税收入挂钩”的规定；同时，该文件在没有相关法律依据的情况下，将参与开发建设和申请入驻总部大楼的企业限制为在该市登记注册，且具有独立法人的企业，排除在该市依法生产经营并具备条件的市外企业以及市内非独立法人资格的企业，违反了《公平竞争审查制度实施细则》第13条“市场准入和退出标准”中第1款第2项“对不同地区、组织形式的经营者实施差别化待遇”的规定。相关单位对该文件进行了整改。

案例九

(2019)某市政府文件违规给予特定经营者财政奖补并对不同地区经营者实施差别化待遇①

某市公平竞争审查联席会议办公室在对某市经济和信息化局(以下简称经信局)开展公平竞争审查督查时发现，某市经信局起草的、由该市政府出台的《关于印发扶持数字经济发展的九条政策的通知》(＊政发〔2019〕37号)，规定“对由数字经济企业组建或牵头组建的在某市注册、独立核算的国家级制造业创新中心，给予200万元奖励。探索数据开放机制，依法合规推动经脱敏后的政务数据、公共数据等资源向在某市注册并正常运营的数字经济企业开放”。

该文件在没有相关法律依据的情况下，对由数字经济企业组建或牵头组建的在该市注册的国家级制造业创新中心给予财政奖励，违反了《公平竞争审查制度实施细则》第15条“影响生产经营成本标准”中第1款第1项“给予特定经营者财政奖励和补贴”的规定；同时，数据资源只向在该市注册的数字经济企业开放，而不向市外注册的数字经济企业开放，违反了《公平竞争审查制度实施细

① 参见《法制专刊2022第8期(公平竞争典型案例)》，载江门市政府2022年6月8日，http://www.jiangmen.gov.cn/bmpd/jmszfhcxjsj/ztzl/pfxxzl/fzzf/content/post_2619028.html。

则》第 13 条“市场准入和退出标准”中第 1 款第 2 项“对不同地区的经营者实施差别化待遇”的规定。该市政府在督查后依法废止了相关文件。

案例十

(2014)河北省交通运输厅等部门对收费公路客运班车通行费歧视性收费案①

2014 年 9 月，国家发展改革委根据举报，依法对河北省交通运输厅、物价局、财政厅违反《反垄断法》相关规定，对本省客运班车实行通行费优惠政策，滥用行政权力排除、限制相关市场竞争的案件进行了调查。

调查发现，2013 年 10 月，河北省交通运输厅、物价局和财政厅联合下发《关于统一全省收费公路客运班车通行费车型分类标准的通知》（冀交公〔2013〕548 号），确定自 2013 年 12 月 1 日起，调整全省收费公路车辆通行费车型分类，并对本省客运班车实行通行费优惠政策。客运班车通过办理高速公路 ETC 卡或者月票，按照计费额的 50% 给予优惠。2013 年 10 月 30 日，交通运输厅下发《关于贯彻落实全省收费公路客运班车通行费车型分类标准有关事宜的通知》（冀交公〔2013〕574 号）进一步明确规定，优惠政策“只适用于本省经道路运输管理机构批准，有固定运营线路的客运班线车辆”。

据调查，通行费支出对客运班车经营者收益率影响较大。根据某运输公司测算的数据，高速公路通行费占其总收入的比重为 10% ~20%。河北省有关部门对本省客运班车实行通行费优惠政策，其实质是对本省客运班车经营者按照通行费额给予经济补偿，使河北省客运班车经营者的通行费成本大幅低于其他省份相关经营者，导致外省经营者处于不利的竞争地位。以天津至石家庄线路为例，天津公司单程需缴纳通行费 360 元，与之对开的河北省公司缴纳 180 元，单次差额 180 元。据天津一运输公司测算，仅这一线路天津公司比河北公司每

① 参见《发改委调查河北路桥费歧视外地车：责令改正》，载网易财经网 2014 年 9 月 26 日，https://www.163.com/money/article/A73CVCH800252G50.html。

年多支出130余万元。

河北省有关部门的上述做法,损害了河北省客运班车经营者与外省同一线路经营者之间的公平竞争,违反了《反垄断法》第8条"行政机关和法律、法规授权的具有管理公共事务职能的组织不得滥用行政权力,排除、限制竞争"的规定,属于《反垄断法》第33条第1项所列"对外地商品设定歧视性收费项目、实行歧视性收费标准,或者规定歧视性价格"行为。

国家发展改革委就相关问题与交通运输部进行了沟通确认,并已经依据《反垄断法》相关规定,向河北省人民政府办公厅发出执法建议函,建议其责令交通运输厅等有关部门改正相关行为,对在本省内定点定线运行的所有客运企业,在通行费上给予公平待遇。通过改正相关行为,保证所有客运企业之间的公平竞争。

二、技术歧视案例

案例一

(2017)浙江省台州市住房和城乡建设局限制外地工程勘察企业案①

根据企业反映,省物价局依据《反垄断法》的规定,于2017年7月对台州市住房和城乡建设局(以下简称台州市住建局)及工程勘察市场进行了反垄断调查,并纠正了台州市住建局对非本地工程勘察企业进入台州市场承揽项目违规提高准入门槛的行政垄断行为。

经查,2014年9月,台州市住建局制定出台了《关于进一步加强工程勘察市场管理的通知》(台建规〔2014〕483号,以下简称483号文),该文件第3部分第2款规定"为保证土工试验数据的真实性,自2015年6月1日起在台州承接工程勘察业务的工程勘察企业,应当按照国家和省有关规定在台州设置与开展勘查业务相匹配的土工实验室,否则不得在台州从事工程勘察业务",即要求具有

① 参见广东省发展改革委价监局编:《行政垄断典型案例汇编》(2018年5月)。

“工程勘察综合资质”和“工程勘察专业资质甲级”的本地和外地工程勘察企业在台州市行政区域范围内承接相关业务时均必须在台州市设立土工实验室。

根据住房和城乡建设部出台的《关于印发〈工程勘察资质标准〉的通知》(建市〔2013〕9号,已修改)规定,“有满足工作需要的固定工作场所及室内试验场所”为工程勘察企业申请获批资质并注册企业时的必备条件,在企业获批资质后进入市场承接项目时无须在项目所在地重复设立。同时,根据《浙江省住房和城乡建设厅关于进一步加强工程勘察质量管理的意见》(浙建设〔2012〕50号)的相关规定,为避免因长途运输影响土样试验数据准确性,相关企业应当在工程建设项目所在地设置与开展勘察业务相匹配的土工实验室,或与当地已取得计量认证、能提供满足勘察质量要求且有富余实验能力的土工实验室的勘查企业签订土工试验合作协议,即具有资质的工程勘察企业可以在工程建设项目所在地自行设置土工实验室,也可以通过与项目所在地其他勘查企业签订土工试验合作协议予以解决。

台州市住建局483号文表面上看是同等要求本地和外地企业承揽台州项目时均须在本地设立土工实验室,但因台州本地工程勘察企业在注册成立时已经根据住房和城乡建设部有关要求设立了土工实验室,所以其实质是强制要求具备同业竞争资格的外地工程勘察企业进入台州市场时必须重新设置土工实验室,这一对外地工程勘察企业采取的歧视性技术措施,限制了市场公平竞争,违反了《反垄断法》第33条和第37条规定,属于滥用行政权力排除、限制竞争的行为。

案 例 二

(2017)云南省迪庆藏族自治州政府限制外地食盐案①

云南省物价局派出调查组对迪庆藏族自治州人民政府在盐业管理中涉嫌

① 参见《云南省迪庆藏族自治州人民政府纠正滥用行政权力排除限制竞争行为》,载《中国价格监管与反垄断》2017年第9期。

滥用行政权力，排除、限制竞争问题进行调查。调查发现，迪庆藏族自治州人民政府办公室于2017年6月9日，下发《关于认真做好盐业体制改革过渡时期有关工作的通知》文件，明确“在没有正式制定出台我州盐业体制改革意见之前，仍然按照当前的供应渠道、批发（销售）方式进行规范供应和销售，暂不允许外省食盐流入我州境内进行批发、零售”。

迪庆藏族自治州人民政府办公室的上述做法违背了《国务院关于印发盐业体制改革方案的通知》（国发〔2016〕25号）及《云南省人民政府办公厅关于印发云南省盐业体制改革实施方案的通知》（云政办发〔2016〕152号）等相关盐改精神，涉嫌违反《反垄断法》和《国务院关于在市场体系建设中建立公平竞争审查制度的意见》的相关规定，属于滥用行政权力、排除限制竞争的行为。

调查组指出存在的问题后，迪庆藏族自治州人民政府高度重视，认识到位，立即进行了整改。于2017年8月11日下发了《迪庆藏族自治州人民政府办公室关于停止执行我州盐业体制改革过渡时期有关工作的通知》，通知明确“停止执行原下发的《关于认真做好盐业体制改革过渡时期有关工作的通知》”，对其滥用行政权力，排除、限制竞争的行为进行了纠正，消除了影响。

同时，迪庆藏族自治州人民政府承诺，将组织全州各政府部门认真学习《反垄断法》及国发〔2016〕34号文件精神，并于8月11日下发了《迪庆藏族自治州人民政府办公室关于在市场体系建设中建立公平竞争审查制度的通知》（迪政办发〔2017〕108号），加快推进公平竞争审查工作，避免类似问题再度发生。

案例三

（2018）黑龙江省方正林区管委会限定蜂产品收购权案[①]

2017年9月，根据总局转办，黑龙江省原工商局对方正林区管委会涉嫌滥用行政权力排除、限制竞争行为进行调查。

---

① 参见邢郑：《工商制止滥用行政权力排除、限制竞争行为10大典型案例》，载百家号2018年6月27日，https://baijiahao.baidu.com/s?id=1604394429052269606&wfr=spider&for=pc。

经调查，方正林区管委会及方林公司出台了《2017年蜂农放养及蜂产品收购的相关要求》《关于方正林区蜂产品经营管理权竞价的通知》等规定，组织方正林区蜂产品经营管理权竞价招标活动，将所辖18个林场蜂产品收购权承包给7个买受人，并与7个买受人分别签订《2017年蜂产品经营管理协议》。

黑龙江省原工商局认为，方正林区管委会上述行为实际是凭借其行政管理权并通过竞价对蜂产品收购资格设置“准入”，实施“许可”，客观上排除、限制了其他蜂产品收购商进入区域内蜂产品收购市场，违反了《反垄断法》相关规定，于2017年11月向黑龙江省原森林工业总局发出行政建议书，建议其依法处理下属单位方正林区管委会滥用行政权力排除、限制竞争的行为。黑龙江省原森林工业总局收到行政建议书后，非常重视，组织人员调查后，回函提出了取缔方林公司设定的“蜂产品经营权”，责令方正林区管委会、方林公司解除与竞价承包人签订的蜂产品经营管理协议，并通报全省森工林区对全林区的蜂产品和其他林副产品的经营管理方式进行清理和规范等处理意见。

案 例 四

（2022）山东省市场监管局纠正济南市生态环境局滥用行政权力排除、限制竞争行为①

2021年10月至12月，山东省市场监管局对济南市生态环境局滥用行政权力排除、限制竞争行为进行调查。

经查，2021年9月6日，济南市生态环境局、济南市公安局联合发布了《关于切实加强外埠转入机动车管理的通告》。该通告规定，2021年9月8日至2022年8月31日，济南市将实施外埠转入机动车临时性管理措施，外埠机动车（摩托车除外）办理机动车转移登记的，应当达到本省对济南市要求执行的外埠

① 参见《山东省市场监督管理局纠正济南市生态环境局滥用行政权力排除、限制竞争行为》，载国家市场监督管理总局竞争政策协调司2022年1月5日，https://www.samr.gov.cn/jzxts/tzgg/qlpc/art/2023/art_f49b7af070d84b729c9bca52838d0a71.html。

转入的机动车排气污染物排放标准(国五标准)。上述行为违反了《反垄断法》第 33 条、第 37 条的规定,构成滥用行政权力排除、限制竞争的行为。

2021 年 12 月 10 日,济南市生态环境局、济南市公安局发布了《关于停止执行外埠转入机动车临时性管理措施的通知》,主动纠正了违法行为,该通知已在济南市生态环境局网站进行了公示。

三、针对性行政许可案例

案例一

(2015)四川、浙江两省原卫生和计划生育委员会限制药品集中采购案①

2015 年 11 月 5 日,国家发展改革委(以下简称发改委)对外发布了两起行政垄断案件——四川、浙江两省原卫生和计划生育委员会(以下简称卫计委),在药品集中采购中涉嫌违反《反垄断法》,滥用行政权力排除、限制竞争。这是国家发改委继认定安徽蚌埠市卫计委药品采购存在违反《反垄断法》行为后,再次向卫计委药品采购领域"开刀"。

根据有关举报,对四川、浙江两省原卫计委在药品集中采购中,涉嫌违反《反垄断法》,滥用行政权力排除、限制竞争行为进行了调查。

调查发现,四川省原卫计委在组织实施本省药品集中采购工作中,实施了地方保护行为,损害了相关市场的公平竞争。具体包括:一是 2013 年印发的《四川省医疗机构药品阳光采购管理暂行办法》,对医疗机构采购本省药品比例进行考核,对未达到比例要求的采取一定惩罚措施;二是在 2014 年药品挂网采购中,禁止全国均未挂网/中标的外地药品挂网,而相同条件下的本地药品可以参与挂网,限制此类外地药品进入本省市场;三是在 2015 年 8 月公布的《2015

① 参见《四川、浙江省卫生和计划生育委员会及时纠正药品集中采购中违反〈反垄断法〉、排除限制竞争行为》,载《中国价格监管与反垄断》2015 年第 11 期。

年四川省公立医院药品集中分类采购实施方案(征求意见稿)》中,通过经济技术标评审中给本地企业额外加分、本地企业可以不占指标单独入围商务标评审等方式,重点支持本地药品生产企业参加双信封招标。上述做法妨碍了商品在地区间的自由流通,破坏了外地和本地企业之间的公平竞争,分别属于《反垄断法》第33条第4项所列“设置关卡或者采取其他手段,阻碍外地商品进入或本地商品运出”和第34条所列“以设定歧视性资质要求、评审标准或者不依法发布信息等方式,排斥或者限制外地经营者参加本地的招标投标活动”行为。

浙江省原卫计委在2014年度两批药品集中采购中,涉嫌指定交易和实施地方保护,排除和限制了相关市场竞争。具体包括:一是在《浙江省2014年药品集中采购(第一批)实施方案》和《2014年浙江省普通大输液集中采购方案》的经济技术标评审项目中,专门针对本地企业设定“浙江省应急储备定点品种”“浙商返乡投资新建药品生产企业”“省级政府技术创新综合试点企业”等加分项目,外地企业无法获得此类加分,使外省企业无法获得与本省企业平等的加分机会,一定程度上限制了外省企业同本省企业的公平竞争。二是第二批采购将招标范围限定为在药品集中采购平台上有历史交易记录的产品,即2010年至2011年的中标企业和中标产品,导致之前未中标企业及其他药品生产企业和新产品无法参与此次采购。上述做法限制了相关市场的公平竞争,分别属于《反垄断法》第34条所列“以设定歧视性资质要求、评审标准或者不依法发布信息等方式,排斥或者限制外地经营者参加本地的招标投标活动”和第32条所列“限定或者变相限定单位或者个人经营、购买、使用其指定的经营者提供的商品”行为。

案 例 二

(2021)重庆市巫山县教育委员会限制学校食堂采购案[①]

2019年10月,重庆市市场监管局根据举报线索,对巫山县教育委员会(以

① 参见《8起！教委、气象局、财政局……市场监管总局最新公布一批行政垄断案件》,载腾讯网,https://new.qq.com/rain/a20211121A088GK00。

下简称教委)滥用行政权力排除、限制竞争行为立案调查。

经查,2019年8月2日,巫山县教委内设部门巫山县营养改善计划领导小组办公室,印发《关于巫山县学校食堂采购企业资格准入方案的通知》(巫山营改办〔2019〕8号),该通知设定了巫山县学校食堂采购企业准入条件:企业需提供县市场监管局出具的征信报告;企业在本县内有规范的固定经营场所,粮油、干副食专用仓储不少于40平方米,饮用奶专用仓储不少于20平方米;县外生物燃料经营企业提供营业执照以及在巫山县应急管理局备案的相关材料;供货企业需缴纳履约保证金,即干货配送企业缴纳10万元,粮油配送企业缴纳20万元,肉类配送企业缴纳30万元,饮用奶、糕点配送企业缴纳5万元,生物燃料企业缴纳10万元。经查巫山县学校食堂采购活动按照通知要求进行了实施。

巫山县教委实施的上述行为,违反了《反垄断法》第33条第3项"行政机关和法律、法规授权的具有管理公共事务职能的组织不得滥用行政权力,实施下列行为,妨碍商品在地区之间的自由流通:(3)采取专门针对外地商品的行政许可,限制外地商品进入本地市场"和《反垄断法》第37条"行政机关不得滥用行政权力,制定含有排除、限制竞争内容的规定"之规定,构成滥用行政权力,排除、限制竞争行为。

调查期间,巫山县教委高度重视,认识到其行为违反了《反垄断法》相关规定后,积极配合调查,主动进行整改,第一时间废止了相关违法文件并向社会公开,并及时提交了书面整改报告。

案例三

(2018)江苏省苏州市道路运输管理机构限制驾驶培训案①

2017年11月,根据原国家工商总局转办,江苏省原工商局对苏州市道路运

① 参见《市场监管总局关于发布2018年市场监管部门制止滥用行政权力排除、限制竞争行为 典型案例的公告》,载中华人民共和国中央人民政府,https://www.gov.cn/zhengce/zhengceku/2018-12/31/content_5459681.htm。

输管理机构涉嫌滥用行政权力排除、限制竞争行为进行调查。

经调查,苏州市交通主管部门及道路运输管理机构在驾驶培训市场管理中,未严格执行《道路运输条例》,通过招投标方式,增设驾驶培训市场准入条件,提高准入门槛。

江苏省原工商局认为苏州市交通主管部门及道路运输管理机构违反了《反垄断法》相关规定,排除、限制了驾驶培训市场的正常竞争,于2018年1月向苏州市人民政府发出行政建议函,建议其责令苏州市交通主管部门及道路运输管理机构改正上述滥用行政权力排除、限制竞争行为。目前,苏州市交通主管部门及道路运输管理机构已主动纠正了相关违法行为。

附:建议函全文

苏工商经检〔2018〕53号建议函

苏州市人民政府:

2017年11月,原国家工商总局收到实名举报,称太仓市运输管理处滥用行政权力,通过招投标方式,增设驾驶培训市场准入条件,排除、限制竞争。11月8日,原国家工商总局交我局①核查处理。

我局依照《反垄断法》第51条、《工商行政管理机关制止滥用行政权力排除、限制竞争行为程序规定》(已废止)第4条相关规定,对举报人反映的问题进行了调查。经查,举报问题基本属实。另查,通过招投标方式,增设驾驶培训市场准入条件,在苏州市运输管理部门普遍存在。具体情况如下:

一、苏州市交通主管部门及道路运输管理机构以招投标方式增设驾驶培训市场准入条件

驾驶培训市场是开放竞争的市场。对符合《道路运输条例》第38条规定条件的驾驶员培训申请,《道路运输条例》第39条要求"县级道路运输管理机构应当自受理申请之日起15日内审查完毕,作出许可或者不予许可的决定,并书面通知申请人"。

苏州市道路运输管理机构,在驾驶培训市场管理中,没有严格执行《道路运

① 江苏省原工商行政管理局。——编者注

输条例》，通过招投标方式，增设准入条件，提高了驾驶培训市场准入门槛。

以太仓市为例，2017年3月22日，太仓市运输管理处发布《关于太仓市2017年新增驾驶员培训经营主体的通告》，提出“2017年拟通过择优、公正、公平招投标的方式新增驾驶员培训经营主体3家”。8月9日，太仓市运输管理处、苏州市营财招投标咨询服务有限公司发布《2017年度太仓市新增智慧驾培经营市场准入更正公告》，明确委托苏州市营财招投标咨询服务有限公司进行公开招标。9月7日，太仓市城运驾驶员培训有限公司、太仓市金安汽车驾驶员培训有限公司、太仓市恒安汽车驾驶员培训有限公司、太仓市森安汽车驾驶员培训有限公司、太仓市缘通驾驶员培训有限公司、苏州小川驾驶员培训有限公司、太仓市顺达汽车驾驶员培训有限公司等7家企业参与招投标，太仓市城运驾驶员培训有限公司、太仓市金安汽车驾驶员培训有限公司、太仓市缘通驾驶员培训有限公司等3家企业中标。

张家港市运输管理机构同样增设了驾驶培训市场准入的条件。2017年2月15日，张家港市交通运输管理处发布新增智慧驾培市场准入招标公告，明确以招投标方式新增驾驶员培训经营主体。

以上以招投标方式新增驾驶员培训经营主体的做法，是在苏州市运输管理部门的主导下进行的。2017年2月9日，苏州市交通运输局下发《关于同意2017年苏州市驾驶人培训市场发展计划的批复》（苏交〔2017〕22号），同意苏州市运输管理处“2017年苏州市驾驶人培训市场发展计划”，明确“2017年共新增C1（C2）教学车辆400辆，其中市区（含吴中、相城）60辆、吴江区60辆、昆山市80辆、太仓市60辆、常熟市60辆、张家港市80辆。新增车辆额度全部采用‘智慧驾培’模式，并通过服务质量招投标方式公开择优投放”。2月14日，苏州市运输管理处下发《关于实施2017年苏州市驾驶人培训市场发展计划的通知》（苏运字〔2017〕7号），要求新增车辆额度全部采用“智慧驾培”模式，并通过服务质量招投标方式公开择优投放。

据了解，2011年以来，苏州市运输管理部门通过招投标方式共新增驾驶培训主体12家，依计划投放教练车3030辆。

二、苏州市运输管理机构增设驾驶培训市场准入条件的行为后果

苏州市交通主管部门及道路运输管理机构的上述行为，不利于驾驶培训市场的健康发展。

一是增设准入条件，限制了符合条件的经营者正常进入驾驶培训市场。以太仓市为例，据我局调查，2017年12月前已注册驾驶员培训企业11家，实际开展经营的仅3家。其他企业虽有参与市场竞争的强烈愿望，但由于太仓市运输管理处招投标的限制，无法取得道路运输经营许可证，不能开展经营活动，导致企业已经投入的资源闲置浪费。尤其是，2011年至2016年，太仓市仅组织新增驾培车辆的招投标，未组织过新增驾培企业的招投标，没有一家新的驾培企业进入市场，导致市场竞争不充分，阻碍了驾驶培训市场的正常发展。限制市场准入，也极易引发社会矛盾，2017年1月10日，江苏城市频道即以"为'垄断'还是为'秩序'?"为题予以关注报道。

二是准入门槛高，市场竞争不充分，损害消费者利益。一方面，市场竞争不充分，驾驶培训服务价格高。以三级普通机动车驾驶员培训(C1)为例，太仓市驾驶培训费5520元，张家港市6250元，远高于省内其他地区(无锡市驾驶培训费最高5000元/人，均价约4570元/人，常州市驾驶培训费最高4300元/人，均价约3500元/人，南通市4233元/人，最低3040元/人)。另一方面，由于驾培企业相对较少，存在报名受限，报名排队现象，部分学员只好去周边地区参加培训，这也增加了学员的经济成本与时间成本，损害了消费者的利益。

三、增设驾驶培训市场准入条件的行为，违反现行法规定

《反垄断法》第37条规定："行政机关不得滥用行政权力，制定含有排除、限制竞争内容的规定。"《工商行政管理机关制止滥用行政权力排除、限制竞争行为的规定》(已废止)第4条规定，"行政机关不得滥用行政权力，以决定、公告、通告、通知、意见、会议纪要等形式，制定、发布含有排除、限制竞争内容的规定。前款规定适用于法律、法规授权的具有管理公共事务职能的组织"。苏州市交通主管部门及道路运输管理机构通过"服务质量招投标方式"，增设驾驶培训市场准入条件的行为，违反了反垄断法律及规章的相关规定。

《国务院办公厅转发公安部交通运输部关于推进机动车驾驶人培训考试制度改革的意见的通知》(国办发〔2015〕88号)，明确提出要"进一步开放驾驶培训市场，完善公平竞争机制，激发培训市场活力，利用社会考试资源，实现供给与需求有效对接，提高培训考试服务管理水平""严格按照国家法律法规实施驾驶培训机构准入许可制度。对符合法定条件的申请人，道路运输管理机构不得以任何理由拖延或者禁止准入，不得增设任何额外条件"。省公安厅、省交通运输厅《关于印发〈全省机动车驾驶人培训考试制度改革工作意见〉的通知》(苏公通〔2016〕236号)也明确要求各市、县道路运输管理机构,按照"开放有序、公平竞争、服务优质、管理规范"的原则,"严格执行《机动车驾驶员培训管理规定》,开放驾培市场,规范准入管理,严格许可程序和要求,不得增设许可条件,不得限定地区驾培机构数量,鼓励驾培机构开展服务质量竞争"。苏州市交通主管部门及道路运输管理机构增设驾驶培训市场准入条件的行为,不符合驾驶人培训考试制度改革的开放竞争原则,违背了驾驶培训改革的政策精神。

依照《行政许可法》第4条、第5条、第16条规定,设定和实施行政许可,应当依照法定的权限、范围、条件和程序,遵循公开、公平、公正的原则;符合法定条件、标准的,申请人有依法取得行政许可的平等权利,行政机关不得歧视;法规、规章对实施上位法设定的行政许可作出的具体规定,不得增设行政许可;对行政许可条件作出的具体规定,不得增设违反上位法的其他条件。《道路运输条例》第38条已对申请从事机动车驾驶员培训应当具备的条件作出了明确的规定:(1)取得企业法人资格;(2)有健全的培训机构和管理制度;(3)有与培训业务相适应的教学人员、管理人员;(4)有必要的教学车辆和其他教学设施、设备、场地。《苏州市道路运输条例》作为地方性法规,其对申请从事机动车驾驶员培训应当具备的条件的规定,需要符合《行政许可法》《道路运输条例》相关规定。行政执法也应遵循《立法法》确立的"法律的效力高于行政法规、地方性法规、规章。行政法规的效力高于地方性法规、规章"的规则。苏州市交通主管部门及道路运输管理机构通过"服务质量招投标方式",增设了驾驶培训市场准入的条件,违反了《行政许可法》。

四、处理建议

我局认为,苏州市交通主管部门及道路运输管理机构制定驾驶人培训市场发展计划,通过招投标方式,增设驾培市场准入条件,排除、限制了驾驶培训市场的正常竞争,干预了企业的经营活动,损害了消费者的利益,其行为违反了《反垄断法》第37条、《工商行政管理机关制止滥用行政权力排除、限制竞争行为的规定》(已废止)第4条的相关规定。

依照《反垄断法》第51条、《工商行政管理机关制止滥用行政权力排除、限制竞争行为程序规定》(已废止)第2条,我局建议如下:

一、责令改正上述滥用行政权力排除、限制竞争行为。

二、对直接负责的主管人员和其他直接责任人员依法给予处分。

三、建立健全公平竞争审查保障机制,及时纠正滥用行政权力排除、限制竞争行为。

江苏省工商行政管理局

2018年2月12日

案例四

(2021)江西省永丰县人民政府限制工程建设项目案①

2021年10月,江西省市场监管局依法对永丰县人民政府办公室涉嫌滥用行政权力排除、限制竞争行为立案调查。

经查,2020年8月14日,永丰县人民政府办公室下发并在永丰县人民政府网上公示了《关于进一步规范限额以下政府投资工程建设项目管理的通知》(永府办字〔2020〕143号),要求限额以下工程建设项目,采取直接发包和简易程序招标的,从在永丰县注册且具有相应资质的建筑企业(不含分公司)中确定承建单位。

永丰县人民政府办公室实施的上述行为,违反了《反垄断法》第37条"行政机关不得滥用行政权力,制定含有排除、限制竞争内容的规定"之规定,构成滥用行政权力排除、限制竞争行为。

在调查过程中,永丰县人民政府办公室主动采取措施停止上述违法行为,并进行了及时有效的整改。第一时间废止《永丰县人民政府办公室关于进一步规范限额以下政府投资工程建设项目管理的通知》(永府办字〔2020〕143号)并进行公开公示,同时严格落实公平竞争审查制度,完善公平竞争审查联席会议

① 参见《江西省市场监管局纠正永丰县人民政府办公室滥用行政权力排除、限制竞争行为》,载中国质量新闻网,https://www.cqn.com.cn/ms/content/2021-11/19/content_8754081.htm。该案主体应当为县人民政府,县人民政府办公室系内设机构。

制度,组织开展业务培训,提升业务能力。

案例五

(2020)内蒙古自治区呼和浩特市公用事业管理局限制燃气企业案

根据举报,内蒙古自治区市场监督管理局对呼和浩特市住房和城乡建设局下属公用事业管理局在对燃气器具和燃气器具经营户进行管理的过程中存在涉嫌滥用行政权力,排除、限制竞争的情况,增加了企业的负担。针对举报情况,内蒙古自治区市场监督管理局进行了核实调查。

经查,呼和浩特市公用事业管理局要求燃气器具生产和经营企业需将其在呼和浩特市销售的民用和商用燃气器具进行备案,方可销售。且作为备案条件之一,同一型号民用燃气器具必须在呼和浩特特旭燃气用具气源适配性检测站每年进行一次气源适配性检测。公共事业管理局在没有上位法依据的情况下还要求燃气器具经营企业至少有两名取得燃气器具安装维修岗位证书的安装维修工,加重了企业的负担。

呼和浩特市公用事业管理局的上述行为,增加了燃气器具经营企业的义务,侵犯了其利益,排除和限制了燃气器具市场的竞争。相关行为,违反了《反垄断法》第 8 条"行政机关和法律、法规授权的具有管理公共事务职能的组织不得滥用行政权力,排除、限制竞争"和第 32 条关于禁止行政机关限定单位或者个人购买或者使用其指定经营者提供的商品的规定,属于第 37 条"制定含有排除、限制竞争内容的规定"行为。

在调查过程中,呼和浩特市公用事业管理局认识到自身行为的错误,于 2020 年 9 月 9 日发文停止了备案工作,并不再对燃气器具销售企业持有燃气器具安装维修岗位证书的维修人员的条件提出要求,恢复了相关市场的竞争秩序,优化了营商环境。

案 例 六

(2021)甘肃省武山县道路运输管理局限定客运市场案①

甘肃省市场监管局根据举报线索,于2020年4月对武山县道路运输管理局涉嫌滥用行政权力排除、限制竞争案进行立案调查。

经调查,2018年9月至2019年12月,武山县道路运输管理局在"武山—滩歌""四门—洛门"客运班线经营期限届满后,未经竞争性程序,指定甘肃天嘉交通运输集团有限公司武山客运分公司、武山公交分公司继续经营,并通过违规增设行政许可审查条件的方式,排除、限制了其他客运企业公平参与市场竞争。上述行为违反了《反垄断法》第8条行政机关不得滥用行政权力,排除、限制竞争和第32条行政机关不得滥用行政权力,限定或变相限定单位和个人经营、购买、使用其指定的经营者提供的商品的规定,构成滥用行政权力排除、限制竞争行为。

调查完成后,甘肃省市场监管局向武山县道路运输管理局的上级机关武山县人民政府提出了依法处理的建议。2021年2月,甘肃省市场监管局收到武山县人民政府的反馈材料,反映当事人已按照行政建议书整改要求,撤销了《道路公交客运经营行政许可决定书》(武运客许〔2019〕4号)和《道路公交客运经营行政许可决定书》(武运客许〔2019〕5号),并委托第三方机构对"武山—滩歌""四门—洛门"客运班线经营权重新组织公开招投标。

---

① 参见《甘肃武山县道路运输管理局涉嫌滥用行政权力 限制企业公平竞争》,载东方财富网,https://finance.eastmoney.com/a/202103041830757937.html。

四、设置关卡案例

案例一

(2017)江西省上饶市广丰区人民政府对建筑企业设置关卡案①

2017年12月初,根据有关线索,江西省发展改革委(省价格监督检查与反垄断局)派出调查组对上饶市广丰区人民政府办公室涉嫌滥用行政权力排除、限制竞争的行为开展调查。

调查发现,2017年5月17日,上饶市广丰区人民政府办公室印发了《加强建筑业和房地产业税收管理实施细则》(广府办字〔2017〕29号),其中明确要求上饶市外建筑企业到本区承接工程造价300万元以上的房屋建筑、市政基础、水利水电、交通工程等项目的,原则上应该在本区设立具有独立法人资格的子公司。对上饶市外建筑企业在本区设立具有独立法人资格的子公司在项目完工税收清算后,给予一定的财政奖励。

上饶市广丰区人民政府办公室上述行为涉嫌限制域外有关企业参与域内相关工程业务招投标的竞争,不利于促进相关市场充分竞争。相关行为违反了《反垄断法》第8条"行政机关和法律、法规授权的具有管理公共事务职能的组织不得滥用行政权力,排除、限制竞争"的规定,属于第33条第4项所列"设置关卡或者采取其他手段,阻碍外地商品进入或者本地商品运出"行为和第37条所列"制定含有排除、限制竞争内容的规定"行为。

① 参见《江西省发展改革委纠正上饶市广丰区人民政府办公室滥用行政权力排除限制竞争行为》,载《中国价格监管与反垄断》2018年第2期。

案例二

(2018)山东省枣庄市质量技术监督局在特种设备检验中设置关卡案[①]

经查明:根据涉企收费专项调查工作中发现的线索,枣庄市质量技术监督局(以下简称质监局)下属单位存在涉嫌滥用行政权力排除、限制竞争的行为。

调查发现,安泰检验中心于2017年3月7日向枣庄市质量技术监督局特种设备安全监科(以下简称特监科)提交了特种设备定期检验告知书,告知书中提到安泰检验中心是兖矿集团直属二级单位,对集团所属企业兖矿化工进行定期检验,枣庄市质监局特监科工作人员对告知书进行审查,自认为安泰检验中心属于兖矿集团的自检机构,而根据国家质监局和省质监局的规定,不符合自检机构开展检验业务的相关要求,因此,不允许安泰检验中心进入兖矿化工开展定期检验工作。枣庄市质监局特监科没有对安泰检验中心资质进行细致审查,先入为主地认为该中心属自检机构,并与山东省特种设备检验研究院枣庄分院(枣庄市质监局下属事业单位,依法设立的特种设备检验机构)商议后,以不符合特种设备安全监察要求的名义下发了《关于山东省安泰化工压力容器检验中心在我市开展压力容器和压力管道定期检验工作的函》,限制安泰检验中心在枣庄市开展检验业务,并由山东省特种设备检验研究院枣庄分院到兖矿化工进行检验工作。该局上述做法违反了《反垄断法》第32条"行政机关和法律、法规授权的具有管理公共事务职能的组织不得滥用行政权力,限定或者变相限定单位或者个人经营、购买、使用其指定的经营者提供的商品"和第33条第4项不得滥用行政权力,实施"设置关卡或者采取其他手段,阻碍外地商品进入或者本地商品运出"的规定,涉嫌滥用行政权力排除、限制竞争。

① 参见《枣庄市质量技术监督局主动纠正滥用行政权力排除限制竞争行为》,载《中国价格监管与反垄断》2018年第1期。

案例三

(2018)湖南省娄底市商务粮食局等二手车交易中设置关卡案①

2017 年 5 月,根据原国家工商总局转办,湖南省原工商局对湖南省娄底市商务粮食局等滥用行政权力排除、限制竞争行为进行调查。

经调查,由娄底市商务粮食局牵头多部门参与制定的《关于规范娄底市二手车流通行业管理的通知》(娄商粮发[2016]131 号)、《关于印发娄底市二手车交易市场发展规划(2016—2020 年)的通知》(娄商粮发[2016]132 号)、《关于开展娄底市二手车流通行业专项整治的通知》(娄商粮发[2016]133 号)等三份文件,或非法设置前置准入条件、擅自提高准入门槛,或以车牌号码划分区域市场,或指定经营者等。

湖南省原工商局认为,娄底市商务粮食局等多单位联合发文中,部分内容违反了《反垄断法》相关规定,构成滥用行政权力排除、限制竞争行为,对其进行了约谈指导。2017 年 7 月 28 日,娄底市商务粮食局废止了相关违法文件。

案例四

(2018)江西省新建区"营改增"工作协调推进领导小组对工程业务招投标设置关卡案②

2018 年 1 月 17 日,根据有关线索,江西省发展改革委(省价格监督检查与反垄断局)派出调查组对南昌市新建区"营改增"工作协调推进领导小组(以下简称新建区"营改增"领导小组)涉嫌滥用行政权力排除、限制竞争的行为开展

① 参见邢郑:《工商制止滥用行政权力排除、限制竞争行为 10 大典型案例》,载百家号 2018 年 6 月 27 日,https://baijiahao.baidu.com/s?id=1604394429052269606&wfr=spider&for=pc。

② 参见《江西省纠正新建区"营改增"工作协调推进领导小组行政性垄断行为》,载温州市市场监督管理局,http://wzmsa.wenzhou.gov.cn/art/2021/10/11/art_1229555574_58918558.html。

调查。

调查发现,2017年7月1日,新建区"营改增"领导小组印发了《关于进一步加强综合治税有关工作的通知》,其中明确规定:对今后开工实施的新项目,由项目业主(建设)单位在项目招投标公告(包括招标文件)中明确,区外中标企业(包括施工、服务性企业)于办理施工许可证前必须在新建区注册成立项目管理和资金结算的分公司;直接发包的项目,区外企业(包括施工、服务性企业)必须先在新建区注册成立项目管理和资金结算的分公司,……区外企业分公司必须在新建区金融机构开设账户。

新建区"营改增"领导小组上述行为涉嫌限制域外有关企业参与域内相关工程业务招投标的竞争,不利于促进相关市场充分竞争。相关行为违反了《反垄断法》第8条"行政机关和法律、法规授权的具有管理公共事务职能的组织不得滥用行政权力,排除、限制竞争"的规定,属于第33条第4项所列"设置关卡或者采取其他手段,阻碍外地商品进入或者本地商品运出"行为和第37条所列"制定含有排除、限制竞争内容的规定"行为。

在调查过程中,新建区"营改增"领导小组认识到上述行为涉嫌违反《反垄断法》的有关规定,1月24日,新建区"营改增"领导小组印发通知,正式废止此前《关于进一步加强综合治税有关工作的通知》,并在新建区人民政府官方网站进行公示。新建区"营改增"领导小组表示将以此为契机,在今后出台有关新政策时,严格落实公平竞争审查的规定,并认真梳理现行政策措施,有序清理和废除妨碍全国统一市场和公平竞争的相关规定和做法,不断优化营商环境。

鉴于新建区"营改增"领导小组主动整改,积极消除滥用行政权力排除、限制竞争行为的消极影响,江西省发展和改革委员会决定不再向有关上级机关提出依法处理的建议。

案例五

(2018)江西省宜春市盐务管理局、鹰潭市原盐务管理局对食盐经营设置关卡案①

根据举报,江西省发展改革委对宜春市原盐务管理局(以下简称原盐务局)、鹰潭市原盐务局涉嫌滥用行政权力排除、限制竞争行为进行调查。

经查,2018年1月,宜春市原盐务局、鹰潭市原盐务局分别向辖区内各食盐零售店发布告知书,要求所有经营食盐的商户要严格执行《食盐专营办法》,从食盐定点批发企业购进食盐,否则予以行政处罚,并具体公布了取得食盐批发许可证的企业名单。另据调查了解,中盐江西盐化有限公司(以下简称江西中盐)具备在宜春、鹰潭两市经营食盐批发业务的资格,但宜春市原盐务局、鹰潭市原盐务局在告知书中公布取得食盐批发许可证的企业名单中不包含江西中盐,并对从江西中盐购进食盐的零售单位进行了行政处罚。宜春市原盐务局、鹰潭市原盐务局向有关食盐零售店公布不全面的市场准入名单,并对从江西中盐购进食盐的零售经营者进行行政处罚的行为违反了《反垄断法》第33条第4项行政机关和法律、法规授权的具有管理公共事务职能的组织不得滥用行政权力,设置关卡或者采取其他手段,阻碍外地商品进入或者本地商品运出和第37条"行政机关不得滥用行政权力,制定含有排除、限制竞争内容的规定"之规定,构成滥用行政权力,排除、限制竞争行为。

江西省发展和改革委员会在完成调查后,向宜春市原盐务局和鹰潭市原盐务局反馈了相关情况,并介绍了《反垄断法》的有关规定和国家相关政策。两市原盐务局均承认情况属实,承诺立即纠正有关违法行为。2018年4月,宜春市原盐务局、鹰潭市原盐务局分别在《宜春新闻网》和《江南都市报》上发布公告,明确2018年1月发布的告知书中食盐批发企业名单不全面,应以省工业和信息化厅公布的为准。

① 参见《市场监管总局关于发布2018年市场监管部门制止滥用行政权力排除、限制竞争行为 典型案例的公告》,载中华人民共和国中央人民政府,https://www.gov.cn/zhengce/zhengceku/2018-12/31/content_5459681.htm。

案 例 六

(2019)广西壮族自治区住房和城乡建设厅违规设置区外企业准入条件并强制企业高价购买指定信息系统①

国务院第九督查组在广西壮族自治区督查时发现,广西壮族自治区住房和城乡建设厅要求区外工程勘察设计企业入桂必须进行信息登记。信息登记时资料核验需提出申请并预约核验时间,核验通过后发放登记证明,不办理信息登记或未通过核验的企业,不予受理施工图审查,形成了实质上的审批许可。同时,广西壮族自治区住房和城乡建设厅要求在广西开展经营活动的工程勘察设计企业必须购买某公司的信息系统,且只有通过该信息系统申报登记信息才能开展业务。企业购买系统价格为4000元,跨省经营的另需花费500元购买业务所在地功能模块。此外,企业还需交纳系统版本升级费、培训费等。

案 例 七

(2017)江西省鄱阳县城市管理行政执法局对建筑垃圾和工程渣土运输企业设置关卡案②

2017年12月初,根据有关线索,江西省发展改革委(省价格监督检查与反垄断局)派出调查组对鄱阳县城市管理行政执法局(以下简称城市管理局)涉嫌滥用行政权力排除、限制竞争的行为开展调查。

调查发现,2017年11月1日,鄱阳县城市管理局在鄱阳县人民政府及鄱阳县城市管理局官方网站上发布了《鄱阳县中心城区建筑垃圾和工程渣土运输企

① 参见《广西个别单位落实深化放管服改革不到位被点名》,载百家号2019年11月26日,https://baijiahao.baidu.com/s?id=1651256884710375428&wfr=spider&for=pc。

② 参见《江西省发展改革委纠正鄱阳县城市管理局滥用行政权力排除限制竞争行为》,载《中国价格监管与反垄断》2018年第2期。

业准入公告》①,其中明确的准入条件之一为:在鄱阳县内注册,具有合法有效的道路运输经营许可证、营业执照(社会统一信用代码)的法人企业。此项准入条件直接将域外有关企业排除在竞争之外。

鄱阳县城市管理局上述做法,限制了域外有关企业参与域内相关工程业务招投标的竞争,不利于促进相关市场充分竞争。相关行为违反了《反垄断法》第8条“行政机关和法律、法规授权的具有管理公共事务职能的组织不得滥用行政权力,排除、限制竞争”的规定,属于第33条第4项所列“设置关卡或者采取其他手段,阻碍外地商品进入或者本地商品运出”行为和第37条所列“制定含有排除、限制竞争内容的规定”行为。

在调查过程中,鄱阳县城市管理局认识到上述行为涉嫌违反《反垄断法》的有关规定,立即进行了整改。主动从官方网站上撤回原公告,消除负面影响,并于2017年12月19日,在官方网站上对外发布了新公告,将原公告中准入条件之一:“必须在鄱阳县内注册”,修改为“在中华人民共和国依法注册”。

鄱阳县城市管理局表示将以此为契机,在今后出台有关新政策时,严格落实公平竞争审查的规定,并认真梳理现行政策措施,有序清理和废除妨碍全国统一市场和公平竞争的相关规定和做法,避免类似问题再度发生。

五、其他行为的案例

案例一

(2017)原兰州市安全生产监督管理局妨碍职业卫生评估案②

根据国务院第三次大督查发现的涉企乱收费问题线索,甘肃省发展改革委派出调查组对原兰州市安全生产监督管理局(以下简称安监局)在职业病危害防治工作中涉嫌排除、限制竞争的问题进行了调查。

---

① 笔者认为,归入“专门针对外地商品的行政许可,限制外地商品进入本地市场”更加符合法条本身含义。

② 参见《甘肃省发改委纠正一起滥用行政权力排除限制竞争行为》,载中国竞争法律与政策网2017年12月26日,https://cclp.sjtu.edu.cn/Show.aspx?info_lb=672&info_id=4289&flag=648。

调查发现,2016 年 6 月,为推进职业病危害防治评估工作,原兰州市安监局在其官方网站上公布了"在兰开展职业卫生技术服务机构名单",共计 15 家服务机构。但据了解,截至调查时全国取得甲级资质的此类服务机构共有 88 家,在甘肃省取得乙级资质的机构共有 9 家。按照原国家安监总局第 50 号令"取得甲、乙、丙级资质的职业卫生技术服务机构,可以根据认可的业务范围从事相关工作"的规定,这 97 家机构均有资格在兰州开展职业病危害防治评估。但原兰州市安监局只将"了解到的在兰开展过相关工作且有资质的机构"名单予以公布,而未公布其他有资质的机构名单,这种做法不仅使企业在主观上认为原兰州市安监局指定了评估机构,在客观上也造成了兰州地区职业卫生技术服务领域的竞争不充分,在一定程度上排除、限制了竞争。

甘肃省发展和改革委员会认为,原兰州市安监局的上述做法违背了原国家安监总局令第 50 号关于职业卫生技术服务机构资质业务范围的相关要求,涉嫌违反《反垄断法》和《国务院关于在市场体系建设中建立公平竞争审查制度的意见》的相关规定,一定程度上排除、限制了相关领域的市场竞争。

案 例 二

(2017)广东省中山市住房和城乡建设局妨碍燃气企业案①

2017 年,根据投诉举报,广东省发展改革委对中山市住房和城乡建设局涉嫌滥用行政权力排除、限制竞争行为进行调查。

经查,2010 年 10 月,中山市住房和城乡建设局签发《关于审定转发〈中山市燃气行业行业自律一规二则〉的请示》(中建函〔2010〕5 号),批准中山市燃气协会起草上报的行业自律准则,其内容含有实施分割瓶装燃气销售市场,加强对燃气经营企业和瓶装气供应站的管控,排除、限制企业之间的市场竞争,并通过强制燃气经营企业和瓶装气供应站加入行业协会、收取违约保证金等方式保障实施的内容。2016 年 5 月,中山市住房和城乡建设局下属的市燃气管理办公

① 参见《重磅!燃气行业限制竞争典型案例公布!国家市场监管总局点名了这些地方政府!》,载搜狐网 2019 年 1 月 2 日,https://www.sohu.com/a/286227194_650250。

室发布《关于做好燃气器具产品通气事宜的通知》，通过规定燃气器具备案制设置了不合理的市场准入条件，造成市场准入障碍，限制了商品自由流通，限制了消费者的自由选择权，并增加了企业生产经营成本，造成市场竞争不充分，同品牌同型号的燃气器具产品与相邻城市比较价格畸高，上述行为违反了《反垄断法》第33条第5项“行政机关和法律、法规授权的具有管理公共事务职能的组织不得滥用行政权力，妨碍商品在地区间自由流通的其他行为”和第37条“行政机关不得滥用行政权力，制定含有排除、限制竞争内容的规定”之规定，构成滥用行政权力，排除、限制竞争行为。

在广东省发展改革委调查后，于2018年6月向中山市人民政府发出行政建议书，建议其责令中山市住房和城乡建设局及其下级单位中山市燃气管理办公室深刻认识并改正相关违法行为。中山市燃气管理办公室取消了《关于做好燃气器具产品通气事宜的通知》，并制定了《关于同意取消〈中山市燃气行业行业自律一规二则〉的函》，同意市燃气协会发文取消行业自律规定。

附函正文：

中山市人民政府：

根据消费者投诉举报，按照国家发展改革委立案函复，我委①对你市②住房和城乡建设局在燃气行业管理中，涉嫌滥用行政权力并排除、限制竞争的案件进行了调查。

现已查明，2010年10月1日，你市住房和城乡建设局发文《关于审定转发〈中山市燃气行业行业自律一规二则〉的请示》（中建函〔2010〕5号），批准中山市燃气协会起草上报的行业自律准则，其内容含有实施分割瓶装燃气销售市场，加强对燃气经营企业和瓶装气供应站的管控，排除、限制企业之间的市场竞争，并通过强制燃气经营企业和瓶装气供应站加入行业协会、收取违约保证金等方式保障实施的内容。

2016年5月26日，你市住房和城乡建设局下属的市燃气管理办公室发布《关于做好燃气器具产品通气事宜的通知》，要求各燃气器具生产单位或经销单位，持全国工业产品生产许可证正本或副本复印件、《国家燃气用具产品质量检验中心检

① 广东省发展和改革委员会。——编者注

② 中山市。——编者注

验报告》复印件(须加盖生产企业公章)到中山市燃气协会办理备案及网上公示手续。燃气器具备案制设置了不合理的市场准入条件,以备案等形式造成市场准入障碍,限制了商品自由流通,限制了消费者的自由选择权,并增加了企业生产经营成本,造成市场竞争不充分,同品牌同型号的燃气器具产品与相邻城市比较价格畸高。

你市住房和城乡建设局批准行业自律准则,使行业自律行为具有了行政强制性,剥夺了燃气经营企业的自主选择权,排除、限制了市场竞争,违反了《反垄断法》第37条"行政机关不得滥用行政权力,制定含有排除、限制竞争内容的规定"。《中山市燃气行业行业自律一规二则》造成中山市具有竞争关系的燃气经营企业构成分割燃气行业下游瓶装气供应站的行为效果,对市场的管控行为扭曲了正常的市场竞争,违反了《反垄断法》第13条第3项"禁止具有竞争关系的经营者达成下列垄断协议:(3)分割销售市场"的规定。

你市住房和城乡建设局下属的燃气管理办公室发布实施燃气器具备案制度阻碍了外地商品、网络销售商品的进入,限制了燃气器具的自由流通,剥夺了消费者的自由选择权,妨碍了燃气具全国统一市场的形成和外地企业公平参与竞争,违反了《反垄断法》第33条第5项"行政机关和法律、法规授权的具有管理公共事务职能的组织不得滥用行政权力,实施下列行为,妨碍商品在地区之间的自由流通:(5)妨碍商品在地区之间自由流通的其他行为",以及《反垄断法》第37条规定。

在我委调查后,你市燃气管理办公室于2017年7月31日宣布取消《关于做好燃气器具产品通气事宜的通知》,你市住房和城乡建设局于2017年11月15日制定《关于同意取消〈中山市燃气行业行业自律一规二则〉的函》,同意市燃气协会发文取消行业自律规定。

根据《反垄断法》第51条第1款"行政机关和法律、法规授权的具有管理公共事务职能的组织滥用行政权力,实施排除、限制竞争行为的,由上级机关责令改正;对直接负责的主管人员和其他直接责任人员依法给予处分。反垄断执法机构可以向有关上级机关提出依法处理的建议"的规定,现建议你机关责令中山市住房和城乡建设局及其下级单位中山市燃气管理办公室深刻认识并改正相关违法行为,认真学习《反垄断法》,不再发生违反《反垄断法》的行为。

请于2018年7月10日前将有关整改情况函告我委。

广东省发展改革委

2018年6月26日

案 例 三

(2017)某县政府文件违规给予特定经营者优惠政策并设置不合理的市场准入和退出条件①

某县政府出台的《关于促进新材料产业发展的若干意见》(＊政发〔2017〕185号),规定"园区内新材料企业产品纳入《政府采购目录》,在政府投资项目中实行优先采购。'产学研'合作项目经县科技局备案后,按企业实际支付技术合作费用(以审计报告为准)的30%给予补助。享受优惠政策的企业,三年内迁出本县的,已享受优惠政策所有奖励资金全额退还"。

该文件明确要求在政府采购中优先采购园区内新材料企业产品,违反了《公平竞争审查制度实施细则》第15条"影响生产经营成本标准"中第1款第3项"不得违法给予特定经营者优惠政策"的规定;同时,对享受优惠政策的企业,限制其三年内不得迁出该县,并在补助准入上设置"备案"障碍,分别违反了《公平竞争审查制度实施细则》第13条"市场准入和退出标准"中第1款第1项"设置明显不必要或者超出实际需要的退出条件"和第3项"以备案、登记等形式,设定或变相设定市场准入障碍"的规定。该文件进行了整改。

案 例 四

(2019)浙江省气象部门妨碍防雷装置检测资质案②

浙江省市场监管局2019年6月18日披露,该局近期查处了省气象部门滥用行政权力实施垄断行为一案。省市场监管局在下发的行政建议函中,要求省气象局纠正滥用行政权力,排除、限制民营企业公平竞争的行为。省气象局现

① 参见《法制专刊2022第8期(公平竞争典型案例)》,载江门市住房和城乡建设局2022年6月8日,http://www.jiangmen.gov.cn/bmpd/jmszfhcxjsj/ztzl/pfxxzl/fzzf/content/post_2619028.html。

② 参见《2019年反垄断执法典型案例公布　涉长安福特、丰田中国等》,载中新经纬客户端2021年2月19日,https://www.otat.cn/article/3409.html。

已承诺将积极采取措施及时抓好整改落实。

据了解,《雷电防护装置检测资质管理办法》(文中为2016年版,已被修订,以下简称《管理办法》)中规定,防雷装置检测资质等级分为甲、乙两级,甲级资质单位可以从事《建筑物防雷设计规范》规定的第一类、第二类、第三类建(构)筑物的防雷装置的检测。《管理办法》还规定,申请防雷装置检测甲级资质的单位,从事防雷装置检测工作的人员应当取得防雷装置检测资格证,并在其从业单位参加社会保险。

然而,省气象局在行使审批权限时却执行了“亲疏有别”的尺度,违背了上述有关规定。

2016年11月7日,省气象局向中国气象局报送的《浙江省气象局深化防雷减灾体制改革方案》中提出,组建省、市防雷安全检测公司,通过防雷技术人员整合、委派等方式,承接原有机构的防雷检测资质。

根据上述方案,省和11个市的气象局将其事业编制中的高级、中级职称人员委派到所属的国有防雷安全检测企业兼职,这些委派人员没有与防雷安全检测企业签订劳动合同,没有在企业缴纳养老保险,明显不符合《管理办法》规定的甲级资质审批条件。但是,省气象局对省和11个市的气象局所属的国有防雷装置检测企业审批了甲级资质,却对民营的防雷装置检测企业,严格按照规定审批检测资质。

对此问题,省市场监管局近日向省气象局下发行政建议函,要求其对照《反垄断法》和公平竞争审查的有关规定,纠正滥用行政权力对不同所有制企业实施差别化待遇,排除、限制民营企业公平竞争的行为。接到建议函后,省气象局已承诺将积极采取措施及时抓好整改落实。

省市场监管局相关负责人告诉《市场导报》记者,该局将继续贯彻落实习近平总书记在民营企业座谈会上的讲话和省委省政府促进民营经济高质量发展31条意见精神,对于滥用行政权力排除、限制民营企业公平竞争行为保持高压态势,坚决予以查处。

案 例 五

(2019)某区商务局文件对不同组织形式的经营者实施差别化待遇并变相设定市场准入障碍①

某市公平竞争审查工作联席会议办公室(以下简称公竞办)在对某区商务局开展公平竞争审查督查时发现,该局出台的《关于印发某某区促进外经贸高质量发展的政策意见的通知》(＊商务联发〔2019〕1号),规定"培训机构经市级商务部门批准开展外经贸培训活动,给予场地费、讲课费最高50%的补助;加大中介招商资金奖励力度,经商务等相关部门审核后,按项目实际到资情况给予项目引荐机构以资金奖励;本实施细则支持的对象,是指在某区范围内工商管理部门登记注册,具有独立法人资格、财务会议制度健全、依法纳税的外经贸企业、行业中介组织或相关机构"。

该文件在没有相关法律依据的情况下,在奖励准入上设置了"批准、审核"等门槛;同时将政策支持对象限定为在该区登记注册、具有独立法人资格的企业,排除了在该区依法生产经营并符合奖励条件的区外企业以及区内非独立法人资格的企业。违反了《公平竞争审查制度实施细则》第13条"市场准入和退出标准"中第1款第2项"对不同地区、组织形式的经营者实施差别化待遇"和第3项"以备案、登记等形式,设定或变相设定市场准入障碍"的规定。该局在督查后依法废止了相关文件。

① 参见《法制专刊2022第8期(公平竞争典型案例)》,载江门市住房和城乡建设局2022年6月8日,http://www.jiangmen.gov.cn/bmpd/jmszfhcxjsj/ztzl/pfxxzl/fzzf/content/post_2619028.html。

案例六

(2020)某区发展改革局文件对不同组织形式的经营者实施差别化待遇并变相设定市场准入障碍①

某市公平竞争审查工作联席会议办公室在对某区发展改革局开展公平竞争审查督查时发现,该局出台的《关于信息和软件服务业发展的扶持办法》(＊发改产〔2020〕6号),规定"本政策适用于依法在某某区登记注册的具有独立法人资格的信息和软件服务业企业。引进企业必须在本区连续经营5年以上,受补助的企业须出具承诺书,如未满5年迁出需退还全部补助款"。

该文件将奖励对象限定为在该区登记注册、具有独立法人资格的企业,排除了在该区依法生产经营并符合奖励条件的区外企业以及区内非独立法人资格的企业;同时在没有相关法律依据的情况下,在市场退出上设置了不合理门槛,分别违反了《公平竞争审查制度实施细则》第13条"市场准入和退出标准"中第1款第2项"对不同地区、组织形式的经营者实施差别化待遇"和第1项"设置明显不必要或者超出实际需要的准入和退出条件"的规定。该局在督查后依法废止了文件。

案例七

(2022)重庆市市场监管局纠正合川区农业农村委员会滥用行政权力排除、限制竞争行为②

2022年3月7日,重庆市市场监管局对合川区农业农村委员会涉嫌滥用行

① 参见《违反公平竞争审查制度案例分析》,载青岛市发展和改革委员会,http://dpc.qingdao.gov.cn/fzgggz_45/fgc_45/gzdt_45/202204/t20220408_5230747.shtml。

② 参见《2022年制止滥用行政权力排除、限制竞争执法专项行动案件(第二批)》,载澎湃网2022年7月29日,https://www.thepaper.cn/newsDetail_forward_19229665。

政权力排除、限制竞争行为立案调查。

经查,2020 年 7 月 14 日,当事人下发《重庆市合川区农业农村委员会关于印发〈2020 年合川区有机肥推广示范补贴工作方案〉的通知》,文件对生产有机肥的企业给予适当补贴,在选择商品有机肥供货企业时规定"商品有机肥供货企业原则上选择合川辖区内的有机肥生产企业,或在合川注册并销售合川辖区内有机肥生产企业生产的有机肥的销售企业"。

重庆市市场监管局认为,当事人作为行政机关,制定出台仅针对辖区内或在辖区内注册并生产销售有机肥的企业提供示范推广补贴的政策,导致外地经营者无法具备与本地经营者同等的竞争条件,妨碍了商品自由流通,排除、限制了相关市场竞争,违反了《反垄断法》第 33 条第 5 项"行政机关和法律、法规授权的具有管理公共事务职能的组织不得滥用行政权力,实施下列行为,妨碍商品在地区之间的自由流通:(5)妨碍商品在地区之间自由流通的其他行为"和第 37 条"行政机关不得滥用行政权力,制定含有排除、限制竞争内容的规定"的规定,构成滥用行政权力排除、限制竞争行为。

调查期间,当事人高度重视,积极整改,消除不良影响,下发通知将原文件予以废止,组织干部职工认真学习《反垄断法》等法律法规,严格落实公平竞争审查制度,全面清理废除妨碍统一市场和公平竞争的各种规定做法。

案例八

(2022)四川省市场监管局依法调查处理凉山彝族自治州金阳县自然资源局滥用行政权力排除、限制竞争行为[①]

2022 年 5 月 17 日,四川省市场监管局依法对金阳县自然资源局涉嫌滥用行政权力排除、限制竞争行为立案调查。

经查,2022 年 3 月 14 日以来,当事人在加强对外地砂石的治理工作中,要

① 参见《2022 年制止滥用行政权力排除、限制竞争执法专项行动案件(第五批)》,载国家市场监督管理总局,https://www.samr.gov.cn/jzxts/tzgg/qlpc/202301/t20230111_352803.html。

求有关外地砂石公司要向矿产品运入地即当地相关部门申请办理准运证,否则不予通行,并在"问政四川"平台上公开回复:"根据《凉山彝族自治州矿产资源管理条例》(2005)第4章第21条之规定:加工、收购、销售矿产品需凭采矿许可证或矿产品经营许可证到矿产品运出入地的自然资源管理部门办理准运证。凡无准运证的矿产品,铁路、公路、水上等运输组织及个人不得承运"从云南进入金阳县境内的砂石运输车辆经查验未提供有效证件,不得承运砂石。

四川省市场监管局认为,当事人要求外地砂石企业提供本地相关部门办理的准运证没有相关法律、法规依据,根据《凉山彝族自治州矿产资源管理条例》第21条第2款"收购、销售矿产品需凭采矿许可证或矿产品经营许可证到矿产品运出地的国土资源管理部门办理准运证"的规定,收购、销售矿产品需到矿产品运出地(采矿地)而非运入地(矿产销售地)的有关部门申请办理准运证,其错误适用该条例第21条第2款,将"运出地"扩大为"运出入地",限制了外地矿产品资源进入金阳县市场或通过金阳县进入其他市场,违反了新《反垄断法》第41条第5项"行政机关和法律、法规授权的具有管理公共事务职能的组织不得滥用行政权力,实施下列行为,妨碍商品在地区之间的自由流通:(5)妨碍商品在地区之间自由流通的其他行为"的规定,构成滥用行政权力排除、限制竞争行为。

四川省市场监管局根据新《反垄断法》第61条第1款"行政机关和法律、法规授权的具有管理公共事务职能的组织滥用行政权力,实施排除、限制竞争行为的,由上级机关责令改正;对直接负责的主管人员和其他直接责任人员依法给予处分。反垄断执法机构可以向有关上级机关提出依法处理的建议"的规定,向金阳县人民政府发出行政建议书,依法提出以下处理建议:一是责令当事人立即停止错误适用《凉山彝族自治州矿产资源管理条例》第21条,限制外地企业运输矿产品资源的行为,妥善处理、切实消除之前要求外地企业提供矿产品运入地准运证,排除、限制竞争行为的后果。二是主动消除"问政四川"平台上公开回复的不良影响,并以此案为契机,举一反三,加强对后续行为的监督和指导。三是提高认识,认真学习贯彻《反垄断法》、《国务院关于在市场体系建设中建立公平竞争审查制度的意见》、《公平竞争审查制度实施细则》和《中共中央、国务院关于加快建设全国统一大市场的意见》,全面落实公平竞争审查制度。四是责令当事人在金阳县人民政府收到行政建议书之日起30日内,将有关改正情况书面报告四川省市场监管局。

第五章
歧视性招投标

第一节　歧视性招投标立法

一、《反垄断法》修正

新《反垄断法》第 42 条规定，行政机关和法律、法规授权的具有管理公共事务职能的组织不得滥用行政权力，以设定歧视性资质要求、评审标准或者不依法发布信息等方式，排斥或者限制经营者参加招标投标以及其他经营活动。该条与旧《反垄断法》第 34 条相比，内容新增了兜底条款，即“以及其他经营活动”。

所以，该条不仅是歧视性招投标的规制法条，还是包括了“以及其他经营活动”的兜底性综合法条。

新《反垄断法》第 42 条，将原先的“排斥或者限制外地经营者参加本地的招标投标活动”修改为“排斥或者限制经营者参加招标投标以及其他经营活动”。首先，取消“外地经营者”这一概念限定，其目的在于实现真正的竞争中立，即不论是对外地企业的歧视还是对本地企业的歧视都不被允许。目前，地方保护主义在我国并未根绝，同时还存在“优待外地企业、歧视本地企业”的现象，这都会破坏公平竞争的市场环境，都应予以规制。其次，之所以增加“其他经营活动”这一内容，主要是为了应对实践中各种不同的情况。除招投标外，竞争性谈判、询价、磋商等都属于竞争性采购方式，都存在滥用行政权力排除、限制竞争的空间和可能，以“其他经营活动”兜底，可以有效弥补原有法律规定的疏漏和不足。[①] 从立法者的立法目的分析,“其他经营活动”应当是与招投标活动相关的经营活动,否则,新《反垄断法》第 42 条将与第 10 条和第 45 条存在法条竞合。

二、《制止滥用行政权力排除、限制竞争行为规定》

《制止滥用行政权力排除、限制竞争行为规定》第 7 条进一步细化了新《反垄断法》第 42 条的规定,例如,“设定与实际需要不相适应或者与合同履行无关的资格、技术和商务条件”,“排斥或者限制外地经营者参与本地特定的招投标活动和其他经营活动”。

三、《招标投标法》和《政府采购法》

(一)限制或者排斥潜在投标人

《招标投标法》第 18 条第 2 款规定:“招标人不得以不合理的条件限制或者排斥潜在投标人,不得对潜在投标人实行歧视待遇。”《招标投标法实施条例》第 32 条第 2 款规定:“招标人有下列行为之一的,属于以不合理条件限制、排斥潜在投标人或者投标人:(一)就同一招标项目向潜在投标人或者投标人提供有差别的项目信息;(二)设定的资格、技术、商务条件与招标项目的具体特点和实际需要不相适应或者与合同履行无关;(三)依法必须进行招标的项目以特定行政区域或者特定行业的业绩、奖项作为加分条件或者中标条件;(四)对潜在投标人或者投标人采取不同的资格审查或者评标标准;(五)限定或者指定特定的专利、商标、品牌、原产地或者供应商;(六)依法必须进行招标的项目非法限定潜在投标人或者投标人的所有制形式或者组织形式;(七)以其他不合理条件限制、排斥潜在投标人或者投标人。”

(二)差别待遇或者歧视待遇

《政府采购法实施条例》第 20 条规定:“采购人或者采购代理机构有下列情

---

① 参见时建中:《新〈反垄断法〉的现实意义与内容解读》,载《中国法律评论》2022 年第 4 期。

形之一的,属于以不合理的条件对供应商实行差别待遇或者歧视待遇:(一)就同一采购项目向供应商提供有差别的项目信息;(二)设定的资格、技术、商务条件与采购项目的具体特点和实际需要不相适应或者与合同履行无关;(三)采购需求中的技术、服务等要求指向特定供应商、特定产品;(四)以特定行政区域或者特定行业的业绩、奖项作为加分条件或者中标、成交条件;(五)对供应商采取不同的资格审查或者评审标准;(六)限定或者指定特定的专利、商标、品牌或者供应商;(七)非法限定供应商的所有制形式、组织形式或者所在地;(八)以其他不合理条件限制或者排斥潜在供应商。"

四、《工程项目招投标领域营商环境专项整治工作方案》

2019年8月20日国家发展改革委办公厅、工业和信息化部办公厅、住房和城乡建设部办公厅、交通运输部办公厅、水利部办公厅、商务部办公厅、国家铁路局综合司、中国民用航空局综合司等八部委印发的《工程项目招投标领域营商环境专项整治工作方案》中规定:"根据《招标投标法》《招标投标法实施条例》等有关规定,清理、排查、纠正在招投标法规政策文件、招标公告、投标邀请书、资格预审公告、资格预审文件、招标文件以及招投标实践操作中,对不同所有制企业设置的各类不合理限制和壁垒。重点针对以下问题:1. 违法设置的限制、排斥不同所有制企业参与招投标的规定,以及虽然没有直接限制、排斥,但实质上起到变相限制、排斥效果的规定。2. 违法限定潜在投标人或者投标人的所有制形式或者组织形式,对不同所有制投标人采取不同的资格审查标准。3. 设定企业股东背景、年平均承接项目数量或者金额、从业人员、纳税额、营业场所面积等规模条件;设置超过项目实际需的企业注册资本、资产总额、净资产规模、营业收入、利润、授信额度等财务指标。4. 设定明显超出招标项目具体特点和实际需要的过高的资质资格、技术、商务条件或者业绩、奖项要求。5. 将国家已经明令取消的资质资格作为投标条件、加分条件、中标条件;在国家已经明令取消资质资格的领域,将其他资质资格作为投标条件、加分条件、中标条件。6. 将特定行政区域、特定行业的业绩、奖项作为投标条件、加分条件、中标条件;将政府部门、行业协会商会或者其他机构对投标人作出的荣誉奖励和慈善公益证明等作为投标条件、中标条件。7. 限定或者指定特定的专利、商标、品牌、原产地、供应商或者检验检测认证机构(法律法规有明确要求的除外)。8.要求投标人在本地注册设立子公司、分公司、分支机构,在本地拥有一定办公面积,在本地缴纳社会保险等。9.没有法律法规依据设定投标报名、招标文件审查等事前审批或者审核环节。10.对仅需提供有关资质证明文件、证照、证件复印件的,要求必须提供原件;对按规定可以采用'多证合一'电子证照的,要求必须提供纸质证照。11.在开标环节要求投标人的法定代表人必须到场,不接受经授权委托的投标人代表到场。12.评标专家对不同所有制投标人打分畸高或畸低,且无法说明正当理由。13.明示或暗示评标专家对不同所有制投标人采取不同的评标标准、实施不客观公正评价。14.采用抽签、摇号等方式直接确定中标候选人。15.限定投标保证金、履约保证金只能以现金形式提交,或者不按规定或者合同约定返还保证金。16.简单以注册人员、业绩数量等规模条件或者特定行政区域的业绩奖项评价企业的信用等级,或者设置对不同所有制企业构成歧视的信用评价指标。17.不落实《必须招标的工程项目规定》《必须招标的基础设施和公用事业项目范围规定》,违法干涉社会投资的房屋建筑等工程建设单位发包自主权。18.其他对不同所有制企业设置的不合理限制和壁垒。"

第二节　招投标的资质和评审标准

一、招投标的资质

资质泛指从事某种工作或活动所具备的条件、资格、能力等。比如,《建筑业企业资质管理规定》第3条规定,企业应当按照其拥有的资产、主要人员、已完成的工程业绩和技术装备等条件申请建筑业企业资质,经审查合格,取得建筑业企业资质证书后,方可在资质许可的范围内从事建筑施工活动。

《招标投标法》第18条规定,招标人可以根据招标项目本身的要求,在招标公告或者投标邀请书中,要求潜在投标人提供有关资质证明文件和业绩情况,并对潜在投标人进行资格审查;国家对投标人的资格条件有规定的,依照其规定。招标人不得以不合理的条件限制或者排斥潜在投标人,不得对潜在投标人实行歧视待遇。

《政府采购法》第 23 条规定，采购人可以要求参加政府采购的供应商提供有关资质证明文件和业绩情况，并根据该法规定的供应商条件和采购项目对供应商的特定要求，对供应商的资格进行审查。《政府采购法实施条例》第 22 条第 1 款规定，联合体中有同类资质的供应商按照联合体分工承担相同工作的，应当按照资质等级较低的供应商确定资质等级。

二、招投标的评审标准

《招标投标法》第 41 条规定，中标人的投标应当符合下列条件之一：(1) 能够最大限度地满足招标文件中规定的各项综合评价标准；(2) 能够满足招标文件的实质性要求，并且经评审的投标价格最低；但是投标价格低于成本的除外。从此条款，可以看出，主要的评标办法是综合评标法和最低评标价法。《招标投标法实施条例》第 49 条至第 53 条，对投标评审要求进行了具体规定。《政府采购法实施条例》也有类似的评审标准和要求。

第三节　案例评析

一、地域歧视违法多样

以原安徽蚌埠市卫生和计划生育委员会药品集中采购歧视案为代表，该案件中，虽然皖 C－2015－CG－C－112 和皖 C－2015－CG－C－168 号招标公告是以“竞争性磋商”名义发布的，但属于以公告的方式，邀请不特定的法人或者其他组织投标，实质上是招标行为。112 号公告中，要求“市外投标企业 2014 年销售额不低于 20 亿元人民币，本市企业 2014 年销售额不低于 4000 万元人民币”，对本地和外地经营者的销售额要求相差 50 倍。168 号公告中，要求“市外投标企业年销售额（不含税）不低于 5 亿元人民币，本市企业年销售额（不含税）不低于 2000 万元人民币”，对本地和外地经营者的销售额要求相差 25 倍。

实务中，招投标活动中隐性地域歧视同样不容忽视，如要求“本地化服务”

加分有差异、厂商在本地有机房①、要求供应商中标后在本地纳税②、要求供应商在本地缴纳社保③、要求本地注册会计师人数④、要求本地有专用设备⑤、要求在项目所在地周边有服务点⑥、要求获得本地特有补助⑦和要求本地业绩⑧。

二、新类型违法增加

《制止滥用行政权力排除、限制竞争行为规定》第 7 条规定,不得"设定与实际需要不相适应或者与合同履行无关的资格、技术和商务条件"。此类违法行为近几年较常见,如湖北省市场监管局纠正黄冈市城市管理执法委员会滥用行政权力排除、限制竞争行为案中,黄冈市城市管理执法委员会要求招标代理机构在黄冈市区具有固定的经营场所(提供自有房产证或租用房产协议或其他房产证明材料);而在湖北省市场监管局纠正襄阳市行政审批局滥用行政权力排除、限制竞争行为案中,当事人会同有关部门印发《襄阳市工程建设招标投标信用评价细则》(襄公共资源局发〔2021〕6 号),要求当事人开发并运行襄阳市工程建设招标投标综合信用评价系统,对经营者招标投标信用进行评价审核并公示。在信用评分审核过程中,当事人只认可经营者在襄阳市的纳税证明、社保缴费证明等,对经营者在襄阳市外的纳税证明、社保缴费证明等不予认可。

三、法律竞合

行政垄断中的歧视性招投标和违反《招标投标法》《政府采购法》的行为容易产生很多法律竞合问题,导致执法实务不易区分。一般来讲,如果因行政机关和法律、法规授权的具有管理公共事务职能的组织,利用职权违反新《反垄断

---

① 参见《广东省财政厅政府采购行政处罚决定书》(粤财罚〔2019〕15 号)。
② 参见《孝感市孝南区财政局政府采购投诉处理决定书》(孝南财采投〔2019〕23 号)。
③ 参见《海南省财政厅政府采购投诉处理决定》(琼财采〔2019〕143 号)。
④ 参见《枣阳市财政局政府采购投诉处理决定书》(枣财罚决字〔2019〕001 号)。
⑤ 参见《文昌市财政局政府采购投诉处理决定书》(文财采决〔2016〕1 号)。
⑥ 参见《襄阳市财政局政府采购投诉处理决定书》(襄财罚决字〔2019〕10 号)。
⑦ 参见《深圳市龙岗区财政局政府采购投诉处理决定书》(深龙财〔2017〕180 号)。
⑧ 参见《江苏省财政厅政府采购供应商投诉处理决定书》(苏财购〔2019〕37 号)。

法》第 42 条和《制止滥用行政权力排除、限制竞争行为规定》第 7 条的规定,应当适用新《反垄断法》。如果是经营者违反《招标投标法》和《政府采购法》相关规定,应当适用《招标投标法》和《政府采购法》;但在因行政垄断导致受益经营者违反《招标投标法》和《政府采购法》的规定时,各自适用不同的法律法规。

附:典型案例

案例一

(2016)安徽省宿州市原卫生和计划生育委员会药品集中采购歧视案①

2016 年 12 月 29 日,安徽省原物价局向宿州市原卫生和计划生育委员会(以下简称卫计委)送达《安徽省物价局反垄断调查结论书》(皖价结论〔2016〕1 号)。

经国家发展改革委同意,安徽省原物价局于 2016 年 11 月 17 日至 12 月 23 日对宿州市原卫计委开展了反垄断调查,认定宿州市原卫计委 2015 年 3 月 15 日制定并实施的《宿州市 2015 年药品带量采购工作方案》(宿卫〔2015〕36 号)中"参与本次集中采购投标的主体(投标企业)为原中标的生产企业或得到其授权的具有宿州市该药品经销权的代理商"的内容,排斥了外地经营者参加本地的招标投标活动,限制了市场竞争,属于《反垄断法》第 34 条和第 37 条规定的滥用行政权力排除、限制竞争的行为。

在安徽省物价局开展调查后,宿州市原卫计委高度重视,对有关问题进行了认真研究,承诺立即采取措施进行整改,于 12 月 13 日印发了《关于废止〈宿州市 2015 年药品带量采购工作方案〉的通知》(宿卫〔2016〕116 号),并在宿州市原卫计委门户网站予以公示;于 12 月 22 日向安徽省物价局报送了《关于宿

① 参见曹学平:《问题频出　安徽宿州药品带量采购违反〈反垄断法〉》,载新浪网,http://finance.sina.com/cn/roll/2017-01-21/doc-ifxzuswq3061645.shtml。

州市2015年药品带量采购工作有关情况的报告》(宿卫〔2016〕121号),承诺将吸取教训、深刻检查,避免类似情况再次发生。

鉴于宿州市原卫计委能及时、主动整改,积极消除滥用行政权力排除、限制竞争行为的影响,安徽省物价局决定不再向宿州市原卫计委的上级机关提出依法处理的建议,并结束调查。

案例二

(2016)安徽省蚌埠市原卫生和计划生育委员会药品集中采购歧视案①

2016年8月26日,国家发展改革委(以下简称发改委)官网刊登了《国家发展改革委办公厅关于建议纠正蚌埠市卫生计生委滥用行政权力排除限制竞争有关行为的函》,公开致函安徽省人民政府办公厅,建议安徽省责令蚌埠市原卫生和计划生育委员会(以下简称卫计委)改正相关行为,并对本省药品集中采购中是否还存在其他违反《反垄断法》,排除、限制竞争的行为,从总体上予以清理和规范,并将整改情况于2015年8月31日致函国家发改委。

国家发改委收到的函件称,调查显示,2015年4月至5月,原蚌埠市卫计委分三次组织发布公告,进行药品采购。其中,4月10日发布的《蚌埠市公立医疗机构临床用药单品种带量采购询价公告》(皖C-2015-CG-X-111)中,不仅确定了30种药品的品种、规格和剂型,还直接确定了生产企业,排除和限制了同种药品不同生产企业之间的竞争,不利于通过市场竞争形成合理价格,违反了《反垄断法》第32条"行政机关和法律、法规授权的具有管理公共事务职能的组织不得滥用行政权力,限定或者变相限定单位或者个人经营、购买、使用其指定的经营者提供的商品"和第37条"行政机关不得滥用行政权力,制定含有排除、限制竞争内容的规定"的规定。

① 参见《国家发展改革委办公厅关于建议纠正蚌埠市卫生计生委滥用行政权力排除限制竞争有关行为的函》(发改办价监〔2015〕2175号)。

在4月10日发布的市区组竞争性磋商公告(皖C－2015－CG－C－112)和5月22日发布的三县组竞争性磋商公告(皖C－2015－CG－C－168)中,对本地和外地经营者设置不同的资质要求,排除了外地潜在投标者,不利于促进相关市场充分竞争,控制药品虚高价格,违反了《反垄断法》第34条“行政机关和法律、法规授权的具有管理公共事务职能的组织不得滥用行政权力,以设定歧视性资质要求、评审标准或者不依法发布信息等方式,排斥或者限制外地经营者参加本地的招标投标活动”和第37条“行政机关不得滥用行政权力,制定含有排除、限制竞争内容的规定”的规定。

根据《反垄断法》第51条第1款“行政机关和法律、法规授权的具有管理公共事务职能的组织滥用行政权力,实施排除、限制竞争行为的,由上级机关责令改正;对直接负责的主管人员和其他直接责任人员依法给予处分。反垄断执法机构可以向有关上级机关提出依法处理的建议”的规定,特建议安徽省人民政府办公厅责令蚌埠市原卫计委改正相关行为,并对本省药品集中采购中是否还存在其他违反《反垄断法》,排除、限制竞争的行为,从总体上予以清理和规范。

附:

蚌埠市原卫计委滥用行政权力排除限制竞争的主要事实和整改建议

一、案件主要事实

2015年3月,蚌埠市原卫计委等6部门印发《蚌埠市公立医疗卫生机构药品耗材设备集中采购实施办法(暂行)》,成立蚌埠市公立医疗卫生机构药品、耗材及设备集中采购工作办公室(以下简称采购办公室)和全市公立医疗机构采购联合体(以下简称采购联合体)。其中,采购办公室设在蚌埠市原卫计委;采购联合体由全市94家公立医疗机构组成(其中一家为精神病医院)。

4月至5月,蚌埠市原卫计委分三次发布公告,进行药品采购。其中一次为单品种带量采购;两次为打包带量采购(精神病医院未参加打包带量采购)。基本情况如下:

1. 2015年4月10日,发布《蚌埠市公立医疗机构临床用药单品种带量采购询价公告》(皖C－2015－CG－X－111,以下简称111号询价公告),对30种确定品种、规格、剂型和生产厂家的药品进行询价,采购总金额1.004亿元。

公告中规定投标人资格为“在本次单品种带量采购范围内的生产企业”，要求“单品种让利幅度不得低于25%（与省中标价相比下降至少25%）”。4月21日和22日，采购办公室分两次，对18个生产企业共21种药品接受25%降价幅度的情况进行了公示。蚌埠市原卫计委表示，对未成交的9个品种，目前已经选择了替代性品种，并在两次打包带量采购中予以解决。

2.2015年4月10日，发布市区组竞争性磋商公告（皖C－2015－CG－C－112项目，以下简称112号公告），对33家市区医院使用2619种药品进行打包带量采购，采购总金额2.78亿元。

公告要求投标供应商整体打包报价，并规定选取“10家供应商（市内5家，市外5家）”中标。调查显示，共有12家药品配送企业参与投标。4月21日，采购办公室发布公示，确定了10家中标企业名单。

3.2015年5月22日，发布三县组竞争性磋商公告（皖C－2015－CG－C－168项目，以下简称168号公告），蚌埠市怀远、五河和古镇三县共60家公立卫生医疗机构对2850种确定品种、规格、剂型和生产厂家的药品进行打包带量采购，采购总金额2.9亿元。

168号公告也要求投标供应商整体打包报价，规定选取12家成交配送企业数量中标（其中本市企业6家，市外企业6家）。共有18家药品配送企业参与投标。6月2日，采购办公室确定了12家中标企业名单。

二、违反《反垄断法》的有关情况

按照蚌埠市原卫计委等6部门下发的《蚌埠市公立医疗卫生机构药品耗材设备集中采购实施办法（暂行）》规定，“集中采购工作机构设在市卫生计生委，名称为蚌埠市公立医疗卫生机构药品、耗材及设备集中采购工作办公室。主要承担药品、耗材及设备集中采购工作的具体实施和日常管理工作”。

在111号询价文件和112号公告中，均明确表示安徽冲锋信息技术有限公司受蚌埠市原卫计委委托，开展相关招标采购工作。在168号公告中虽然调整为“受蚌埠市公立医疗机构药品带量采购联合体委托”，但之后两次发布的有关澄清公告均是以蚌埠市原卫计委的名义发布。

因此，蚌埠市原卫计委在药品集中采购中，履行了有关管理和监督指导职责，也直接参与了相关工作。经研究，我委认为，上述药品集中采购中的部分做法，违反了《反垄断法》相关规定，排除和限制了相关市场竞争。

（一）在111号询价文件中指定有关药品的具体生产企业，排除和限制了同种药品不同生产企业之间的竞争

蚌埠市原卫计委在111号询价文件的单品种带量采购目录中，不仅确定了30种药品的品种，而且还直接确定了每种品种的规格、剂型和生产企业。调查中蚌埠市原卫计委表示，30种药品中除葛兰素史克公司生产的注射用头孢呋辛为进口药外，其余29种均非独家生产药品。

在安徽省原卫计委等部门制定的《安徽省基本医疗保险药品限价（医保支付参考价）目录》（卫药秘〔2015〕83号）中查询注射用头孢呋辛，除葛兰素史克公司外，还有其他8家企业生产同种剂型药物。因此，30种药品均有相应的替代性产品，相关生产企业之间为竞争关系。

在单品种采购中，应当充分保证和促进同种药品不同生产企业之间的竞争。蚌埠市原卫计委在111号询价文件中，直接确定有关药品的具体生产企业，排除和限制了同种药品不同生产企业之间的竞争，不利于通过市场竞争形成合理价格，违反了《反垄断法》第32条"行政机关和法律、法规授权的具有管理公共事务职能的组织不得滥用行政权力，限定或者变相限定单位或者个人经营、购买、使用其指定的经营者提供的商品"和第37条"行政机关不得滥用行政权力，制定含有排除、限制竞争内容的规定"的规定。

（二）在112号和168号公告中对外地经营者设置歧视性资质要求，限制外地经营者参加本地的招标投标活动

虽然112号和168号公告是以"竞争性磋商"名义发布，但属于以公告的方式，邀请不特定的法人或者其他组织投标，实质上是招标行为。112号公告中，要求"市外投标企业2014年销售额不低于20亿元人民币，本市企业2014年销售额不低于4000万元人民币"，对本地和外地经营者的销售额要求相差50倍。

168号公告中，要求"市外投标企业年销售额（不含税）不低于5亿元人民币，本市企业年销售额（不含税）不低于2000万元人民币"，对本地和外地经营者的销售额要求相差25倍。

同时，在外地和本地相关经营者数量明显存在巨大差别的情况下，两次招标均明确规定外地和本地同样数量的经营者中标，保护本地相关经营者的意图明显。

相关做法排除了外地潜在投标者，不利于促进相关市场充分竞争，控制药

品虚高价格，涉嫌违反《反垄断法》第 34 条“行政机关和法律、法规授权的具有管理公共事务职能的组织不得滥用行政权力，以设定歧视性资质要求、评审标准或者不依法发布信息等方式，排斥或者限制外地经营者参加本地的招标投标活动”和第 37 条“行政机关不得滥用行政权力，制定含有排除、限制竞争内容的规定”的规定。

三、我们的意见和处理建议

为促进药品集中采购中的公平竞争，建议你机关[①]责令蚌埠市原卫计委切实采取措施，纠正违反《反垄断法》的有关行为，并对本省药品集中采购中是否还存在其他违反《反垄断法》，排除、限制竞争的行为，从总体上予以清理和规范。具体包括：

1. 在药品集中采购中不得对本地和外地经营者设定歧视性的资质要求和评审标准，不得对本地和外地经营者中标的数量进行限定。

2. 对可以形成市场竞争的药品，在采购中不得指定具体的药品生产企业。

3. 采取必要措施，消除之前药品集中采购中排除限制竞争行为的后果。

案例三

(2017)广东省惠州市水务局河砂开采歧视案[②]

根据消费者投诉举报，广东省发展改革委对惠州市水务局涉嫌滥用行政权力，排除、限制竞争的案件进行了调查。调查发现，该局设定歧视性资质要求，设置投标门槛“必须是本市国有独资企业”，排除限制外地企业和本市非国有企业参与惠州市河砂开采投标。同时，制定河砂销售指导价格，规定提价幅度，直接干预企业自主定价经营权。

2012 年，该市纪委监察局联合市水务局对如何创新改进河道采砂管理工作

① 安徽省人民政府办公厅。——编者注

② 参见《〈工商行政管理〉半月刊：公用领域竞争秩序：治理进入深水区》，载中国竞争法律与政策网 2017 年 2 月 7 日，https://cclp.sjtu.edu.cn/Show.aspx?info_lb=672。

开展了调研,10 月 22 日,调研组拟定了《关于创新改进某河道采砂管理的调研报告》,提出了“政府专营,公开选聘国有公司进行开采、运送、堆放、销售一体化运营”,招标时,要求投标人为国有公司,并确定河砂销售价格参照上年度价格,在不高于基准价格 10% 范围内统一销售河砂的模式。

2012 年 11 月 16 日,该市政府常务会议(《会议纪要》×号)、市委常委会议(《会议纪要》×号)审定并在原则上同意了惠州市水务局《2012 年度某段河道采砂管理试点试行方案》,要求“确保市政府国资委下属国有公司中标经营”。

2013 年 7 月,该市委常委会议(《会议纪要》×号),讨论并在原则上同意了该市水务局拟定的《某段河道 2013 年度可采区采砂管理方案》,要求“确保国有公司中标,巩固东江河道采砂管理体制改革的成果”。并要求河砂销售价格由中标公司“报市河道采砂工作领导小组备案后,在不高于基准价格 20% 范围内统一销售河砂”。2013 年 10 月,惠州市河砂领导小组统一部署调价,市内河砂开采区全部上调销售价格,上调幅度 8 元/m^3。

2013 年 8 月,在该市纪委监察局起草的《关于某段采砂管理“统采统销”试点工作情况的调研报告》中,已经明确认识到河砂招标设定“必须为本市国有企业”的门槛“严格来说违背了《招标投标法》有关公平公正的规定”,存在“倘若上级部门前来检查,取消设置门槛,国有河砂公司又不能保证能够中标”的风险。

2014 年 8 月 11 日,该市政府常务会议(《会议纪要》* 号)审定并在原则上同意了该市水务局《某段河道……采砂管理方案》。2015 年度、2016 年度某河段河道和市管河道采砂管理方案遵照 2014 年的方案执行。2014 年采砂管理方案中,明确要求“确需调整河砂价格的,需报市河道采砂工作领导小组批准”。2015 年水务局河砂销售指导价格为 70 元/m^3。

该市政府严格管控该市河砂市场,并将该“统采统销”模式在各县(区)推广执行。成立“某市河道采砂工作领导小组”,2015 年 9 月 9 日,工作领导小组会议纪要显示决定取消河砂销售指导价格制度,同时强调要“加强对 3 家国有河砂公司的协调管理,防止国有河砂公司之间的不正当竞争”。

该市水务局积极主动与投诉人沟通解决实际问题,并在 2016 年度该市河道采砂工作中采取新的公开邀标方式,取消了必须为国有企业的限制。2017 年 5 月 10 日,该市水务局向广东省发展改革委做出书面承诺,主动承认前期管理规定违反了《反垄断法》，汇报了落实整改工作情况，对采砂管理方案进行改进和完善，招标条件不再设置“本市国有独资企业”的限制，并积极协助地方政府化解了群众信访工作。

案例四

（2017）陕西省延安市原卫生和计划生育局药品耗材集中采购歧视案①

2017年2月，陕西省物价局在落实公平竞争审查制度工作中发现，延安市原卫生和计划生育局（以下简称卫计局）在推动公立医院药品耗材集中采购工作中，审定同意该市公立医疗机构药品（耗材）集中采购联合体出台了《延安市药品（耗材）集中采购药品配送企业遴选管理办法（试行）》（延市药采联发〔2017〕1号，以下简称《遴选管理办法》），并面向全省公告。《遴选管理办法》对药品配送企业申报条件设置了市外市内歧视性资质要求，有关条款违反了《反垄断法》第34条、第35条、第37条的相关规定。

陕西省物价局对延安市原卫计局药品耗材集中采购工作中存在的滥用行政权力排除、限制竞争行为介入调查后，延安市原卫计局充分认识到其行政行为违反了《反垄断法》和公平竞争审查制度的相关规定，积极采取措施，对《遴选管理办法》涉及违反公平竞争原则的条款及时废止，将本地企业与外地企业的申报条件予以统一，并向陕西省物价局上报《延安市卫生和计划生育局关于药品配送企业资格遴选工作有关问题的整改报告》，报告中明确了在药品配送企业资格遴选以及下一步药品耗材二次议价工作中将统一准入门槛严格遵守公平竞争政策。并保证在今后的工作中，深入学习《反垄断法》和《国务院关于在市场体系建设中建立公平竞争审查制度的意见》精神，坚持公平公正公开的原则，维护药品耗材相关市场公平竞争秩序。

① 参见《延安市卫计局主动纠正滥用行政权力排除限制竞争行为》，载《中国价格监管与反垄断》2018年第1期。

2017年2月底，延安市城市公立医疗机构药品配送企业资格遴选结果公示显示，申报成功的14家企业均为国内和省内大型医药公司，遴选资格执行了统一的报名条件和资质标准，延安市原卫计局已对其排除、限制竞争行为进行了实质性纠正。

案例五

（2017）安徽省芜湖市药品医用耗材管理中心医药购销歧视案[①]

经国家发展改革委同意，安徽省物价局于2017年9月6日至8日对芜湖市药品医用耗材管理中心开展了反垄断调查，发现该单位2017年8月16日在芜湖市公共资源交易中心网站发布的《招标公告》及其所依据的《芜湖市公立医院药品集中配送企业公开遴选方案》，存在强制要求中标人6个月内在本地注册全资子公司或控股子公司的条款。该条款人为设定了对外地企业的歧视性资质要求，加重了外地企业的履约成本，可能会迫使部分外地企业因无法满足条件而放弃参加竞标。

安徽省物价局认为，上述行为违反了《反垄断法》第34条"行政机关和法律、法规授权的具有管理公共事务职能的组织不得滥用行政权力，以设定歧视性资质要求、评审标准或者不依法发布信息等方式，排斥或者限制外地经营者参加本地的招标投标活动"的规定，构成滥用行政权力排除、限制竞争行为。

在开展调查后，该单位于2017年9月30日分别在芜湖市公共资源交易中心网站和芜湖市药品医用耗材管理中心网站发布《芜湖市公立医院药品集中配送企业公开遴选澄清公告》，删除了相关滥用行政权力排除、限制竞争行为的条款。2017年10月12日，该单位向物价局报送了《关于芜湖市公立医院药品集中配送企业遴选相关情况的报告》（芜药管〔2017〕112号），承诺将按照国务院、省政府关于在市场体系中建立公平竞争审查制度的要求，在草拟、出台相关政策时，做好公平竞争审查工作，审查合格后再实施，避免类似

① 参见《安徽省物价局反垄断调查结论书》（皖价结论〔2017〕2号）。

问题再度发生。

鉴于该单位能及时、主动整改,积极消除滥用行政权力排除、限制竞争行为的影响,经国家发展改革委同意,2017 年 12 月 12 日,安徽省物价局决定不再向该单位的上级机关提出依法处理的建议,并结束调查。

案例六

(2018)内蒙古自治区包头市住房保障和房屋管理局住宅前期物业管理招投标歧视案①

内蒙古自治区发展改革委价格监督检查与反垄断局在进行涉企收费检查时发现,包头市住房保障和房屋管理局涉嫌滥用行政权力,排除、限制包头市物业招投标市场竞争。

经调查,包头市住房保障和房屋管理局于2016 年7 月1 日与包头市公共资源交易中心签订《关于住宅物业前期物业管理招投标项目进驻包头市公共资源交易中心交易的合作框架协议》,约定由包头市公共资源交易中心为包头市的住宅前期物业管理招投标提供平台,并约定了价款收取方式和收取标准。2016 年7 月3 日,包头市物业管理处向包头市各物业服务企业和房地产开发企业下发通知,要求包头市所有的住宅前期物业管理招标项目纳入包头市公共资源交易中心进行交易。

在调查过程中,包头市住房保障和房屋管理局认识到上述做法与《反垄断法》的规定不相符,立即按要求进行整改,于 2017 年7 月1 日发出了《关于不再将住宅物业前期物业招投标纳入包头市公共资源交易中心的函》的通告,纠正了指定住宅前期物业的招投标交易场所的行为。

① 参见《包头市住房保障和房屋管理局纠正滥用行政权力排除限制竞争行为》,载《中国价格监管与反垄断》2018 年第 3 期。

案例七

(2018)河南省洛宁县农业局等单位指定农业保险案[①]

2018年1月26日,河南省价格监督检查与反垄断局在其官网公布《洛宁县农业局等单位主动纠正滥用行政权力排除限制竞争行为》公告。

查明:根据群众举报,河南省发展改革委经查证核实,2017年9月,由洛宁县农业局牵头,洛宁县农业局、洛宁县财政局、洛宁县扶贫开发办公室、洛宁县人民政府金融服务办公室联合下发了《关于印发〈洛宁县开展农业保险就业扶贫工作实施方案〉的通知》(宁农〔2017〕60号),要求对洛宁县全县范围内的小麦实现应保尽保。保险费用由中央及地方各级财政补贴80%,种植户应承担的20%保费由县财政支付。中原农业保险股份有限公司(以下简称中原农险)被指定为全县唯一的小麦保险承保机构。

洛宁县农业局等单位在使用中央财政农业保险保险费补贴的过程中,没有建立健全补贴险种经办机构评选、考核等相关制度,也未按照公平、公正、公开和优胜劣汰的原则,通过招标等方式确定符合条件的经办机构,直接指定了中原农险作为全县唯一的小麦承保机构,违反了该管理办法的规定和要求,影响了保险机构作为市场经营主体参与公平竞争的市场秩序。洛宁县农业局等单位的上述行为涉嫌违反《反垄断法》的有关规定,属于滥用行政权力排除、限制竞争的行为。

---

① 参见《洛宁县农业局等单位主动纠正滥用行政权力排除限制竞争行为》,载河南省发展和改革委员会,https://fgw.henan.gov.cn/2018/01-29/716101.html。

案 例 八

(2018)广西壮族自治区人民政府文件变相限制区外企业参与招投标、干预属于市场调节价的建筑市场服务类收费标准[①]

2018年3月，广西壮族自治区人民政府办公厅印发《关于促进建筑业持续健康发展的实施意见》(桂政办发〔2018〕29号)，规定“对我区企业暂不具备施工能力的领域，支持区外企业与我区龙头企业组成联合体投标”，并鼓励各类建筑行业协会研究制定服务类收费标准作为行业参考价格，违反“不得排斥或限制外地经营者参加本地招标投标活动”和“不得违法干预实行市场调节价的商品和服务的价格水平”的审查标准。经督察，相关单位拟删除该规定，按程序报批后重新发文。

案 例 九

(2019)安徽省滁州市住房和城乡建设局等部门建筑施工企业歧视案[②]

2019年10月，安徽省市场监管局对滁州市住房和城乡建设局等六部门涉嫌滥用行政权力排除、限制竞争行为进行调查。

经查，2018年12月17日，安徽省滁州市原城乡建设委员会牵头，会同滁州市财政局、市公共资源交易监督管理局、市原国土资源和房产管理局、市交通运输局、市原水利局联合印发《关于进一步促进本地建筑业企业发展的通知》(建管〔2018〕217号)，其中明确规定：“要引导总承包企业选择近几年信誉良好、无

① 参见《如何判断某项政策措施是否违反公平竞争审查标准？多个典型案例全解析》，载阜新市海州区人民政府，https://www.fxhz.gov.cn/content/2021/590832.html。

② 参见《安徽省市场监管局纠正滁州市住房和城乡建设局等部门滥用行政权力排除、限制竞争行为》，载微信公众号“竞争法视界”2020年3月30日，https://mp.weixin.qq.com/s/oXGMCC74sRydJETKyFYucQ。

不良记录、施工质量安全较好的本地企业为合作伙伴。对采取 EPC、PPP 方式的项目，引导选择本地国有企业或具有施工一级资质的企业进行施工”“建设单位在招标文件中要加大对本地企业的扶持支持力度，宜设立加分项：在滁设立独立核算公司的加 5 分；在滁设立独立核算分公司的加 3 分”。上述行为违反了《反垄断法》第 32 条“行政机关和法律、法规授权的具有管理公共事务职能的组织不得滥用行政权力，限定或者变相限定单位或者个人经营、购买、使用其指定的经营者提供的商品”以及第 34 条“行政机关和法律、法规授权的具有管理公共事务职能的组织不得滥用行政权力，以设定歧视性资质要求、评审标准或者不依法发布信息等方式，排斥或者限制外地经营者参加本地的招标投标活动”之规定，构成滥用行政权力，排除、限制竞争行为。

在调查过程中，根据执法机构指出的问题，滁州市住房和城乡建设局会同其他五部门先后印发了《关于对〈关于进一步促进本地建筑业企业发展的通知〉部分内容调整的通知》（建管〔2019〕196 号）、《关于对〈关于进一步促进本地建筑业企业发展的通知〉部分内容再次调整的通知》（建管〔2020〕12 号），对文件内容予以修改，删除了上述规定，对排除、限制竞争行为进行了改正。

案例十

（2019）凉山彝族自治州发展改革委在工程建设项目招标文件中违规设置加分项①

四川省凉山彝族自治州在工程建设项目招标文件中违规设置加分项，限制外地企业参与公平竞争。国务院第十二督查组在四川省督查时发现，凉山彝族自治州发展改革委制定的《凉山州国家投资工程建设项目标准招标文件（2017 年试用版）》在设定有关投标企业评审项时，规定企业在凉山彝族自治州内注册并具有独立法人资格得 1.5 分，近 3 年在凉山彝族自治州内税务机关累计纳税

① 参见《国务院大督查：部分地方仍存在“红顶中介”等突出问题》，载百家号 2019 年 11 月 12 日，https://baijiahao.baidu.com/s?id=1649972917510686534&wfr=spider&for=pc。

达一定规模得 2 分。凉山彝族自治州通过加分设置对外地企业和本地企业执行不同标准的做法，限制了外地企业在招标投标活动中的公平竞争，违反了《招标投标法》及有关规定。

案例十一

（2021）江西省分宜县财政局排斥或限制政府购买评审服务案①

2021 年 10 月，江西省市场监管局依法对分宜县财政局涉嫌滥用行政权力排除、限制竞争行为进行立案调查。

经查，2018 年 7 月 2 日，分宜县财政局在分宜县人民政府官方网站上对外发布《分宜县“政府购买评审服务”中介库公开采购项目招标公告》（招标编号：FYZPCG2018－08），要求建立“政府购买评审服务”中介库，入库企业必须在新余市范围内的工商行政主管部门登记注册并在新余市建设行政主管部门办理备案手续。

分宜县财政局实施的上述行为，违反了《反垄断法》第 34 条“行政机关和法律、法规授权的具有管理公共事务职能的组织不得滥用行政权力，以设定歧视性资质要求、评审标准或者不依法发布信息等方式，排斥或者限制外地经营者参加本地的招标投标活动”之规定，构成滥用行政权力排除、限制竞争行为。

在调查过程中，分宜县财政局认识到招标公告中的有关限制性规定违反《反垄断法》后，迅速主动组织整改，及时发布关于取消分宜县“政府购买评审服务”中介库的公告，撤销中介库招标公告和中标公示，并组织相关人员认真学习《反垄断法》，切实增强法律意识。

① 参见《江西省市场监管局纠正分宜县财政局滥用行政权力排除、限制竞争行为》，载国家市场监督管理总局竞争政策协调司 2021 年 11 月 18 日，https://www.samr.gov.cn/jzxts/tzgg/qlpc/art/2023/art_b6d46715227f4976a22d5fe4a2025fbb.html。

案例十二

(2021)江西省万载县财政局投资评审歧视案①

2021年10月,江西省市场监管局依法对万载县财政局涉嫌滥用行政权力排除、限制竞争行为进行立案调查。

经查,2020年12月8日,万载县财政局在万载县人民政府官方网站上对外发布《关于万载县财政局投资评审中心评审任务协作机构遴选项目(项目编号:和硕-WZ2020-008)的采购公告》,要求"非本地企业须在宜春市或万载县城区有固定办公场所,须提供相关证明材料"。

万载县财政局实施的上述行为,违反了《反垄断法》第34条"行政机关和法律、法规授权的具有管理公共事务职能的组织不得滥用行政权力,以设定歧视性资质要求、评审标准或者不依法发布信息等方式,排斥或者限制外地经营者参加本地的招标投标活动"之规定,构成滥用行政权力排除、限制竞争行为。

调查期间,万载县财政局认识到上述行为违反《反垄断法》后,主动采取措施停止违法行为,并进行了及时有效的整改。该局第一时间删除涉案公告,印发《万载县财政局关于废止2020年投资评审中心评审任务协作机构遴选招标文件的通知》并进行公开公示,组织加强相关法律法规学习,严格落实公平竞争审查要求,从源头上杜绝违反《反垄断法》的现象。

案例十三

(2021)吉林省长春经济技术开发区相关部门工程造价咨询歧视案②

2020年6月,吉林省市场监管厅对长春经济技术开发区相关部门涉嫌滥用

---

① 参见《江西省市场监管局纠正万载县财政局滥用行政权力排除、限制竞争行为》,载中国质量新闻网,https://www.cqn.com.cn/ms/content/2021-11/19/content_8754082.htm。

② 参见《吉林省市场监督管理厅纠正长春经济技术开发区相关部门滥用行政权力排除、限制竞争行为》,载中国质量新闻网,https://www.cqn.com.cn/ms/content/2021-11/19/content_8754058.htm。

行政权力排除、限制竞争行为进行立案调查。

经查，长春经济技术开发区审计局、财政局、财政投资评审中心于2020年5月11日在长春公共资源交易网上发布《长春经济技术开发区审计局、财政局、财政投资评审中心长春经济技术开发区工程造价咨询机构资格入围采购项目公开招标公告》，对投标人资格要求："投标人必须在长春市范围内设有固定的办公场所，提供租赁合同或者产权证明""外埠企业需按吉建管〔2015〕50号、吉建管〔2018〕12号、吉建管〔2019〕11号、吉建管〔2019〕28号等文件规定办理入籍备案，备案登记后方可参与投标"。

当事人实施的上述行为，违反了《反垄断法》第34条"行政机关和法律、法规授权的具有管理公共事务职能的组织不得滥用行政权力，以设定歧视性资质要求，评审标准或者不依法发布信息等方式，排斥或者限制外地经营者参加本地的招标投标活动"之规定，构成滥用行政权力排除、限制竞争行为。

调查过程中，当事人认识到上述行为涉嫌违反《反垄断法》后，立即进行了整改，第一时间在长春市公共资源交易网上发布《长春经济技术开发区工程造价咨询机构资格入围采购项目终止公告》，并向吉林省市场监管厅报送了整改报告。

案例十四

(2021)甘肃省天水市财政局办公供应商歧视案[①]

2021年2月，甘肃省市场监管局对天水市财政局涉嫌滥用行政权力排除、限制竞争行为进行调查。

经查，2020年11月9日，天水市财政局在甘肃省公共资源交易网发布的《天水市财政局天水市市级行政事业单位2020年办公自动化设备协议供货服务商政府采购入围采购项目》中规定，"第一、二、三包投标供应商须在天水市秦

① 参见《省市场监管局依法处理三地滥用行政权力排除、限制竞争行为，涉及财政局、人社局！》，载澎湃网2021年6月4日，https://m.thepaper.cn/newsDetail_forward_12993281。

州区、麦积区内注册并有固定经营场所，和适应业务需要的工作人员；第四包投标供应商须在天水市辖区内并有固定经营场所和适应业务需要的工作人员”，此规定直接排斥或者限制了外地经营者参加本地的招标投标活动。2020 年 12 月 7 日，天水市财政局在甘肃省公共资源交易网发布的《天水市市级行政事业单位 2020 年办公家具协议供货资格采购项目》中规定，“供应商须在甘肃省天水市秦州区、麦积区城区内有固定的产品展示场所”，此规定也变相将供应商限定在了指定区域，排斥或者限制了外地经营者参加本地的招标投标活动。另经查实，天水市财政局在组织实施招投标过程中，未按公平竞争审查制度的要求对招标文件、招标公告进行公平竞争审查。

天水市财政局的上述行为直接排除、限制了外地企业参加本地招投标活动，违反了《反垄断法》第 34 条“行政机关不得滥用行政权力，以设定歧视性资质要求、评审标准或者不依法发布信息等方式，排斥或者限制外地经营者参加本地的招标投标活动”的规定，构成滥用行政权力排除、限制竞争行为。

甘肃省市场监管局在调查过程中，积极向天水市财政局有关领导和相关工作人员进行竞争政策宣讲，天水市财政局认识到相关招标公告中的有关限制性规定违反了《反垄断法》，迅速组织进行整改。

2021 年 3 月 1 日，天水市财政局向甘肃省市场监管局提交了整改报告及相关整改资料。经核实，天水市财政局在取消有关限制性规定后，组织进行了《天水市市级行政事业单位 2020 年办公自动化设备协议供货服务商政府采购入围》和《天水市市级行政事业单位 2020 年办公家具协议供货资格采购项目》的补充招标工作，及时消除了相关后果。

根据《制止滥用行政权力排除、限制竞争行为暂行规定》（已废止）第 19 条第 2 款“在调查期间，当事人主动采取措施停止相关行为，消除相关后果的，反垄断执法机构可以结束调查”之规定，考虑到当事人已主动采取措施停止相关行为，消除相关后果，甘肃省市场监管局按程序结束调查。

案 例 十 五

(2021)甘肃省张掖市甘州区人力资源和社会保障局技能培训机构歧视案①

2021年2月,甘肃省市场监管局对张掖市甘州区人力资源和社会保障局(以下简称甘州区人社局)涉嫌滥用行政权力排除、限制竞争行为进行调查。

经查,甘州区人社局委托甘肃浩鑫工程咨询有限公司,于2021年2月5日在甘肃经济信息网发布由该局制定的《甘州区2021年职业技能培训机构采购项目招标公告》(招标编号:GSHX2021GK-001)(以下简称《招标公告》),《招标公告》对投标人资格要求中规定,"注册地不在甘州区的培训机构,需在本区设立教学点,有300平方米以上的固定教学、办公用房,且公告发布之日前在甘州区人社局备案,从事过由区人社局委托开展的职业技能培训活动",此规定直接排除了限定条件以外其他有职业技能培训资质的培训机构参与投标活动。另经查实,当事人在《招标公告》制定出台过程中未按公平竞争审查制度的要求进行公平竞争审查。

甘州区人社局的上述行为违反了《反垄断法》第34条"行政机关和法律、法规授权的具有管理公共事务职能的组织不得滥用行政权力,以设定歧视性资质要求、评审标准或者不依法发布信息等方式,排斥或者限制外地经营者参加本地的招标投标活动"的规定,构成滥用行政权力排除、限制竞争行为。其在制定出台涉及市场主体经济活动的规范性文件的过程中,未履行公平竞争审查程序,违反了《公平竞争审查制度实施细则(暂行)》(已废止)的有关规定。

在调查过程中,甘州区人社局认识到《招标公告》中的有关限制性规定违反了《反垄断法》,迅速组织进行整改,并建立了内部公平竞争审查机制,于2021年2月9日在甘肃经济信息网发布《甘州区2021年职业技能培训机构采购项目招标公告更正公告》,及时纠正了相关违法行为。

根据《制止滥用行政权力排除、限制竞争行为暂行规定》(已废止)第19条

① 参见《省市场监管局依法处理三地滥用行政权力排除、限制竞争行为,涉及财政局、人社局!》,载澎湃网2021年6月4日,https://m.thepaper.cn/newsDetail_forward_12993281。

第2款“在调查期间，当事人主动采取措施停止相关行为，消除相关后果的，反垄断执法机构可以结束调查”之规定，考虑到当事人已主动采取措施停止相关行为，消除相关后果，甘肃省市场监管局按程序结束调查。

案例十六

（2021）甘肃省嘉峪关市财政局政府采购歧视案①

2021年3月，甘肃省市场监管局对嘉峪关市财政局涉嫌滥用行政权力排除、限制竞争行为进行调查。

经查，2020年1月16日，嘉峪关市财政局委托嘉峪关市公共资源交易中心在甘肃省政府采购网发布《嘉峪关市2020－2021年市属行政事业单位政府采购协议供货商及定点采购商公开招标公告》（招标编号：JYGZC2020003G）（以下简称《招标公告》），该《招标公告》中规定供货商须提供“嘉峪关地区经营场所证明”，此规定直接排除、限制了外地经营者公平参与招标投标活动。另经查实，当事人在制定招标文件、发布招标公告的过程中，未按公平竞争审查制度的要求进行公平竞争审查。

当事人的上述行为违反了《反垄断法》第34条“行政机关和法律、法规授权的具有管理公共事务职能的组织不得滥用行政权力，以设定歧视性资质要求、评审标准或者不依法发布信息等方式，排斥或者限制外地经营者参加本地的招标投标活动”的规定，构成滥用行政权力排除、限制竞争行为。

在调查期间，甘肃省市场监管局积极向嘉峪关市财政局相关领导和工作人员进行竞争政策宣讲，嘉峪关市财政局充分认识到其发布的《招标公告》存在限制性规定，违反了《反垄断法》，并迅速开展“政府采购专项培训”，组织相关人员认真学习《反垄断法》、《公平竞争审查制度实施细则（暂行）》（已废止）等法律法规和有关政策文件。

① 参见《省市场监管局依法处理三地滥用行政权力排除、限制竞争行为，涉及财政局、人社局！》，载澎湃网2021年6月4日，https://m.thepaper.cn/newsDetail_forward_12993281。

2021年3月16日，嘉峪关市财政局向甘肃省市场监管局提交《整改情况报告》，承诺建立长效机制，在今后的招标工作中认真落实公平竞争审查制度，严格遵守《反垄断法》等法律法规，坚决杜绝出现类似违法违规问题。

根据《制止滥用行政权力排除、限制竞争行为暂行规定》(已废止)第19条第2款"在调查期间，当事人主动采取措施停止相关行为，消除相关后果的，反垄断执法机构可以结束调查"之规定，鉴于嘉峪关市财政局对其违法行为主动认领并提交整改报告，且2020年公开招标后签订的采购协议已到期，甘肃省市场监管局按程序结束调查。

案例十七

(2021)湖北省荆门市自然资源和规划局招投标歧视案[①]

2020年11月，湖北省市场监管局对荆门市自然资源和规划局涉嫌滥用行政权力排除、限制竞争行为进行调查。

经查，2020年4月，荆门市自然资源和规划局在荆门市国土资源网上交易系统公开挂牌出让一宗国有建设用地使用权，发布公告明确竞买步骤，其中要求："(一)数字CA证书办理。有意竞买者在挂牌开始前与CA数字证书办理机构(武汉信天行科技有限公司)联系办理……(三)按规定交纳竞买保证金和成交价款。竞买人须将所持的CA数字证书与竞买人开设的农行账户办理签约绑定业务后(必须在开户行办理)，在2020年5月27日16时前登录荆门市国土资源网上交易系统提交竞买申请，并按要求一次性足额交纳竞买保证金。"上述行为违反了《反垄断法》第32条"行政机关和法律、法规授权的具有管理公共事务职能的组织不得滥用行政权力，限定或者变相限定单位或者个人经营、购买、使用其指定的经营者提供的商品"的规定，构成滥用行政权力排除、限制竞争行为。

---

① 参见《湖北省市场监管局纠正荆门市自然资源和规划局滥用行政权力排除、限制竞争行为》，载国家市场监督管理总局竞争政策协调司，https://www.sac.gov.cn/cms_files/filemanager/samr/www/samrnew/jzxts/tzgg/qlpc/202103/t20210316_326958.html。

在调查过程中，当事人认识到上述行为违反了《反垄断法》规定，在调查期间积极整改，消除不良影响：一是加强国土资源交易从业人员的法制教育培训，邀请专家讲解《反垄断法》，进行普法宣传；二是2020年11月30日前，已将国有建设用地使用权网上交易系统与银行接口改为保证金网银支付模式，同时不再指定数字CA证书办理企业；三是11月25日对相关文件补做公平竞争审查，修订了《荆门市国土资源网上交易系统方案》；四是进一步严格落实公平竞争审查制度，特别是对国土资源交易公告内容进行普遍审查，从源头上杜绝违反《反垄断法》的现象。

依据《制止滥用行政权力排除、限制竞争行为暂行规定》（已废止）第19条规定："在调查期间，当事人主动采取措施停止相关行为，消除相关后果的，反垄断执法机构可以结束调查"，考虑到当事人已主动采取措施停止相关行为，消除相关后果，湖北省市场监管局按程序结束调查。

案例十八

（2022）湖北省市场监管局纠正黄冈市城市管理执法委员会滥用行政权力排除、限制竞争行为①

2021年11月，湖北省市场监管局对黄冈市城市管理执法委员会涉嫌滥用行政权力排除、限制竞争行为进行调查。

经查，2021年3月，黄冈市城市管理执法委员会决定对项目招标代理机构进行遴选，在政府网上发布《2021年度项目招标代理机构遴选公告》，要求招标代理机构在黄冈市区具有固定的经营场所（提供自有房产证或租用房产协议或其他房产证明材料）。

当事人明确要求招标代理机构在黄冈市区具有固定的经营场所的行为违

① 参见《湖北省市场监管局纠正黄冈市城市管理执法委员会滥用行政权力排除、限制竞争行为》，载国家市场监督管理总局2022年2月25日，https://www.samr.gov.cn/jzxts/tzgg/qlpc/art/2023/art_3cb275d78c7d4b3aadaceb92a10a7edd.html。

反了《反垄断法》第34条"行政机关和法律、法规授权的具有管理公共事务职能的组织不得滥用行政权力，以设定歧视性资质要求、评审标准或者不依法发布信息等方式，排斥或者限制外地经营者参加本地招标投标活动"的规定。构成滥用行政权力排除、限制竞争行为。

当事人认识到上述行为违反了《反垄断法》的规定，在调查期间积极整改，消除了不良影响：一是废止相关文件。2021年12月22日，在政府网上公示《关于废止〈2021年度项目招标代理机构遴选入围结果公示〉的公告》。二是召开会议检视整改。2021年12月2日，召开党委扩大会学习公平竞争相关法律和文件，要求全面清理废除妨碍统一市场和公平竞争的各种规定做法，特别是针对一事一议的通知公告存在审查不细或漏审的问题进行认真整改，并将《反垄断法》纳入单位普法内容，严格落实公平竞争审查制度。三是全面清理现行政策措施。按照《公平竞争审查制度实施细则》要求，对委内已出台的政策措施进行全面清理，补做公平竞争审查，确保政策措施符合公平竞争要求。

依据《制止滥用行政权力排除、限制竞争行为暂行规定》（已废止）第19条第2款规定："在调查期间，当事人主动采取措施停止相关行为，消除相关后果的，反垄断执法机构可以结束调查。"考虑到当事人已主动采取措施停止相关行为，消除相关后果，湖北省市场监管局按程序结束调查。

案例十九

（2022）湖北省市场监管局纠正襄阳市行政审批局滥用行政权力排除、限制竞争行为①

2022年6月29日，湖北省市场监管局依法对襄阳市行政审批局涉嫌滥用行政权力排除、限制竞争行为立案调查。

经查，2021年9月10日，当事人会同有关部门印发《襄阳市工程建设招标投

① 参见《2022年制止滥用行政权力排除、限制竞争执法专项行动案件（第三批）》，载百家号2022年11月19日，https://baijiahao.baidu.com/s?id=1749938383932880666&wfr=spider&for=pc。

标信用评价细则》(襄公共资源局发〔2021〕6号)。2022年5月,当事人开发并运行襄阳市工程建设招标投标综合信用评价系统,对经营者招标投标信用进行评价审核并公示。在信用评分审核过程中,当事人只认可经营者在襄阳市的纳税证明、社保缴费证明等,对经营者在襄阳市外的纳税证明、社保缴费证明等不予认可。

湖北省市场监管局认为,当事人作为行政机关,在工程建设招标投标综合信用评价审核过程中,对外地企业缴纳社保、纳税信息等不予确认,歧视了经营者的外地经营活动,产生了排除、限制竞争的后果。当事人的上述行为违反了《反垄断法》第34条"行政机关和法律、法规授权的具有管理公共事务职能的组织不得滥用行政权力,以设定歧视性资质要求、评审标准或者不依法发布信息等方式,排斥或者限制外地经营者参加本地的招标投标活动"的规定,构成滥用行政权力排除、限制竞争行为。

调查期间,当事人积极整改,消除了不良影响,对前期审核的信息进行重新复核,通知企业按审核标准进行申报,确保企业的信用评价实现动态管理。更新的评分中,企业在襄阳市外的缴纳社保、纳税信息等不予确认的问题已得到纠正。进一步规范信用评价审核的标准和程序,组织相关审核部门进一步明确信用评价审核标准,规范审核行为。组织学习《反垄断法》和《公平竞争审查制度实施细则》等相关法律法规,确保在后续工作中保障企业合法权益。

案例二十

(2022)江西省市场监管局纠正上饶市婺源县发展改革委滥用行政权力排除、限制竞争行为①

2022年8月22日,江西省市场监管局依法对婺源县发展改革委涉嫌滥用行政权力排除、限制竞争行为立案调查。

经查,2020年4月30日,当事人印发《婺源县法定招标规模以下国有投资的

① 参见《2022年制止滥用行政权力排除、限制竞争执法专项行动案件(第四批)》,载澎湃网2022年11月25日,https://m.thepaper.cn/baijiahao_20894294。

工程发包实施办法(试行)》(婺发改字〔2020〕100号),规定"县内10万元以上至50万元以下的工程施工项目,发包程序按'公开摇号'方式进行,参加摇号的为县内施工企业,乡镇项目可在当地交易站进行公开摇号;县内10万元以下的工程施工项目'作业用工',发包程序按'公开摇号'方式进行,参加摇号的对象为当地工匠与技工,各乡镇(街道、园区)、县直单位可通过'发布公告'方式确定摇号范围,较大乡镇可分设片区;参与本县工程施工项目摇号的县内施工企业是指总公司注册地在婺源县并具有合法投标资格的施工企业,不包括分公司、子公司"。

江西省市场监管局认为,当事人要求参加该县法定招标规模以下的工程施工与工程服务的企业为注册地在本县的施工企业,排除、限制了该领域的市场竞争,违反了新《反垄断法》第42条"行政机关和法律、法规授权的具有管理公共事务职能的组织不得滥用行政权力,以设定歧视性资质要求、评审标准或者不依法发布信息等方式,排斥或者限制经营者参加招标投标以及其他经营活动"和第45条"行政机关和法律、法规授权的具有管理公共事务职能的组织不得滥用行政权力,制定含有排除、限制竞争内容的规定"的规定,构成滥用行政权力排除、限制竞争行为。

调查期间,当事人认识到上述行为违反了《反垄断法》的规定,积极整改,主动采取措施停止了相关行为,消除了相关后果,印发了废止有关文件的通知,在政府网站进行公布,并表示将严格落实《公平竞争审查制度实施细则》相关规定,从体制机制上保证公平竞争审查工作的有效开展。

案例二十一

(2022)福建省市场监管局纠正厦门市翔安区建设与交通局滥用行政权力排除、限制竞争行为①

2022年5月20日,福建省市场监管局依法对厦门市翔安区建设与交通局涉嫌滥用行政权力排除、限制竞争行为立案调查。

① 参见《2022年制止滥用行政权力排除、限制竞争执法专项行动案件(第五批)》,载国家市场监督管理总局,https://www.samr.gov.cn/jzxts/tzgg/qlpc/202301/t20230111_352803.html。

经查,2019 年 5 月 10 日,当事人会同区财政局印发《关于印发翔安区必须招标限额以下工程项目招投标管理办法的通知》(厦翔建〔2019〕45 号),其中,第 3 条要求限额以下工程“单位建立预选承包商名录库的,同等条件下应当优先选择本区企业”;第 5 条要求投标人应同时具备“企业法人工商注册地在翔安区的企业且为区建筑业协会会员单位。当本区企业具备前述资格条件的潜在投标人不足 3 家时应当放宽为企业法人工商注册地在厦门市的企业”等资格条件;第 6 条规定“限额以下工程招标代理机构优先选择本区企业或在本区设有工商注册分支机构或有区内招标项目代理经验的代理咨询机构”等。

福建省市场监管局认为,当事人印发文件区别对待不同区域的市场主体,影响区外具备资质和工程建设能力的市场主体在同等市场条件下进入翔安区限额以下工程招投标领域的公平竞争机会,违反了新《反垄断法》第 42 条“行政机关和法律、法规授权的具有管理公共事务职能的组织不得滥用行政权力,以设定歧视性资质要求、评审标准或者不依法发布信息等方式,排斥或者限制经营者参加招标投标以及其他经营活动”和第 45 条“行政机关和法律、法规授权的具有管理公共事务职能的组织不得滥用行政权力,制定含有排除、限制竞争内容的规定”的规定,构成滥用行政权力排除、限制竞争行为。

调查期间,当事人主动积极整改,向福建省市场监管局提交整改报告,对招标限额以下工程发包方式进行进一步调整规范,取消相关限制条件,废止原文件,重新印发新文件,并在区政府信息公开栏进行公告。

第六章
不平等待遇

第一节　不平等待遇的立法

一、《反垄断法》修正

新《反垄断法》第43条规定的是禁止行政机关和法律、法规授权的具有管理公共事务职能的组织滥用行政权力，排斥或限制外地经营者在本地投资或设立分支机构的限制市场准入的行为。国务院颁布的《地区封锁规定》中将这种行为归结为地区封锁的一种。与其他旨在限制商品自由进出某一地区的行政性垄断行为不同，违反该条主要体现为对投资和设立分支机构的市场准入行为施加限制。理论上该条属于地区封锁的一种表现形式。与限制商品进出、通过歧视性技术检验标准类型的地区封锁行为不同，该条主要打击限制市场准入的行政性垄断行为，具体包括排斥或限制外地经营者投资和设立分支机构两个部分。

新《反垄断法》第43条规定，行政机关和法律、法规授权的具有管理公共事务职能的组织不得滥用行政权力，采取与本地经营者不平等待遇等方式，排斥、限制、强制或者变相强制外地经营者在本地投资或者设立分支机构。新《反垄断法》第43条在旧《反垄断法》第35条基础上，新增了“强制或者变相强制”的规定。

新《反垄断法》第40条和第43条均出现了“不平等待遇”的规定。但两者存在区别，前者是协议型行政垄断中出现的“不平等待遇”，后者是针对“采取与本地经营者不平等待遇”的规定，比对的对象是“本地经营者”。

二、《制止滥用行政权力排除、限制竞争行为规定》

《制止滥用行政权力排除、限制竞争行为规定》第 8 条细化和重申了新《反垄断法》第 43 条的规定。例如,“对外地经营者在本地投资的规模、方式以及设立分支机构的地址、商业模式等进行限制或者提出不合理要求”。与《制止滥用行政权力排除、限制竞争行为暂行规定》(已废止)第 7 条第 2 项相比,《制止滥用行政权力排除、限制竞争行为规定》第 8 条第 2 项删除了“没有法律、法规依据”的前提条件,同时在限制的具体方式方面,增加了“提出不合理要求”的情形。又如,“对外地经营者在本地的投资或者设立的分支机构在投资、经营规模、经营方式、税费缴纳等方面规定与本地经营者不同的要求,在安全生产、节能环保、质量标准、行政审批、备案等方面实行歧视性待遇”。与《制止滥用行政权力排除、限制竞争行为暂行规定》(已废止)第 7 条第 3 项相比,《制止滥用行政权力排除、限制竞争行为规定》第 8 条第 3 项特别增加了“行政审批、备案”等实施方式。

三、《国务院关于禁止在市场经济活动中实行地区封锁的规定》

《国务院关于禁止在市场经济活动中实行地区封锁的规定》第 4 条第 7 项规定地方各级人民政府及其所属部门(包括被授权或者委托行使行政权的组织,下同)不得违反法律,行政法规和国务院的规定,实行下列地区封锁行为:(7)以采取同本地企业、其他经济组织或者个人不平等的待遇等方式,限制或者排斥外地企业、其他经济组织或者个人在本地投资或者设立分支机构,或者对外地企业、其他经济组织或者个人在本地的投资或者设立的分支机构实行歧视性待遇,侵害其合法权益。

四、不平等待遇方式

“不平等待遇”一般有以下两个方面的体现。一方面为直接对外地经营者施加限制;另一方面为通过不正当地提高本地经营者的地位,间接排斥或限制外地经营者。采取各种同本地经营者不平等的方式限制外地投资者的权利，主要包括：(1)要求外地投资者具备与其从事的投资行为无关的资质条件；(2)要求外地投资者进入时最低注册资本达到其要求；(3)要求外地投资者投资或设立分支机构时提供不必要的高额担保；(4)强制征收额外税款；(5)明确限定投资项目，对资金的投入、流向和使用作出严格限制；(6)设置烦琐的审批程序和条件。为本地经营者提供倾斜性帮助，以达到阻碍外地经营者进入的目的，主要包括：(1)要求银行给予本地经营者贷款支持，抵御外地经营者的进入；(2)通过税收优惠或其他特权倾斜保护本地经营者；(3)程序上给予本地经营者特殊关照。①

第二节　不平等待遇案例评析

一、不平等待遇案例的分析方式

如四川省南充市西充县人民政府限制药房托管和药品配送案②，这是一起典型的地方政府通过发文的形式限制商品流通，实行地区封锁的案例。案情本身并不复杂，但反映的一些问题值得研究分析。

1. 地方保护、地区封锁行为的认定。《反不正当竞争法》(1993年)第7条第2款规定"政府及其所属部门不得滥用行政权力，限制外地商品进入本地市场，或者本地商品流向外地市场"。现实经济生活中，地方政府及其所属部门往往采取或明或暗，或公开或隐蔽的方式，以实现其地方保护、地区封锁的目的，手段、形式复杂多样。实行地区封锁、地方保护的商品除了烟、酒等能给地方带来高利税的商品外，还涉及化肥、汽车、医药、煤炭、农业生产资料等商品。这种由行政垄断造成的地方保护和地区封锁，不仅在省与省之间存在，在省内各地市之间，在地市各县之间也存在，具有普遍性。

---

① 参见时建中主编：《反垄断法——法典释评与学理探源》，中国人民大学出版社2008年版，第359页。

② 参见国家工商行政管理总局公平交易局主编：《工商行政管理案例精评：公平交易执法卷》，中国工商出版社2003年版，第55页。

国务院颁布的《关于禁止在市场经济活动中实行地区封锁的规定》，对地方保护和地区封锁的具体表现形式做了列举式规定，共8项，对照该规定，地区封锁和地方保护的行为应不难认定。其中第4条第1、5、7、8项所列地区封锁行为，根据《国务院关于禁止在市场经济活动中实行地区封锁的规定》，原工商行政管理部门，可以在省、自治区、直辖市人民政府的组织和领导下与有关部门联合进行查处。

2. 如何制止地区封锁、地方保护行为。地方政府及其所属部门滥用行政权力实行地区封锁、地方保护的行为，有其深刻的原因。这一问题的解决，有赖于经济体制改革，有赖于政府职能的转变。现实中，原工商行政管理机关可以依据法律、法规赋予的职权，制止并查处地区封锁和地方保护。一是积极运用行政建议、行政告诫的方式，制止地区封锁和地方保护。《反不正当竞争法》（1993年）第30条规定"政府及其所属部门违反本法第7条规定，限定他人购买其指定的经营者的商品、限制其他经营者正当的经营活动，或者限制商品在地区之间正常流通的，由上级机关责令其改正"。虽然法律没有明确规定原工商行政管理机关对行政垄断行为的处罚权，但原工商行政管理部门作为《反不正当竞争法》的执法部门，不应放弃对此类行为的监管。在对地区封锁和地方保护行为查清事实、依法认定的基础上，应积极向行为人提出行政告诫，建议其改正违法行为，也可以直接向行为人的上级机关提出行政建议，建议责令其改正。现实中许多成功的案例充分证明，积极运用行政告诫和行政建议的方式是制止行政垄断、打破地方保护和地区封锁的比较有效的办法。二是积极向政府反映情况，在政府的统一组织和领导下，与有关部门配合，查处地区封锁和地方保护行为。《国务院关于禁止在市场经济活动中实行地区封锁的规定》所列的8项地区封锁行为中，有4项行为（1、5、7、8）明确规定了原工商行政管理机关有调查处理权，但应当由政府出面组织领导。因此，对投诉、举报的地区封锁和地方保护行为，原工商行政管理机关要及时向政府汇报、反映，并在政府的组织和领导下认真调查处理。

3. 保持清醒头脑，依法行政。原工商行政管理部门是《反不正当竞争法》的执法部门，同时又是政府所属部门。和其他政府所属部门一样，也不得滥用行政权力实行强制交易、强制服务、限制竞争行为。现实中，有个别地方原工商行政管理部门在办照和年检过程中，存在滥用行政权力指定代理、强制购买、强制服务等现象,违反了《反不正当竞争法》的规定。作为国家《反不正当竞争法》的执法机关,应当杜绝此类现象的发生。另外,必须注意的是,对地方政府要求或授意的实行地区封锁和地方保护的所谓"联合发文""联合执法"等,要保持清醒的头脑,一是坚决不参与;二是要坚决抵制;三是要积极向地方政府以及原上一级工商行政管理部门反映。对把握不准的,要及时向原上级工商行政管理机关请示汇报。

二、对不平等待遇的理解需要结合案情

关于"采取同本地经营者不平等待遇等方式",仅是一个概括式的表述,具体表现形式如何,相关规定并未明确,学界和实务中也均没有解释。作者认为,"采取同本地经营者不平等待遇等方式"这一表述,主要目的在于揭示其行为方式的本质,即对本地经营者与外地经营者给予差别待遇,从而达到保护本地经营者和本地区利益的目的。而新《反垄断法》第 43 条通过立法的形式禁止"给予外地经营者同本地经营者不平等的待遇",旨在赋予投资者公平的地位并保护公平的投资环境。事实上,不平等待遇始终是存在的,当地行政机关以及公共组织不可能对"本地"和"外地"的企业一视同仁。所收集的案例均没有进一步对"采取同本地经营者不平等待遇等方式"进行说明。

某些地方政府为招商引资,反而会对外地投资者给予更为优厚的条件。这也是一种"不平等待遇"的情形。但并非新《反垄断法》第 43 条所禁止的情形。

三、违法案件变化趋势

随着《反垄断法》普法教育的展开和相关机构对违法认识的提高,强制或者变相强制外地经营者在本地投资或者设立分支机构的违法案件会明显减少,但有关本地化限制的案件可能会有短期的增加。

附：典型案例

案例一

（2001）安徽省舒城县化肥市场地区封锁地方保护案[①]

2001年4月11日，安徽省舒城县委、县政府召开县内复合肥经营专题会议，并形成了《复合肥经营专题会议纪要》（以下简称《会议纪要》），《会议纪要》第2条规定："县工商局要按照有关批文要求，严格规范各化肥经销点的经营范围，对超越规定，扩大审批经营范围的证照要立即予以变更。""有关批文"系指安徽省化肥联合开发公司2001年11月13日下发的《关于公布第五批化肥生产企业直销点的通知》。按照该通知规定，县外化肥企业在舒城县只能销售尿素和磷复肥，不准销售碳胺等各类产品。《会议纪要》第3条规定："符合条件经上级批准的县外化肥生产企业在我县设立直销点、代销点，由县化肥经营公司统一办理相关手续。"

4月13日，县原商品流通整顿办公室根据《会议纪要》责成县原工商局收回了合肥一家化肥企业在舒城的4个直销点的营业执照正、副本。

四月中旬，有关媒体报道了舒城县化肥市场存在地方保护的情况后，原国家工商总局公平交易局即要求安徽省原工商局调查处理。经查，情况属实。舒城县委、县政府《会议纪要》的有关内容违反了《反不正当竞争法》（1993年）第7条关于"政府及其所属部门不得滥用行政权力，限制外地商品进入本地市场"的规定以及《国务院关于禁止在市场经济活动中实行地区封锁的规定》的有关规定，并违反了《国务院关于深化化肥流通体制改革的通知》（国发〔1998〕39号）中有关"化肥生产企业可以将自产化肥设点直接销售给农民"的规定，是利用行政手段实行地区封锁、地方保护的行为。5月初，安徽省原工商局向舒城县委、县政府传达了原国家工商总局和省政府领导的重要指示；明确指出要立即

① 参见国家工商行政管理总局公平交易局主编：《工商行政管理案例精评：公平交易执法卷》，中国工商出版社2003年版。

改正对化肥市场的地区封锁做法。5月14日县委、县政府立即召开专题会议，对《会议纪要》中存在的问题进行整改，并规定：县外化肥企业可以自主向县原工商局登记设立直销点、代销点，销售本企业产品。同时，发回了合肥一家化肥企业被收回的营业执照正、副本。至此，舒城县化肥市场地方保护、地区封锁问题得到妥善解决。

案例二

(2018)四川省南充市西充县人民政府限制药房托管和药品配送案①

2018年6月，四川省发展改革委根据举报，对西充县在公立医院药房托管和药品配送中涉嫌行政垄断的行为立案调查。

经查，西充县人民政府以招商人的名义，在2016年1月18日的《四川经济日报》第7版，发布了《西充县公立性医疗卫生机构药房托管暨药品集中配送招商公告》。该公告中明确：一是由西充县国有公司与招商企业采取股份合作方式进行项目运营，各自持有一定股份比例；二是对报名企业的上年度销售收入（不含税）、注册资金和仓储面积进行了规定；三是要求企业须于3年内在西充县境内完成投资5亿元人民币建设生物医药项目，并出资在西充县三家公立性医疗机构建设现代化智能药房系统；四是企业须在报名截止日前向招商人指定账户交纳招商保证金80万元人民币且不计息；五是西充县公立性医疗机构药房托管暨药品集中配送公开招商，由西充县人民政府组织实施。通过在媒体公开征集药品配送企业，根据征集情况组织考察，采用竞争性谈判的方式由招商人择优确定一家药品配送企业。

2016年3月9日，西充县人民政府与某医药经营企业签订《西充县公立医疗卫生机构药房托管、药品统一配送协议书》。2016年4月19日，西充县医药

① 参见《南充市西充县人民政府纠正药房托管和药品配送中滥用行政权力排除限制竞争行为》，载公平竞争网2018年10月16日，http://www.zggpjz.com/reping/4343.html。

卫生体制改革工作领导小组办公室印发《西充县公立性医疗卫生机构药房托管药品统一配送实施方案》。2016年5月起,西充县各公立性医疗卫生机构与上述医药经营企业在南充的全资子公司签订《药房托管药品统一配送协议书》。2016年11月16日,西充县召开全县公立性医疗卫生机构药房托管药品统一配送推进会,该项工作正式启动实施。该项工作启动以来,仅实施了全县公立性医疗卫生机构药品统一配送,未实际开展药房托管等相关工作。

西充县人民政府的上述做法,排除和限制了西充县药品托管、药品配送市场的竞争,剥夺了县级公立医疗卫生机构选择药品配送企业的自主权。相关行为违反了《反垄断法》第8条“行政机关和法律、法规授权的具有管理公共事务职能的组织不得滥用行政权力,排除、限制竞争”和第32条“行政机关和法律、法规授权的具有管理公共事务职能的组织不得滥用行政权力,限定或者变相限定单位或者个人经营、购买、使用其指定的经营者提供的商品”及第37条“行政机关不得滥用行政权力,制定含有排除、限制竞争内容的规定”的规定。

2018年6月14日,四川省发展改革委向南充市人民政府发出《关于纠正西充县人民政府在药房托管和药品配送中滥用行政权力排除限制竞争有关行为的行政执法建议书》(川发改价检建〔2018〕1号)。南充市人民政府高度重视,立即责令西充县人民政府按照四川省发展改革委要求扎实做好整改工作,并要求南充市发展改革委加强整改工作督导,举一反三,认真落实公平竞争审查制度,营造良好的营商环境。南充市发展改革委成立专项督导组,多次深入西充县指导整改工作,督促整改工作积极推进,并于7月13日将有关整改情况函告四川省发展改革委。

西充县人民政府按照南充市人民政府要求,由县政府主要领导召集政府分管领导,以及法制办公室、发展改革委、原卫生和计划生育委员会、原维护稳定工作领导小组办公室、财政局等部门进行专题研究部署,对省发展改革委提出的整改建议逐项研究,逐一明确牵头领导、责任部门、责任人员,并成立整改领导小组加强组织领导。采取的措施有:一是西充县人民政府主要领导向相关医药经营企业通报情况,签订了《终止履行合同协议书》。二是西充县人民政府责成西充县原卫生和计划生育局负责指导县级各公立医疗卫生机构自主决定与医药经营企业签订协议的撤销或修改工作,指导各乡镇卫生院药品配送招标工作,以及各公立医疗卫生机构与医药经营企业往来财务的清算等工作。三是西充县人民政府责成西充县原卫生和计划生育局牵头,相关部门配合,指导县级卫生医疗机构自主决定药品配送、药房托管事宜。按照《反垄断法》、《招标投标法》及四川省原卫生和计划生育委员会《2015 年四川省公立医院药品集中采购实施方案》有关规定,认真做好乡镇卫生医疗机构药品统一配送招标工作,切实纠正在公立医疗卫生机构药房托管、药品统一配送中利用行政权力排除限制竞争的违法行为。同时,药房托管、药品统一配送协议废止后,做好全县公立医疗卫生机构药品衔接等工作,确保各医疗卫生机构正常运转。四是西充县人民政府以此案为契机,在全县范围内开展警示教育活动,深入学习宣传贯彻《反垄断法》,认真落实公平竞争审查制度,确保各政策制定机关杜绝排除、限制竞争的行为,营造良好的营商环境。

下一步,省发展改革委将会同南充市人民政府,督促西充县人民政府进一步做好整改落实工作,接受社会监督,切实整改到位,维护和促进相关市场的公平竞争秩序。

案 例 三

(2018)湖南省怀化市原卫生和计划生育委员会限定医用耗材及检验试剂集中采购案①

2017 年 10 月 25 日,怀化市原卫生和计划生育委员会(以下简称卫计委)在网站上公布了《2017 年怀化市医疗卫生机构低值医用耗材及检验试剂集中采购服务机构公开遴选公告》,公告第 3 条报名条件第 5 项要求"签订服务协议后在怀化市设立分公司或办事处开展医用耗材和检验试剂集中采购业务技术服务,配备开展医用耗材及检验试剂集中采购服务所必需的业务人员、设施和资金等"。部分条款涉嫌违反公平竞争审查标准。

① 参见《我委约谈怀化市、张家界市卫计委督促纠正违反公平竞争审查制度出台政策措施的行为》,载湖南省发展和改革委员会,http://fgw.hunan.gov.cn/xxgk_70899/gzdtf/gzdt/201803/t20180328_4980941.html。

调查发现,该公告虽经过怀化市原卫计委委内公平竞争审查程序,但部分条款未能严格遵守《公平竞争审查制度实施细则(暂行)》(已废止)要求,涉嫌排除、限制竞争。

怀化市原卫计委在调查中积极配合,自行整改,中止了遴选工作,并承诺在以后的工作中加强对《反垄断法》和公平竞争审查相关文件的学习、培训,严格按照相关法律法规要求,完善工作。

第七章
行政强制垄断行为

第一节　行政强制垄断行为的立法

一、《反垄断法》修正

新《反垄断法》第 44 条是关于强制经营者从事垄断行为的规定，该条规定，行政机关和法律、法规授权的具有管理公共事务职能的组织不得滥用行政权力，强制或者变相强制经营者从事该法规定的垄断行为。

新《反垄断法》第 44 条在旧《反垄断法》第 36 条的基础上，新增了“或者变相强制”的规定。

二、《制止滥用行政权力排除、限制竞争行为规定》

《制止滥用行政权力排除、限制竞争行为规定》第 9 条再次重申了新《反垄断法》第 44 条的内容。《制止滥用行政权力排除、限制竞争行为规定》未就行政机关和授权管理组织强制或变相强制经营者从事的垄断行为予以具体展开，但实践中可包括强制要求具有竞争关系的经营者之间协商进行限产、限价、制定最低保护价格等促进所谓“有序竞争”的情形。

三、行为手段

行政强制垄断的行为手段表现为滥用行政权力，通过直接或间接的方式，强制或者变相强制经营者从事新《反垄断法》规定的垄断行为。经营者可能实施的垄断行为包括：(1)经营者达成垄断协议；(2)经营者滥用市场支配地位；(3)具有或者可能具有排除、限制竞争效果的经营者集中。因此，强制或者变相强制经营者实施的垄断行为可划分为三类，即强制经营者达成垄断协议、滥用市场支配地位和经营者集中。只要符合上述情形中的任何一种，即构成对新《反垄断法》第44条的违反。需要特别注意的是，行政机关和法律、法规授权的具有管理公共事务职能的组织通过直接或者间接的方式，强制或者变相强制经营者从事垄断行为，只要其为此目的积极采取行为，即使客观上未出现上述情形，也违反了新《反垄断法》第44条的规定。换言之，客观上垄断行为的出现，只是对其处罚时需要考虑的加重情节。①

新《反垄断法》第44条需要与第39条行政强制交易行为以及经济性垄断中其他处于优势地位的经营者的强制行为作出区分，第39条是规制“限定或者变相限定”，而第44条是“强制或者变相强制经营者从事本法规定的垄断行为”。后者范围更加广泛，两者手段具有明显区别。

四、强制或变相强制

依据《行政强制法》第2条的规定，行政强制是指行政主体为了实现行政目的，根据法定职权和程序做出的对行政相对人的人身、财产和行为采取的行政强制措施、行政强制执行。但此条的强制或者变相强制，既包括违反《行政强制法》的强制，也包括直接的强制。

强制一般是明示的，而变相强制一般是暗示性的或隐藏式的。

第二节　行政强制垄断行为案例评析

一、变相强制违法频发

实务中有多个因出现“引导”行为从而违法的案件，如在上海市交通委员会

① 参见时建中：《反垄断法——法典释评与学理探源》，中国人民大学出版社2008年版，第368页。

黄浦江游览强制垄断案中,行政机关引导游船企业参加以统一价格为重要内容的公共平台;北京市住房和城乡建设委员会混凝土行业管理强制垄断案中,行政机关引导经营者达成以执行质量控制价为主要内容的自律准则。

二、行政受益人具有特定性

从案例来看,多数案件中均存在要求经营者加入行业协会或统一行业协会的价格、区域等情形。行政受益人包括行业协会和加入行业协会的经营者。

三、以文件进行行政强制

如甘肃省武威市道路运输管理局对道路运输车辆二级维护强制垄断案中,武威市道路运输管理局印发了《武威市道路运输车辆二级维护监督管理办法(试行)的通知》(武运管字〔2010〕147 号);云南省通信管理局通信企业强制垄断案中,当事人牵头组织经营者签订《云南基础电信运营企业规范各类赠送活动的协议》;广西壮族自治区市场监管局纠正博白县应急管理局滥用行政权力排除、限制竞争行为案中,当事人印发《博白县烟花爆竹批发企业配送区域和 2019—2020 年烟花爆竹零售点布点指导计划表》。以印发文件方式排除、限制竞争,属于直接的强制手段。

附:典型案例

案 例 一

(2015)甘肃省武威市道路运输管理局对道路运输车辆二级维护强制垄断案

2014 年 12 月 10 日至 2015 年 2 月 5 日,甘肃省发展改革委依法对一案件进行调查,在调查中发现武威市道路运输管理局及所属道路运输协会,在对道路运输车辆二级维护的监督管理中，滥用行政权力，强制经营者从事排除、限制竞争的垄断行为。

2015年11月5日，甘肃省发展改革委向武威市交通运输局致函，建议纠正武威市道路运输管理局滥用行政权力排除、限制竞争有关行为，于2015年11月30日前将有关整改情况函告甘肃省发展改革委。

现已查明，2010年4月21日至5月3日，武威市具有一、二类机动车维修资质的24家企业共同签订了以"武威市维修行业协会"名义拟定的"武威市一二类机动车维修企业自律公约"，对机动车二级维护收费制定了限定价格和"统一派送服务制度"。2010年11月8日，武威市道路运输管理局印发了《武威市道路运输车辆二级维护监督管理办法（试行）的通知》（武运管字〔2010〕147号），要求在《车辆二级维护竣工出厂技术档案（合格证）》发放管理中，实行"维修协会根据各经营业户（运输车辆经营者）自主选择维修企业的情况和给各维修企业核定的（车辆二级维护竣工出厂技术档案合格证）数量，向运输车辆经营者开具派遣单，市政府政务中心窗口负责审核车辆二级维护执行情况并在道路运输证上签章，稽查科负责全过程监督"，"市、县（区）运管局每季度对一、二类机动车维修企业进行一次质量信誉考评，考评结果上报公布，并与下季度合格证领购数量挂钩"。"道路运输经营者应持维修合同、《出厂合格证》、汽车维修专用发票、维修结算凭证和二级维护监督服务单到市、县（区）运管机构审核备案"。2010年5月至2014年4月，上述具有一、二类机动车维修资质的企业车辆二级维护收入被统一纳入武威市道路运输协会实行代管，代扣相关费用后逐月向企业返还。

武威市道路运输管理局及所属道路运输协会的上述做法，客观上起到了限制企业竞争和强制企业实施"武威市一二类机动车维修企业自律公约"制定的垄断服务价格的作用，加重了机动车维修企业的负担，维护了垄断协议价格的持续执行，排除和限制了武威市道路运输车辆二级维护市场的竞争。相关行为违反了《反垄断法》第8条"行政机关和法律、法规授权的具有管理公共事务职能的组织不得滥用行政权力，排除、限制竞争"的规定，属于第36条所列"强制经营者从事本法规定的垄断行为"的行为。

根据《反垄断法》第51条第1款"行政机关和法律、法规授权的具有管理公共事务职能的组织滥用行政权力，实施排除、限制竞争行为的，由上级机关责令改正;对直接负责的主管人员和其他直接责任人员依法给予处分。反垄断执法机构可以向有关上级机关提出依法处理的建议”的规定,省发展改革委建议武威市交通运输局责令武威市道路运输管理局改正相关行政行为,并责令武威市道路运输协会返还代管的机动车维修企业车辆二级维护收入。

案例二

(2015)云南省通信管理局通信企业强制垄断案①

2014年,云南省发展改革委在对一起价格垄断协议案件进行调查的过程中,发现云南省通信管理局涉嫌违反《反垄断法》,滥用行政权力,组织电信运营商达成价格垄断协议,排除和限制相关市场竞争。为此,国家发展改革委指导云南省发展改革委进行了调查。

调查发现,2009年8月至10月,云南省通信管理局牵头组织中国移动通信集团云南分公司、中国电信股份有限公司云南分公司、中国联合网络通信有限公司云南分公司和中国铁通集团有限公司云南分公司多次会议协商,于2009年年底达成《云南基础电信运营企业规范各类赠送活动的协议》(以下简称《规范协议》),对4家电信运营商开展相关赠送活动的内容、额度、频次等进行了约定,包括各企业均不得采取“无预存话费”、“无保底消费”或“无在网时限”等方式开展赠送活动;赠送通信内产品的价值不得高于用户承诺在网期限内承诺消费总额的60%,赠送通信外产品的价值不得高于用户承诺在网期限内承诺消费总额的30%;赠送活动对同一用户每年不超过两次(含两次);各电信企业制定的积分回馈方案中,用户消费价值与积分价值之比不超过1:1,积分价值与兑换服务的价值之比不超过1:0.05。

《规范协议》同时规定了有关执行措施。对电信运营商违反《规范协议》开展的赠送行为,其他电信运营商可以向云南省通信管理局申告。云南省通信管

① 参见《发展改革委:云南省通信管理局违反〈反垄断法〉滥用行政权力排除限制竞争被依法纠正》,载中华人民共和国中央人民政府,https://www.gov.cn/xinwen/2015-06/03/content_2872715.htm。

理局在确认后下发整改通知书，责令相关企业进行整改。2011 年 6 月，云南省通信管理局组织召开第一次规范电信市场秩序工作会，进一步细化了违规行为的解决流程。“电信企业的县市级分公司发现违规行为时，应主动以函件形式通报对方，双方协商解决；协商解决不了的，发现方可报上级州市级分公司协调解决”，“解决不了再报省公司协调，省公司间协调仍解决不了的，最后报管局（云南省通信管理局）依法解决。”

由于 4 家电信运营商是电信市场上的主要经营者，相互之间为直接竞争关系。各电信运营商在市场营销中对消费者给予话费、充值卡等礼品赠送，直接影响到产品最终价格，是开展市场竞争的重要手段。云南省通信管理局牵头组织 4 家电信运营商达成协议，对赠送的范围、幅度、频次等进行约定，并通过下发整改通知书等手段强制执行，限制了电信运营商的竞争能力和手段。同时，云南省通信管理局制定争议解决规则，要求处于竞争关系的电信运营商，在对赠送行为出现争议时，首先进行逐级协调，并争取达成一致，实质上是要求电信运营商就相关问题达成垄断协议，排除和限制了相关市场竞争。因此，上述行为违反了《反垄断法》第 8 条“行政机关和法律、法规授权的具有管理公共事务职能的组织不得滥用行政权力，排除、限制竞争”的规定，属于第 36 条所列“滥用行政权力，强制经营者从事本法规定的垄断行为”的行为。

2015 年 6 月，云南省发展改革委已督促云南省通信管理局进行整改，停止相关做法，恢复了公平竞争的市场秩序。国家发展改革委也就此与工业和信息化部进行了沟通。工业和信息化部将指导各省、自治区、直辖市通信管理局加强对《反垄断法》等法律法规的学习，提高依法行政能力，对辖区内类似行为进行清理规范。

同时，云南省发展改革委依法对参与垄断协议的 4 家电信运营商进行了处罚。其中，对参与达成并实施垄断协议的中国移动通信集团云南分公司、中国电信股份有限公司云南分公司、中国联合网络通信有限公司云南分公司，处以上一年度相关市场销售额 2% 的罚款；对参与达成但未实施垄断协议的中国铁通集团有限公司云南分公司，处以 20 万元罚款。罚款金额共计约 1318 万元。

案例三

(2016)上海市交通委黄浦江游览强制垄断案

2016年12月29日,国家发展改革委会公布了上海市交通委承诺纠正黄浦江游览行业管理中滥用行政权力排除、限制竞争行为案,根据举报,国家发展改革委会同上海市发展改革委,对上海市交通委在黄浦江游览行业管理中滥用行政权力排除、限制竞争的行为进行了调查。

调查发现,2009年以来,黄浦江游览行业有关游船企业达成并实施了固定或者变更服务价格的协议,上海市交通委(原上海市交港局)作为黄浦江游览行业主管部门,在游船企业达成并实施上述价格垄断协议的过程中,发挥了重要的组织、指导、协调和保障作用,具体行为包括:

1. 引导游船企业参加以统一价格为重要内容的公共平台。2009年12月,上海市交通委在行业发展规划中提出支持经营者统一票价的管理措施,下发文件提出"鼓励客位共用",表示将"支持游船经营人开展统一票价、统一调度、统一管理的经营合作"。随后,引导经营者组建以统一票价为主要内容的公共平台。平台组建之初,上海市交通委即指导黄浦江游览行业相关协会和企业出台《公共航班船舶换船替换办法》《公共平台运力管控办法》等严格限制进出公共平台的文件,并明确提出坚定不移推进公共平台建设,要求各企业自觉遵守行业规则,规范经营行为,并通过责令停航等措施,强制要求所有游船企业加入公共平台,执行统一票价。

2. 组织指导经营者达成具体的价格垄断协议。公共平台组建过程中及建成后,上海市交通委通过召开会议、价格备案等形式,组织、指导游船企业统一价格。一是直接组织企业开会讨论票价。2011年7月,召开黄浦江游览企业动员大会,组织各游船企业在稳定票价等问题上达成了共识。召开会议组织各游船企业共同签署《上海市黄浦江游览企业自律公约补充条款》,重申各游船企业票价不得低于自律公约约定的最低价格,如有违反按照自律公约处罚条款执行。2013年3月,召开会议组织企业就《黄浦江游览特色航班经营企业自律公约》的具体条款进行讨论。2014年10月,组织召开联系调度会议,并一致决定将“学生团”业务的现付价格定为35元/人。二是参加行业协会牵头组织的会议,对企业遵守自律公约提出具体要求。2011年10月,上海市旅游协会水上分会(以下简称水上分会)组织召开黄浦江港航企业例会,会上达成共识,团队票价52~53元。2014年12月,水上分会组织会议,会上一致决定将经典游散客票价由100元/人上涨至120元/人,并以此为基础上调相应的团队、网购票价。上海市交通委参加了上述会议并提出相关要求。三是通过游船服务价格备案制度,指导行业协会协调价格。调查发现,上海市交通委的价格备案制度实际发挥了审核审批作用,且接受行业协会代表企业提出的调价备案申请,实际上默许了行业协会协调价格。如2014年12月、2015年3月,水上分会两次向上海市交通委提出,拟将经典游票价从100元/人提高到120元/人。随后上海市交通委同意了该调价方案。经查,水上分会申报备案的价格均经会员单位协商同意。

3.监督保障价格垄断协议执行。自律公约签署后,上海市交通委通过定期召开会议的形式,通报协议实施情况,要求经营者严格执行,并通过行政执法手段,监督游船企业对自律公约的执行情况,督促违规企业进行整改,或交由行业协会处理。

在国家发展改革委调查后,上海市交通委承认在行政管理过程中,对相关法律政策理解不到位,具体行政行为欠妥,表示将积极整改,并提出将采取以下整改措施:一是规范游船票价管理,明确各类型船票价格由游船企业自主决定,不再要求协会协调价格,不再接受行业协会票价调整申请,避免同一类型游船产品实行统一价格。二是规范公共平台管理,明确公共平台代理功能仅限于根据企业自主制定的船票价格进行售票。游船企业可自主选择是否参加平台。国家发展改革委将会同有关部门,督促上海市交通委落实整改措施。

案例四

(2016)北京市住房和城乡建设委员会混凝土行业管理强制垄断案[①]

2016年12月,国家发展改革委根据举报,会同北京市发展改革委对北京市住房和城乡建设委员会(以下简称北京市住建委)在混凝土行业管理中,涉嫌滥用行政权力排除、限制竞争行为进行了调查,查明北京市住建委在混凝土行业管理中,希望通过价格预警手段保障混凝土质量,但出台的质量控制价政策,超出了预警实际需要,同时组织行业协会出台自律准则,要求混凝土企业严格执行质量控制价,事实上组织经营者达成了价格垄断协议,违反了《反垄断法》的规定。北京市住建委存在以下违反《反垄断法》的行为:

1. 引导经营者达成以执行质量控制价为主要内容的自律准则。2014年12月24日,北京市住建委发布《关于发布预拌混凝土质量控制价的通知》(京建法〔2014〕24号),决定自2015年2月1日起,向社会公布各主要标号混凝土质量控制价标准。质量控制价先由北京市混凝土协会(以下简称协会)测定(实际根据协会全体会员自行报送的混凝土成本价简单算数平均后测定),后报北京市住建委评估确定。2016年6月,协会两次召开会议,在会长、秘书长、监事长、副会长范围内商定限定混凝土销售价格、稳定混凝土市场的具体措施,讨论形成了《关于执行"质量控制价"的决定》和《北京市混凝土行业诚实守信自律准则》,要求"自2016年7月1日起,新签订的预拌混凝土合同价格不得低于北京市住建委和协会网站2016年5月5日发布的质量控制价。已签订的合同不符合以上要求的,在2016年7月15日以前完成变更""严格执行京建法〔2014〕24号文件规定,不得低于'质量控制价'的价格供应预拌混凝土"。同时,对未执行质量控制价的混凝土企业,制定了开除会籍、提请建设主管部门重点检查、剔除保障房推荐名单等处罚措施。2016年6月29日,协会召开全体会员大会,要求全体会员现场签订《北京市混凝土行业诚实守信自律准则》,并发布《致全体建

---

① 参见《北京住建委纠正混凝土行业管理中滥用行政权力排除和限制竞争行为》,载《中国价格监管与反垄断》2017年第1期。

筑施工企业的一封公开信》,强调供应预拌混凝土的价格不得低于"质量控制价"。北京市住建委参加上述会议并强调将加强监管,要求各单位自觉遵守自律准则。

2. 监督协调和保障自律准则落实。2016年7月1日起,协会组织部分会员单位成立自律准则工作领导小组,要求会员单位报告价格调整进展,鼓励企业相互举报监督,由领导小组集体督查落实情况,并对部分未执行质量控制价的企业进行约谈和施压。7月26日,北京市住建委组织召开由混凝土企业代表、施工方代表和建设方代表参加的工作座谈会,通报统一执行质量控制价的情况,引导企业达成共识,界定全行业平均成本。

保障混凝土质量是极其重要的,北京市住建委作为主管工程建设的行政机关,通过价格信号来预警混凝土质量具有合理性。但其出台质量控制价政策,组织行业内经营者达成以执行质量控制价为主要内容的自律准则,并监督协调保障准则实施,已经超出了预警需要和合理限度,干预了经营者自主定价权,限制了混凝土市场竞争,违反了《反垄断法》第8条"行政机关和法律、法规授权的具有管理公共事务职能的组织不得滥用行政权力,排除、限制竞争"的规定,属于第36条所列"滥用行政权力,强制经营者从事本法规定的垄断行为"的行为,以及第37条所列"制定含有排除、限制竞争内容的规定"的行为。

在国家发展改革委调查后,北京市住建委认识到,出台质量控制价政策,引导企业达成并实施价格垄断协议,与《反垄断法》相关规定不符,表示将积极进行整改,对已经发布的管理制度、政策措施等进行清查,对涉嫌垄断的政策措施坚决进行纠正。

2016年10月19日,北京市住建委下发了《关于进一步加强预拌混凝土质量管理的通知》(京建法〔2016〕14号),自2016年11月1日起执行,文中明确废止京建法〔2014〕24号文,并要求预拌混凝土生产企业不得以排挤竞争对手为目的,以低于成本的价格销售预拌混凝土。国家发展改革委将会同北京市发展改革委督促北京市住建委落实整改措施,将相关政策恢复到价格预警本意。

案 例 五

(2017)青海省原环境保护厅社会环境监测管理强制垄断案[①]

2017年12月15日,青海省价格监督检查与反垄断局在其官网公布了《查处省环保厅在社会环境监测管理中滥用行政权力排除、限制竞争行为案》,公告称,青海省原环境保护厅环境监测和监察处(以下简称省原环保厅监测处)在对社会环境监测机构进行业务监管时,存在涉嫌滥用行政权力,排除、限制竞争的垄断行为。省原环保厅监测处在推动环境监测服务社会化工作过程中,经过成本核算并参考外地社会环境监测收费标准,制定了《青海省环境监测技术服务收费标准(修订版)》,于2016年11月召开的全省环境监测机构会议上向各机构提出质量要求的同时,要求各机构参照该标准执行。

2016年11月18日,省原环保厅监测处在"青海社会环境监测QQ群"中下发该收费标准,并提出各环境监测机构在接受监测项目时需严格收费标准,不允许出现肆意要价,哄抬价格的要求。

省原环保厅环境监测处发布收费标准供社会环境监测机构参考执行的行为违反了《反垄断法》第8条"行政机关和法律、法规授权的具有管理公共事务职能的组织不得滥用行政权力,排除、限制竞争"的规定,属于第32条所列"滥用行政权力,强制经营者从事本法规定的垄断行为"的行为,以及第37所列"制定含有排除、限制竞争内容的规定"的行为。

在青海省价格监督检查与反垄断局调查后,省原环保厅相关领导对问题高度重视会同环境监测和监察处对与《反垄断法》相关规定不符的问题进行研究,表示将积极整改,对已经发布的政策措施等进行清查,对涉嫌垄断的政策措施坚决予以纠正。

2017年12月14日,省原环保厅印发了《关于进一步规范社会环境监测机构市场行为的通知》(青环发〔2017〕397号),自印发之日起同时废止《青海省环

---

① 参见《青海省价格监督检查与反垄断局查处省环保厅在社会环境监测管理中滥用行政权力排除限制竞争行为》,载青海省发展和改革委员会,http://fgw.qinghai.gov.cn/xwzx/tzgg/201712/t20171215_57005.html。

境监测技术服务收费标准(修订版)》,各环境监测机构根据市场竞争规律自行制定收费标准,不再参考该标准。

案例六

(2020)湖南怀化市住房和城乡建设局燃气强制垄断案[①]

2019 年 11 月 19 日,湖南省市场监管局对怀化市住房和城乡建设局(以下简称住建局)涉嫌滥用行政权力排除、限制竞争行为立案调查。

经查,自 2010 年 6 月开始,怀化市政府相关部门组织怀化市城区燃气经营企业对瓶装燃气配送网点进行整合。整合过程中,怀化市住建局主导了怀化市城区三家燃气销售企业对配送网点的统一整合。

湖南省市场监管局认为,怀化市住建局及其下属燃气办,在制订工作方案时,要求整合怀化城区瓶装燃气销售业务,由中民公司实施统一管理,统一调配供应市场;对中民公司与怀铁公司达成的包括划分市场份额、委托管理经营等在内的协议、合同予以鉴证;对怀铁公司要求恢复自主经营的诉求予以拒绝,导致相当长一段时间内怀化城区瓶装燃气销售业务由中民公司统一经营管理,统一开票收费,使中民公司与怀铁公司实施分割瓶装燃气市场的垄断行为长期存续,严重影响了市场竞争。

湖南省市场监管局认定,怀化市住建局的上述行为,违反了《反垄断法》第 8 条"行政机关和法律、法规授权的具有管理公共事务职能的组织不得滥用行政权力,排除、限制竞争"的规定,属于《反垄断法》第 32 条所列"限定或者变相限定单位或者个人经营、购买、使用其指定的经营者提供的商品"、第 36 条所列"强制经营者从事本法规定的垄断行为"和第 37 条所列"制定含有排除、限制竞争内容的规定"的行为,构成滥用行政权力排除、限制竞争行为。

① 参见《湖南省市场监管局纠正怀化市住房和城乡建设局滥用行政权力排除、限制竞争行为》,载国家市场监督管理总局竞争政策协调司,https://www.sac.gov.cn/cms_files/filemanager/samr/www/samrnew/jzxts/tzgg/qlpc/202011/t20201106_323117.html。

依据《反垄断法》第51条第1款及《制止滥用行政权力排除、限制竞争行为暂行规定》(已废止)第20条第2款之规定,湖南省市场监管局向怀化市人民政府发出行政建议函,建议对怀化市住建局上述滥用行政权力排除、限制竞争行为依法作出处理。

依据湖南省市场监管局调查认定的违法事实、定性处理依据和怀化市纪律检查委员会关于纪律检查建议,怀化市住建局党组对相关责任人员进行追责问责,给予燃气办前主任钟某党内警告处分。怀化市住建局采取积极措施,废除了含排除、限制竞争内容的《怀化市区瓶装燃气行业整治工作方案》,联合相关部门开展了全市燃气市场综合整治行动,如期完成了相关文件清理等承诺事项。

案例七

(2022)广西壮族自治区市场监管局纠正博白县应急管理局滥用行政权力排除、限制竞争行为[①]

2020年8月18日,广西壮族自治区市场监管局对玉林市博白县应急管理局涉嫌滥用行政权力排除、限制竞争行为立案调查。

经查,2019年11月7日,当事人印发《博白县烟花爆竹批发企业配送区城和2019—2020年烟花爆竹零售点布点指导计划表》,将辖区内28个乡镇划分为7个区域,采取烟花爆竹划区域配送措施。2019年11月15日,当事人通知博白县7家烟花爆竹批发公司到该局开会,要求签订烟花爆竹经营(批发)安全承诺书,承诺按照计划表划定的区域“执行辖区配送烟花爆竹产品决定”。会上4家公司明确表示只支持分片安全管理,不支持分片配送经营烟花爆竹产品的决定,拒绝签订承诺书。当事人在会上表示若不按照指定辖区配送烟花爆竹产品将作为非法运输处理。

① 参见《2022年制止滥用行政权力排除、限制竞争执法专项行动案件(第一批)》,载百家号2022年6月9日,https://baijiahao.baidu.com/s?id=1735142945634532232&wfr=spider&for=pc。

广西壮族自治区市场监管局认为，当事人要求博白县7家烟花爆竹批发公司按照划定区域配送，强制7家烟花爆竹批发公司签订承诺书，划分博白县烟花爆竹销售市场，妨碍了商品自由流通，限制了烟花爆竹批发企业自由配送经营的权利，妨碍了该县烟花爆竹批发和零售市场公平竞争。上述行为违反了《反垄断法》第33条第5款“行政机关和法律、法规授权的具有管理公共事务职能的组织不得滥用行政权力，实施下列行为，妨碍商品在地区之间的自由流通：(5)妨碍商品在地区之间自由流通的其他行为”和第36条“行政机关和法律、法规授权的具有管理公共事务职能的组织不得滥用行政权力，强制经营者从事本法规定的垄断行为”的规定，构成滥用行政权力排除、限制竞争行为。

调查期间，当事人认识到上述行为违反了《反垄断法》的规定，积极整改，消除不良影响。一是及时废止相关文件，当事人在报纸上刊登了《关于撤回博白县烟花爆竹批发企业配送区域和2019—2020年烟花爆竹零售点布点指导计划表的公告》，进一步消除了对该县烟花爆竹经营市场的影响。二是及时召集7家烟花爆竹批发企业听取意见，改进管理工作。三是认真学习《反垄断法》和《公平竞争审查制度实施细则》，严格落实公平竞争审查制度，举一反三，对规范性文件进行清理和审查。

案例八

(2017)深圳市教育局中小学学生装强制垄断案①

根据举报，国家发展改革委会同广东省发展改革委，对深圳市教育局在中小学学生装管理工作中，滥用行政权力，统一价格，排除、限制竞争问题进行了调查。经查，在2011年、2014年学生装招标以及确定价格的过程中，深圳市教育局存在以下违反《反垄断法》规定的行为。

1. 引导经营者达成实施价格垄断协议。一是2011年招标前通过公布成本

① 参见《深圳市教育局承诺纠正中小学学生装管理中涉嫌滥用行政权力排除限制竞争行为》，载《中国价格监管与反垄断》2017年第1期。

价引导企业统一报价。《反垄断法》禁止具有竞争关系的经营者达成固定或者变更价格的垄断协议。《招标投标法》明确规定,招标人设有标底的,标底必须保密。供应深圳中小学学生装的生产企业彼此具有竞争关系,在招投标活动中,应按照各自成本,并在综合考量其他因素的基础上自主确定投标价格。但在2011年招标中,深圳市教育局在招标公告中公布此前测算的成本价格(比未招标前售价平均高出13.73%),并要求投标企业按照保本微利、不得低于成本价格的原则报价。这种人为预先设定成本价的最低限价,干扰了招投标活动的公平竞争,引导企业达成了固定价格的垄断协议。二是2014年招标限定最高价格且以2011年中标执行价格为基础报价。在2014年招标中,深圳市教育局采用了折扣率报价方法,要求投标企业报价不高于2011年最终确定的执行价格,投标人应对所有产品按同一折扣率计算报价。此做法限定了投标报价的上限,且以通过价格垄断协议达成的2011年执行价格为依据,干预了经营者的自主定价权。最终在中标的21家企业中,各家折扣率在0.92~0.99,最终销售价格为原执行价和折扣率的乘积。

2.对投标人资格和评审条款设置歧视性条件。《反垄断法》第34条规定,行政机关不得滥用行政权力,排斥或者限制外地经营者参加本地的招标投标活动。深圳市教育局在投标人资格要求和评审标准方面,设定了明显有利于本地企业的不合理条件,使外地企业在竞争中处于不利地位。如2011年招标中要求"投标人必须为在深圳注册的企业,或在深圳有经工商注册的分支经营机构的企业",而按照相关规定,注册分支机构,必须具备消防、环保等相关证照,受投标有限时效所制,此条规定会将很多来不及办理相关证照的外地潜在投标企业排斥在投标范围之外。2011年招标评分规则中将企业在深圳纳税额、本地学生装服务经验与分值挂钩,保护本地企业的意图明显。其中,2011年规定,"在深圳纳税年平均50万元以上,100分,每年减少5万元,扣减10分""有深圳学生装服务经验的,100分,有广东省(深圳除外)市级或区级以上经验的,50分,有其他省份市级或区级以上经验的,20分"。2014年规定将近三年在深圳纳税总金额作为评分标准等。

深圳市教育局的上述做法违反了《反垄断法》第8条"行政机关和法律、法规授权的具有管理公共事务职能的组织不得滥用行政权力,排除、限制竞争",第34条"行政机关和法律、法规授权的具有管理公共事务职能的组织不得滥用行政权力，以设定歧视性资质要求、评审标准或者不依法发布信息等方式，排斥或者限制外地经营者参加本地的招标投标活动”，第36条“行政机关和法律、法规授权的具有管理公共事务职能的组织不得滥用行政权力，强制经营者从事本法规定的垄断行为”等规定，构成滥用行政权力排除、限制竞争的行为。

针对上述问题，深圳市教育局承诺，“虚心接受发展改革等主管部门意见，严格按照《反垄断法》等相关法律法规的规定做好学生装价格管理相关工作，在以后类似招标中不在招标前公布任何指导价格，将修订学生装管理办法，考虑完全由市场自行定价”“严格按照《反垄断法》等法律法规的规定及发展改革部门的要求，在2014年招标文件的基础上，依法依规提出招标需求内容，配合政府采购部门制定规范合格的招标文件”，同时承诺要“深入学习研究《反垄断法》，在2014年招标主动整改的基础上，以后工作中严格按照《反垄断法》等国家有关法律法规继续主动改进，确保更加依法依规开展学生装管理工作”。国家发展改革委将会同广东省发展改革委督促深圳市教育局落实相关承诺，维护市场竞争秩序。

案例九

（2022）贵州省市场监管局纠正遵义市综合行政执法局滥用行政权力排除、限制竞争行为①

2021年11月12日，贵州省市场监管局依法对遵义市综合行政执法局涉嫌滥用行政权力排除、限制竞争行为立案调查。

经查，2014年至2018年，当事人先后印发《关于做好中心城区液化石油气规范管理和经营活动的通知》《关于对中心城区各液化气经营网点进行整合相关问题进行明确的通知》等文件，明确在市中心城区成立统一的液化石油气配送中心，对液化石油气经营网点进行整合，原则上不再审批新的液化石油气充

① 参见《2022年制止滥用行政权力排除、限制竞争执法专项行动案件（第五批）》，载国家市场监督管理总局，https://www.samr.gov.cn/jzxts/tzgg/qlpc/202301/t20230111_352803.html。

装企业和经营网点，召集相关燃气经营企业商讨实施整合事宜，并明确由遵义市某钢瓶检测有限公司对遵义市各县（区、市）燃气企业待检液化石油气钢瓶进行检测。

贵州省市场监管局认为，当事人在市中心城区燃气经营的管理过程中，通过组织会议并下发会议纪要、印发文件通知等形式，以行政手段推动企业整合经营，将原本具有相互竞争关系的充装企业和液化气经营网点进行整合，在已整合的区域不再审批新的液化石油气充装企业和经营网点，导致液化气用户只能购买经整合后的充装企业挂靠的液化气经营网点的商品；组织企业签订《联合经营协议》《液化气门市部承包经营合同》，划分市中心城区液化气市场份额，制定价格动态调整测算表，指导企业统一本属于完全市场竞争领域的瓶装燃气批发价格和零售价格，促成充装企业达成横向垄断协议，违反了《反垄断法》第36条"行政机关和法律、法规授权的具有管理公共事务职能的组织不得滥用行政权力，强制经营者从事本法规定的垄断行为"和第37条"行政机关不得滥用行政权力，制定含有排除、限制竞争内容的规定"的规定。当事人在遵义市瓶装燃气钢瓶管理的过程中，在原本应当自由竞争的瓶装燃气钢瓶检测市场上指定遵义市某钢瓶检测有限公司统一检测，排除、限制了其他瓶装燃气钢瓶检测公司的公平竞争，违反《反垄断法》第32条"行政机关和法律、法规授权的具有管理公共事务职能的组织不得滥用行政权力，限定或者变相限定单位或者个人经营、购买、使用其指定的经营者提供的商品"的规定，构成滥用行政权力排除、限制竞争行为。

调查期间，当事人认识到上述行为违反了《反垄断法》相关规定，主动发布公告废止相关文件，消除相关后果，恢复市场公平竞争，将原保留在市级的城镇燃气行政许可事项下放到县（区）级。当事人向贵州省市场监管局提交了整改报告。

第八章
抽象行政垄断行为

第一节　抽象行政垄断行为立法

一、《反垄断法》修正

新《反垄断法》第45条规定，行政机关和法律、法规授权的具有管理公共事务职能的组织不得滥用行政权力，制定含有排除、限制竞争内容的规定。新《反垄断法》在旧《反垄断法》第37条的基础上，调整了法条序号，增加了“和法律、法规授权的具有管理公共事务职能的组织”的规定。

二、《制止滥用行政权力排除、限制竞争行为规定》

《制止滥用行政权力排除、限制竞争行为规定》第10条规定，行政机关和法律、法规授权的具有管理公共事务职能的组织不得滥用行政权力，以办法、决定、公告、通知、意见、会议纪要、函件等形式，制定、发布含有排除、限制竞争内容的规定。

《制止滥用行政权力排除、限制竞争行为规定》与《制止滥用行政权力排除、限制竞争行为暂行规定》（已废止）第9条相比，增加了主体“法律、法规授权的具有管理公共事务职能的组织”，同时删除了“市场准入、产业发展、招商引资、招标投标、政府采购、经营行为规范、资质标准等涉及市场主体经济活动的规章、规范性文件和其他政策措施”的规定。抽象行政行为全面纳入竞争约束，并与公平竞争审查制度无缝对接。新《反垄断法》第45条将义务主体由行政机关扩展到了法律、法规授权的具有管理公共事务职能的组织。如此,抽象行政行为的主体与公平竞争审查的主体保持了一致,从而使预防和制止行政性垄断的制度与公平竞争审查制度可以有效衔接。[①]

行政机关滥用行政权力,排除、限制竞争的方式并不限于通过具体行政行为,还可以通过制定有关"规定"的方式,即抽象行政行为来达到同样的效果。抽象行政行为,即指国家行政机关制定法规、规章和具有普遍约束力的决定、命令等行政规则的行为。行政机关制定的含有排除、限制竞争内容的规定,即抽象行政垄断行为由于在其辖区内具有普遍约束力,对市场竞争秩序的损害更为严重。

三、抽象行政行为认定

抽象行政行为在客观方面包括以下四个要件:第一,行政机关滥用行政权力。这是新《反垄断法》第 45 条所禁止的抽象行政行为在客观方面的一般要件。第二,被新《反垄断法》第 45 条所禁止的是抽象行政行为,而非具体行政行为。第三,行政机关制定的规范性文件中含有排除、限制竞争的内容。行政机关制定含有排除或限制竞争内容的规范性文件,不论其是否以排除或限制竞争为目的,也不论其行为客观上是否造成排除或限制竞争的实际结果,均构成对新《反垄断法》第 45 条的违反。换言之,客观上出现的排除或限制竞争的结果,并非该条的构成要件,其只能作为加重情节而被考虑。行政机关制定有关排除、限制竞争的规定,可能表现为所制定的规范性文件中包含排除、限制竞争的条款,也可能表现为专门制定以排除、限制竞争为目的的规定。[②] 第四,抽象行政行为一般外部表现形式是通过办法、决定、公告、通知、意见、会议纪要、函件等形式实施的。此处所谓的"等"意指除"办法、决定、公告、通知、意见、会议纪要、函件"以外的其他形式。

---

① 参见时建中:《新〈反垄断法〉的现实意义与内容解读》,载《中国法律评论》2022 年第 4 期。

② 参见时建中主编:《反垄断法——法典释评与学理探源》,中国人民大学出版社 2008 年版,第 376 页。

第二节　抽象行政垄断行为案例评析

一、通过规范性文件实施

当前的地区封锁、行业垄断等行政性垄断形态在实践中常常是通过发布命令、决定等方式实现的。从收集的案件分析得知,具体行政性垄断行为的实施,一般是以抽象行政垄断行为作为其依据的。这种垄断形态有以下特点:第一,针对的对象具有不特定性。这种垄断行为排除、限制竞争的对象是不特定、非具体的。第二,可反复适用性。主要是指有关规范性文件可以长时间地针对不特定群体多次发生效力,其危害也往往会持续较长的时间。第三,不可诉性。所谓不可诉性,就是当行政相对人认为抽象行政垄断行为损害了其具体权益时,不能因此向法院提起诉讼,救济自己的权利。第四,危害广泛。尽管抽象行政垄断行为并不针对具体对象,但这并不意味着这种垄断不对具体对象产生危害。恰恰相反,由于抽象行政垄断行为针对的是不特定多数人,因而其损害的往往是不特定的多数人的利益。由此可见,抽象行政垄断行为的危害可能更甚。①

二、违法形式多样性

抽象行政垄断行为经常与其他违法行为混合在一起。且该违法行为具有多样性,如既有限制本地化,也有指定经营者;既有市场准入,也有前置条件的要求。更有干扰市场调节价的违法行为。

三、法条引用

新《反垄断法》第45条规定的违法行为特指抽象行政垄断行为,但从执法

① 参见时建中主编:《反垄断法——法典释评与学理探源》,中国人民大学出版社2008年版,第379页。

实践来看,有将其认定为行政垄断的兜底条文并使用的现象。适用该条的重点在于对"制定"的掌握,如果没有"制定"行为,应当选择其他对应条文,而不能对所有行政垄断违法均适用该条。

附:典型案例

一、限于本地企业

案例一

(2017)山西省太原市住房和城乡建设委员会施工图审查排除限制案①

2017年12月,山西省价格监督检查和反不正当竞争局对太原市住房和城乡建设委员会在施工图审查管理中涉嫌滥用行政权力排除、限制竞争行为进行了调查。

调查发现,该单位于2016年2月3日下发《太原市住建委关于进一步规范施工图审查工作的通知》(并住建字〔2016〕35号)文件,该文件第3条明确"建设单位可自主选择审查机构,但选择的审查机构必须是在本市注册",第4条要求"执行物价主管部门规定的收费标准",第7条第4项审查"外省、市勘察设计单位是否在'山西省建筑市场监管与诚信信息一体化平台'办理了入晋信息登记"。

太原市住房和城乡建设委员会上述做法实际是利用行政权力,排除和限制了外地图审机构在太原市开展业务的权利,同时变相干预了实行市场调节价的商品和服务价格。其行为违反了《反垄断法》第8条"行政机关和法律、法规授权的具有管理公共事务职能的组织不得滥用行政权力,排除、限制竞争",属于第32条所列"行政机关和法律、法规授权的具有管理公共事务职能的组织不得滥用行政权力,限定或者变相限定单位或者个人经营、购买、使用其指定的经营者提供的商

① 参见《查纠!晋中市住建局滥用行政权力排除、限制竞争》,载《山西青年报》2018年7月26日,第8版。

品”，以及第37条所列“行政机关不得滥用行政权力，制定含有排除、限制竞争内容的规定”的行为，同时违反了《国务院关于在市场体系建设中建立公平竞争审查制度的意见》的相关规定，构成滥用行政权力排除、限制竞争的行为。

案例二

（2017）广西壮族自治区南宁市人民政府文件要求企业申请补贴必须在本地注册案[①]

2017年3月，南宁市人民政府印发《南宁市加快跨境电子商务发展的若干意见》（南府规〔2017〕8号），规定补贴支持对象必须为注册地在南宁市且具有独立法人资格的企业。该规定违反“不得违法给予特定经营者优惠政策”的审查标准。经督察，相关单位拟删除该规定，按程序报批后重新发文。

案例三

（2020）内蒙古自治区鄂尔多斯市原城乡建设委员会燃气企业限制案[②]

根据举报，内蒙古自治区市场监管局对鄂尔多斯市原城乡建设委员会在燃气燃烧器具市场管理中，涉嫌滥用行政权力排除、限制竞争的案件进行调查。

经查，《鄂尔多斯市城乡建设委员会关于进一步规范城市燃气行业监督管理的通知》（鄂建发〔2018〕124号）要求燃气燃烧器具经销企业需要到当地建设

① 参见《2018年市场监管总局公平竞争审查重点督察发现典型问题通报》，载《中国市场监管报》2019年1月30日，A3版。

② 参见《内蒙古自治区市场监督管理局纠正鄂尔多斯市城乡建设委员会滥用行政权力排除限制竞争行为》，载内蒙古自治区市场监督管理局，http://amr.nmg.gov.cn/zw/tzgg/202109/t20210903_1873374.html。

行政主管部门将所经销的产品进行登记注册并进行气源适配性检测，燃气燃烧器具经销企业未到本地建设部门登记或未进行气源适配性检测（或检测不合格），各天然气供气企业不得供气。

鄂尔多斯市原城乡建设委员会的上述行为，增加了燃气燃烧器具经营企业的义务，侵犯了其利益，排除和限制了燃气燃烧器具市场的竞争。相关行为，违反了《反垄断法》第8条“行政机关和法律、法规授权的具有管理公共事务职能的组织不得滥用行政权力，排除、限制竞争”的规定，属于第37条“制定含有排除、限制竞争内容的规定”行为。

在调查过程中，鄂尔多斯市原城乡建设委员会认识到自身行为的错误，于2020年5月22日废止了该文件，恢复了相关市场的竞争秩序。

案例四

（2021）福建省诏安县人民政府办公室财政评审中介限制案[①]

2021年3月，福建省市场监管局对诏安县人民政府办公室涉嫌滥用行政权力排除、限制竞争行为进行调查。

经查，诏安县人民政府办公室经2018年第八次县长办公会研究，于2018年12月27日向各乡镇人民政府、诏安工业园区、金都工业集中区管委会、县直有关单位下发了《诏安县人民政府办公室关于修订印发诏安县财政投资评审中介机构规范及工程项目委托审核比选办法的通知》（诏政办〔2018〕210号，以下简称《委托审核比选办法》）。《委托审核比选办法》含有以下排除、限制竞争内容的规定，即进入县财政投资评审中介库的社会中介审核机构应符合的条件中，含有“外省企业必须提供入闽登记证明材料”，“工程造价咨询企业非漳州市本辖区企业，必须在漳州设立分公司并在诏安县有固定的办公场所”的条款。另经查实，诏安县人民政府办公室制定出台《委托审核比选办法》时未按照《国务院关于在市场体系

① 参见《福建两县政府违法行为被纠正》，载台海网，http://www.taihainet.com/news/fujian/gcdt/2021-09-01/2548117.html。

建设中建立公平竞争审查制度的意见》以及《公平竞争审查制度实施细则(暂行)》(已废止)等关于公平竞争审查制度的要求进行公平竞争审查。

上述行为违反了《反垄断法》第37条“行政机关不得滥用行政权力,制定含有排除、限制竞争内容的规定”以及《制止滥用行政权力排除、限制竞争行为暂行规定》第9条“行政机关不得滥用行政权力,以规定、办法、决定、公告、通知、意见、会议纪要等形式,制定、发布含有排除、限制竞争内容的市场准入、产业发展、招商引资、招标投标、政府采购、经营行为规范、资质标准等涉及市场主体经济活动的规章、规范性文件和其他政策措施”的规定,构成滥用行政权力,排除、限制竞争的违法行为。

在调查期间,当事人主动采取措施停止相关行为,于2021年3月16日印发《诏安县人民政府关于废止〈诏安县人民政府办公室关于修订印发诏安县财政投资评审中介机构规范及工程项目委托审核比选办法的通知〉的决定》(诏政综〔2021〕25号),主动停止实施有关政策行为,废止了《诏安县人民政府办公室关于修订印发诏安县财政投资评审中介机构规范及工程项目委托审核比选办法的通知》文件,并于2021年3月22日通过政府门户网站向社会公开。

根据《制止滥用行政权力排除、限制竞争行为暂行规定》(已废止)第19条第2款“在调查期间,当事人主动采取措施停止相关行为,消除相关后果的,反垄断执法机构可以结束调查”,福建省市场监管局依法对诏安人民政府办公室涉嫌滥用行政权力排除、限制竞争案结束调查。

案例五

(2021)福建省仙游县工业和信息化局电力工程限制案[①]

2021年3月,福建省市场监管局对仙游县工业和信息化局(以下简称工信局)涉嫌滥用行政权力排除、限制竞争行为进行立案调查。

① 参见《仙游县工信局、福州市交通运输局滥用行政权力排除限制竞争,严查!》,载《中国市场监管报》2021年5月20日,第4版。

经查,2020年10月12日,仙游县工信局在仙游县政府网发布实施《仙游县工信局关于建立仙游县政府投资小规模电力类工程承包商名录库的通知》(仙工信〔2020〕100号),该文件设定了进入仙游县政府投资小规模电力类工程承包商名录库的准入条件为"注册地在仙游县境内(包括分公司、子公司)",并规定"企业(包括分公司、子公司)注册地变更为仙游县以外地区的"将被清出承包商名录库。文件出台后,全县共24家当地企业入选仙游县政府投资小规模电力类工程承包商名录库,仙游县工信局于2021年2月4日向全县各有关单位发布《关于公布仙游县投资小规模电力类工程承包商名录库的通知》(仙工信〔2021〕5号)。

仙游县工信局设定的市场准入条件没有法律法规依据,直接将外地经营者排除在仙游县区域的特定市场之外,剥夺了此类外地市场主体参与仙游县区域市场竞争的权利,也损害了仙游县小规模电力类建设业主自由选择工程承包商的选择权,且未按国家有关规定履行制定出台相关政策措施的公平竞争审查主体责任,没有依法行使行政权力,滥用了行政权力。

经研究,福建省市场监管局认为仙游县工信局属于《反垄断法》规制的"行政机关",其以通知形式,制定含有排除、限制竞争内容的市场准入条件等涉及市场主体经济活动的规范性文件和政策措施,其行为违反了《反垄断法》第37条"行政机关不得滥用行政权力,制定含有排除、限制竞争内容的规定"的规定,应依法予以纠正。

依据《反垄断法》第51条关于"反垄断执法机构可以向有关上级机关提出依法处理的建议"的规定,福建省市场监管局依法向仙游县人民政府发出行政建议书,建议仙游县人民政府责令仙游县工信局改正相关行为:

1. 要求仙游县工信局立即废止或修改《仙游县工信局关于建立仙游县政府投资小规模电力类工程承包商名录库的通知》及相关文件等政策措施,并在官方网站或者报纸上公示,公示应注明"因违反《反垄断法》有关规定废止(或修改)该文件"。

2. 要求仙游县工信局建立并完善公平竞争审查各环节流程工作制度,在制定出台涉及市场主体经济活动的政策措施时,应当按照有关规定进行公平竞争审查。

3. 请仙游县人民政府加强对仙游县工信局后续整改措施的监督与指导,全面废止以"注册地在仙游县境内"为进入仙游县区域市场的准入条件,并举一反三,对机关及所属单位出台的涉及市场主体经济活动的政策措施,按照有关规定对照排查整改。防止再出现没有法律法规依据，滥用行政权力，以文件形式，制定含有排除、限制竞争内容的市场准入条件等涉及市场主体经济活动的规范性文件和政策措施。

案例六

（2021）福建省明溪县人民政府建筑施工企业限制案①

2021年3月，福建省市场监管局对明溪县人民政府涉嫌滥用行政权力排除、限制竞争行为进行调查。

经查，明溪县人民政府经县政府常务会议研究，于2020年2月26日向各乡（镇）人民政府，县直属各单位下发了《明溪县人民政府关于印发明溪县促进建筑业高质量发展九条措施（试行）的通知》（明政〔2020〕1号，以下简称《九条措施》）。《九条措施》含有排除、限制竞争内容的规定："我县建筑业企业候选名册原则上由在我县注册及纳税的建筑业施工企业组成。"另经查实，明溪县人民政府制定出台《九条措施》时未按照《国务院关于在市场体系建设中建立公平竞争审查制度的意见》（国发〔2016〕34号）以及《公平竞争审查制度实施细则（暂行）》（发改价监〔2017〕1849号，已废止）等要求进行公平竞争审查。

上述行为违反了《反垄断法》第37条"行政机关不得滥用行政权力，制定含有排除、限制竞争内容的规定"以及《制止滥用行政权力排除、限制竞争行为暂行规定》（已废止）第9条"行政机关不得滥用行政权力，以规定、办法、决定、公告、通知、意见、会议纪要等形式，制定、发布含有排除、限制竞争内容的市场准入、产业发展、招商引资、招标投标、政府采购、经营行为规范、资质标准等涉及市场主体经济活动的规章、规范性文件和其他政策措施"的规定，构成滥用行政权力，排除、限制竞争的违法行为。

在调查期间，当事人主动采取措施停止相关行为，2021年3月22日，明溪

① 参见《福建纠正两县政府部门行政垄断行为，因出台含限制竞争的规定》，载南方网，https://static.nfapp.southcn.com/content/202108/27/c5682746.html。

县人民政府召开了县政府常务会议，并于2021年3月30日下发了修改后的《明溪县人民政府关于印发明溪县促进建筑业高质量发展九条措施(修订)的通知》(明政〔2021〕2号)，主动停止实施有关政策行为，废止了原文件《明溪县人民政府关于印发明溪县促进建筑业高质量发展九条措施(试行)的通知》，并通过政府门户网站向社会公开。根据《制止滥用行政权力排除、限制竞争行为暂行规定》(已废止)第19条第2款“在调查期间，当事人主动采取措施停止相关行为，消除相关后果的，反垄断执法机构可以结束调查”，福建省市场监管局依法对明溪县人民政府涉嫌滥用行政权力排除、限制竞争案结束调查。

案例七

(2021)湖北省随州市自然资源和规划局土地估价机构限制案①

2021年11月，湖北省市场监管局对随州市自然资源和规划局涉嫌滥用行政权力排除、限制竞争行为进行调查。

经查，2021年4月，随州市自然资源和规划局为加强土地估价行业监管，规范土地估价机构和从业人员行为，决定开展2021年土地估价机构备案工作，在政府网上发布《关于开展2021年土地估价机构备案工作的通知》，明确要求“在我市行政辖区内从事评估业务的土地估价机构，应事先向我局申请备案，凭备案证明开展土地估价业务。申请备案的土地估价机构，须已经省自然资源厅同意予以备案”。上述行为违反了《反垄断法》第37条“行政机关不得滥用行政权力，制定含有排除、限制竞争内容的规定”的规定，构成滥用行政权力排除、限制竞争行为。

当事人认识到上述行为违反了《反垄断法》的规定，在调查期间积极整改，消除了不良影响：一是废止了相关文件。2021年11月25日，将《关于开展2021年土地估价机构备案工作的通知》等公示内容从政府网站上撤回；12月2日，印发《关于对开展土地评估机构备案妨碍公平竞争问题整改的通知》，要求

① 参见《省市监局纠正随州市自然资源规划局滥用行政权力、限制竞争行为》，载百家号2022年3月4日，https://baijiahao.baidu.com/s?id=1726374134631463877&wfr=spider&for=pc。

各地对土地评估机构备案作出的有关规定进行清理废除，不再开展土地评估机构备案。二是召开专题整改会议。2021 年 11 月 25 日随州市自然资源和规划局召开局党组中心组会议，专题学习《反垄断法》《公平竞争审查制度实施细则》，要求全面清理废除妨碍统一市场和公平竞争的各种规定做法，严格落实公平竞争审查制度。

依据《制止滥用行政权力排除、限制竞争行为暂行规定》（已废止）第 19 条第 2 款规定："在调查期间，当事人主动采取措施停止相关行为，消除相关后果的，反垄断执法机构可以结束调查。"考虑到当事人已主动采取措施停止相关行为，消除相关后果，湖北省市场监管局按程序结束调查。

案　例　八

（2022）湖北省市场监管局依法调查处理十堰市郧阳区自然资源和规划局滥用行政权力排除、限制竞争行为案①

2022 年 6 月 10 日，湖北省市场监管局依法对十堰市郧阳区自然资源和规划局涉嫌滥用行政权力排除、限制竞争行为立案调查。

经查，2022 年 5 月 10 日，当事人发布《十堰市郧阳区白庙山矿区建筑用白云岩矿采矿权拍卖出让公告》，要求竞买人必须具备"具有独立法人资格的国有或国有控股企业，实缴注册资金 2 亿元以上；竞得人须承诺在郧阳区境内投资不低于 30 亿元打造一个产业园区""竞买人在资质审查截止时间前提供十堰市境内任何银行的履约保函"等资格条件。

湖北省市场监管局认为，当事人作为行政机关，在没有法律法规依据的情况下，对该采矿权拍卖竞买人的所有制形式、产业投入、履约保函等进行限定，排除、限制了其他同行业经营者参与当地相关市场竞争，违反了《反垄断法》第 37 条"行政机关不得滥用行政权力，制定含有排除、限制竞争内容的规定"的规

① 参见《2022 年制止滥用行政权力排除、限制竞争执法专项行动案件（第二批）》，载澎湃网 2022 年 7 月 29 日，https://www.thepaper.cn/newsDetail_forward_19229665。

定,构成滥用行政权力排除、限制竞争行为,应当依法予以纠正。

湖北省市场监管局根据《反垄断法》第51条第1款"行政机关和法律、法规授权的具有管理公共事务职能的组织滥用行政权力,实施排除、限制竞争行为的,由上级机关责令改正;对直接负责的主管人员和其他直接责任人员依法给予处分。反垄断执法机构可以向有关上级机关提出依法处理的建议"的规定,向十堰市郧阳区人民政府发出行政建议书,依法提出处理建议:一是责令当事人停止滥用行政权力,限定竞买人的所有制形式、产业投入、履约保函等排除、限制竞争的违法行为,为其他经营者在相关市场提供公平竞争机会,依法保障经营者合法权益。二是要求当事人认真学习《反垄断法》《国务院关于在市场体系建设中建立公平竞争审查制度的意见》等法律法规,着力推进《公平竞争审查制度实施细则》落实落地,在制定涉及市场主体经济活动的各类政策措施时,严格履行公平竞争审查程序,认真评估对市场竞争的影响,强化公平竞争政策实施。三是加强对当事人有关后续行为的监督与指导,举一反三,防止滥用行政权力排除、限制竞争行为发生。

案例九

(2022)福建省市场监管局依法调查处理福州市晋安区城乡建设局滥用行政权力排除、限制竞争行为案①

2022年5月20日,福建省市场监管局依法对福州市晋安区城乡建设局涉嫌滥用行政权力排除、限制竞争行为立案调查。

经查,当事人于2020年6月16日对外发布《关于征集第三批晋安区小规模工程承发包企业候选名册名单的公告》,把征集晋安区小规模工程承发包候选企业报名资格设定为"注册地在晋安区行政辖区的企业"。按照该公告设定的条件与入选程序要求,当事人于2020年7月建立了小规模工程承发包企业

① 参见《2022年制止滥用行政权力排除、限制竞争执法专项行动案件(第二批)》,载澎湃网2022年7月29日,https://www.thepaper.cn/newsDetail_forward_19229665。

候选名库,入库企业全部为注册地在晋安区行政辖区内的企业。

福建省市场监管局认为,当事人在履行综合管理全区建设行政管理职权时,没有依法平等对待不同区域的相关市场主体,设定了"注册地在晋安区行政辖区的企业"小规模工程承发包候选企业报名资格,限制了同等条件下区外市场主体进入晋安区小规模工程承发包领域的投标、建设经营,具有排除、限制小规模工程承发包领域市场竞争的效果。上述行为违反了《反垄断法》第37条"行政机关不得滥用行政权力,制定含有排除、限制竞争内容的规定"的规定,构成滥用行政权力排除、限制竞争行为,应当依法予以纠正。

福建省市场监管局依据《反垄断法》第51条第1款"行政机关和法律、法规授权的具有管理公共事务职能的组织滥用行政权力,实施排除、限制竞争行为的,由上级机关责令改正;对直接负责的主管人员和其他直接责任人员给予处分。反垄断执法机构可以向有关上级机关提出依法处理的建议"的规定,向晋安区人民政府发出行政建议书,依法提出处理建议:一是责令改正相关行为,立即废止以"注册地在晋安区境内"为资格限定的相关文件等政策措施。二是建立并完善公平竞争审查各环节流程工作制度,认真落实公平竞争审查机制。三是举一反三,对照排查。加强对当事人后续行为的监督和指导,对涉及市场主体经济活动的政策措施,要依法平等对待不同区域的相关市场主体,防止滥用行政权力排除、限制竞争行为发生。

案例十

(2022)新疆维吾尔自治区市场监管局依法调查处理吐鲁番市应急管理局滥用行政权力排除、限制竞争行为案①

2022年1月19日,新疆维吾尔自治区市场监管局对吐鲁番市应急管理局涉嫌滥用行政权力排除、限制竞争行为立案调查。

① 参见《2022年制止滥用行政权力排除、限制竞争执法专项行动案件(第二批)》,载澎湃网2022年7月29日,https://www.thepaper.cn/newsDetail_forward_19229665。

经查,2018年3月3日,当事人以吐鲁番市安全生产委员会办公室名义印发《吐鲁番市道路运输安全生产第三方监控管理办法(试行)的通知》,限定第三方监控机构的注册地、注册资本等条件,要求向吐鲁番市道路运输管理机构进行备案。2020年10月27日,当事人以吐鲁番市安全生产委员会办公室名义印发《关于消除道路运输安全隐患的通知》,规定"将全市辖区内特别是鄯善县的车辆纳入吐鲁番市某信息技术有限公司提供的第三方监控服务中"。2021年3月31日,当事人以吐鲁番市安全生产委员会办公室名义印发督办通知,指定由2家公司完成4G视频主动安全智能监控设备的安装工作。

新疆维吾尔自治区市场监管局认为,当事人履行全市范围内安全生产管理工作,并承担吐鲁番市安全生产委员会日常工作时,在没有法律法规依据的情况下,制定限定第三方监控机构备案条件排除、限制竞争内容的通知文件,强制道路运输企业使用其指定的第三方监控服务企业提供的安装服务,剥夺了道路运输企业的自主选择权,直接排除、限制了其他同行业经营者参与当地相关市场竞争,妨碍了市场公平竞争,违反了《反垄断法》第32条"行政机关和法律、法规授权的具有管理公共事务职能的组织不得滥用行政权力,限定或者变相限定单位或者个人经营、购买、使用其指定的经营者提供的商品"和第37条"行政机关不得滥用行政权力,制定含有排除、限制竞争内容的规定"的规定,构成滥用行政权力排除、限制竞争行为,应当依法予以纠正。

新疆维吾尔自治区市场监管局根据《反垄断法》第51条第1款"行政机关和法律、法规授权的具有管理公共事务职能的组织滥用行政权力,实施排除、限制竞争行为的,由上级机关责令改正;对直接负责的主管人员和其他直接责任人员依法给予处分。反垄断执法机构可以向有关上级机关提出依法处理的建议"的规定,向吐鲁番市人民政府发出行政建议书,依法提出处理建议:一是责令当事人立即停止滥用行政权力排除、限制竞争行为,主动废止或者修改排除、限制竞争的相关规定,在官方网站公示整改结果,消除相关影响,恢复相关市场的公平竞争。二是认真落实公平竞争审查制度,要求当事人在制定涉及市场主体经济活动的各类政策措施时,严格履行公平竞争审查程序,认真评估对市场竞争产生的影响,依法维护公平竞争的市场环境。三是加强对当事人后续行为的监督与指导,防止滥用行政权力排除、限制市场竞争行为发生。

案例十一

(2022)江西省市场监管局纠正赣州市石城县人民政府滥用行政权力排除、限制竞争行为案[①]

2022 年 8 月 22 日,江西省市场监管局依法对石城县人民政府涉嫌滥用行政权力排除、限制竞争行为立案调查。

经查,2022 年 4 月 28 日,当事人印发《关于印发〈石城县文旅产业扶持政策(修订)〉的通知》,该促进文旅产业发展的扶持政策设置了限制性条件,要求适用范围仅限于“符合县文化和旅游产业发展规划,并在县登记注册、纳税的文化和旅游类企事业单位或个人”。

江西省市场监管局认为,当事人的上述行为排除、限制了该县以外的市场主体公平参与当地旅游市场的公平竞争,违反了新《反垄断法》第 45 条“行政机关和法律、法规授权的具有管理公共事务职能的组织不得滥用行政权力,制定含有排除、限制竞争内容的规定”的规定,构成滥用行政权力排除、限制竞争行为。

调查期间,当事人认识到上述行为违反了《反垄断法》的规定,积极整改,主动采取措施停止了相关行为,消除了相关后果,印发了《关于废止石城县文旅产业扶持政策(修订)的决定》,加强制度建设,严格落实公平竞争审查制度,防止排除、限制市场竞争行为再次发生。

① 参见《2022 年制止滥用行政权力排除、限制竞争执法专项行动案件(第三批)》,载百家号 2022 年 11 月 19 日,https://baijiahao.baidu.com/s?id=1749938383932880666&wfr=spider&for=pc。

案例十二

（2022）湖南省市场监管局纠正衡南县卫生健康局等部门滥用行政权力排除、限制竞争行为案①

2021年3月10日，湖南省市场监管局对衡南县卫生健康局等部门涉嫌滥用行政权力排除、限制竞争行为进行了调查。

经查，2020年10月12日，衡南县卫生健康局等4部门联合出台《关于做好2020年全县公职人员健康体检工作的通知》，该文件有“各单位全体公职人员必须在县内具有体检资质的体检机构进行健康体检”“各受检单位在体检之前自主选择一家县内有资质的承检机构”等规定。

湖南省市场监管局认为，上述行为既限制了该县相关单位的自主选择权，又排除了县域外其他具有体检资质的体检机构参与的机会，妨碍了该县体检市场的公平竞争，违反了《反垄断法》第37条“行政机关不得滥用行政权力，制定含有排除、限制竞争内容的规定”的规定，构成滥用行政权排除、限制竞争行为。

调查期间，当事人撤销了上述文件，并承诺建立长效机制，今后凡出台涉及市场主体经济活动的规范性文件和其他政策措施，必须加强公平竞争审查，防止制定含有排除、限制竞争内容的文件规定等。

案例十三

（2022）福建省市场监管局纠正三明市清流县人民政府滥用行政权力排除、限制竞争行为案②

2022年5月20日，福建省市场监管局依法对清流县人民政府涉嫌滥用行

① 参见《2022年制止滥用行政权力排除、限制竞争执法专项行动案件（第一批）》，载百家号2022年6月9日，https://baijiahao.baidu.com/s?id=1735142945634532232&wfr=spider&for=pc。

② 参见《2022年制止滥用行政权力排除、限制竞争执法专项行动案件（第四批）》，载澎湃网2022年11月25日，https://m.thepaper.cn/baijiahao_20894294。

政权力排除、限制竞争行为立案调查。

经查,2022 年 3 月 17 日,当事人向清流县各乡镇人民政府、县直属各部门印发《清流县人民政府关于进一步促进建筑业高质量发展措施(试行)的通知》(清政文〔2022〕17 号),规定对优先选择本县内的建筑企业作为项目承包人的投资者给予特定奖励,并要求"凡在清流县行政区域内注册登记的建筑施工企业(含建筑、市政、交通、农业、水利等企业),均须到县行业主管部门进行备案登记"。

福建省市场监管局认为,当事人作为行政机关,没有依法平等对待不同区域的相关市场主体,印发文件对优先选择本县内的建筑企业作为项目承包人的投资者给予特定奖励,并要求"凡在清流县行政区域内注册登记的建筑施工企业均须到县行业主管部门进行备案登记",通过增加备案形式变相设定市场准入障碍,妨碍了市场公平竞争。当事人的上述行为违反了《反垄断法》第 37 条"行政机关不得滥用行政权力,制定含有排除、限制竞争内容的规定"的规定,构成滥用行政权力排除、限制竞争行为。

调查期间,当事人高度重视,组织相关部门认真学习《反垄断法》等相关法律法规,对相关文件内容进行废止。2022 年 6 月 6 日,当事人印发《关于修改、废止〈清流县人民政府关于进一步促进建筑业高质量发展措施(试行)的通知〉中部分内容的通知》(清政文〔2022〕46 号),并在政府网站的政府信息公开栏公开。

案例十四

(2022)湖南省市场监管局纠正益阳市安化县卫生健康局滥用行政权力排除、限制竞争行为案①

2022 年 3 月 30 日,湖南省市场监管局依法对安化县卫生健康局涉嫌滥用行政权力排除、限制竞争行为立案调查。

经查,2021 年 12 月 13 日,当事人会同有关部门印发《关于印发〈安化县行

① 参见《2022 年制止滥用行政权力排除、限制竞争执法专项行动案件(第四批)》,载澎湃网 2022 年 11 月 25 日,https://m.thepaper.cn/baijiahao_20894294。

政事业单位工作人员定期健康检查工作暂行规定〉的通知》(安组联〔2021〕7号),规定“各单位在组织实施健康检查前,应预先自主选择并对接本地公示范围内的健康检查机构,应当选择安化县内的健康检查机构”。

湖南省市场监管局认为,当事人作为行政机关,在组织行政事业单位工作人员体检的过程中,印发文件限定各乡镇和县直属单位选择安化县内健康检查机构,排除了县域外其他具有合格资质和服务能力健康检查机构的服务,妨碍了该县健康检查市场的公平竞争。当事人的上述行为违反了《反垄断法》第37条“行政机关不得滥用行政权力,制定含有排除、限制竞争内容的规定”的规定,构成滥用行政权力排除、限制竞争行为。

调查期间,当事人积极整改,立即对原文件内容进行了修改,经公平竞争审查、相关部门联合会签后,重新出台了新文件,消除了不良影响,并调整完善了本单位公平竞争领导小组,制定了公平竞争联席会议制度,举一反三,开展自查自纠。

案例十五

(2022)浙江省市场监管局纠正丽水生态产业集聚区(丽水经济技术开发区)管理委员会滥用行政权力排除、限制竞争行为案[①]

2022年10月10日,浙江省市场监管局依法对丽水生态产业集聚区(丽水经济技术开发区)管理委员会涉嫌滥用行政权力排除、限制竞争行为立案调查。

经查,2021年5月8日,当事人印发《丽水经济技术开发区工程渣土、建筑垃圾、混凝土、砂石料运输管理实施方案(试行)》(丽经开〔2021〕39号),规定“实行工程运输承运资质管理。符合以下条件的运输企业,方可在本区范围内从事工程渣土、建筑垃圾、混凝土、砂石料运输业务:(1)公司化。具有独立法人资格,且在开发区注册公司,持有相关行政管理部门核发的营业执照

① 参见《2022年制止滥用行政权力排除、限制竞争执法专项行动案件(第五批)》,载国家市场监督管理总局,https://www.samr.gov.cn/jzxts/tzgg/qlpc/202301/t20230111_352803.html。

等证照……(3)本地化。全区范围内工程运输车须先到公安交警部门办理或转籍为本地号牌,再到丽水市交通运输部门办理《道路运输经营许可证》,基本实现车检、驾审和违法动态管控的本地化运作。除市本级和莲都区车牌外,其他外地牌照一律不得在开发区从事工程渣土、建筑垃圾、混凝土、砂石料运输”。

浙江省市场监管局认为,当事人印发文件要求运输企业在开发区注册公司、运输车辆必须持有本地号牌,符合其条件的运输企业才可在该区范围内从事工程渣土、建筑垃圾、混凝土、砂石料运输业务,排除、限制了其他具有合格资质的运输企业和运输车辆进入该区域市场的公平竞争机会,违反了新《反垄断法》第45条“行政机关和法律、法规授权的具有管理公共事务职能的组织不得滥用行政权力,制定含有排除、限制竞争内容的规定”的规定,构成滥用行政权力排除、限制竞争行为。

调查期间,当事人主动积极整改,废止有关文件,印发新实施方案,在政府网站进行公布,向浙江省市场监管局提交了整改报告,完善了公平竞争审查工作机制。

二、指定经营者

案 例 一

(2015)山东省交通运输厅车载终端和监控平台限制案[①]

根据媒体报道,在建设和运营道路运输车辆动态信息公共监控平台中,国家发展改革委对山东省交通运输厅涉嫌滥用行政权力,排除、限制竞争的案件进行了调查。

现已查明,2011年以来,山东省交通运输厅在贯彻落实交通运输部、公安部、原国家安全监管总局关于开展道路运输车辆动态监管工作文件精神的过程

① 参见《国家发展改革委办公厅关于建议纠正山东省交通运输厅滥用行政权力排除限制竞争有关行为的函》(发改办价监〔2015〕501号)。

中，多次印发有关文件，要求全省“两客一危”车辆必须直接接入省技术服务平台，重型载货汽车和半挂牵引车必须直接接入省北斗货运动态信息平台，并明确上述两平台的技术支持单位均为山东九通物联网科技有限公司；同时，要求进入山东省市场的车载卫星定位终端，必须通过省技术服务平台（山东九通物联网科技有限公司）的统一调试，并将2012年交通运输部北斗示范工程招标中标价格作为终端最高限价。

国家发展改革委认为，山东省交通运输厅的上述做法，排除和限制了监控平台市场和车载终端市场的竞争，剥夺了道路运输企业在车载终端和监控平台上的自主选择权，不合理地推高了平台服务费水平和车载终端的销售价格，增加了道路运输企业的经营成本。相关行为违反了《反垄断法》第8条“行政机关和法律、法规授权的具有管理公共事务职能的组织不得滥用行政权力，排除、限制竞争”的规定，属于第32条所列“限定或者变相限定单位或者个人经营、购买、使用其指定的经营者提供的商品”和第37条所列“制定含有排除、限制竞争内容的规定”行为。

在调查后，山东省交通运输厅主动采取了以下整改措施：(1)放开重型载货汽车和半挂牵引车监控平台市场，实行平台服务商备案制，允许运输企业在通过备案的平台服务商中自主选用。截至2015年3月，已对两批共19家平台服务商进行了备案。(2)放开道路运输车辆卫星定位终端市场，允许运输企业在交通运输部公布的卫星定位终端目录内自主选用，不再进行统一调试。

国家发展改革委认为，上述措施虽然纠正了部分违法行为，但尚未完全恢复公平竞争的市场秩序，包括：(1)未放开对“两客一危”车辆动态监控平台市场的限制；(2)虽然规定实行平台服务商备案制，但对备案提出了交通运输部有关规定以外的其他要求，对不符合要求的将不予备案；(3)未废止关于“终端价格（含安装费）不得高于交通运输部北斗示范工程招标中标价格”的规定。

根据《反垄断法》第51条第1款“行政机关和法律、法规授权的具有管理公共事务职能的组织滥用行政权力，实施排除、限制竞争行为的，由上级机关责令改正；对直接负责的主管人员和其他直接责任人员依法给予处分。反垄断执法机构可以向有关上级机关提出依法处理的建议”的规定，现建议你机关①责令交

① 山东省人民政府。——编者注

通运输厅改正相关行为。案件主要事实和具体整改建议附后。

附件：

山东省交通运输厅涉嫌滥用行政权力排除限制竞争的主要事实和整改建议

一、案件主要事实

2006年11月，山东省交通运输厅与山东九通物联网科技有限公司（以下简称九通公司）签订《山东省道路运营客车运营与安全监控系统建设、维护和信息服务合同》，委托九通公司建设该监控系统，合同有效期为10年（2006年1月1日至2015年12月31日），并约定"合同有效期内，山东省道路营运客车经营与安全监控系统是为甲方（山东省交通运输厅）提供监控信息服务的唯一系统"。

此后，山东省交通运输厅多次印发有关文件，要求全省"两客一危"车辆、重型载货汽车和半挂牵引车必须直接接入九通公司建设的监控系统平台，并对进入山东省市场的卫星定位终端的型号和价格提出要求。主要文件包括：

2011年9月20日，山东省交通运输厅下发《关于加快推进"两客一危"车辆卫星定位装置安装入网工作的通知》（鲁交运〔2011〕32号），规定"我省要求车载卫星定位装置通过统一接入省技术服务平台的方式，进入全国联网联控系统""根据历史沿革，省技术服务平台技术支持单位是山东九通物联网科技有限公司"。

2013年6月9日和9月18日，山东省交通运输厅先后下发《关于转发〈交通运输部关于加快推进"重点运输过程监控管理服务示范系统工程"实施工作的通知〉的通知》（鲁交运〔2013〕18号）和《关于进一步做好"重点运输过程监控管理服务示范系统工程"实施工作的通知》（鲁运〔2013〕65号），明确要求"重型载货汽车和半挂牵引车安装或加装的北斗双模车载终端应直接接入山东省北斗货运动态信息平台，并由其将数据传送至全国道路货运车辆公共监管与服务平台""山东省九通物联网科技有限公司作为我省北斗货运动态信息平台技术支持单位，应加快货运平台应用开发工作"。

2014年5月21日，山东省交通运输厅、公安厅、原安全生产监督管理局联合下发《关于转发交通运输部等三部局〈道路运输车辆动态监督管理办法〉》（鲁交运〔2014〕21号），再次明确要求"'两客一危'车辆安装的北斗卫星定位终端应直接接入省技术服务平台，省技术服务平台将数据上传至全国重点营运车辆联网联控系统。重型载货汽车和半挂牵引车安装的北斗卫星定位终端应直接接入省货运平台，省货运平台将数据上传至全国道路货运车辆公共监管与服务平台，并接收全国道路货运车辆公共监管与服务平台转发的相关信息。对未按照要求安装卫星定位终端，或者已安装终端但未能在省技术服务平台正常显示的车辆，不予发放或者审验《道路运输证》”。对于进入山东省的北斗卫星定位终端，需“报送省技术服务平台调试。省技术服务平台按照公开透明的原则，根据相关标准对终端进行调试，向社会公布符合标准要求的终端型号”。“终端价格（含安装费）不得高于交通运输部北斗示范工程招标中标价格”，并列明了有关价格标准。其中，“两客一危”车辆终端价格为2178元/台，重型载货汽车和半挂牵引车终端为2588元/台，3G视频（含一个摄像头）终端为5870元/台。

二、违反《反垄断法》的有关情况

经研究，山东省交通运输厅的上述做法，违反了《反垄断法》第8条“行政机关和法律、法规授权的具有管理公共事务职能的组织不得滥用行政权力，排除、限制竞争”的规定。其中，要求相关车辆必须直接接入九通公司建设的监控平台的做法，排除和限制了山东省监控平台市场的竞争，属于《反垄断法》第32条所列“限定或者变相限定单位或者个人经营、购买、使用其指定的经营者提供的商品”的行为；要求已通过交通运输部标准符合性审查的卫星定位终端，需再次经过九通公司调试后才能进入山东省市场，以及公布交通运输部北斗示范工程招标中标价格作为最高限价的做法，排除和限制了山东省卫星定位终端市场的竞争，属于《反垄断法》第37条所列“制定含有排除、限制竞争内容的规定”的行为。主要理由如下：

（一）道路运输企业在监控平台和车载终端上拥有自主选择权

2011年4月，交通运输部下发《关于认真贯彻〈道路运输车辆卫星定位系统平台技术要求〉和〈道路运输车辆卫星系统车载终端技术要求〉两项标准的通知》（交运发〔2011〕158号），要求“从2011年7月1日起，所有新安装的车载终端必须接入符合技术要求的系统平台”，并明确“建立系统平台和车载终端标准符合性审查制度，并委托中国交通通信信息中心作为技术支持单位，组织开展系统平台和车载终端的标准符合性审查工作”；“未建立系统平台的交通运输部门和道路运输企业应根据公告,选择符合技术标准的卫星定位系统平台服务运营商";"道路运输企业在为运输车辆安装车载终端时,应选择公告中的产品"。

2014年1月,交通运输部、公安部、原国家安全生产监督管理总局公布《道路运输车辆动态监督管理办法》,进一步明确"对通过标准符合性技术审查的系统平台和车载终端,由交通运输部发布公告"①;"道路旅客运输企业、道路危险货物运输企业和拥有50辆及以上重型载货汽车或者牵引车的道路货物运输企业应当按照标准建设道路运输车辆动态监控平台,或者使用符合条件的社会化卫星定位系统监控平台"。

2014年6月,交通运输部、公安部、国家安全监管总局印发《关于认真贯彻落实〈道路运输车辆动态监管管理办法〉的通知》(交运发〔2014〕117号),明确规定"各级交通运输、公安、安全监管部门不得为道路运输经营者指定卫星定位装置厂家及产品,不得要求重复安装卫星定位装置,不得通过行政手段指定提供社会化卫星定位系统监控平台的服务商,不得要求服务商层层备案"。

因此,道路运输企业在监控平台和车载终端上具有自主选择权:对于监控平台,道路运输企业可以选择自建平台,也可以使用其他经营者建立的社会化监控平台;对于车载终端,道路运输企业可以在交通运输部公告的符合技术标准的型号范围内自主选择。2012年以来,交通运输部已多次发布公告,共公布符合技术规范的北斗/GPS双模车载终端444种;符合技术要求的监控平台425个,其中经营性企业监控平台374个。

(二)山东省交通运输厅的相关做法排除和限制了监控平台和车载终端市场的竞争,并导致相关费用水平过高

一是完全排除了监控平台市场的竞争,导致平台服务费标准过高。山东省交通运输厅多次下发文件,强制要求"两客一危"车辆、重型载货汽车和半挂牵引车安装的卫星定位终端,必须直接接入九通公司建设的监控平台,再由其转接至交通运输部建设的监控平台,剥夺了企业自主选择监控平台的权利,完全排除了监控平台之间的市场竞争。缺乏市场竞争使得平台服务费标准居高不下。据调查,九通公司向接入平台的道路运输企业收取平台服务费标准为客运车辆360元/年/车、危险品运输车辆600元/年/车、货物运输车辆600元/年/车

① 《道路运输车辆动态监督管理办法》已修正,该部分内容已被删除。——编者注

(交一年免一年)。调查取得的有关证据显示,这一标准明显高于其他平台在其他省份的收费标准。

二是严重削弱了车载终端市场的竞争,并不合理地推高了车载终端在山东市场上的销售价格。按照山东省交通运输厅的有关规定,相关车载终端必须再次经过九通公司的调试,并由山东省交通运输厅公示后,才能在山东省市场销售。截至目前,山东省交通运输厅只发布了3批公告,公布了22个通过调试的产品型号,仅为交通运输部公布符合技术规范产品型号数量的5%,导致山东市场上的车载终端型号数量明显减少,严重削弱了终端产品之间的竞争,为以较高价格销售终端提供了前提条件。同时,山东省交通运输厅又公布交通运输部北斗示范工程招标中标价格,将其作为车载终端的最高限价。据调查,该招标时间为2012年。目前,相关市场已经发生明显变化,车载终端生产厂家数量与各厂家产能均大幅增加,市场竞争更加激烈,产品价格大幅下降。因此,该价格已不能作为目前定价的依据。山东省交通运输厅公布这一价格后,致使省内终端设备销售商以此为基础制定价格,不合理地推高了终端设备的价格水平。从对山东省济南市部分终端设备安装点的调查情况看,大多数重型载货汽车和半挂牵引车终端是以2580元/台的价格进行销售,远高于其他省份销售的终端价格。

三、有关整改建议

为恢复公平竞争的市场秩序,保障有关经营者的合法权益,建议山东省交通运输厅作出如下整改:

1. 全面放开"两客一危"车辆、重型载货汽车和半挂牵引车的监控平台接入,允许道路运输经营者自主选择接入通过交通运输部技术规范性审查的平台。

2. 放开终端设备进入山东省市场的限制,允许道路运输经营者自主选择购买安装通过交通运输部技术规范性审查的终端设备。对于安装质量合格的终端设备,允许其接入相关监控平台。

3. 废止《关于转发交通运输部等三部局〈道路运输车辆动态监督管理办法〉的通知》中关于"终端价格(含安装费)不得高于交通运输部北斗示范工程招标中标价格"的规定,促进由市场竞争形成价格。

案例二

(2015)甘肃省道路运输管理局物流监控排除限制案[①]

根据投诉举报,甘肃省发展改革委对甘肃省道路运输管理局及部分市道路运输管理局(处)在建设和运营道路运输车辆动态信息公共监控平台、安装车载终端的过程中,涉嫌滥用行政权力,排除、限制竞争的案件进行了调查。

现已查明,2014 年 4 月,甘肃省道路运输管理局为贯彻落实交通运输部、公安部、原国家安全监管总局关于开展道路运输车辆动态监管工作文件精神,发文规定,“在全省部署应用中寰卫星导航通信有限公司的‘北斗物流云综合服务平台’。该平台接入全省范围的重型载货车辆终端数据,形成省级物流大数据中心,实现省运管局对重型货车的政府监管职能”,要求建设省级北斗卫星导航定位中心和市(州)级分中心,项目实施资金全部由中寰公司承担,“安装全省 7 万台重型载货汽车北斗兼容终端及北斗物流显控终端,统一接入‘国家物流公共信息服务平台’及‘甘肃省北斗物流云综合服务平台’”。省运管局与中寰卫星导航通信有限公司签订的“北斗物流云综合服务平台项目合作备忘录”中,议定了北斗兼容车载终端及物流显控终端限价并予以实施。甘肃省道路运输管理局的上述行为,致使省内部分市道路运输管理部门在道路运输车辆动态监管工作中,指定重型载货汽车和半挂牵引车车载终端由甘肃中寰卫星导航通信有限公司负责安装。虽然甘肃省道路运输管理局于 2015 年 5 月 28 日下发了《关于第一批提供道路运输车辆动态监控社会化服务的服务商名单的通知》(甘运科〔2015〕8 号),备案了 14 家卫星定位系统运营服务商,但未纠正上述做法。

甘肃省道路运输管理局的上述做法,排除和限制了监控平台市场和车载终端市场的竞争,剥夺了道路运输企业在车载终端和监控平台上的自主选择权,不合理地推高了车载终端的销售价格,增加了道路运输企业的经营成本。相关行为违反了《反垄断法》第 8 条“行政机关和法律、法规授权的具有管理公共事

---

① 参见《甘肃省发展和改革委员会关于建议纠正甘肃省道路运输管理局滥用行政权力排除、限制竞争有关行为的函》(甘发改价检函〔2015〕7 号)。

务职能的组织不得滥用行政权力，排除、限制竞争”的规定，属于第32条所列“限定或者变相限定单位或者个人经营、购买、使用其指定的经营者提供的商品”和第37条所列“制定含有排除、限制竞争内容的规定”的行为。

案例三

（2016）陕西省榆林市原环境保护局环境保险限制案①

2016年10月，陕西省原物价局依法对榆林市原环境保护局行政垄断案开展调查，对其滥用行政权力，排除、限制竞争的违法行为进行了纠正。

现查明，2016年3月，榆林市原环境保护局向所属各县区原环保局、市原环保局属单位、保险机构和相关企业下发《关于大力推进全市环境污染责任保险的工作方案》（榆政环发〔2016〕33号）文件，指定长城保险经纪公司陕西省分公司为榆林市投保环境污染责任保险的企业提供保险经纪服务。该行政行为对榆林市行政区域内环境污染责任保险经纪服务的特定市场进行了限制，侵犯了企业自由选择交易对象的权利，违反了《反垄断法》第37条“行政机关不得滥用行政权力，制定含有排除、限制竞争内容的规定”。在掌握相关证据后，陕西省原物价局依法向国家发展改革委价格监督检查与反垄断局提请立案调查并获得批准。

陕西省原物价局执法人员向榆林市各相关单位依法取证的同时，大力宣传《反垄断法》和《国务院关于在市场体系建设中建立公平竞争审查制度的意见》等竞争法规政策。通过反垄断调查和竞争政策宣讲，榆林市原环境保护局充分认识到其行政行为的违法性，迅速下发《榆政环发〔2016〕157号》文件，明确《榆政环发〔2016〕33号》文件自《榆政环发〔2016〕157号》文件发布之日起废止，对其违法行为进行了自行纠正，并表示今后工作中将加强竞争法规政策的学习落实。

---

① 参见《陕西省物价局依法查处榆林市环境保护局行政垄断案》，载《中国价格监管与反垄断》2017年第3期。

案 例 四

(2016)黑龙江省龙江县人民政府燃气限制案①

经国家发展改革委同意,黑龙江省原物价局于2016年12月,对龙江县人民政府、龙江县住房和城乡建设部门涉及滥用行政权力排除、限制竞争的行为以及天然气入户安装相关企业展开了调查。

经查证,2013年11月12日,龙江县人民政府在《龙江县人民政府关于中普燃气〔2013〕25号文件的批复》(龙政函〔2013〕104号)中规定,“天然气入户安装专指小区规划红线至住户室内的天然气工程建设费用,包括居民小区庭院管网、户内管线、燃气计量表、阀门、报警器材和安装,以及道路修复、设计等支出”,“居民用天然气入户安装费标准为每户2550元,棚改回迁房入户安装费标准为每户2200元”,“居民及棚改回迁房用户天然气入户安装费由天然气公司与各开发商直接结算,专款专用”,“居民用户自调压箱出口起至用户的燃气表(含燃气表),产权归投资者所有,由燃气公司无偿使用,维修费用由燃气经营单位承担”。该批复规定了龙江县天然气入户安装的服务内容和收费标准,指定了中普燃气公司为居民及棚改回迁房用户天然气入户安装收费单位和施工负责单位。

2016年8月16日,龙江县住房和城乡建设局城市建设管理处向某家自主选择天然气入户安装施工单位的房地产开发企业下发通知(龙城建字〔2013〕92号),称“龙江县中普燃气管道工程有限责任公司是龙江县内唯一一家具有燃气管道经营资质的企业,按照龙政函〔2013〕104号文件要求,县内所有楼房的内网外网铺设、室内管道安装、初装费的收取均由该企业负责”。

龙江县人民政府的文件批复直接剥夺了房地产开发企业对燃气管道建设单位的自由选择权,以及其他具有燃气管道建设资质的公司的公平竞争权,排除和限制了相关市场的竞争,让本应开放的天然气入户安装市场形成了独家垄断经营的格局,房地产开发企业无法择“价”选择,更无法择“优”选择施工单

---

① 广东省发展改革委价监局编:《行政垄断典型案例汇编》(2018年5月)。

位,不利于安全领域新技术的开发和应用,阻碍了相关市场的正常竞争和健康有序发展。

根据《反垄断法》第37条规定"行政机关不得滥用行政权力,制定含有排除、限制竞争内容的规定",龙江县人民政府通过文件批复的形式,指定中普燃气公司为龙江县天然气入户安装工程的唯一收费单位和施工负责单位,含有排除、限制竞争内容,属于滥用行政权力排除、限制竞争的行为。

在黑龙江省原物价局开展调查后,龙江县人民政府高度重视,对相关问题进行认真研究,并承诺立即采取整改措施。2016年12月30日,龙江县人民政府办公室下发了《关于放开天然气供气工程安装市场的通知》(龙政办发〔2016〕118号),明确提出放开龙江县天然气供气工程安装市场,参照有关工程定额计价规定,由建设单位通过公开招标方式确定有相应管道燃气建设资质的企业进行工程安装,并废止了龙江县住房和城乡建设部门原有的相关文件。龙江县人民政府向黑龙江省原物价局报送了《关于龙江县天然气入户安装市场整改的报告》,对放开管道燃气安装市场,不再由龙江县中普燃气公司指定施工,以及废止该县住房和城乡建设部门有关文件等情况进行了说明和承诺。

鉴于龙江县人民政府能及时、主动整改,积极消除滥用行政权力排除、限制竞争行为的影响,黑龙江省原物价局决定不再向龙江县人民政府的上级机关提出依法处理的建议,并结束调查。

案例五

(2017)甘肃省白银市住房和城乡建设局建筑工程质量安全监管信息系统限制案①

白银市住房和城乡建设局为落实《甘肃省安全生产监督管理局、甘肃省住房和城乡建设厅、甘肃省交通运输厅、甘肃省公安厅关于在生产建设重点场所

① 参见《甘肃省发展改革委建议白银市人民政府纠正滥用行政权力排除、限制竞争行为》,载微信公众号"天地和反垄断简讯"2017年12月26日。

和人员密集场所安装使用视频监控系统的通知》(甘监发〔2014〕36号)和《甘肃省住房和城乡建设厅关于印发甘肃省建筑市场监管与诚信信息系统建设实施方案》(甘建函〔2014〕409号)的文件精神,于2016年1月29日,向各县(区)建设局,白银高新技术产业开发区规划建设局,各施工、监理、检测、商砼企业下发《白银市住房和城乡建设局关于印发甘肃省建筑工程质量安全监管信息系统白银市县模块建设实施方案的通知》(白建发〔2016〕26号,相关工作由该局下属事业单位白银市建筑管理处经办)。

甘肃省发改委认为,白银市住房和城乡建设局上述做法,指定了网络运营商和相关设备供应商,剥夺了建筑施工企业的自主选择权,排除和限制了网络运营商之间和设备供应商之间的市场竞争,属于滥用行政权力,排除限制竞争,其行为违反了《反垄断法》第32条"行政机关和法律、法规授权的具有管理公共事务职能的组织不得滥用行政权力,限定或者变相限定单位或者个人经营、购买、使用其指定的经营者提供的商品"和第37条"行政机关不得滥用行政权力,制定含有排除、限制竞争内容的规定"的要求。

案例六

(2017)浙江省丽水市建设工程造价管理处排除限制案①

根据线索反映,浙江省原物价局于2017年8月对丽水市建设工程造价管理处及工程咨询市场进行了调查,并纠正了丽水市建设工程造价管理处指定丽水市造价协会从事工程量清单和招标控制价审核的行政垄断行为。

经查,2013年7月,丽水市人民政府印发《丽水市工程建设项目招标投标管理办法(暂行)》(丽政发〔2013〕56号,以下简称56号文),同年11月,发布《市区政府性投资项目招标控制价(或预算)审查专题会议纪要》(〔2013〕114号,以下简称114号会议纪要),明确"非财政出资的国有投资工程建设项目和限额

① 参见《浙江省物价局纠正丽水市建设工程造价管理处滥用行政权力排除、限制竞争行为》,载微信公众号"福建发改委"2017年12月27日。

(200万元)以下的房建市政类政府性投资小额项目，其工程量清单和招标控制价由建设部门工程造价管理机构负责委托市造价管理协会审核。审核费用由建设单位承担”。

2014年，丽水市人民政府正式出台《丽水市工程建设项目招标投标管理办法》(丽政发〔2014〕76号，以下简称76号文)，改变由丽水市住房和城乡建设局(以下简称住建局)工程造价管理机构委托丽水市造价管理协会审核的模式，而直接由丽水市住房和城乡建设局工程造价管理机构审核，并明确废止了56号文。

2017年，丽水市人民政府印发《丽水市工程建设项目招标投标综合管理办法》(丽政发〔2017〕49号，以下简称49号文)，取消200万元招投标合同估算价限额的划分，以及随之的丽水市财政和住建局工程造价管理机构对工程量清单和招标控制价审核的划分，并明确废止了76号文，自2017年8月18日起实施。

尽管丽水市政府先后多次出台规范性文件对200万以下房建、市政工程类政府性投资小额项目工程量清单和招标控制价审核工程咨询主体和办法作出相关规定，废止了56号和76号文，但实际上自2013年56号文出台后，特别是114号会议纪要出台后至2017年8月，丽水市建设工程造价管理处一直委托(指定)丽水市造价协会进行该市行政区域内所有工程量清单和招标控制价审核的工程咨询工作。

依据住房和城乡建设部资质管理规定，凡取得建设部审批核发的工程造价咨询甲级资质或者省、自治区、直辖市人民政府建设行政主管部门审批核发并报住房和城乡建设部备案的工程造价咨询乙级资质可进入相关市场，在本级资质核定的工程造价业务范围内开展相关建设项目投资估算的编制、审核及项目经济评价，工程概算、工程预算、工程量清单、招标标底、投标报价、工程结算、竣工决算业务，包括参与本地和外地招投标项目，取得相关资质在营业许可范围内开展业务无须重复备案。

丽水市建设工程造价管理处出台文件将该市行政区域内200万元以下房建、市政工程类政府性投资小额项目工程量清单和招标控制价审核工程咨询业务指定由丽水市造价协会承揽，排除了相关市场其他具备资质的经营者参与公平竞争，违反了《反垄断法》第32条和第37条的规定，属于滥用行政权力排除、限制竞争的行为。

案例七

(2017)四川省江安县原卫生和计划生育局医疗配送限制案[①]

根据举报,四川省发展改革委对江安县原卫生和计划生育局(以下简称江安卫计局)涉嫌滥用行政权力排除、限制竞争的行为展开调查。

调查发现,江安卫计局在组织该县公立医疗机构药品、耗材采购遴选和竞争性谈判过程中,一是以业主的身份遴选县级公立医院药品耗材配送企业,二是通过竞争性谈判为全县乡镇医疗机构药品耗材的配送选定唯一一家配送企业,且上述配送企业并不能完全满足全县公立医疗机构药品耗材的配送需求,并被相关单位收回了药品经营质量管理规范证书。

江安卫计局的上述做法虽未直接通过行政手段的方式强制确定配送企业,但该局凭借其行政机关的影响力,主导并实施了此次遴选和谈判,不论是分区轮换配送还是竞争性谈判的三选一,均人为划定了经营范围,剥夺了江安县公立医疗机构的自主选择权,排除、限制了当地药品经营配送市场的竞争。违反了《反垄断法》第32条"行政机关和法律、法规授权的具有管理公共事务职能的组织不得滥用行政权力,限定或者变相限定单位或者个人经营、购买、使用其指定的经营者提供的商品"和第37条"行政机关不得滥用行政权力,制定含有排除、限制竞争内容的规定"的规定,构成滥用行政权力排除、限制竞争的行为。

江安卫计局认识到相关行为涉嫌违反《反垄断法》后,立即迅速整改,主动发文纠正前述行为,消除影响,表示在今后的工作中要认真落实《国务院关于在市场体系建设中建立公平竞争审查制度的意见》的要求,加快推进公平竞争审查工作,清理存量文件,审查增量文件,避免类似问题再度发生。

---

① 参见《垄断、指定耗材、医药配送被叫停,发改委再出重锤!》,载搜狐网2017年12月30日,https://www.sohu.com/a/213652266_505926。

案 例 八

(2018)山东省潍坊市住房和城乡建设局、财政局、发展改革委供电设施配套限制案[①]

根据反映,潍坊市住房和城乡建设局、财政局、发展改革委联合制定的《关于新建住宅小区供电设施配套建设费收取有关问题的通知》(潍建发〔2016〕14号,以下简称14号文件)存在涉嫌滥用行政权力排除、限制竞争的问题。

调查发现,14号文件规定供电设施配套费由供电企业直接向建设单位收取,并明确了收费标准。新建住宅小区供电设施建设施工,应由小区建设单位按照国家招投标的规定,自主选择。但14号文件要求,新建住宅小区的供电设施由专业经营单位统一建设、统一施工、统一收费,其费用由小区建设单位交纳,剥夺了小区建设单位选择供电设施建设单位的权利。相关行为涉嫌违反《反垄断法》第8条"行政机关和法律、法规授权的具有管理公共事务职能的组织不得滥用行政权力,排除、限制竞争"的规定,属于第37条所列"制定含有排除、限制竞争内容的规定"的行为。

案 例 九

(2021)贵州省遵义市气象局防雷行业限制案[②]

2021年3月,贵州省市场监管局依法对遵义市气象局涉嫌滥用行政权力排除、限制竞争行为立案调查。

---

① 参见《潍坊市住房城乡建设局、财政局、发展改革委主动纠正滥用行政权力排除限制竞争行为》,载《中国价格监管与反垄断》2018年第1期。

② 参见《贵州省市场监管局纠正遵义市气象局滥用行政权力排除、限制竞争行为》,载贵州省市场监督管理局(知识产权局),https://amr.guizhou.gov.cn/zwgk/xxgkml/zdlyxx/jgjdjcyfld/202111/t20211118_71716291.html。

经查,2018年12月5日,遵义市气象局印发《关于印发〈遵义市气象局关于防雷行政审批过程中相关工作意见〉的通知》,明确"防雷行政审批事项受理后委托有关机构开展中介服务相关经费未纳入部门预算(政府购买服务)前,由市气象灾害防御技术中心承担改、扩、建项目工程和场所的'设计技术评价';遵义市防雷装置检测站承担防雷装置检测即'竣工验收'前的技术评估工作"。2020年3月12日,遵义市气象局又向本地市级成品油和汽车燃气经营企业下发《市气象局关于明确防雷行政审批有关技术服务事项的函》,再次明确"防雷装置竣工验收审批中的中介服务事项'防雷装置检测'转为受理后的委托技术服务事项,相关委托经费未纳入部门预算(政府购买服务)前,由遵义市防雷装置检测站免费承担易燃易爆等(气象部门负责的范围)改、扩、建项目的'防雷装置检测';防雷设计图审查完毕后……提前3个工作日书面申请遵义市防雷装置检测站进行防雷隐蔽工程检测,否则造成隐蔽工程防雷检测判定是否合格的后果自负"。

遵义市气象局实施的上述行为,违反了《反垄断法》第32条"行政机关和法律、法规授权的具有管理公共事务职能的组织不得滥用行政权力,限定或者变相限定单位或者个人经营、购买、使用其指定的经营者提供的商品"和第37条"行政机关不得滥用行政权力,制定含有排除、限制竞争内容的规定"之规定,构成滥用行政权力排除、限制竞争行为。

调查期间,遵义市气象局认识到上述做法违反了《反垄断法》有关规定后,立即进行整改,消除相关后果:一是及时废止相关违法文件,并在遵义市政府网站公布;二是发布"遵义市气象局公开选取防雷技术服务单位的公告",公开选取符合资质的服务机构;三是建立健全公平竞争审查机制;四是向贵州省市场监管局报送了整改情况报告。

案例十

（2021）安徽省和县人民政府及和县住房和城乡建设局瓶装液化气集中配送限制案①

2019年10月，安徽省市场监管局对马鞍山市和县人民政府及和县住房和城乡建设局（以下简称和县住建局）涉嫌滥用行政权力排除、限制竞争行为进行调查。

经查，2017年11月21日，和县人民政府召开了常务会议，审议通过和县住建局《关于和县瓶装液化气集中配送实施方案》，同意由安徽金燃能源投资有限公司负责对全县110个瓶装液化气经营门店进行整合，计划布点设置30个配送中心，并要求各配送中心做到6个统一，即“统一气瓶、统一计量、统一价格、统一车辆、统一服装、统一服务”。和县住建局按照县政府常务会议的要求，组织开展实施活动。

和县人民政府及和县住建局上述行为违反了《反垄断法》第8条“行政机关和法律、法规授权的具有管理公共事务职能的组织不得滥用行政权力，排除、限制竞争”和第37条“行政机关不得滥用行政权力，制定含有排除、限制竞争内容的规定”之规定，构成滥用行政权力排除、限制竞争行为。

在调查过程中，当事人主动整改，和县人民政府召开专题会议，撤销了2017年11月21日县人民政府常务会议对瓶装液化气实施集中配送的决定事项，对瓶装液化气配送中心不再作“统一价格”要求，瓶装液化气价格实行市场调节价。和县人民政府及和县住建局将进一步放开瓶装液化气经营市场，取消一切限制竞争行为，依据《安徽省城镇燃气管理条例》及相关法律规定，允许所有符合条件的企业参与竞争，努力构建公平竞争的市场环境。

---

① 参见《安徽省市场监管局纠正和县人民政府及和县住建局滥用行政权力排除、限制竞争行为》，载铜陵市人民政府2021年10月12日，https://www.tl.gov.cn/openness/OpennessContent/show/77536.html。

案例十一

（2021）安徽省老龄工作委员会办公室保险限制案①

2021年2月，安徽省市场监管局对安徽省老龄工作委员会办公室涉嫌滥用行政权力排除、限制竞争行为进行调查。

经查，2014年8月，安徽省老龄工作委员会办公室与某保险公司安徽省分公司联合下发《关于实施“银龄安康行动”的通知》，该通知要求全省老年人意外伤害综合保险由各市、县老龄办牵头组织推广，该保险公司各分支机构负责提供老年人保险保障产品及服务。2019年7月，上述两家单位再次联合下发了《关于深入推进“银龄安康行动”的通知》，要求各市老龄办和该保险公司各市分公司把“银龄安康行动”作为一项长期任务坚持开展实施。上述行为违反了《反垄断法》第32条“行政机关和法律、法规授权的具有管理公共事务职能的组织不得滥用行政权力，限定或者变相限定单位或者个人经营、购买、使用其指定的经营者提供的商品”之规定，构成滥用行政权力，排除、限制竞争行为。

在调查过程中，根据执法机构指出的问题，安徽省老龄工作委员会办公室主动进行整改，对上述规定和行为予以纠正。制定出台了《关于进一步做好老年人意外伤害保险工作的通知》，同时废止了《关于实施“银龄安康行动”的通知》和《关于深入推进“银龄安康行动”的通知》；明确提出老年人意外伤害保险是具有较强社会公益性的保险业务，要求各市在推广实施中不得限制其他市场主体平等参与竞争。

① 参见《安徽省市场监管局纠正安徽省老龄工作委员会办公室滥用行政权力排除、限制竞争行为》，载安徽省市场监督管理局（知识产权局）2021年9月15日，https://amr.ah.gov.cn/xwdt/gsgg/146065171.html。

案例十二

(2022)浙江省市场监管局依法调查处理海宁市住房和城乡建设局等滥用行政权力排除、限制竞争行为案①

2022年3月10日,浙江省市场监管局依法对海宁市住房和城乡建设局(以下简称海宁市住建局)等涉嫌滥用行政权力排除、限制竞争行为立案调查。

经查,2021年10月20日,海宁市住建局会同海宁市应急管理局、原中国银行保险监督管理委员会嘉兴监管分局海宁监管组联合印发《关于在建筑施工领域推行安全生产责任保险工作的通知》,规定海宁市行政区域范围内所有符合施工许可证办理条件的新开工房屋建筑和市政基础设施工程,应当在开工前由相应的施工承包单位以项目为单位参保安全生产责任保险(以下简称安责险),安责险的承包机构为共保体。2021年11月1日,海宁市住建局以海宁市建筑施工安全委员会的名义,委托嘉兴市建新工程造价咨询事务所有限公司在嘉兴市公共资源交易中心海宁分中心的工作网站上发布《关于海宁市建筑施工领域安全生产责任保险共同体项目的公开招标采购公告(非政府采购项目)》,规定本项目需由3家及3家以上在中国境内注册的商业保险公司嘉兴中心支公司或嘉兴分公司组成的共保体(需明确共保体成员组成及份额),并要求以首席承保人名义参与投标。2021年11月23日,4家保险公司组成的共保体中标成为海宁市建筑施工领域安责险承保机构共保体,期限为3年。2021年11月30日,海宁市住建局下发《关于落实海宁市建筑施工领域安全生产责任险制度的补充通知》,明确海宁市建筑施工领域安责险承保共保体的组成、保险的办理地点,并要求"所有符合施工许可证办理条件的新开工房屋建筑和市政基础设施工程均应在开工前以项目为单位进行参保,未按规定进行参保的,将根据《安全生产法》第109条规定进行严格处罚"。截至2022年1月14日,共有39个建筑

① 参见《2022年制止滥用行政权力排除、限制竞争执法专项行动案件(第一批)》,载百家号2022年6月9日,https://baijiahao.baidu.com/s?id=1735142945634532232&wfr=spider&for=pc。

工程项目向共保体投保了安责险。

浙江省市场监管局认为，海宁市住建局等招标确定共保体承保全市建筑施工安责险业务，并且发文要求新开工建筑施工企业申领施工许可证前必须在共保体保险公司投保建设施工安责险的行为，剥夺了建筑施工企业自主选择建筑施工安责险保险公司的权利，排除了共保体以外其他保险公司参与海宁市建筑施工安责险市场竞争的机会，限制了相关市场竞争。上述行为违反了《反垄断法》第 32 条“行政机关和法律、法规授权的具有管理公共事务职能的组织不得滥用行政权力，限定或者变相限定单位或者个人经营、购买、使用其指定的经营者提供的商品”和第 37 条“行政机关不得滥用行政权力，制定含有排除、限制竞争内容的规定”的规定，构成滥用行政权力排除、限制竞争行为。

浙江省市场监管局根据《反垄断法》第 51 条第 1 款“行政机关和法律、法规授权的具有管理公共事务职能的组织滥用行政权力，实施排除、限制竞争行为的，由上级机关责令改正；对直接负责的主管人员和其他直接责任人员依法给予处分。反垄断执法机构可以向有关上级机关提出依法处理的建议”的规定，向海宁市人民政府发出行政建议书，依法提出处理建议：一是责令海宁市住建局和海宁市应急管理局、原中国银行保险监督管理委员会嘉兴监管分局海宁监管组纠正滥用行政权力排除、限制竞争行为，废止或修改有关文件，恢复建筑施工安责险市场公平竞争，并将整改结果予以公告。二是认真学习贯彻《反垄断法》、《国务院关于在市场体系建设中建立公平竞争审查制度的意见》和《浙江省人民政府关于在市场体系建设中建立公平竞争审查制度的实施意见》，建立健全公平竞争审查工作机制，进一步规范行政行为，依法维护公平竞争市场环境。三是加强组织领导，以点带面、举一反三，全面落实公平竞争审查制度，防止滥用行政权力排除、限制市场竞争行为发生。

案 例 十 三

（2022）宁夏回族自治区市场监管厅纠正银川市永宁县教育体育局滥用行政权力排除、限制竞争行为①

2022年6月27日，宁夏回族自治区市场监管厅依法对永宁县教育体育局涉嫌滥用行政权力排除、限制竞争行为立案调查。

经查，2019年9月25日，当事人印发《关于在全县校园安装一键视频报警器装置及硬隔离防撞设施的通知》，规定"永宁县具备安装资质的企业是宁夏某保安电子服务有限公司"。截至调查时为止，银川市在宁夏公安厅备案具有安防资质的企业就达472家，永宁县4家。

宁夏回族自治区市场监管厅认为，安防技术安装维护市场属于竞争性市场，当事人制定含有限制竞争内容的规范性文件，要求永宁县各中小学、幼儿园（含民办）购买其指定经营者提供的安防设备，违反了《反垄断法》第32条"行政机关和法律、法规授权的具有管理公共事务职能的组织不得滥用行政权力，限定或者变相限定单位或者个人经营、购买、使用其指定的经营者提供的商品"和第37条"行政机关不得滥用行政权力，制定含有排除、限制竞争内容的规定"的规定，构成滥用行政权力排除、限制竞争行为。

调查期间，当事人主动积极整改，消除不良影响，印发通知将原文件予以废止，组织干部职工认真学习《反垄断法》等法律法规，严格落实公平竞争审查制度，全面清理废除妨碍统一市场和公平竞争的各种规定做法。

---

① 参见《2022年制止滥用行政权力排除、限制竞争执法专项行动案件（第四批）》，载澎湃网2022年11月25日，https://m.thepaper.cn/baijiahao_20894294。

案 例 十 四

(2022)黑龙江省市场监管局纠正绥化市卫生健康委员会滥用行政权力排除、限制竞争行为①

2022年6月21日,黑龙江省市场监管局依法对绥化市卫生健康委员会涉嫌滥用行政权力排除、限制竞争行为立案调查。

经查,2018年12月21日,当事人等部门印发《关于深入推进绥化市医疗纠纷人民调解工作的通知》(绥卫发〔2018〕7号),在附件《绥化市实施医疗责任保险统保工作方案》中确定某保险公司作为绥化市医疗机构的保险单位;规定医疗纠纷"定责定损"由某司法鉴定中心等5家机构承担。

黑龙江省市场监管局认为,当事人上述行为限制了医疗机构和患者的自主选择权,排除了其他具有相应资质的保险机构和司法鉴定机构参与竞争的机会,妨碍了绥化市保险和司法鉴定市场的公平竞争。该行为违反了《反垄断法》第32条"行政机关和法律、法规授权的具有管理公共事务职能的组织不得滥用行政权力,限定或者变相限定单位或者个人经营、购买、使用其指定的经营者提供的商品"的规定,构成滥用行政权力排除、限制竞争行为。

调查期间,当事人高度重视,积极整改,消除不良影响,发布关于废止相关文件的公告,并在绥化市人民政府官网公布。当事人印发《关于加强平安医院建设持续推进医疗纠纷化解工作的通知》,明确绥化市医疗责任险由医疗机构自主选择具有资质的承保单位,对通过人民调解方式解决的需要司法鉴定的医疗纠纷由医患双方自愿选择司法鉴定机构,并在其官网公布。当事人向黑龙江省市场监管局报送了整改报告,表示将严格执行公平竞争审查制度,凡涉及市场主体经济活动的政策措施必须经过公平竞争审查,防止出现排除、限制竞争情况。

---

① 参见《2022年制止滥用行政权力排除、限制竞争执法专项行动案件(第四批)》,载澎湃网2022年11月25日,https://m.thepaper.cn/baijiahao_20894294。

三、给予特定经营者优惠、扶持

案例一

(2015)某市政府文件违规减免特定经营者应缴纳的社会保险费用案①

某市政府出台的《关于印发某某县加快推进电子商务创业就业的若干意见的通知》(＊政办发〔2015〕59号),规定"完善创业补助政策。其中依法缴纳社会保险费的,按其实际缴纳社会保险费的2/3给予1年的社会保险补贴。鼓励电商企业吸纳就业。电商中小微企业新招用毕业3年内高校毕业生,签订1年以上劳动合同并依法缴纳社会保险费的,按企业为其实际缴纳的基本养老、医疗和失业保险费给予1年社会保险补贴"。

该文件在没有相关法律依据情况下,减免电商企业应缴纳的社会保险费用,违反了《公平竞争审查制度实施细则》第15条"影响生产经营成本标准"中第3款"不得违法违规减免或者缓征特定经营者应当缴纳的社会保险费用"的规定。该县政府依法废止了文件。

案例二

(2017)辽宁省沈阳市人民政府文件点名扶持具体的物流企业案②

2017年7月,沈阳市人民政府印发《沈阳市促进城市配送发展实施方案》

① 参见《违反公平竞争审查制度案例分析》,载青岛市发展和改革委员会法规处,http://dpc.qingdao.gov.cn/fzgggz_45/fgc_45/gzdt_45/202207/t20220719_6273513.shtml。

② 参见《2018年市场监管总局公平竞争审查重点督察发现典型问题通报》,载《中国市场监管报》2019年1月30日,A3版。

(沈政发〔2017〕1号),点名重点扶持沈阳铁信等30余家公司的物流新技术设备,违反"不得违法给予特定经营者优惠政策"的审查标准。经督察,相关单位拟删除该规定,按程序报批后重新发文。

案例三

(2017)黑龙江省大庆市人民政府文件给予特定电商企业优惠政策案[①]

2017年9月,大庆市人民政府印发《大庆市级电商平台筹建工作方案》(庆政办规〔2017〕8号),要求遴选1家电商企业重点给予政府补贴,违反"不得违法给予特定经营者优惠政策"的审查标准。目前,相关单位已整改,废止了该文件。

案例四

(2017)辽宁省沈阳市人民政府文件点名扶持具体的农业龙头企业案[②]

2017年10月,沈阳市人民政府印发《沈阳市推进农业现代化建设工作方案(2017年—2020年)》(沈政发〔2017〕47号),点名扶持沈阳盛发、沈阳副食集团等10余家龙头企业,违反"不得违法给予特定经营者优惠政策"的审查标准。经督察,相关单位拟删除该规定,按程序报批后重新发文。

---

① 参见《2018年市场监管总局公平竞争审查重点督察发现典型问题通报》,载《中国市场监管报》2019年1月30日,A3版。

② 参见《2018年市场监管总局公平竞争审查重点督察发现典型问题通报》,载《中国市场监管报》2019年1月30日,A3版。

案例五

（2017）辽宁省沈阳市人民政府文件点名扶持具体的物流服务企业案①

2017年12月，沈阳市人民政府印发《沈阳市推进服务业供给侧结构性改革实施方案》（沈政办发〔2017〕103号），点名扶持辽宁诚通、东软集团等10余家公司，违反"不得违法给予特定经营者优惠政策"的审查标准。经督察，相关单位拟删除该规定，按程序报批后重新发文。

案例六

（2017）广西壮族自治区人民政府文件点名扶持具体的制造业龙头企业案②

2017年1月，广西壮族自治区人民政府印发《广西深化制造业与互联网融合发展实施方案》（桂政发〔2017〕1号），点名扶持广西玉柴机器集团有限公司等9家龙头骨干企业和大型制造企业，违反"不得违法给予特定经营者优惠政策"的审查标准。经督察，相关单位拟删除该规定，按程序报批后重新发文。

---

① 参见《2018年市场监管总局公平竞争审查重点督察发现典型问题通报》，载《中国市场监管报》2019年1月30日，A3版。

② 参见《2018年市场监管总局公平竞争审查重点督察发现典型问题通报》，载《中国市场监管报》2019年1月30日，A3版。

案例七

(2017)广西壮族自治区交通运输厅文件仅对东风柳汽公司实行通行费优惠政策案①

2017年7月,广西壮族自治区交通运输厅等3部门印发《关于通过钦州保税港区发运东风柳汽成品车辆的运输车减半收取车辆通行费的通知》(桂交财务函〔2017〕209号),对东风柳州汽车有限公司减半收取车辆通行费,违反"不得违法给予特定经营者优惠政策"的审查标准。经督查,相关单位已废止该文件,重新研究制定符合公平竞争要求的减免政策。

案例八

(2017)某区政府文件对不同所有制、组织形式的经营者实施差别化待遇案②

某市公平竞争审查工作联席会议办公室在对某区经信局开展公平竞争审查督查时发现,该局起草的、由区政府出台的《关于加快推进小微企业创业园建设的若干意见(试行)》(*政办发〔2017〕42号),规定"对镇(街道)国有独资投资开发的小微园项目,项目竣工验收后按10万元/亩标准进行补助……运营机构具有独立的法人资格"。定性分析:该文件在没有相关法律依据的情况下,将政策支持对象限制为镇(街道)国有独资投资开发的小微园项目,并要求运营机构具有独立的法人资格,排除了非国有独资投资开发的小微园项目和非独立法人机构运营的小微园项目。违反了《公平竞争审查制度实施细则》第13条"市

① 参见《2018年市场监管总局公平竞争审查重点督察发现典型问题通报》,载《中国市场监管报》2019年1月30日,A3版。

② 参见《违反公平竞争典型案例[一]》,载苏州市体育局,http://tiyuju.suzhou.gov.cn/szsports/zcfg/202308/c5b7e156826d4c30940d882034c7da76.shtml。

场准入和退出标准”中第1款第2项“对不同所有制、组织形式的经营者实施差别化待遇”的规定。该区政府在督查后依法废止了相关文件。

案例九

(2018)黑龙江省大庆市人民政府文件点名扶持具体的农业生产经营企业案①

2018年3月,大庆市人民政府印发《大庆市秸秆综合利用三年规划(2018—2020年)》(庆政办发〔2018〕8号),点名扶持金晟蔷农业科技公司等3家农业生产经营企业,违反“不得违法给予特定经营者优惠政策”的审查标准。目前,相关单位已整改,删除了该规定,重新印发了文件。

案例十

(2018)新疆维吾尔自治区交通运输厅文件要求编制物流企业名录并对名录内企业给予重点扶持案②

2018年4月,新疆维吾尔自治区交通运输厅印发《新疆维吾尔自治区深化道路货运行业改革促进道路货运行业健康稳定发展行动方案(2017—2020年)》(新交运〔2018〕5号),要求编制物流领域骨干龙头企业名录并进行政策扶持,违反“不得违法给予特定经营者优惠政策”的审查标准。目前,相关单位已整改,发出补充通知,删除了“编制企业名录库”等规定。

---

① 参见《2018年市场监管总局公平竞争审查重点督察发现典型问题通报》,载《中国市场监管报》2019年1月30日,A3版。

② 参见《2018年市场监管总局公平竞争审查重点督察发现典型问题通报》,载《中国市场监管报》2019年1月30日,A3版。

案例十一

(2018)黑龙江省哈尔滨市政府文件点名扶持具体的涉农电子商务企业案①

2018年1月,哈尔滨市人民政府印发《哈尔滨市"互联网+流通"行动计划实施方案》(哈政办规〔2018〕1号),点名扶持惠农农业综合平台、龙江第一商城等6家涉农电子商务企业,违反"不得违法给予特定经营者优惠政策"的审查标准。经督察,相关单位已启动相关程序废止该文件。

案例十二

(2018)广东省人民政府文件给予省内国有大型企业、核心龙头企业等特定企业优惠政策案②

2018年3月,广东省人民政府办公厅印发《广东省推广支持创新相关改革举措工作方案》(粤府办〔2018〕7号),规定"推动省内国有大型企业、核心龙头企业等加入人民银行征信中心应收账款融资服务平台,实施核心龙头企业奖补",违反"不得违法给予特定经营者优惠政策"的审查标准。经督察,相关单位拟删除重点给予省内国有大型企业、核心龙头企业奖补的相关规定,按程序报批后重新发文。

① 参见《2018年市场监管总局公平竞争审查重点督察发现典型问题通报》,载《中国市场监管报》2019年1月30日,A3版。

② 参见《2018年市场监管总局公平竞争审查重点督察发现典型问题通报》,载《中国市场监管报》2019年1月30日,A3版。

案例十三

(2018)广西壮族自治区商务厅文件点名扶持具体的农产品龙头企业案①

2018年6月,广西壮族自治区商务厅出台《关于印发"消费升级行动计划"实施方案的通知》(桂商运发〔2018〕23号),点名扶持百色壮乡河谷、柳州螺霸王等3家特产核心品牌龙头企业,违反"不得违法给予特定经营者优惠政策"的审查标准。经督察,相关单位拟删除该规定,按程序报批后重新发文。

案例十四

(2018)广西壮族自治区南宁市人民政府文件扶持特定农业龙头企业案②

2018年5月,南宁市人民政府印发《南宁市供给侧结构性改革补短板实施方案》(南府办函〔2018〕179号),要求每个县(区)引进或培育农业龙头企业3至5家,违反"不得违法给予特定经营者优惠政策"的审查标准。经督察,相关单位拟删除该规定,按程序报批后重新发文。

① 参见《2018年市场监管总局公平竞争审查重点督察发现典型问题通报》,载《中国市场监管报》2019年1月30日,A3版。

② 参见《2018年市场监管总局公平竞争审查重点督察发现典型问题通报》,载《中国市场监管报》2019年1月30日,A3版。

案例十五

(2018)广西壮族自治区柳州市人民政府文件点名扶持部分骨干企业和龙头企业案①

2018 年 4 月,柳州市人民政府印发《柳州市战略性新兴产业发展"十三五"规划》(柳工信通〔2018〕48 号),点名扶持广西金嗓子等战略性新兴产业骨干企业,要求推进与中车公司等 5 家行业龙头企业的合作,违反"不得违法给予特定经营者优惠政策"的审查标准。经督察,相关单位拟删除该规定,按程序报批后重新发文。

案例十六

(2019)某市政府文件对不同经营者实施差别化待遇并违规给予特定经营者财政奖补案②

某市公平竞争审查工作联席会议办公室在对某市经济和信息化局(以下简称经信局)开展公平竞争审查督查时发现,某市经信局起草的、由该市政府出台的《关于印发某某市股改政策新十条的通知》(*政办发〔2019〕9 号),规定"一般性股改完成当年为规上(限上)企业的,以该企业完成股改前 3 年实际缴纳税金的平均数作为基数,增长 15% 以上(含)的一次性奖励 50 万元,增长 15% 以下的一次性奖励 20 万元"。定性分析:该文件在财政奖补准入上排除了规下企业,只对规上企业完成股改进行奖励,违反了《公平竞争审查制度实施细则》第

---

① 参见《2018 年市场监管总局公平竞争审查重点督察发现典型问题通报》,载《中国市场监管报》2019 年 1 月 30 日,A3 版。

② 参见《法制专刊 2022 第 8 期(公平竞争典型案例)》,载江门市住房和城乡建设局 2022 年 6 月 8 日,http://www.jiangmen.gov.cn/jmzjj/gkmlpt/content/2/2619/mpost_2619029.html?eqid=85b114140000bfbf00000003646efd2f#217。

13条“市场准入和退出标准”中第1款第2项“对不同组织形式的经营者实施差别化待遇”的规定;同时,以缴纳的税收作为财政奖励依据,违反了《公平竞争审查制度实施细则》第15条“影响生产经营成本标准”中第2款“安排财政支出一般不得与企业缴纳的税收或非税收入挂钩”的规定。截至2019年8月该文件仍在整改过程中。

案例十七

(2020)山东省济宁市财政局公交管理限制案①

2020年9月至10月,山东省市场监管局对济宁市财政局滥用行政权力排除、限制竞争行为进行调查。

经查,2017年6月10日,济宁市政府发布《济宁市公交投入和补贴资金管理办法》,对济宁主城区公交、快速公交及城际公交线路所经达的县(市、区)公交和承担济宁主城区公交、快速公交及城际公交运营服务且纳入公交成本规制管理的公交企业给予运营补贴。该办法明确:由济宁市财政局会同济宁市交通运输局组织实施。同时,济宁市政府办公室印发了《济宁市公交企业成本规制管理办法》,该办法第1条即明确将实现对公交企业成本费用的规范统一管控,形成合法合规、有理有据、公开公平的公交成本规制和运营补贴机制,保障公交体系健康运营和可持续发展。

作为民营企业的济宁高新正义公共汽车有限公司(以下简称正义公交公司)在上述文件发布后,一直未被纳入成本规制管理,不能享受财政补贴;而作为济宁市国务院国有资产监督管理委员会下属的济宁市公交公司,在上述文件发布后即被纳入成本规制管理,享受财政补贴。正义公交公司曾向济宁市交通运输局提出纳入成本规制的申请,济宁市交通运输局认为该公司符合成本规制管理的相关规定,并于2018年8月30日向济宁市财政局发送了《关于将济宁

① 参见《山东省市场监督管理局纠正济宁市财政局滥用行政权力排除限制竞争行为》,载新浪网,https://finance.sina.com.cn/tech/2021-01-15/doc-ikftpnnx7412886.shtml。

高新正义公共汽车有限公司纳入公交成本规制管理的函》，但济宁市财政局未会同济宁市交通运输局进行有效处理。2019年7月5日，正义公交公司通过济宁政府信箱书面提出将其纳入成本规制管理的申请，济宁市财政局在未进行实质性调查的情况下，于7月16日以该公司不属于政策性亏损企业为由，对该申请作出了不予纳入成本规制管理的决定。导致正义公交公司在2019年9月17日《问政山东》栏目曝光前，一直无法享受财政补贴。

济宁市财政局的行为，已违反《反垄断法》第8条"行政机关和法律、法规授权的具有管理公共事务职能的组织不得滥用行政权力，排除、限制竞争"和第37条"行政机关不得滥用行政权力，制定含有排除、限制竞争内容的规定"以及《制止滥用行政权力排除、限制竞争行为暂行规定》（已废止）第9条"行政机关不得滥用行政权力，以规定、办法、决定、公告、通知、意见、会议纪要等形式，制定、发布含有排除、限制竞争内容的市场准入、产业发展、招商引资、招标投标、政府采购、经营行为规范、资质标准等涉及市场主体经济活动的规章、规范性文件和其他政策措施"的规定，构成滥用行政权力排除、限制竞争的行为。

2020年10月19日，济宁市财政局向山东省市场监管局报送了《〈问政山东〉反映正义公交问题整改情况说明》，其内容包括：将正义公交公司运营的公交线路纳入成本规制管理；健全公交补贴政策长效机制；开展工作作风整治等。

案 例 十 八

（2021）山东省汶上县人民政府企业培育限制案①

2021年8月至10月，山东省市场监管局对济宁市汶上县人民政府滥用行政权力排除、限制竞争行为进行调查。

经查，2021年6月汶上县人民政府发布了《关于实施"双20"制造业企业培育行动和企业攀登工程的意见》，该意见规定："鼓励企业加强配套协作，'双

① 参见《山东一县滥用行政权力排除、限制竞争被调查，目前已整改》，载光明网，https://m.gmw.cn/baijia/2021-10/25/1302651415.html。

20’企业采购本县工业企业生产产品的，县财政对采购额较上年度新增部分（以发票为准）的1%给予奖励，单个企业最高奖励100万元。”上述意见违反了《反垄断法》第37条“行政机关不得滥用行政权力，制定含有排除、限制竞争内容的规定”的规定，构成滥用行政权力排除、限制竞争的行为。调查期间，汶上县人民政府主动采取措施进行整改，及时废止了该意见。

案例十九

（2022）河南省市场监管局纠正鹤壁市人民政府滥用行政权力排除、限制竞争行为案①

2021年1月26日，河南省市场监管局依法对鹤壁市人民政府涉嫌滥用行政权力排除、限制竞争行为立案调查。

经查，2020年8月10日，当事人印发《鹤壁市人民政府办公室关于印发鹤壁东区公共基础设施类项目建设模式的通知》（鹤政办〔2020〕22号），要求依托其指定的3家政府平台公司，按照企业化、市场化原则，实施开发建设各项工作，并将上述3家公司作为开发建设主体；在对外合作中鼓励省级及以上国有公司、国有控股公司或国内知名民营企业参与鹤壁东区的开发建设。

河南省市场监管局认为，当事人作为行政机关，在规定鹤壁东区公共基础设施类项目建设模式的过程中以印发文件的形式，明确指定3家公司作为开发建设主体，且仅鼓励省级及以上国有公司、国有控股公司或国内知名民营企业参与鹤壁东区的开发建设，减少了其他企业参与鹤壁东区公共基础设施类项目开发建设的公平竞争机会，妨碍了该区公共基础设施类项目开发建设市场的公平竞争。当事人的上述行为违反了《反垄断法》第37条“行政机关不得滥用行政权力，制定含有排除、限制竞争内容的规定”的规定，构成滥用行政权力排除、限制竞争行为。

---

① 参见《2022年制止滥用行政权力排除、限制竞争执法专项行动案件（第四批）》，载澎湃网2022年11月25日，https://m.thepaper.cn/baijiahao_20894294。

调查期间，当事人积极整改，消除不良影响，严格按照程序进行合法性审查和公平竞争审查，重新制定新文件，明确规定原文件废止；明确业主单位招投标，严格按照招投标程序选定建设实施主体；认真学习《反垄断法》和《公平竞争审查制度实施细则》等相关法律法规规定，提高公平竞争审查意识。

四、市场准入或前置条件

案例一

（2017）北京市朝阳区农村工作委员会产业发展限制案[①]

2017年12月27日，北京市发展改革委通报了北京市朝阳区农村工作委员会主动纠正滥用行政权力排除、限制竞争行为案，北京市朝阳区农村工作委员会制定的《朝阳区农村地区产业发展指导目录（2016年版）》（朝政农发〔2016〕30号，以下简称30号文件）存在涉嫌滥用行政权力排除、限制竞争的问题。北京市发展改革委对北京市朝阳区农村工作委员会开展了反垄断调查。调查发现，30号文件对朝阳区农村地区拟建产业项目（具体包括农用地内一产项目、乡村集体产业用地和3%～5%绿色产业用地三产项目）设定了产业项目集体收益的最低标准，要求各地区办事处、乡政府引入的产业项目的集体收益不得低于该最低标准。

农村地区拟建产业项目的集体收益，不在政府定价目录内，属于市场调节的内容，应由供需双方协商而定。北京市朝阳区农村工作委员会对产业项目的集体收益做出最低规定，限制了产业用地供给方之间的竞争。相关行为涉嫌违反《反垄断法》第8条“行政机关和法律、法规授权的具有管理公共事务职能的组织不得滥用行政权力，排除、限制竞争”的规定，属于第37条所列“制定含有排除、限制竞争内容的规定”的行为。

---

① 参见《北京市朝阳区农村工作委员会主动纠正滥用行政权力排除限制竞争行为》，载微信公众号“对外经济贸易大学竞争法中心”2018年1月11日。

案例二

(2017)新疆维吾尔自治区原卫生和计划生育委员会文件对申请设立血液透析中心设置高于国家标准的准入门槛案[①]

2017年11月,新疆维吾尔自治区原卫生和计划生育委员会(以下简称卫生计生委)印发《新疆维吾尔自治区血液透析中心基本标准及管理规范》(新卫医发〔2017〕66号),要求"单次申请设立的血液透析中心必须为5个或5个以上,每个血液透析中心至少规划设置20个血液透析单元(每血液透析单元含1台透析机及1张透析床)、至少须配备20台血液透析机",明显高于原国家卫生计生委规定的相关要求,违反"不得设置不合理和歧视性的准入和退出条件"的审查标准。相关单位已整改,发出补充通知,删除了"单次设立血液透析中心必须为5个或5个以上"的规定,不再设置数量要求,同时将透析单元及透析机的数量要求降低为"10~20"个(台),与原国家卫生计生委有关要求保持一致。

案例三

(2017)广东省佛山市政府文件设置不合理的城市配送市场准入门槛案[②]

2017年2月,佛山市人民政府印发《关于进一步做好城市配送运输与车辆通行管理工作的实施意见》(佛府办〔2017〕8号),要求申请城市配送试点的企业必须自有30辆(含)以上核定载质量2吨(含)以下的厢式货车。上述规定造成城市配送相关市场准入门槛过高,且相关单位未提供合理性论证,违反"不得

① 参见《2018年市场监管总局公平竞争审查重点督察发现典型问题通报》,载《中国市场监管报》2019年1月30日,A3版。

② 参见《2018年市场监管总局公平竞争审查重点督察发现典型问题通报》,载《中国市场监管报》2019年1月30日,A3版。

设置不合理和歧视性的准入和退出条件”的审查标准。经督察,相关单位拟废止该文件,按程序报批后向社会公示。

案 例 四

(2017)广东省佛山市政府文件设置不合理的网约车市场准入门槛案①

2017年4月,佛山市人民政府印发《佛山市网络预约出租汽车经营服务管理暂行办法》(佛府办〔2017〕16号),要求网约车的轴距应不小于2700毫米。实行后,根据市场调查评估发现,该政策导致网约车市场准入门槛较高,较大程度限制了市场竞争,违反“不得设置不合理和歧视性的准入和退出条件”的审查标准。经督查,相关单位拟将轴距要求降低为“不小于2650毫米”,按程序报批后重新发文。

案 例 五

(2019)重庆市渝北区住房和城乡建设委员会对建设项目竣工验收环节增设前置条件案②

重庆市渝北区建设项目竣工验收环节增设前置条件,强制企业接受政府指定的唯一第三方机构进行评估并交纳费用。国务院第十一督查组在重庆市督查发现,重庆市渝北区住房和城乡建设委员会在没有上位法依据的情况下,于2019年2月印发《关于开展竣工验收项目第三方交付评估实施办法(试行)》

---

① 参见《2018年市场监管总局公平竞争审查重点督察发现典型问题通报》,载《中国市场监管报》2019年1月30日,A3版。

② 参见《国务院通报!部分地方仍存在“红顶中介”等突出问题》,载金融界网2019年11月12日,https://baijiahao.baidu.com/s?id=1649977909867288386&wfr=spider&for=pc。

(渝北建发〔2019〕10号),要求区内所有房屋建筑和市政基础设施工程在竣工验收之前,均要到渝北区建设管理事务中心指定的第三方评估机构(深圳瑞捷工程咨询股份有限公司)进行评估,未达到指标分值的不予受理竣工验收。同时,渝北建发〔2019〕10号文件规定,"首次评估费用由建管中心承担,因评估未达标而整改产生的后续评估费用由企业承担",实际操作中大部分项目需要参加两次以上评估,许多项目首次甚至所有评估费用均由企业支付,个别项目还存在评估结果不合格就准予办理竣工验收和备案等问题。

案例六

(2019)甘肃省定西市道路运输管理局违规将出租车市场运力评估作为办证的前置条件案①

甘肃省定西市道路运输管理局违规增设条件,不按规定办理网络预约出租车运输证和驾驶员证,导致当事企业无法经营。国务院第十五督查组在甘肃省督查发现,某客运汽车运营服务公司于2019年1月经申请获得定西市道路运输管理局颁发的网络预约出租汽车经营许可证。从2019年2月起,该公司人员先后30多次到定西市道路运输管理局申请办理网络预约出租汽车运输证和网络预约出租汽车驾驶员证。定西市道路运输管理局违规将出租车市场运力评估作为办证的前置条件,在否定此前相关机构出具的评估结论又未对本市出租车运力组织开展评估的情况下,以本市出租车运力充足为理由,始终不予办理,导致当事企业无法正常经营,濒临倒闭。定西市道路运输管理局行政决策随意任性,违规增加办证前置条件,变相设置网约出租车市场准入门槛,限制了市场公平竞争。

① 参见《国务院大督查:部分地方仍存在"红顶中介"等突出问题》,载《新京报》2019年11月12日,A4版。

案 例 七

（2021）深圳市交通运输局和深圳市公安局交通警察局车辆牌证限制案①

根据国务院办公厅督查室通报情况和国家市场监管总局转办要求，2021年5月，广东省市场监管局依法对深圳市交通运输局、深圳市公安局交通警察局涉嫌滥用行政权力排除、限制竞争行为进行立案调查。

经查，2012年以来，深圳市交通运输局（原深圳市交通运输委港航和货运交通管理局）印发《关于印发深圳市泥头车安全管理"两牌两证"实施办法的通知》（深泥安管〔2013〕6号）等文件，规定除交通运输部规定泥头车悬挂的车辆号牌及驾驶员持有的驾驶证外，深圳市营运的泥头车还需悬挂"档案号牌"来标识企业和车辆档案编号等信息，驾驶员还需持有经深圳市建设工程运输车辆协会培训合格后发放的"备案合格证"。在没有现行法律法规及上位政策依据的情况下，深圳市交通运输局采取审核备案等形式对深圳市运营的泥头车及驾驶员实行单独的牌证管理，违法增设行政许可，提高市场准入门槛，限制外地运输企业、小规模运输企业、个体运输司机进入本地市场从事砂石、渣土运输。2018年7月，深圳市公安局交通警察局在没有现行法律法规及上位政策依据的情况下，将临时通行证的车辆安全检查事权下放至深圳市建设工程运输车辆协会（原深圳市自卸车协会），并将该协会出具的车辆安全检查结果作为办理临时通行证的前置条件，提高了市场准入门槛。

深圳市交通运输局、深圳市公安局交通警察局实施的上述行为违反了《反垄断法》第37条"行政机关不得滥用行政权力，制定含有排除、限制竞争内容的规定"。依据《反垄断法》第51条第1款之规定，广东省市场监管局向深圳市人民政府发出行政建议书，建议深圳市人民政府责令深圳市交通运输局、深圳市

---

① 参见《广东省市场监管局依法纠正深圳市交通运输局和深圳市公安局交通警察局滥用行政权力排除和限制竞争的行为》，载广东省市场监督管理局2021年8月27日，http://amr.gd.gov.cn/gkmlpt/content/3/3498/mmpost_3498233.html#2963。

公安局交通警察局停止滥用行政权力排除、限制竞争的相关行为,废止或修改有关文件,消除相关后果,认真学习贯彻《反垄断法》和公平竞争审查制度,依法保护市场公平竞争。

案例八

(2021)云南省德宏州人民政府办公室二手车交易限制案[①]

2020年3月,云南省市场监管局对德宏州人民政府办公室涉嫌滥用行政权力排除、限制竞争行为进行立案调查。

经查,德宏州人民政府办公室于2018年7月13日印发《关于加强行业监管严格执行二手车交易市场和经营主体市场准入标准的通知》(德政办发〔2018〕46号)。在通知中规定"办理二手车交易市场市场准入和二手车交易经营主体市场准入。需商务部门进行核实后,工商行政管理(市场监管)机关根据商务主管部门的意见,对符合条件的予以发放营业执照,不符合条件的不予发放营业执照"。

经研究,云南省市场监管局认为德宏州人民政府办公室通过制定有关文件把工商登记前置审批事项以备案等方式实施为变相前置审批行为,违反了《反垄断法》第37条和《制止滥用行政权力排除、限制竞争行为暂行规定》(已废止)第9条的规定,构成滥用行政权力排除、限制竞争行为。

调查完成后,云南省市场监督管理局向德宏州人民政府办公室的上级机关德宏州人民政府发出行政建议书。

① 参见《云南省市场监管局纠正德宏州人民政府办公室滥用行政权力排除、限制竞争行为》,载云南省市场监督管理局2021年3月15日,http://amr.yn.gov.cn/info/1062/14853.htm?ad_check=1。

五、干涉市场调节价

案例一

(2017)湖南省张家界市发展改革委等旅游价格限制案[①]

张家界市发展改革委自查发现其与张家界市旅游和外事侨务委员会于2017年11月制定发布的《关于发布张家界市旅行社地接本地组团报价基础价格指导标准和作价办法的通知》中对属于市场调节价的旅行社组团报价进行了干预,限制了旅行社的定价权,违反公平竞争审查相关规定,涉嫌滥用行政权力,排除、限制竞争。

在湖南省价格监督检查和反不正当竞争局的指导下,2017年12月8日张家界市发展改革委、张家界市旅游和外事侨务委员会下发《关于废止〈关于发布张家界市旅行社地接本地组团报价基础价格指导标准和作价办法的通知〉的通知》,为贯彻落实《国务院关于在市场体系建设中建立公平竞争审查制度的意见》(国发〔2016〕34号)、《湖南省人民政府办公厅关于在市场体系建设中建立公平审查制度的意见》(湘政办发[2016]63号)文件精神,根据《张家界市发展和改革委员会关于全面落实公平竞争审查制度工作的通知》(张发改法制〔2017〕200号)的要求,决定废止《关于发布张家界市旅行社地接本地组团报价基础价格指导标准和作价办法的通知》(张发改价服〔2017〕190号),从发文之日起执行。

---

① 参见《湖南省及时纠正一批滥用行政权力、排除限制竞争行为》,载搜狐网2018年1月8日,https://www.sohu.com/a/215274145_796952。

案 例 二

（2017）广东省原卫生和计划生育委员会文件干预实行市场调节价的疫苗储存配送费标准案①

2017年9月，广东省原卫生和计划生育委员会等3部门印发《关于进一步明确第二类疫苗配送工作有关要求的通知》（粤卫函〔2017〕1330号），规定"有关配送方可按照市场化原则自行商定第二类疫苗储存配送费用，但不得高于本辖区近三年相关费用的最高水平"，违反"不得违法干预实行市场调节价的商品和服务的价格水平"的审查标准。经督察，相关单位认识到履行审查程序不当，拟补充论证该文件适用公平竞争审查例外规定。

六、优先本地企业或产品

案 例 一

（2017）江西省纠正新建区"营改增"工作协调推进领导小组行政性垄断行为案②

2017年7月1日，江西省新建区"营改增"工作协调推进领导小组印发了《关于进一步加强综合治税有关工作的通知》，其中明确"一是有关部门要从提升资质、人才引进、项目融资、财政政策、市场准入等各方面给予政策扶持，促进本地建筑企业做大做强。二是积极引导外地建筑企业到新建区登记设立独立

① 参见《2018年市场监管总局公平竞争审查重点督察发现典型问题通报》，载《中国市场监管报》2019年1月30日，A3版。

② 参见《江西省纠正新建区"营改增"工作协调推进领导小组行政性垄断行为》，载温州市市场监督管理局（知识产权局），http://wzmsa.wenzhou.gov.cn/art/2021/10/11/art_1229555574_58918558.html。

法人机构，暂时不能设立独立法人机构的先设立分支机构。三是对区外施工企业（包括分包企业及关联企业），由项目业主督促其在新建区注册成立分公司，并签订补充协议，在新建区金融机构开设账户，明确今后工程款和税收全部通过分公司结算申报。四是对今后开工实施的新项目，由项目业主（建设）单位在项目招投标公告（包括招标文件）中明确，区外中标企业（包括施工、服务性企业）于办理施工许可证前必须在新建区注册成立项目管理和资金结算的分公司；直接发包的项目，区外企业（包括施工、服务性企业）必须先在新建区注册成立项目管理和资金结算的分公司，再对直接发包告知书进行备案；区外企业分公司必须在新建区金融机构开设账户，统一办理工程项目资金结算和税收申报。五是项目业主（建设）单位负责在招投标公告（包括招标文件）中明确并督促落实上述政策措施”。

上述行为以登记、注册、要求设立分支机构等形式限制了域外有关企业参与域内相关工程业务招投标的竞争，设置明显不必要或者超出实际需要的准入条件，排斥或者限制经营者参与市场竞争，违反了《反垄断法》第 37 条“行政机关不得滥用行政权力，制定含有排除、限制竞争内容的规定”之规定，构成滥用行政权力，排除、限制竞争行为，违反了《公平竞争审查制度实施细则》第 13 条第 1 款“不得设置不合理或者歧视性的准入和退出条件”之规定，不利于促进相关市场的充分竞争。

案例二

（2021）福建省古田县人民政府生物和新医药产业限制案[①]

2020 年 12 月，福建省市场监管局对古田县人民政府涉嫌滥用行政权力排除、限制竞争行为进行调查。

---

① 参见《福建省市场监管局纠正古田县人民政府滥用行政权力排除、限制竞争行为》，载国家市场监督管理总局竞争政策协调司，https://www.sac.gov.cn/cms_files/filemanager/samr/www/samrnew/jzxts/tzgg/qlpc/202102/t20210226_326317.html。

经查，2019年9月29日，古田县人民政府经第17次常务会议研究通过了《古田县人民政府关于印发古田县促进生物与新医药产业发展的六条措施的通知》(古政〔2019〕25号，以下简称《六条措施》)，于2019年10月16日向各乡(镇)人民政府、街道办事处，县直属有关单位下发《六条措施》。《六条措施》含有以下排除、限制竞争内容：一是“积极支持本县药品和医疗器械按有关规定及时在省药械采购平台挂网。挂网的本县药品按有关程序纳入市级药品集中采购目录后，可直接进入医疗机构采购使用，鼓励医疗机构优先采购和使用本县通过仿制药质量和疗效一致性评价的品种；积极支持新批准的县产药品和医疗器械按动态调整有关规定及时申报挂网，供医疗机构采购使用；鼓励采购本地生产的中药饮片”。二是“在同等条件下，优先支持本县生物与新医药生产与药品销售企业依法依规参与本县辖区内的所有公立医院、卫生院、门诊的药品配送权的竞标”。另经查实，古田县人民政府制定出台《六条措施》时未按照《国务院关于在市场体系建设中建立公平竞争审查制度的意见》以及《公平竞争审查制度实施细则(暂行)》(已废止)等关于公平竞争审查制度的要求进行公平竞争审查。

上述行为违反了《反垄断法》第37条“行政机关不得滥用行政权力，制定含有排除、限制竞争内容的规定”以及《制止滥用行政权力排除、限制竞争行为暂行规定》第9条“行政机关不得滥用行政权力，以规定、办法、决定、公告、通知、意见、会议纪要等形式，制定、发布含有排除、限制竞争内容的市场准入、产业发展、招商引资、招标投标、政府采购、经营行为规范、资质标准等涉及市场主体经济活动的规章、规范性文件和其他政策措施”的规定，构成滥用行政权力，排除、限制竞争的违法行为。

在调查期间，当事人主动采取措施停止相关行为，于2020年12月18日下发了《古田县人民政府关于废止〈古田县关于促进生物与新医药产业发展的六条措施的通知〉的通知》(古政文〔2020〕157号)，主动停止实施有关政策行为、废止《古田县人民政府关于印发古田县促进生物与新医药产业发展的六条措施的通知》并通过政府门户网站向社会公开。根据《制止滥用行政权力排除、限制竞争行为暂行规定》(已废止)第19条第2款对古田县人民政府结束调查。

案例三

（2021）云南省曲靖市工业和信息化局工业产品限制案[①]

云南省市场监管局根据举报线索，于2019年12月对曲靖市工业和信息化局涉嫌滥用行政权力排除、限制竞争案立案调查。

经调查，曲靖市工业和信息化局于2019年7月2日印发《曲靖市工业和信息化局关于印发鼓励优先使用（采购）本市工业产品2019年度考核实施细则的通知》（曲工信〔2019〕72号，以下简称《考核细则》），对曲靖市13个市直属有关单位就优先使用（采购）本市工业产品进行量化考核。该《考核细则》对使用（采购）非本地企业的产品进行了一定限制。上述行为违反了《反垄断法》第37条和《制止滥用行政权力排除、限制竞争行为暂行规定》（已废止）第9条的规定，构成滥用行政权力排除、限制竞争行为。

调查完成后，云南省市场监管局向曲靖市工业和信息化局上级机关曲靖市人民政府发出了行政建议书。

案例四

（2022）湖南省市场监管局纠正常德市安乡县人民政府滥用行政权力排除、限制竞争行为案[②]

2022年5月9日，湖南省市场监管局依法对安乡县人民政府涉嫌滥用行政权力排除、限制竞争行为立案调查。

经查，2017年3月27日，当事人印发《关于印发〈安乡县帮扶工业企业发展

---

① 参见《云南省市场监管局纠正曲靖市工业和信息化局滥用行政权力排除、限制竞争行为》，载云南省市场监督管理局2021年3月15日，http://amr. yn. gov. cn/info/1062/14854. htm?ad_check = 1。

② 参见《2022年制止滥用行政权力排除、限制竞争执法专项行动案件（第三批）》，载百家号2022年11月19日，https://baijiahao. baidu. com/s?id = 1749938383932880666&wfr = spider&for = pc。

九条〉的通知》(安政发〔2017〕3号),规定"鼓励使用本地产品。在同等条件下优先采购本地产品,且消费数额较大的,由县财政局严格审核后给予使用单位(政府采购除外)所购金额2‰的奖励,最高奖励不超过10万元"。2018年1月24日,当事人以人民政府办公室名义印发《关于印发〈关于进一步降费减负促进工业企业健康平稳发展的若干意见(试行)〉的通知》(安政办发〔2018〕2号),同样含有上述内容。

湖南省市场监管局认为,当事人作为行政机关,印发文件要求各乡镇人民政府、县直属有关单位优先采购本地工业企业产品(政府采购外),剥夺了相关单位购买商品的自主选择权,排除、限制了其他具有合格资质的外地工业企业在该县工业产品市场进行公平竞争的机会。当事人的上述行为违反了《反垄断法》第37条"行政机关不得滥用行政权力,制定含有排除、限制竞争内容的规定"的规定,构成滥用行政权力排除、限制竞争行为。

调查期间,当事人高度重视,积极整改,清除不良影响;在政府网站发布将上述两份文件废止的通知,并在全网进行文件清理工作;加强政府部门对公平竞争审查相关制度的学习培训,提升公平竞争审查意识,严格落实公平竞争审查制度。

案 例 五

(2022)河南省市场监管局纠正鹤壁市住房和城乡建设局滥用行政权力排除、限制竞争行为案①

2021年1月26日,河南省市场监管局依法对鹤壁市住房和城乡建设局涉嫌滥用行政权力排除、限制竞争行为立案调查。

经查,2020年8月25日,当事人在其官网发布《鹤壁市住房和城乡建设局关于印发鹤壁市建筑和市政基础设施工程监理管理规定的通知》(鹤建〔2020〕

① 参见《2022年制止滥用行政权力排除、限制竞争执法专项行动案件(第四批)》,载澎湃网2022年11月25日,https://m.thepaper.cn/baijiahao_20894294。

39号),规定“本地监理企业可以承接比自身资质高一级别(依据豫建办〔2019〕343号第6条)的建设监理项目或全过程咨询、项目管理。鼓励外地监理企业在我市办理分公司。凡办理分公司的,分公司可享受本地企业优惠政策”“建设单位可以优先委托本市具有监理资质的监理单位实施建设工程监理、全过程咨询或项目管理服务;进行邀请招标的工程项目,建设单位应优先邀请本地的监理企业且不得少于3家”。

河南省市场监管局认为,当事人作为行政机关,印发文件要求优先委托本地监理企业,影响了当地建设单位选择监理企业的自主选择,排除、限制了其他具有合格资质和服务能力的外地监理企业在该市建设工程监理市场进行公平竞争的机会,妨碍了相关市场的公平竞争。当事人的上述行为违反了《反垄断法》第37条“行政机关不得滥用行政权力,制定含有排除、限制竞争内容的规定”的规定,构成滥用行政权力排除、限制竞争行为。

调查期间,当事人积极整改,消除不良影响,公开废止了上述文件,认真学习《反垄断法》和《公平竞争审查制度实施细则》等相关法律法规规定,加强公平竞争审查。

案例六

(2022)陕西省市场监管局纠正安康市汉阴县人民政府滥用行政权力排除、限制竞争行为案①

2022年9月8日,陕西省市场监管局依法对汉阴县人民政府涉嫌滥用行政权力排除、限制竞争行为立案调查。

经查,2022年6月13日,当事人印发《汉阴县2022年工业稳增长十条措施》(汉政办发〔2022〕44号),规定“在同质同价条件下,政府性投资项目优先使用本地产品”。

① 参见《2022年制止滥用行政权力排除、限制竞争执法专项行动案件(第五批)》,载国家市场监督管理总局,https://www.samr.gov.cn/jzxts/tzgg/qlpc/202301/t20230111_352803.html。

陕西省市场监管局认为，上述规定没有法律、法规依据，排除、限制了外地产品在该县政府性投资项目的公平竞争，违反了新《反垄断法》第45条“行政机关和法律、法规授权的具有管理公共事务职能的组织不得滥用行政权力，制定含有排除、限制竞争内容的规定”的规定，构成滥用行政权力排除、限制竞争行为。

调查期间，当事人积极整改，消除不良影响，印发废止有关文件的通知，在汉阴县人民政府网站进行公布，并表示将严格落实《公平竞争审查制度实施细则》相关规定，从体制机制上保证公平竞争审查工作的有效开展。